U0917209

复杂施工环境下
运营路基服役性能评估与安全对策

左　珅　徐林荣　黄金梅　李　晋　著

中国水利水电出版社
www.waterpub.com.cn
·北京·

内 容 提 要

本书针对复杂施工环境下运营路基服役性能评估与安全对策问题，阐述了复杂施工环境下运营铁路路基状态影响分析、运营路基状态现场试验、运营路基变形理论分析与稳定性计算、运营路基服役状态数值分析、工程措施对运营铁路路基服役状态的影响、复杂地质条件下运营铁路路基顶管施工技术、运营铁路路基服役状态评估、运营路基邻近施工组织与管理、京沪高铁与沪宁城际并行段项目施工管理等内容。

本书可作为土木工程及相关领域的科研、设计和施工人员的技术参考书。

图书在版编目（CIP）数据

复杂施工环境下运营路基服役性能评估与安全对策 / 左珅等著. —北京：中国水利水电出版社，2019. 9

ISBN 978-7-5170-8090-9

Ⅰ. ①复… Ⅱ. ①左… Ⅲ. ①公路路基—工程施工②铁路路基—铁路施工③公路路基—公路养护④铁路路基—铁路养护 Ⅳ. ①U416. 1②U213. 1

中国版本图书馆 CIP 数据核字（2019）第 228292 号

书　名	复杂施工环境下运营路基服役性能评估与安全对策 FUZA SHIGONG HUANJING XIA YUNYING LUJI FUYI XINGNENG PINGGU YU ANQUAN DUICE
作　者	左　珅　徐林荣　黄金梅　李　晋　著
出版发行	中国水利水电出版社 （北京市海淀区玉渊潭南路 1 号 D 座　100038） 网址：www. waterpub. com. cn E-mail：sales@ waterpub. com. cn 电话：（010）68367658（营销中心）
经　售	北京科水图书销售中心（零售） 电话：（010）88383994、63202643、68545874 全国各地新华书店和相关出版物销售网点
排　版	北京智博尚书文化传媒有限公司
印　刷	三河市元兴印务有限公司
规　格	185mm×260mm　16 开本　15. 75 印张　377 千字
版　次	2020 年 1 月第 1 版　2020 年 1 月第 1 次印刷
印　数	0001—2000 册
定　价	78. 00 元

前　　言

近十年来，我国交通基础设施建设飞速发展，公路、铁路网覆盖面愈来愈大，大规模的公路、铁路建设促进了路基工程的发展，同时也带来了一系列新的技术问题。其中，伴随路网的加密，邻近施工对运营公路、铁路路基服役状态的影响最为显著，对路基设计与施工技术提出了更高的要求。如何确保复杂施工环境下路基的运营安全，是公路、铁路建设者与管理者面临的重要课题。

本书针对复杂施工环境下运营路基服役性能评估与安全对策问题，以沪宁城际铁路建设项目为工程实例背景，围绕临近施工影响下路基变形与安全监控、运营线路组织管理等开展专题论述，研究通过静动力现场测试、理论分析、有限元计算与轨检车资料分析等手段，主要取得了以下成果：提出一套静、动力相结合的运营路基安全监控方法；考虑路基基坑开挖与地基沉桩，建立了计算邻近运营路基径向应力与位移的解析公式；采用有限元模型获取获取运营路基振动位移、振动加速度及侧向位移的阈值，为测试与计算数据提供安全控制标准；提出并在工程现场成功实施了地基处理设计变更和边坡防护措施，重点研究复杂地质条件下临近路基顶管施工技术；基于灰色理论与神经网络原理，建立运营路基状态评估模型，进行指标归一化处理，BP 神经网络减小分配权重过程误差，实现多指标影响下运营路基状态评价；详细论述复杂施工环境下铁路路基施工组织与管理方法。

复杂施工环境下运营路基安全保障问题，给研究人员、工程技术人员与管理部门既带来了挑战，也带来了机遇。本书由来自高校、设计院、科研单位与工程一线的技术人员，结合多年设计理论研究与工程实践的经验合作编写而成，其目的是为广大公、铁路设计、建设与管理人员提供一本实用的参考书。

全书由山东交通学院左珅、李晋，中南大学徐林荣，中交一公局黄金梅、彭楠楠、颜晶、孙国鸿、尹胜龙等合作完成。

本书在编写过程中参考了国内外许多专家学者的研究成果和文献，同时本书的编辑、出版和发行得到了中国水利水电出版社的大力支持，在此一并致以衷心的感谢。

本书的出版得到了山东省自然科学基金（ZR201702180333）、山东省重点研发计划“基于动力特性的运营铁路路基失稳预报预警与服役性能评价研究”（项目编号：2019GSF111008）、国家自然科学基金面上项目“高铁软土路基工后沉降控制效果‘变形-状态’机理分析”（项目编号：51778634）、山东省高等学校科研计划（J17KA209）、山东交通学院博士科研启动基金的资助。

由于公路工程技术发展迅速，路基设计方法与建设技术不断更新，加之编者水平所限，书中难免存在不妥之处，诚望得到读者批评、指正。

作　者

2019 年 4 月

目　　录

第1章 绪论

1.1 背景与意义

近十年来高速铁路飞速发展，出现越来越多的与既有铁路线并行的状况。邻近施工问题由来已久，但高铁这类大规模线性工程与既有线紧邻并行情况的研究还不多见。线路建设包括基坑隧道开挖、桩基施工、路基填筑预压甚至爆破施工等，势必造成紧邻运营铁路路基受损。传统意义上，进入运营期的铁路路基主要研究其稳定性，可通过稳定系数计算得到量化指标。但邻近施工的影响则可能造成运营铁路变形超限、被挤走等情况，虽然路基没有出现失稳破坏，但同样威胁到行车安全。因此，有必要在施工扰动这一特殊情况下对铁路路基的服役状态进行研究。

工程结构物的服役状态可泛指其在工作阶段的变形与应力状态。在工程领域，大型桥梁、水坝等结构工程都有其服役状态，这类结构随着损伤的积累，工程结构承载能力逐渐降低，最终影响其安全性以及使用功能。一般认为，铁路路基不同于易受材料老化影响的结构工程，在列车长期作用下地基发生固结、路基填土压实，将使得路基拥有更好的工作状态。然而，铁路服役期可达几十年甚至上百年，在运营期间不可避免地受外界环境干扰。外界环境对路基的扰动成为导致路基工作状态发生变化的主要因素。外界对铁路路基的扰动可来自自然环境与人类建设活动两个方面。自然环境方面常见的有地震、泥石流、崩塌滑坡、强降雨、洪涝、地面沉陷、风沙等，人工方面常见的有爆破施工、隧道建设、基坑开挖等，这些方面已有较多研究成果。而高速铁路属于近些年的新兴构筑物，这一类新老线路路基相互干扰、影响问题的研究鲜见相关成果。

高速铁路建设对邻近既有线路基引起的主要工程问题如下：

（1）高铁施工对既有线路基状态（涉及稳定性、变形、动力特性等）的影响。解决这一问题首先需要对施工影响路基的因素进行分析，然后通过适宜的手段获取这一影响程度，并进行路基状态评价（动力稳定、使用状态）。

（2）既有线对高铁路基的影响（路基工后沉降控制）。新老线相互影响相互制约，既有线路基邻近位置新增荷载产生的附加应力可能造成其新一轮固结变形。新建高铁一方面受邻近运营线制约地基处理的设计与施工进行了变更；另一方面邻近铁路运营对其路基工后沉降的影响也未可知。

鉴于高铁工后沉降控制高标准要求，工后沉降控制与超限机理分析始终是突出问题。因此，以铁道部科研课题“沪宁城际铁路施工安全与沉降变形研究”为依托，通过现场调研、室内外试验、现场测试、数值模拟计算和理论分析等方法，从建设对运营铁路路基影响因素分析出发，揭示各类干扰的影响机理，拟以测试试验数据为依据，对运营路基的状态进行初步评判，确保运营线路的安全运行。探讨前期工程措施与路基工后沉降控制的关系，提出运营铁路路基的评价方法，评估路基服役状态，其研究成果将对高速铁路建设与运输具有重要的工程意义和理论价值。

1.2 国内外研究现状

1.2.1 铁路路基外部扰动

外界对铁路的扰动来自自然因素和人类活动因素。其中自然因素可以涵盖地震、泥石流、崩塌滑坡、强降雨、洪涝、地面沉陷、风沙等多个方面。这方面的研究常见的有岩溶、地面沉降对铁路路基沉降的影响[1-5]，路基抗震性能研究[6-8]，风沙对路基的风蚀[9-11]以及地质灾害预警预报与防护[12-14]等。这些成果涉及水文地质、防灾减灾、气象等多个学科。本书拟解决施工影响下运营路基状态评估与安全问题，因此重点总结人类建筑活动对铁路的扰动问题，最常见的主要有爆破震动问题、基坑开挖与隧道建设引起的邻近构筑物变形问题，此外打桩引发的振动与挤土也会造成周边土体环境的剧烈改变。

（1）爆破施工。爆破施工引起的振动对周边既有建筑影响最显著，目前已有较为成熟的研究成果。《爆破安全规程》（GB 6722—2014）划分了地下爆破、岩石爆破、硐室爆破、掘进爆破等十几种爆破方式，确定了工程分级，提出了构筑物安全级别与对应控制指标（峰值振动速度和主振频率），并对震动安全距离、爆破器材、方式等爆破作业做了详细规定。在此基础上，研究人员采用现场监测与数值模拟，开展各种爆破施工对邻近构筑物的影响研究。现场监测方法的研究[15-18]一般是根据爆破施工与保护建筑物之间的位置关系以及建筑物安全等级，确定现场监测方案，测试爆破时质点水平和竖向加速度、速度、位移及主频，对数据进行回归分析，确立振动传播衰减规律，分析其影响大小，采用萨氏公式回归分析得出安全距离，分析不同药量爆破下测点的波形主频率和相同药量、不同距离测定的加速度、主频，归纳出等距离测点、不同药量振动的频谱特性，并探讨延时时间等爆破施工设置。数值模拟在爆破施工邻近影响研究中的应用十分广泛，通过模拟计算可获取更多的测点振动响应以总结规律、改进爆破形式、揭示爆破扩散机理[8, 19-22]等，如通过数值分析建立三维有限元模型，计算新线爆破施工引发的运营地铁边墙、拱脚、拱顶等位移变化、振动速度、混凝土衬砌的应力分布等，用以判断开挖进度对运营线的影响。理论研究上主要通过建立力学分析模型研究爆破对邻近构筑物的影响机理，如邻近爆破对岩柱稳定性突变理论分析[23]、邻近爆破对灌浆帷幕影响机理研究[24]等。有关爆破对邻近既有铁路影响研究一般是从工程技术角度进行介绍，说明紧邻铁路路堑开挖爆破控制技术[25-27]。采用数值模拟和现场监测手段研究爆破对既有铁路影响的成果还不多，如铁路工程开挖边坡爆破有限元分析[28]、下穿京沪线爆破监测研究[29]等，这些研究基本都是通过计算和监测获取爆破震动响应（变形、应力、振动速度等），根据数据分析构筑物的安全状态，与其他爆破监测研究类似。

（2）基坑开挖。基坑开挖的土体卸荷效应会引起支护结构及周围地层的变位，从而造成周边构筑物变形超限。与爆破施工较为类似，关于基坑开挖引起的周边建筑物变形问题，行业也具有较为成熟的标准规范。《建筑基坑工程监测技术规范》（GB 50497—2009）对监测项目、测点布置、监测方法、数据处理等都做了详细规定。在施工过程中，设计应按规程要求布置详细监测方案，对基坑工程实施的安全监测包括了基坑边壁围护桩的水平位移、地下水位、锚杆拉力、周边建筑物沉降、地下管线沉降等内容。除规范提到的监测手段外，研究人员对监测方法和数据处理分析方法提出了一些改进。例如，引入布里渊光时域反射计（Brillouin optical time domain reflectometer，BOTDR）的分布式光电传感技术，通过模型试验和现场试验，实现深部土体水平位移的在线监测[30]；在基坑监测中应用基坑光纤光栅监测系统、反射片布点法[31]旨在快速直观地实现基坑监测；监测数据处理方法研究则包括采用基于小波技术的时间序列改进法[32]、灰色线性组合模型[33]、VBA 编程[34]等技术，通过这些方法分析监测数据，旨在提高预测精度。

数值计算方法可以对复杂工况下基坑支护结构及其周边构造物内部受力变形变化规律、影响因素等进行系统分析[35-36]，对复杂结构基坑设计合理性与施工方法可行性进行验证[37-39]。如在基坑开挖对邻近桩基的影响研究中[40]，通过三维有限元计算可分析桩基与基坑之间的距离、桩基顶部约束条件、桩基刚度、桩基顶部竖向荷载等工况变化对桩基水平位移、桩体弯矩的影响；在基坑开挖对地铁隧道的影响研究中[41]，可通过数值分析获取基坑开挖引起的地下水渗流场改变对邻近隧道受力变形的影响等。

理论研究主要集中在沉降变形预测计算方法上。针对基坑开挖对邻近隧道的影响[42]，研究人员提出公式推导计算土体变形的两阶段分析方法。首先计算基坑开挖作用在隧道上的附加荷载，之后建立隧道沉降变形微分方程，根据 Galerkin 方法转化方程进行计算，求出隧道竖向变形量。土体压实理论、渗流理论、随机介质理论可用以预测基坑开挖与降水引起的地表沉降[43]，通过推导基坑降水渗降漏斗曲线方程及考虑水的渗流作用的基坑周边土体中有效应力的计算公式，导出考虑渗流作用的基坑降水地表沉降计算公式，得到最终的由开挖和降水引起的地表沉降分布计算公式。在软土地区进行基坑开挖时[44]，通过分析软土地基基坑开挖围护体最大侧向变形及其位置、邻近建筑物沉降变形的时间效应，提出考虑邻近建筑物存在的地表沉陷估算方法。

（3）隧道建设。如何把对环境的影响减少到最低限度是隧道在近距离条件下施工的核心问题。隧道建设的影响问题既包括施工对运营隧道的影响，也有新建隧道对其他构筑物的影响。日本把双线、双层、多孔隧道建设定义为邻近施工，并颁布《既有铁路隧道近接施工指南》，对铁路隧道邻近施工做了全面、系统的阐述。其邻近程度根据工程种类和规模及地层条件进行划分，并实施对应的调查、预测、对策、安全监视等措施。此外，国外学者对桩基与隧道这类构筑物位置交叉重叠的问题研究较多。在试验研究方面，Morton 和 King[45]分析了隧道施工对桩基承载力和沉降的影响，提出隧道施工对邻近桩基和位于其上桩基的影响是设计施工主要控制因素。Loganathan/Poulos 和 Stewart[46-47]通过离心试验分析黏土中隧道施工引起的地层变形以及变形对邻近桩基的影响，试验对比分析了不同隧道深度对地层移动、桩轴向力、桩沉降、桩侧向变形等的影响。在理论研究方面，L. T. Loganathan 和 H. G. Poulos[48]针对隧道引起土体位移的问题，采用解析公式分析了隧道开挖引起的桩反应。其中桩反应借用 Poulos 和 Davis[49]描述的边界元来分析，通过 PALLAS 计算程序实现；Poulos[50]分析了各类参数对桩的影响，包括隧道几何尺寸、地层损失比、土体强度、桩径、桩长与隧道覆盖层厚度比等参数。

国内学者对隧道邻近施工影响的研究除爆破施工、基坑开挖对隧道影响外，在施工技术、变形监测、理论研究几个方面都取得了很多成果。在施工技术方面，开展洞桩法施工在城市大断面暗挖隧道邻近建筑物施工中的应用、施工方法及其对环境的影响研究[51]；开发了双排超前小导管控制技术和分段前进式超前深孔注浆控制技术[52]；多条邻近隧道施工降承压水技术[53]等。变形监测方面的研究，地质雷达是当前隧道结构监测的主要手段[54-57]，而涉及邻近施工问题，受隧道工程条件限制，只有基坑开挖与隧道相互影响的现场监测分析，监测手段、监测内容与基坑监测类似[58-61]，隧道与隧道之间，或其他地下空间结构（桩基础、风井、地下管线）则主要通过数值分析的手段分析其受力与变形情况[62-65]。变形分析包括墙角变形，掌子面水平、竖向位移；受力分析主要是支护结构如衬砌混凝土横向、纵向受力。

（4）打桩。打桩振动与挤土效应引起的扰动问题主要有：打桩过程中周边土体性状研究，如通过源-汇理论推导公式计算饱和土中打桩引起周边土体的位移[66]，获取打桩过程中周边土体深层水平位移和地表隆起；打桩施工对周围土性及孔隙水压力的影响[67]，运用小孔扩张理论模拟饱和黏性土中打入桩的沉桩过程，推导求出沉桩过程中桩周土体的应力分布，分析桩周土体土性变化对土体应力的影响，并运用水力压裂理论推导沉桩后瞬时产生的超孔隙水压力沿桩身径向和竖向分布。此外，打桩对周边建筑物的影响评价分析[68-70]、理论分析采用桩身体积与向外挤压移动的体积相等的几何原理，提出求邻近桩基位移的方法，预估打桩引起邻近结构物桩基位移；监测评价则通过震波传播分布、桩体周边土体位移、孔压等来分析影响程度。打桩扰动问题的研究成果包括了工程技术改进、监测、数值分析机理等内容，但与铁路路基相关的内容未见报道。

除上述四类工程建设，在京津、京沪、苏锡等地区[71-73]由于抽水引起的地面沉降对铁路路基的影响也引起工程技术与研究人员的注意。这些研究基本涵盖了人类建设活动对铁路路基的扰动影响，综合来看，爆破施工研究较为成熟，有规范标准依据，对邻近铁路影响的研究积累了一定的成果；基坑开挖也有规范标准，但在监测研究方面还一直处于改进过程中，邻近铁路的基坑开挖研究也比较少见；隧道建设应主要考虑隧道对路基的影响，具体体现为隧道下穿既有线造成的变形问题，这方面已有成果，但主要问题还是需要面临具体工程具体分析；打桩影响周边的环境问题的成果很多，但与铁路路基相关的还没有；这些研究采用的手段以监测、数值分析为主，理论研究多基于经典公式、借助力学模型用以总结规律、揭示影响机理。从课题研究依托项目沪宁客运专线与京沪线路基相互影响研究的角度出发，基坑开挖与打桩问题没有规范和其他研究成果可供参考，亟待深入研究。

1.2.2 铁路路基使用性能

铁路路基状态可以分为外部影响因素与内部自身指标，外部影响因素往往又会作用于路基的内部指标，通过内部指标体现其影响。路基这一构筑物早于铁路出现，从人类开始修路活动开始，已出现路基的雏形，而随着铁路的发展路基也在不断改进和丰富。当前铁路发展的趋势是高速、重载，与之对应，铁路路基使用性能的研究也主要集中于稳定性、动力特性（高速铁路）、变形（累积变形与工后沉降），此外在特殊地区如青藏高原、沙漠，也有对路基的耐温、风沙耐蚀的研究。针对邻近建设面临的主要问题，本节从路基稳定性、动力特性和变形控制三个方面综述当前研究的进展情况。

1.2.2.1　路基稳定性

一般铁路路基稳定性不是研究的重点，但对于一些特殊土路基[74]、不良地质路基[75]或者浸水路基[76]，稳定性则需要进行专门的验算和分析，如青藏铁路因其长年处于冻土区，其路基稳定性需要专门的研究[77-82]，研究采用了室内试验、现场测试监测、数值计算等手段，分析路基热稳定性，并提出应对措施，如热管技术等；其他特殊土路基，如膨胀土[83-84]路基边坡稳定性试验与计算研究、粉土路基[85]稳定性影响因素、软土路基[86-88]稳定性评判、红黏土路基[89-90]边坡水稳性试验研究等。上述这些研究主要解决特殊情况下的路基稳定性影响因素、稳定性评判问题，但都没有脱离求解稳定系数的范畴。由于单纯的路基边坡稳定性验算有较为成熟的方法，对铁路路基稳定性的研究往往会与路基动力特性、变形特性等综合考虑，如高速铁路浸水路基稳定性试验研究中[91]，考虑水流冲击、淘刷、侵蚀及水对路基填土的软化等作用，还需要考虑列车循环荷载的作用，由此循环荷载的动态试验，测试路基动应力、弹性变形、塑性变形、动孔压、自振频率等，以评价浸水路基的长期稳定性。随着高速铁路列车速度的大幅提高，对路基动力性能提出了更高的要求，其动力稳定性也引起关注。

动力稳定性指使用阶段路基在列车动载作用下材料内部结构对动力作用的反应（颗粒重分布和颗粒粉碎）以及相应的塑性变形。路基动力稳定性按动载时间长短可分为短期动力稳定和长期动力稳定。试验方法主要有现场动力试验和室内共振柱试验，分析土样在动剪应变长期作用下结构的稳定性。目前评价铁路路基动力稳定性的方法主要有临界动应力法[92-94]、有效振速法、动剪应变法[95-96]。我国铁路路基设计采用临界动应力法，美国、德国、法国等则采用有效振速法和动剪应变法。

临界动应力法是以动强度为控制指标的路基动力稳定性评价方法。有砟轨道铁路路基设计临界动应力作为确定基床厚度及路基动力稳定性的评价控制指标。基床动应力小于临界动应力则表明基床累积永久变形会得到有效的控制。路基土中动应力满足临界动应力的要求只表明地基塑性变形速率逐渐缓慢最后达到稳定状态，但其塑性变形可能超过无砟轨道沉降控制要求，因此临界动应力法是否可用以评价高铁无砟轨道路基动力稳定性还需验证。有效振速法是德国《DS-836 草案》中引入的以临界有效振速为控制参数的动力稳定性评价方法[97]，该草案阐述了振速的三种临界状态。有效振速可采用现场动载试验或者经验公式来确定。有效振速与列车速度及其他物理参数有关，可通过有限元程序计算其范围，是根据实测结果进行拟合，有砟轨道路基面处有效振速为 6~16 mm/s，无砟轨道通常为 1~8 mm/s，相比而言，无砟轨道应力分布较均匀，有效振速相对较小，更利于路基及其下土层的动态稳定性。动剪应变法即以动剪应变作为路基设计控制指标的评价方法，短期及疲劳动剪应变门槛是动剪应变法的重要参数，前者用于评价路基短期动力稳定性，后者可评价路基长期动力稳定性。其理论基础来自土力学研究，当动剪应变超过某一临界值，土体结构将发生永久变形进而动力失稳。动剪应变可同时反映动载大小（振动速度）和路基动力刚度（剪切波速）的影响。胡一峰等[98]提出了一个路基动力稳定性评判准则，见表 1.1。该方法先分析运营路基中动剪应变是否小于短期动剪应变门槛，然后分析长期动力荷载作用下路基沉降是否超过其允许值，但很难确定列车运营荷载引起的附加沉降，为此可采用共振柱试验技术对土样进行疲劳动力试验，确定疲劳动剪应变门槛，从而判断路基的长期动力稳定性。

表 1.1 动剪应变评判准则

动剪应变 γ_d	$\gamma_d < \gamma_{st}$	$\gamma_{st} < \gamma_d < \gamma_{tvS}$	$\gamma_{st} > \gamma_{tvS}$
土的性状	线弹性	小剪应变，非线性	中等至强剪应变，强非线性
短期动载下土的动力稳定性	稳定	稳定	不稳定
长期动载下土的动力稳定性	稳定	当 $S_N < S_V$ 时，稳定	不稳定
动荷载引起的附加沉降 S_N	无需分析	需进一步分析	动力失稳破坏

注：γ_{st} 为短期动剪应变门槛；γ_{tvS} 为长期动剪应变门槛；S_V 为铁路动载引起的路基附加沉降允许值，大小取决于轨道系统；S_N 为铁路动载引起的路基附加沉降。

上述几种评价方法都未列入正式规范。从理论到实验，铁路路基动力稳定性评价仍需更深入研究，以在工程实践中不断地完善。

1.2.2.2 路基动力特性

路基动力响应包括动应力应变、振动加速度及频率等，路基动力响应直接影响路基设计使用与养护维修，并关系到路基塑性累积变形、疲劳特性与动力稳定性。目前主要通过理论计算和现场实测两种方法对其开展研究。

1. 理论研究

路基动力响应的理论研究主要分为两方面：动本构模型研究与数值计算分析。动本构模型即指动力作用下土体应力-应变与时间的关系描述。动本构关系是动力反应分析研究动强度、动变形、疲劳特性的基础。由于路基土是非线性和黏弹塑性材料，其本构关系十分复杂，不同荷载、排水条件下土体本构关系表现出极大的差异，难以建立普遍形式的动本构模型。根据路基土的不同要求和具体条件，可以建立满足特定工程条件的一个动本构模型。目前动力本构模型主要有三种：黏弹性、弹塑性及内时本构。其中黏弹性模型应用最多，它基于归纳的试验结果，形式直观简单，结合有限元计算循环荷载作用下孔压和塑性变形发展过程。Matsui. T 等[99]基于单剪试验提出循环荷载作用下永久体积应变增量估算公式。研究人员不断改进这类动本构模型以更接近实测的动应力应变曲线，如 Prevost 改进双曲线模型[100-101]、王志良等[102]修正了曼辛规则，以描述不规则循环荷载动本构关系。弹塑性模型包括点屈服面、单屈服面、分屈服面、多屈服面、岩土临界状态模型等。Desaic 建立了单屈服面 Desai 模型[103]，该模型逐步改进到可以考虑非等向硬化甚至损伤。Mroz 提出塑性硬化模量场理论[104]，并基于该理论建立了塑性多屈服面模型。沈珠江提出惯性原理、协同作用原理及驱动应力等概念[105]，并据此建立了循环荷载作用下砂土弹塑性模型。徐干成[106]建立了饱和砂土瞬态动力学理论，这一理论将循环荷载作用下砂土应力应变、强度破坏视为有机联系的过程，据此提出反向剪缩、时域特性段、空间特性域等概念。迟世春等[107]基于

Hardin. Dmevich 模型双曲骨架曲线建立了小应变土动力耗散函数。迟世春、郭晓霞等[108]则从 Hardin. Dmevich 模型滞回曲线出发，基于背应力为塑性应变乘积与塑性模量假定构造土动力增量耗散函数，建立的模型包括钢轨、轨枕、道床、路基和地基，材料本构为非线性弹性，并假设不同材料接触面之间无相对位移，该模型考虑了列车荷载的钢轨、轨枕、道床的传递，曾得到国际铁路组织的推荐使用。但这一模型解决的问题主要是荷载作用下轨下基础的变形、应力等土的物理力学性质，不适合高速铁路动力分析。随着计算机技术的发展，数值模拟被广泛用于高速列车引起的路基振动研究。

本构模型是数值计算的基础，有了较为合适的本构模型，借助数值计算可以实现对路基动力性能的模拟分析。各类大型土木工程数值计算程序被广泛应用于研究领域，已经成为路基动力特性研究的重要手段。Ekevid[109]用边界元法分析列车荷载作用下路基中波的传播特性，建立了三维模型模拟轨道结构各部件。Dinkel 分析黏弹性空间梁与板[110]，确定基础刚度与阻尼系数，用勒让德多项式描述梁板应力分布。Matsuura[111]用格林法计算了移动简谐荷载作用下轨道地基协同工作时动力响应，描述了轨道系统振幅谱、波动衰减曲线。Shanhu[112]建立了三维线弹性路基模型，分析了基床模量、道床厚度、钢轨惯性矩、轨枕间距等对路基动力响应的影响。

国内学者近年来集中对高速铁路路基动力特性进行模拟分析，考虑路基动态响应的特点和主要影响因素对上部结构进行适当简化，建立了轨道-路基耦合模型，有力地促进了高速铁路路基的动态响应研究。周神根根据广深线试验结果[113]，提出了动应力与车速的经验公式。潘昌实[114]采用人工激振力来模拟列车振动荷载，根据轨道加速度测试数据得到列车振动荷载模拟表达式。梁波等[115]、杨超等[116]、李亮等[117]基于引发车辆振动的几何不平顺条件，采用不平顺标准对应的激振力模拟列车动荷载，并揭示路基不平顺条件下动态响应。西南交通大学、中南大学等分别建立了包含列车、轨道、道床的路基整体模型，并编制模拟计算程序，开展数值分析研究，分析了铁路路基在高速列车作用下的动力反应，并着重讨论了车速、地基刚度及车辆振动等所带来的影响[118]。此外，桩板[119-120]、桩网[121]、桩筏[122]等各种新型路基结构形式在高铁中的应用，也都通过建立三维数值模型计算的方法分析了其在列车荷载作用下的应力、变形、振动频率等动力响应。

2. 试验研究

路基动力特性研究最早主要通过试验测试获取，通过试验数据分析研究路基动力响应分布变化规律。路基动力测试旨在获得各响应参数随时间、空间的变化规律，为路基设计和动力稳定性评估提供数据支撑。铁路路基动力测试最早始于德国、日本等高速铁路发展较早的国家。德国汉诺威—威尔斯曼高速铁路在路基不同深度埋设压力盒以及加速度拾振器，测试得到路基的振动加速度幅值与车速之间的关系，获取了路基车速与动应力之间的对应关系：低速运营时路基动应力随车速增加并不明显；随列车车速增加，动应力幅值明显增加；当车速超过一定数值后对路基应力基本无影响。此外，德国还测试不同轨道形式下动应力与车速的关系，动应力幅值受轨道形式的影响很大：在车速为 90～160 km/h 时，无砟轨道动应力为 10 kPa，有砟轨道动应力平均值为 32 kPa，后者明显大于前者。Dawn 和 Stanworth[124]测试了英国铁路路基动力，研究了车速、频率和轨道设计参数的相关关系。瑞士国家铁路管理局[125]在高速铁路埋设了位移计、加速度计等，测试路基动力响应特征。挪威铁路研究人员[126]通过测试认为，当车速接近某一值时，钢轨–路基–地基系统动力响应将会出现较大波动（增大）。Okuma 和 Kuno[127]通过日本 8 条铁路测试数据回归分析，认为轨距、结构形式、列车类型、车速、车长、地基自振特性是影响路基动力性能的 6 个主要因素，其中距轨距影响最大，其次为自振特性。日本铁道技术研究所对新干线进行振动测试，得到列车荷载以动力波形式传递到路基面再向深层传播，动力波在传播过程中因阻尼作用随深度增加而衰减。日本研究人员总结经验得到路基面下 3.0 m 处动应力为自重应力的 10%，对路堤变形影响可忽略不计，因此把 3.0 m 定为基床厚度。

我国对铁路的动态响应测试也进行得较早。铁科院在 20 世纪 50 年代就开始路基动应力的实测工作。茅玉泉[128]测绘了 109 列火车的地面振动衰减曲线，用回归分析得到竖向水平振动衰减公式。蔡英等[129]在大秦线进行动力测试，对道床、基床累积下沉、基床动应力及其沿纵向随轮载的变动和向深层的衰减、车速对动应力的影响和路基的振动特性等问题进行了分析，测得车速与动应力之间的关系，以及动应力衰减分布规律。周神根[130–131]通过北京环行试验基地路基面动应力测试，提出了路基面设计动应力的简化计算公式。铁道部组织安排了京秦线时速 200 km/h 改造工程实车运行试验，测试路基加速度、路基表面应力，为提速改造方案提供决策依据。随着我国高铁的迅猛发展，对高速铁路路基动力特性开展了大量测试工作，铁科院、西南交通大学、同济大学、中南大学等在铁路路基动力响应试验研究上做了很多工作。卿启湘等[132]、律文田等[133]对秦沈客运专线某路桥过渡段动应力动应变规律进行了测试，测试得到动应力随路基深度增加而衰减，距基床表层 2.5 m 深处压力为0.6 m深处的 0.3 倍，随深度增加，动土压力和静土压力越来越接近。2004 年西南交大建立了遂渝铁路无砟轨道试验段[134–137]，在动车组和货车不同运行速度下，测试遂渝线普通板式和双块式无砟轨道路基基床及典型路基过渡段的动力学响应。2005 年铁科院在国家轨道试验中心东郊环形道试验线上铺设了各 100 m 的 4 种结构的土质路基上无砟轨道结构，开展不同车速条件下 CRH2 动车组和货车实车运行试验，进行包含路基动态响应在内的无砟轨道系统试验。宫全美等[138]对沪宁线车速为 17~136 km/h 情况下测试分析客货车产生的路基动应力，研究得到，随车速提高，路基动应力有所增加，但幅度不大。韩自力等[139]通过对秦沈、胶新等线基床的动应力、动变形及路基的行车动刚度等的测试分析，研究了在不同基床表层厚度时路基基床的动力特性和稳定性，提出了基床结构的允许应变控制设计方法。上述试验研究积累了大量的实测数据，获取了列车荷载作用下路基动应力衰减分布规律、振动速度、振动加速度等与车速之间的关系，为铁路路基设计提供了重要依据。

1.2.2.3 路基变形控制

路基变形直接反映到轨面上影响行车平顺性与运营安全，其影响的主要表现为沉降（竖向下沉）。路基沉降的组成可分为三类：列车长期作用下基床累积变形；路基本体在自重和列车荷载作用下的压实沉降；地基长期在上部荷载作用下压实固结变形。在路基施工阶段产生的沉降可以通过工程措施弥补。工程上关注的重点是施工结束后的工后沉降，其中，路基本体压实目前各国都通过充分压实予以保证，研究主要围绕路基累积塑性变形与地基固结沉降变形控制这两个问题展开。

（1）列车长期循环荷载引起的路基累积塑性变形是高速铁路路基的重要问题，特别是无砟轨道结构对下部基础的沉降和差异沉降提出了严格要求。它控制着铁路的设计寿命和维修费用，路基过大的塑性变形是影响铁路运营的重要因素，会出现轨道的不平顺和增加高昂的维护费用。循环荷载作用下路基会产生弹性变形和塑性变形，弹性变形主要发生在基床尤其基床表层，弹性变形直接反映了轨面变形，变形太大则车速无法提高。上部结构确定后，轨面变形主要影响因素是路基，路基弹性变形可以通过动力学分析确定。日本对基床采用挠曲角来控制变形，弹性变形小于 2.5 mm。我国采用的基床结构是级配砂砾石表层，对有砟轨道而言从多道床稳定性考虑，应控制在 4 mm 以内。路基弹性变形与塑性累积变形都需要进行动力学分析计算，因此建立动力学模型分析和数值计算是当前路基变形分析控制的重要手段。

如何控制和减少基床累积塑性变形已成为当今岩土工程界的热点问题，主要包括试验研究、本构模型研究和计算等几个方面。基床累积变形是列车荷载传递到基床的动荷载引起的。预测路基累积沉降量，各国做了许多室内和现场试验，在此基础上提出了各种经验公式，但各种估算方法都不够准确。日本对填土压实质量采用 K30 作为控制指标，按日本的资料，强化基床表层结构形式，K30＝68～108 MPa/m 时，荷载作用 150 万次（列车一年作用的次数），塑性变形为 1～2 mm。目前还不能精确预测填土压实工后变形，除饱和地基沉降外，多是估算经验公式，德、日采用的公式是 $S=h^2/3\,000$，其中 h 的单位为 m。国内在这方面的研究起步较晚，还缺乏动载作用下基床的累积沉降实测值，基床设计考虑临界动应力进行限制，还需通过大量现场试验，建立我国自主高铁基床动力累积变形计算公式。目前主要用三轴试验方法针对循环应力比、加荷次数、超固结比、加载频率和加载波形等影响因素来研究不同基床材料的循环加载特性等。蔡英等[140]利用三轴试验研究重复加载作用下土体临界动应力和永久变形变化规律。钟辉虹等[141]通过现场室内试验研究列车荷载作用下黏土路基受力行为，分析了路基填土在轮对荷载重复作用下累积塑性变形与路基土饱和度的相关关系。中国铁道科学研究院于 2002 年首次开发研制了我国高速铁路路基动载模拟系统，针对多种填料基床对高速铁路路基在列车荷载长期作用下的动态响应进行了多次现场模拟试验研究，得到了振动次数超过 300 万次的基床累积塑性变形规律，但这些试验模拟动载主要围绕有砟轨道路基。可以看出，高铁无砟轨道路基累积塑性变形的试验研究较少。

（2）地基部分的固结变形是路基工后沉降的主要组合部分，也是路基工后沉降控制的重点内容，地基部分变形控制主要借助于地基的加固处理技术。地基处理分为固结排水与复合地基两大类。固结排水法应用较早，其作用机理研究已经比较成熟；复合地基是应用最广泛也处于不断发展中的地基处理技术。从桩的类型上看涵盖了砂石桩、水泥粉煤灰碎石桩、夯实水泥土桩、水泥土搅拌桩、石灰桩、灰土挤密桩、锚杆静压桩法、树根桩、PC 管桩等多种类型；从结构形式上讲，则从一般的复合地基逐渐过渡到桩网、桩筏、桩板等新型结构。随着铁路设计标准越来越严格，铁路行业不断引进新的或者改进现有的地基处理技术，与此同时也带来新的问题。最迫切的问题是理论基础落后于工程实践，为此，国内外学者开展了大量的研究工作。

在施工技术方面，主要针对三类问题展开工作：一是特殊条件下地基加固技术，如滨海相软土地基铁路路基施工技术[142]，砂垫层、袋装砂井等工程应用；采空区[143]、下穿盾构[144-145]条件下地基加固设计与施工技术、湿陷性黄土中水泥桩加固技术[146]。二是新型地基处理施工技术，如布袋注浆桩在铁路地基加固中的应用[147]、CFG 桩在客运专线地基加固中施工技术[148-149]、强夯置换碎石墩地基加固技术[150]。三是新型施工方法应用，如多向搅拌法[151]、单管双喷高压旋喷法[152]、多向水泥砂桩技术[153]在高铁地基加固中的应用。上述成果主要是对工程技术的总结归纳。

鉴于目前高速铁路建设工程实践的超前发展，研究人员多从事理论研究，通过理论分析、模型试验、现场试验、数值计算等手段不断完善铁路地基处理技术的理论基础。

理论分析方面，主要对各种新型地基处理方法的设计计算与工作机理进行深入研究。如在桩网地基加固技术研究中，重点研究加筋材料的拉膜与垫层下土拱效应[154]，在此基础上提出桩网复合地基桩土应力比计算公式与工后沉降计算方法[155]。计算方法研究中，土拱理论、薄板变形理论和 Winkler 弹性地基模型是研究的基础[156]，Mindlin - Geddes 方法与 Boussinesq 方法则是求解应力分布沉降变形最常用的公式[157]。此外，小孔扩张理论、Hewett 算法等[158]一些理论方法也被借用以求解桩网结构的受力变形。桩板、桩筏复合地基的理论研究还较为缺乏，目前主要是通过试验与数值分析方法研究其内在的受力变形特性，据此不断改进其设计计算方法。

试验研究方面，通过测试不同位置、不同结构的受力与变形分布的变化规律，可为设计计算提供重要参考。桩网复合地基现场试验中，张良等[159]对不同桩帽尺寸的桩网复合地基进行了现场试验，测试分析了路堤荷载作用下的地基沉降、基底压力和垫层筋带拉力。曹新文等[160]测试了铺设与不铺设土工格栅两种情况的粉喷桩复合地基的剖面沉降、桩顶和桩间土的土压力、土工格栅拉力。蔡德钩等[161]进行桩网支承路基的现场填筑试验，研究路基应力传递及格栅变形特性。桩板结构在铁路中的应用较晚，詹永祥等[162]结合武广线桩板结构路基的设计，初步探讨了桩板结构路基的设计方法。苏谦等[163]结合郑西等高速铁路试验段，对桩板路基结构沉降控制效果进行了研究，并通过激振模型试验等对桩板结构的动力特性进行研究，总结改进了桩板结构的理论计算，对桩板结构设计参数进行了优化。桩筏复合地基来源于房屋建筑工程，也称为沉降控制复合桩基或疏桩基础。研究人员通过模型试验对其工作机理进行了较深入的研究。郑刚等[164]通过模型试验研究了桩筏复合地基沉降控制机理，其中重点研究了桩顶与筏板之间不同构造形式下桩筏复合地基工作性状的差异。试验中测量了筏板沉降及地基土沉降、桩身轴力和桩间土反力，分析了筏板与地基土的沉降规律、桩土荷载传递特性和桩土荷载分担比分布规律。宰金珉等[165]通过设计系列单桩带台与群桩的桩筏基础模型试验，研究了极限荷载下桩-筏板-地基土的应力与变形性状。

数值计算方面，运用有限元分析可以克服一些现场试验的局限，例如通过建立路堤荷载下带帽桩-网复合地基模型[166-168]，分析得出该复合地基的沉降变形、桩身轴力、桩侧摩阻力和桩土应力比分布基本规律；揭示了不同处理方式桩顶平面沉降变形的特性，同时对桩体的应力进行了对比研究。桩板结构复合地基的研究更加借助数值模拟。黄宏伟[169]、丁铭绩[170]、王卫东[171]等通过建立三维有限元模型，计算分析桩板复合地基工后沉降，考虑桩土变刚度、底板变厚度、抗拔桩、不均匀土层等因素影响，分析对桩板复合地基的附加应力分布，解决实际工程中遇到的各种复杂问题的计算。

由上述内容可知，国内外研究人员通过理论分析、室内外试验、现场测试试验、数值计算手段对铁路路基稳定性、变形控制及其动力性能进行了大量的研究，这三部分内容既相互独立又有交叉研究，例如路基稳定研究中包括动力稳定性评价，路基变形控制中的基床累积变形是动载作用下变形问题。这其中路基动力稳定性评价目前还没有规范依据，国内外学者提出的评价方法主要受限于控制指标及其阈值的确定，还需进一步积累数据。路基动力特性的研究通过试验与数值计算解决了动力响应参数（动应力、振动速度、振动加速度）分布情况、动力响应影响因素等问题。动本构模型由于土体材料的复杂性，需针对特定项目进行取舍后方能建立较为适用、准确的模型。与之类似，当前路基动力特性研究往往也需要考虑特定环境才能准确获取其分布变化规律，如邻近开挖、盾构下穿等，这方面的研究还比较薄弱。路基变形控制主要分为基床累积变形与地基固结变形，其中基床累积变形目前主要依靠三轴试验与数值计算。地基变形控制是路基工后沉降控制的重点，理论基础落后于工程实践，主要体现在桩筏、桩板等几种新型地基处理技术，设计计算理论不完善，工程中通过监测测试来实现其满足设计使用要求，目前多通过模型试验与现场试验不断积累经验，并借助数值分析来研究其工作形状与加固机理。

1.2.3　铁路路基检测评价

铁路轨道系统的几何状态一直处于动态变化中，利用轨检车可以对线路的弹性和永久变形的叠加状态进行动态检测，但轨检车无法检查轨道下部路基存在的安全隐患。路基状态主要指铁路路基的工作状态和使用寿命，具体内容包括路基强度、刚度、变形、稳定性、路基病害情况等。为保证运输安全，路基状态需要经常进行检测评价。目前获取铁路路基状态、质量主要通过人工踏勘、勘察检测的手段，具体包括挖探、地质雷达法、瑞雷面波法、轻型动力触探法、高密度电阻率法和土工试验等方法。对于不同的检测目的应选择不同的检测方法进行综合检测，杨新安等[172]给出了繁忙干线提速，一般线路提速，路局大、中修普查和局部地段特殊病害调查 4 种不同目的的路基适用检测方法，见表 1.2。

表 1.2　路基适用检测方法

检测线路	检测方法					
	挖深	地质雷达	动力触探	瑞雷面波	高密度电阻率法	土工试验
繁忙干线	√	√	√	√	—	√
一般线路	√	√	√	(√)	—	(√)
大、中修普查	√	√	—	—	—	—
局部地段特殊病害	√	√	√	(√)	(√)	√

注：√必测项；(√) 选测项；—非测项。

研究人员开展的路基检测评价研究包括两方面内容：一是新建路基质量控制指标与检测方法，有关指标的研究如铁路路基孔隙率试验方法研究[173]、高速铁路 A、B 填料压实标准探讨[174]等；检测技术研究，如动力连续同步技术在路基填筑质量验收中的应用，该方法可以对路基填筑质量进行过程控制，大大提高了传统的点式检测效率。此外还有地质雷达[175]、面波[176]等技术在质量检测中的应用。另一个主要研究内容是对既有线路基病害的检测评价。如对既有线铁路路基基床评价与测试研究中，采用轻型动力触探、K30 测试、Evd 测试、瑞雷面波法等手段[177-179]对既有铁路路基基床进行测试，并对测试数据处理分析方法进行改进，如采用神经网络模型分析样本数据[180]，计算特征值，用调整好的神经网络模型对沪宁线检测数据进行处理，或采用小波变换处理路基雷达检测记录[181]，这些方法主要用以解决海量数据处理费时费力、精度较低的问题。

上述几种方法仍采用传统的人工勘探方法，可能干扰运输，同时工作量较大。我国铁路已达 7 万多 km，线路的大幅增加仅靠人工勘探方法远不能适应铁路线上路基的检查。许多国家如美、英、法、德、意、俄、日、韩等都在进行路基测试设备的试验研究[182]，其技术普遍采用探地雷达。国外铁路路基检查车多数采用公铁两用车，公铁车前部或尾部悬挂天线，车体不会对天线周围电产生干扰。铁道部科技司 2002 年将探地雷达检查车的研制列为铁路科技发展规划[183]，由西安铁路和西安交通大学承担试验研究，2004 年在京九线、阳安线和宁西线进行试验，2005 年进行了人工石碴陷坑场地试验，取得良好的试验结果。我国铁路目前使用的路基状态检查车由轨道车、多通道探地雷达系统、定位系统组成，轨道车专门为安装探地雷达天线预留空间，探地雷达控制部分和数据采集主机在检测间内，车底下装有探地雷达的天线，定位系统由距离传感 CPS 组成。这一类型的检查车检测内容主要有道砟质量数量、密实度及排水状况，根据道碴层厚度确定承载力不足和翻浆冒泥病害区域。基于多通道多频率雷达对铁路路基进行无损检测。基于专业数据处理软件，可得出道碴层保护层厚度、脏污程度、湿度分布、平整度等，通过专家系统给出路基状态评判。

路基状态是一个较为模糊的概念，公路规范给出的路基评价方法以及铁路部门所用的检查车都是从路基病害调查角度出发。路基的病害乃至破坏是一个量变到质变的过程，这一过程中路基状态存在的某些安全隐患并不一定以病害形式出现，发生的多起路基边坡垮塌事故，事先都难以通过勘察检测到路基的病变。因此建立一个路基评价体系，选取路基状态控制指标，对路基状态进行预测评估具有重要意义，尤其随着列车速度的提高，路基状态变得异常复杂，在既有线路基检测方法基础上建立一种路基综合评价系统，对路基状态进行评估十分必要。张千里等[184]将路基全面普查与局部直接勘察相结合，建立了以病害内容与检测指标为基础的路基评估体系。另外提出了一种新的局部勘察检测方法——路基动位移测试系统，京九线现场实测证明采用该方法是可行的。

总体而言，铁路路基检测主要以新建路基质量与既有路基病害检测为主，以单一的指标变化作为评价依据，综合考虑各项因素的路基状态评估系统的研究极少。事实上，铁路行业系统评价方法有很多，但主要涉及运输管理方面，如改进层次分析法在铁路应急预案评价中的应用研究[185]、国土开发型铁路投资效果的模糊层次评价法研究[186]、基于 GIS 的铁路噪声预测与评价方法[187]、基于 Matlab 的铁路环境噪声模糊评价[188]、基于 SERVQUAL 的铁路货物运输服务质量评价[189]、基于三角模糊数的铁路客运站选址方案评价方法[190]、铁路节能环保效应评价体系研究[191]等，虽然这些评价的内容与铁路路基不相关，但其采用的评价方法如层次分析法、模糊评价方法都值得借鉴，适合路基状态评估复杂性、多变性等特点，可作为路基评估的基础原理。此外其他建设领域的一些评估方法对铁路路基评估也有可取之处，如基坑开挖引起的建筑物破坏风险评估，在常用指标如角变位和挠曲度来进行建筑物的破坏评价的基础上，研究人员[192]又提出综合地表沉降曲线形式、建筑物结构的几何尺寸、材料的临界应变以及建筑物的破坏评价准则，把建筑物破坏的风险评估分初步评估、二次评估和详细评估三个阶段进行。

可见，目前采用的检测评价以路基建造质量和病害检测为主，一般可以解决铁路路基状态维护问题，但当面临施工影响，路基状态时刻受到外界环境扰动时，一般检测手段评价难以解决过程控制问题；同时，对路基工程这类实在构筑物的评价研究还很少，没有统一的标准规范，针对路基状态影响因素多（包含外部因素和内部因素）的特点，建立具有普遍规律的铁路路基状态评估系统难度较大，但适当的取舍，选取主要控制因素，建立具有特定工程特点的路基评价体系则可以实现，可以为安全运输提供预警。

1.2.4　存在的问题

国内外研究进展表明，国内外在研究施工扰动、铁路路基性能、路基检测方面取得了很多成果，但仍存在不足和有待完善的地方，铁路路基外部扰动方面应侧重基坑开挖与打桩问题研究，而路基自身使用性能则需重点关注路基动力性能与变形控制，此外路基状态的检测与评价仍在不断改进阶段，没有统一的标准，尚难以真正快速、准确、全面地完成路基状态评价目标。据此提出以下问题作进一步研究：

（1）外部环境对路基扰动问题。即施工（基坑开挖、打桩）对路基状态（变形特性、稳定性、动力特性）的影响，这方面的规范和相关研究都没有给出监测方法和控制指标，施工影响的机理和严重程度、运营路基状态如何都有待解决。

（2）路基动力稳定性问题。规范标准没有提出路基动力稳定性评价依据，国内外学者提出的动力稳定性评价方法仍需在工程实践中完善，运营路基受扰动前提下亟待掌握其动力稳定性，以确保路基安全。

（3）路基变形控制问题。除施工对路基变形的影响，还存在紧邻既有线的新建路基工后沉降控制问题；新建高铁采用的新型地基加固技术本身存在工程实践超越理论基础的问题，设计计算还不完善，再受到紧邻运营铁路影响变更设计和更改施工技术，其工后沉降控制效果有待验证。

（4）路基检测评价问题，当前对既有线路基检测以病害勘察为主，没有建立路基状态评估体系；路基评价也以单一检测指标为依据，对路基状态影响因素考虑较少，不利于路基养护维修、消除路基安全隐患。

第2章

复杂施工环境下运营铁路路基状态影响分析

作为承托线路轨道的基础，路基必须保证轨道经常保持平顺，使列车通过时能在容许的弹性变形范围内平稳、安全运行。路基要承受轨道和列车荷载以及各种自然因素的作用，确保路基本体或其地基不产生破坏和位移，以保证行车的安全畅通。路基状态主要涉及路基的强度、刚度、稳定性、变形特性等工作状况与使用寿命，外界自然环境与人类活动、路基自身的设计与施工等都会直接影响到路基状态。影响路基状态的因素十分复杂，有必要根据研究项目特定对这些因素进行筛选，根据影响程度大小与影响的可能性，去除次要因素，保留主要因素。总体上路基影响路基状态的因素可大概分为内部因素和外部因素。

2.1 铁路路基状态影响因素概述

2.1.1 内部影响因素

影响路基状态的内部因素主要指其建设质量，包括路基自身的设计与施工，在满足设计标准与施工质量控制的前提下，路基土工程特性成为影响路基服役状态的主要内部控制因素。铁路路基土工程特性包含下述几部分内容：

（1）路基土颗粒组成。病害多发生于黏性土基床。研究表明，路基土的黏粒含量超过30%为病害地段颗粒组成。

（2）土体矿物组成。矿物成分不同将导致土体性质差异很大。土粒度不同则其矿物成分也不同。研究表明，路基土含蒙脱石、伊利石较多易产生路基病害。由于蒙脱石、伊利石有很强的亲水性，易吸水，遇水呈胶体，产生膨胀，从而导致基床病害。

（3）土体塑性。土的液限及塑性指数反映了土体颗粒形状、比表面及亲水性。试验表明，翻浆冒泥的基床土的液限大于32，塑性指数大于12，低于这一指标则很少产生病害。

（4）路基土渗透性。路基填筑材料宜采用弱透水性土或不透水性土，这类土渗透性很差、渗透系数很低，这一类路基土不容易发生病害。

2.1.2 一般外部影响因素

外部影响因素概况为自然环境与人类活动，其中最为常见的主要是水、列车荷载、温度等。

1. 水的影响

水是路基病害产生与发展的最重要条件之一。导致路基病害的水的来源主要有地下水和地表水。地表水指大气降水、排水不良引起的积水、路旁池塘。地下水则是翻浆和泉眼的主要补给来源。

降雨对路基的影响主要体现在降雨引发的对路基坡面冲刷。铁路路基坡面降雨冲刷是降雨汇水沿坡面汇流至坡脚排水沟的过程，属于局部水害现象。依据发展阶段和冲蚀形态，坡面冲刷类型主要有面蚀、沟蚀与冲刷性坍塌。面蚀是最常见的形式，即地表径流冲走坡面表层土粒。沟蚀则指在雨滴击溅及坡面水流的共同作用下坡面出现细小的坑洞及沟槽，坡面径流汇集而增大产生细沟，单条细沟则进一步汇合，形成规模更大、有一定深度和宽度的浅沟，沟深大于 1 m、沟宽为 1~2 m 时，即为冲沟。冲沟进一步发展即会形成冲刷性坍塌，冲刷性坍塌指强烈冲刷作用下部分路基失去平衡，产生滑溜塌落。

地下水对路基的影响主要体现在地下水在毛细作用下将沿土体中细小孔隙上升产生渗透，由路基内外含水量差异而产生横向吸附渗透，路基土对地下水的竖向抽吸、地下水通过孔隙上升而积聚，都直接影响路基土性能的变化。地下水毛细作用与浸润都可能导致路基各种不可恢复的形变。

2. 列车荷载影响

列车荷载影响主要包含列车荷载的特点与土的强度特征两方面。列车动荷载是造成基床变形的重要因素。列车动荷载主要特点是：①列车动荷载动应力大、分布不均衡且具有随机性。它与机车轴重、运行速度、轨道有关。列车荷载产生的动应力远大于一般建筑地基基础，试验表明，基床中动应力分布不均衡，钢轨下截面处应力最大，轨下为 60~126 kPa，道心为轨下应力的 1/2 左右，轨枕端头最小。基床动应力自基面向下衰减，衰减速度与基床土种类有关，一般情况下黏性土比砂性土衰减得快，饱和粉细砂基床动应力影响深度可达 3~4 m。②振动加速度大。列车振动荷载在路基中的传播可视为弹性波。由于振动的随机性，振动加速度变化波动范围很大，实测资料显示，衡广线振动加速度为 $0.44g$~$0.748g$，相当于双级烈度地震（约 $0.51g$）。该振动强度说明静荷载条件下的规律无法准确描述动荷载作用下的应力变形规律。③振动作用延时长，频率高。随列车质量增加与速度提高，振动作用时间频率均会增强，从而加剧基床变形。列车荷载作用还会加速道床翻浆冒泥的发展。

3. 温度变化

在寒冷地区温度及其变化也是造成路基病害的原因之一。气温降低时土中自由水冻结，使土颗粒薄膜水向上层转移，土中水重分布。水分上移补充形成不均匀冻胀。气温上升后上层解冻，下层冻结，形成不透水层，上层水分集结致使基床呈现软塑状态，在列车荷载作用下发生翻浆冒泥。若是岩质基床，气温与含水量变化促进材料风化和软化，从而形成病害。

2.1.3　邻近施工扰动因素

除上述一般性的外部影响因素，崩塌滑坡、泥石流、洪涝灾害、地震等自然灾害也会对路基产生毁灭性的破坏。本书不对灾害类因素详细介绍，重点讨论邻近施工这一人类活动对既有路基的影响。

施工扰动对路基状态的影响活动包括基坑开挖、爆破、隧道建设、打桩等。

（1）基坑开挖的影响。基坑开挖卸载后引起周边土体的应力变化，当土体卸载比较小时，周边土体发生弹性变化，开挖的影响范围较小，随着开挖量增加，周边土体产生塑性变形，开挖面变形与土体渗透作用造成周边土体沉降以及水平位移；同时基坑开挖降水也会显著改变周边地基土孔隙水压力，造成土体新的固结变形。

（2）爆破的影响。爆破过程对周围地基产生作用主要通过冲击波和应力波，10~15 倍装药半径内冲击波将衰减为应力波，传播至 400~500 倍半径，则衰减为弹性波，这种爆破能量会随距离的增加而逐渐衰减，其中弹性波将引起地基土的弹性振动，会导致附近的地表出现开裂、沉降、隆起等破坏形态，进而促使邻近构筑物出现损坏。

（3）隧道建设的影响。隧道建设过程中除围护结构的变形要严格控制外，由于大规模开挖而显著改变地基应力，必然造成邻近地表的沉降变形。

（4）打桩的影响。打桩对周边地基土的影响分为两个部分，振动与挤土。打桩振动是动力加载过程，其产生动能以应力波的形式向周围扩散，与爆破产生的动能不同，打桩振动持续时间较长，能量较小；而挤土效应主要是由于群桩进入地基后对周围土体的挤压作用，并导致桩周区域孔压变化。

上述这些人类活动通过振动、挤压、开挖卸载等作用直接改变路基周边区域原有地基的应力场、位移场，进而造成路基变形超限甚至失稳破坏。与自然灾害不同，施工扰动完全可以通过合理的规划设计、科学的监控预防措施、快速的应对策略与组织管理来有效地减小乃至消除其不利影响。

2.2 施工邻近程度界定

新建工程与既有构筑物是否属于邻近施工，需要进行判断，即新建工程施工是否会对邻近既有构筑物造成不利影响、影响程度如何。

首先应区分新建工程的类型。常见的几种新建工程包括基坑、沉井、隧道、路基等工程建设。本书的研究项目在路基建造过程中，地基处理阶段实际在既有线一侧形成了 2~3 m 深的基坑，基坑开挖引起环境效应的关键在于土体卸载产生应力释放；同时在地基处理成桩阶段，一般桩施工对周边环境的主要影响是挤土效应，即应力的增加。

其次是分析工程周围的地质条件，包括场地地层分布、岩土物理力学性质、地基承载力及地下水的埋藏条件等。不同地质条件受施工扰动和附加应力的影响程度不同，如软土地区最容易受影响，一般黏性土和砂土受影响程度较小，而岩层则因其强大的抵抗能力和很高的承载能力，所受影响最小。在本书研究的路基试验段沿线鱼塘、沼泽、沟渠较多，路基下伏 2~6 m 厚度不等的淤泥质黏土，地质情况较为恶劣；试验段位于长江冲积平原区，地下水为第四系孔隙潜水，受大气降水及地表水补给，水位埋深为 0~3 m；工程现场软土具有孔隙比大、含水量高、中高压缩性、承载力低等特性。可见该区段是容易受影响的地质。

然后是确定邻近既有构筑物的结构类型，包括隧道、地铁、公路道路、地下管道等类型的建筑物。不同类型建筑物对周边地层变形或地基变形的敏感程度不一样。一般情况下，采用天然地基基础的建筑物对扰动的反应较为敏感，易发生倾斜、不均匀沉降等问题。铁路路基即属于这类建筑物，受邻近施工干扰，线路水平挤压变形、竖向不均匀沉降乃至边坡坍塌等情况时有发生。

判定新建工程是否属于邻近施工之后，新建工程施工对周围既有建筑物造成不利影响的程度如何需要进行分析。邻近施工对既有建筑物的影响情况见表2.1。

表2.1 邻近施工对既有建筑物的影响

邻近施工	地 层	既有建筑物
土层开挖	因土体卸载产生应力释放	地基反力、土压力大小和分布变化，造成建筑物沉降变形
地下水位下降	土体有效应力增大产生固结沉降	
周边土体扰动	土体性质改变，如强度、变形特性等，因此发生弹塑性变形和蠕变	
桩的挤土效应	产生附加应力，造成土体弹塑性变形	

日本《既有铁路隧道近接施工指南》将邻近度分为3个范围：无影响范围、要注意范围、限制范围。影响程度分区、特征及对策见表2.2。

表2.2 影响程度分区、特征及对策

分区	特 征	对 策
限制范围	新建工程对既有结构有影响，且影响较强，通常会产生危害	必须从施工方法上采取措施并根据结构物强度、变形量等来研究影响程度，而后采取相应措施。同时对既有结构和新建结构进行量测管理
要注意范围	新建工程对既有结构有影响，但影响较弱，通常不会产生危害，但需注意	一般以采用合适的施工方法为对策。并根据既有结构的强度、变形量等来推定容许值
无影响范围	一般不需要考虑新建工程对既有结构的影响	一般不需要采取措施

判断施工邻近程度可依据地基破坏模式。以条形基础下整体剪切破坏地基为例，图2.1所示为地基滑裂面，两端为直线，中间为对数螺旋线。滑裂面包含范围与内摩擦角φ有关。当$\varphi = 30°$时，滑裂面水平方向延伸宽度$X=3.35B$（B为条形基础宽度），随φ值的减小，X减小。黏性土内摩擦角一般小于30°，即认为条形基础下承载地基土范围为$X=3B$。施工引起X范围内部分承载地基松动，则整个地基承载力都会降低，进而影响既有构筑物的稳定。土体发生局部剪切破坏，承载地基土的范围将会减小。既有构筑物基础地基附加应力在一定深度范围内扩散，施工引起地基土的松动，不仅严重影响地基承载力，其引起的变形更对既有构筑物产生不利影响。

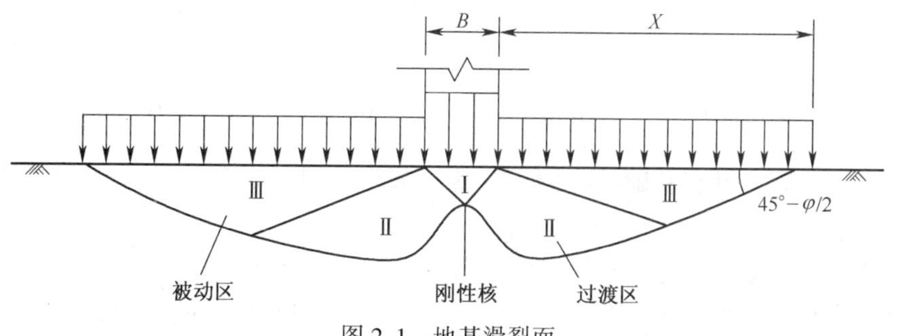

图2.1 地基滑裂面

以基坑开挖为例分析新建工程影响范围。如图 2.2 所示，根据地基极限平衡理论，基坑开挖潜在破坏滑裂面与水平面的夹角为（$45° + \varphi/2$）。影响范围可划分为Ⅰ、Ⅱ、Ⅲ三个区域。Ⅰ区潜在滑裂面在既有基础承载地基范围外，不会对既有基础造成影响，可称为无影响范围；Ⅲ区滑裂面进入地基承载力和变形受影响地带，可能对既有基础造成不利影响，可称为限制范围；Ⅱ区滑裂面与既有基础的承载地基相交，即部分承载地基成为潜在破坏土体，但还不会严重影响地基承载力和地基变形，属于无条件范围到限制范围的过渡区，可称为要注意范围。

（1）无影响范围：在该范围内新建工程不会对既有建筑物造成不利影响或造成的影响可以不予考虑，设计施工时没有需要特别考虑的事项。

（2）要注意范围：在该范围内新建工程，可能对既有建筑物造成不利影响，但影响比较小；设计不需进行特别考虑，但施工时应对既有结构进行变形观测，变形过大时采取必要的防护措施。

（3）限制范围，即需采取措施的范围：该范围内新建施工会对既有建筑物造成较大影响；设计阶段、施工前就要规划需采取的措施。Ⅲ区范围内施工属邻近施工，施工中必须对邻近既有建筑物采取保护措施，Ⅱ区属过渡区，施工时须注意。该范围的划分与新建工程、地质条件、既有建筑物有关。

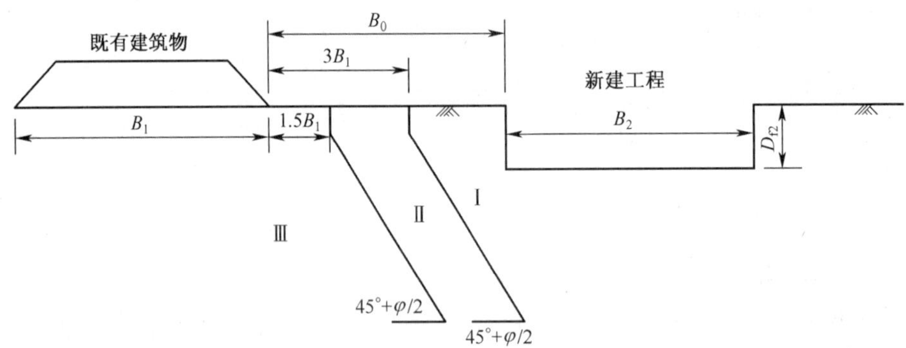

图 2.2　浅基坑开挖邻近程度判别

具体划分界限可用下列公式表示：

无影响范围应满足

$$\left.\begin{aligned} &B_0 > 3B_1\text{，当}D_{f2} \leqslant D_{f1}\text{ 时} \\ &B_0 > (D_{f2} - D_{f1})\tan\left(45° - \frac{\varphi}{2}\right) + 3B_1\text{，当}D_{f2} > D_{f1}\text{ 时} \end{aligned}\right\} \tag{2.1}$$

限制范围应满足

$$B_0 < (D_{f2} - D_{f1})\tan\left(45° - \frac{\varphi}{2}\right) + 1.5B_1\text{，当}D_{f2} > D_{f1}\text{ 时} \tag{2.2}$$

式中：B_0 为新建工程与既有基础的净距；B_1 为既有条形基础的宽度；B_2 为开挖基坑的宽度；D_{f2} 为开挖基坑的深度；φ 为土的内摩擦角。

这一计算适用于地质条件较好的工程，当邻近施工处在较差的地质条件时，新建工程的影响范围就会大很多。另外，以上判别公式一般适用于新建基础的长度与既有基础的长度相当甚至大于既有基础长度的情况，如两条并行铁路线；如果在既有条形基础附近新建独立基础，相对而言基坑开挖不大，应力释放小，还产生空间效应，所以邻近施工的影响不大。

京沪既有铁路与新建沪宁城际铁路部分区段紧邻，最近处仅 4~5 m，既有线路基不可避免受到施工影响。针对这一情况，通过轨检车的资料对既有线状态进行评估，分析施工影响情况。沪宁新线建设始于 2009 年 2 月，施工初期阶段以地质勘探为主，对既有线影响较小。工程项目位于软土分布地区，多采用复合地基处理方式。进入到地基处理阶段，新线开挖、打桩等施工对既有线影响较大。自邻近新线开挖始于 2009 年 4 月，截至 2009 年 8 月完成路基填筑。对比不同时段、不同区段轨检车的资料，选取两线最近区段沪宁新线 DK95+025-125 作为典型试验工点开展研究。根据上述原理，沪宁城际铁路紧邻既有线开挖的浅基坑属于限制范围，必须采取必要的措施消除或减弱其对既有线路基的影响。

2.3　邻近施工扰动过程分析

本书的研究所针对的项目是沪宁客运专线与京沪既有线铁路，两线并行区段最近间距仅 4~5 m。其中沪宁客运专线采用新型桩筏复合地基，用以保障实现“趋于零”的工后沉降控制要求，地基加固采用 CFG 桩；而京沪既有线是建于 20 世纪 70 年代的有砟铁路，基础为天然地基，经多年运营，地基已基本完成固结。路基一侧重新开挖对既有线产生很大扰动。同时，新线打桩填筑等过程也会对既有线路基形成不同程度的挤压。

新建沪宁客运专线与京沪既有线铁路位置紧邻，现场施工场地狭小，运输困难，施工现场地下管线保护、大型机械进场转场等安全问题突出；同时，既有线上有接触网，下有通信等电缆设备，对新线施工安全构成威胁。施工具有既有线行车与新线施工相互干扰的显著特征，相互干扰使得新线施工难度大。从工程现场可以看出，影响路基状态的因素主要是较恶劣的地基条件（淤泥质黏土）、紧邻位置施工建设，此外，当地夏季强降雨造成的基坑积水、路基浸水对稳定性的影响也不容忽视。

根据高铁路基建设过程，新建高铁对紧邻既有线的影响可根据施工过程主要分为以下 3 个阶段：

（1）新建高铁采用桩筏复合地基，地基开挖形成 2~3 m 浅基坑，既有线路基一侧形成人工开挖边坡，应力释放，改变原有地基的应力、位移分布。在既有线列车正常运营情况下，新形成的路基边坡受土体卸荷与列车荷载综合作用，产生应力、位移变化，如图 2.3 所示。

（2）在桩筏复合地基成桩阶段，研究表明，一方面打桩振动产生的振波会对周边不同距离的区域产生不同程度的影响；另一方面成桩过程的挤土效应也将直接影响既有铁路线路基应力场、位移场，如图 2.4 所示。

（3）地基处理完成后，新建高铁填土荷载产生的附加应力将可能引起既有线地基新的固结变形；而在高铁投入运营之后，列车动荷载对邻近位置的振动影响尚须探明，如图 2.5 所示。

此外，挤土桩施工中，若采用打桩施工，除了产生挤土效应外，还产生强烈振动和噪声，严重影响邻近既有建筑物的安全和邻近地区市民的正常工作和生活。很多地区已经颁

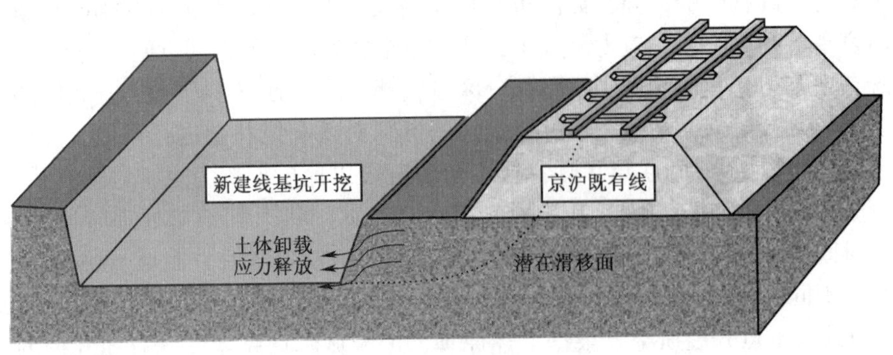

图 2.3 地基开挖阶段影响示意图

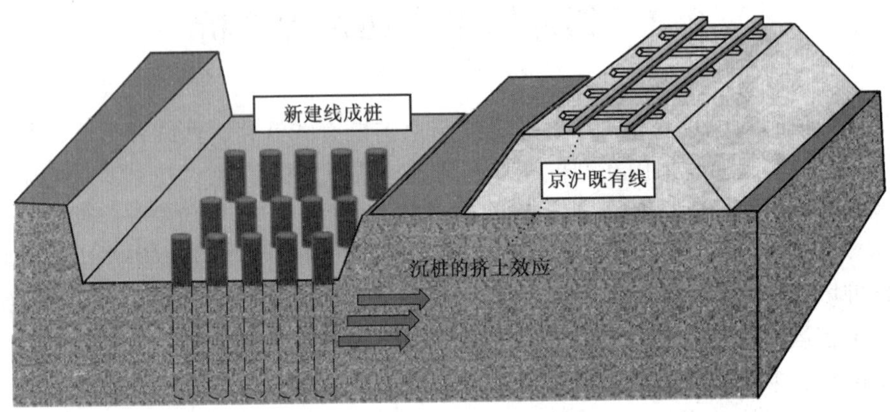

图 2.4 成桩阶段影响示意图

布相关条文禁止在建筑物密集区进行打桩施工，而要求采用静压法沉桩，以避免振动和噪声的影响。

图 2.5 运营阶段影响示意图

2.4 小　　结

本章分析了运营铁路路基状态的主要影响因素、邻近施工程度以及扰动过程，具体包括以下内容：

（1）归纳了铁路路基状态影响因素，即内部与外部因素。内部因素主要考虑路基土工程特性，外部因素常见的主要有水的影响、列车荷载以及温度变化；较为特殊的外部影响因素包括各类自然灾害与人类建设活动，其中邻近施工中的基坑、隧道建设、爆破施工、打桩等都会对既有运营路基状态产生显著影响。

（2）提出了邻近施工的判别流程，即区分新建工程类型、分析工程地质条件、邻近构筑物的结构类型，在此基础上采用地基极限平衡理论，根据影响程度的大小划分邻近影响范围区域。

（3）针对沪宁城际铁路建设施工紧邻京沪既有线的特殊工况，将施工扰动划分为 3 个阶段，即路基基坑开挖、成桩、路基填筑。施工各个阶段涵盖了土体卸载、应力释放、挤土效应、新增附加应力等作用，改变了紧邻位置既有路基应力场、位移场，进而可能造成路基变形超限甚至失稳。为此必须采取措施对既有路基实施安全监控与防护。

第3章

复杂施工环境下运营路基状态现场试验

针对施工的三个阶段（路基基坑开挖、成桩、路基填筑）对运营路基原有应力、位移状态扰动，拟对既有路基状态进行实时安全监控。目前尚未见此方面的研究报道，没有规范的方法或成熟的技术实现。运营既有线多通过轨检车进行线路平顺性检查，而对路基产生的变化无法检测。路基的破坏是一个从量变到质变的过程，其内部应力、孔压、位移变形等在施工扰动状态下必须加强监控。为此，本书在沪宁城际铁路现场设置试验段，提出以水平应力、位移为静力测试指标，以路基振动响应为动力测试指标，综合测试既有线运营路基在施工扰动条件下的服役状态。

3.1 试验现场场地概况

在沪宁城际铁路新建工程设置试验段，试验工点选取沪宁客专与京沪既有线新老两线距离最近区段，相邻最近处仅4~5 m，共用一条排水沟。该断面位于新建沪宁客运专线DK95+256，对应京沪既有线里程K1274+128。该区域下伏18~20 m厚的淤泥质黏土。京沪既有线建于20世纪70年代。新建沪宁铁路为设计时速300~350 km的无砟轨道高速铁路，工后沉降控制严格（不大于15 mm），为此引进新型桩筏复合地基加固软土地基。由于紧邻既有线，新建工程加固地基的桩型选择采用静压预应力管桩，桩长为18 m，桩径为0.5 m，桩顶上部结构为筏板与碎石垫层，板厚为0.5 m，碎石垫层厚为0.2 m。

试验段路基状态试验测试的目的如下：

（1）在新老铁路线相距较近的断面，研究新线施工（挖方、打桩、路基填筑压实等）对既有线线路运行的影响（沉降、变形）。

（2）研究既有线动载给新线路基沉降变形带来的效应。

（3）根据现行规范的要求，通过对既有线进行轨道车检测，评估新线施工对既有线安全运营的影响，采取必要的措施，确保既有线轨面的平顺性，保证其安全运行。

工程现场对既有线路基开挖一侧进行测试，测试过程贯穿整个施工过程。根据研究目的，为有效监控路基状态，测试分为静力测试和动力测试。

3.2　运营路基动力测试

路基动力性能是减小病害的重要保证。路基动力性能包括动变形、动应力、加速度，路基动力性能直接关系到路基疲劳特性与动力稳定性。测试并评估列车动力作用下路基稳定状态是试验需要主要解决的问题。

根据主要的动载作用特点，可分为以下三类动力作用：

（1）单一、大脉冲荷载，如爆破。

（2）重复性微幅振动，如机器引起的振动。

（3）有限次数无规律振动，如地震。

这三类荷载的变化规律及应力量级均不相同。如爆炸作用下，土中产生的应变量级可达到 10^{-2}，动力机器振动引起的应变量级约为 10^{-6}。地震引起的应变量级介于两者之间。动荷的特点是大小随时间发生变化，随时间变化过程中存在两种效应：一是速率效应，即短时间内以高速率施加于土体引起的效应；二是循环效应，即荷载往复循环施加于土体所引起的效应。爆炸类荷载作用主要表现为速率效应，机器振动荷载主要表现为循环效应，地震的速率效应与循环效应则视震级大小和距离远近。循环效应影响下，即使应变量级很小，也会对结构稳定性造成巨大影响。小应变主要研究土弹性参数、动模量、阻尼比；大应变主要研究土的动强度、动变形、动力稳定性。

目前轨道交通引起振动的研究主要包括 4 个方面：列车运动荷载作用下轨道动力响应、振动在地基中传播、高速列车在软土地基上运行时产生的共振问题和地基减振问题的研究。影响铁路路基动力性能的因素如下：

（1）外部因素。铁路轨道的不平顺程度、行车方式，列车的轴重、行车速度等。

（2）内部因素。基床表层和底层的厚度、刚度，地基土的性质等。一般情况下，铁路路基的动力响应值是随着外部因素的提高而增大的，但随着内部因素的提高而降低。

火车在轨道上运行，由于车辆与不平直的轨道发生撞击而引起振动，振波通过土介质向外传播。根据文献［195］，选取振动加速度幅值、振动位移幅值、振动速度（振动加速度积分）、土体振动频率作为既有线路基状态的控制参数。采用 Matlab 编程，对采集的数据进行滤波——消除趋势向处理，得到振动加速度、振动位移的最大值，对加速度积分可得到振动速度，以及土体的自振频率。通过分析以上参数变化规律，分析评估路基土现有状态。浙江大学陈云敏利用移动格林函数求解移动荷载作用下分层地基的三维波动方程。根据计算可以得出在马赫数比较小的时候荷载移动引起的弹性变形只限于局部区域，周围地基中的波动很小，地表振动幅值在荷载前进方向上基本呈对称分布。随着速度的继续提高，地基中动力响应产生的波传播也会逐渐增大，而且地基的响应分布在荷载运动方向上不再具有对称性，在荷载作用位置前方有明显的波动传播；地表振动中出现明显的从荷载作用范围开始向后方延伸的包络线（也即所谓的马赫线），大部分地基波动位于马赫线的内部。通过计算分析可知荷载的移动速度对于地基中振动响应具有决定性的影响，当荷载移动速度接近地基临界速度（瑞利波速）时，地基的响应特性与低速荷载产生的振动截然不同。

列车动荷载作用下路基动力响应主要包括振动加速度、振动速度、振动频率及振动位移等参量变化规律及沿空间水平、垂直方向分布规律。现场施工人员、大型机械众多，测试环境复杂，应注意消除动力数据采集过程中的干扰因素。

测试运营的列车以“和谐号”系列动力分散型动车组为主，以两列十二节车组为标准。测试时，专人负责量测车速与记录列车信息；除列车振动荷载测试还包括施工机械振动等特殊情况。

3.2.1 测试方案

动测方案用来检测与评估既有线路基的实际情况，确保其正常运行，拟采用轨检车普查加局部测试相结合的方式，对既有线路基做出综合评价。为了研究线路路基纵向和深度方向在既有线运营状态下的动态响应变化规律，在线路的纵向和垂直剖面上布设传感器。

1. 测试内容

为研究在新线施工建设影响下，既有线土层动力特性的变化，进行土体动态测试。拟测试不同工况下（开挖打桩、承载板浇注、路堤土填筑碾压、预压）：①特定列车运行速度下，土体动力参数（位移、速度、频率等）在土层中的分布状况（沿深度、沿横断面两个方向），并确定其影响因素；②不同列车运行速度下，动位移及总体位移（水平向土应变计）分布情况。根据测试数据分布衰减规律，总结土层动力特性影响因素，确定土体主要动力特性控制参数。

2. 测试仪器

测试仪器包括台式电脑、动态信号测试分析系统、发电机。数据采集仪器包括DH-5935动态信号测试分析系统，其特点主要为高度便携、高度集成、DMA方式传送数据、准确的采样速率、数字磁带机信号记录功能，抗混滤波器。加速度传感器采用东华公司生产的与DH-5935配套的固态加速度拾振器，测量范围为±2g，精度为2%；imc16通道动态信号测试仪（德国）、imc加速度感应器、891-Ⅱ型拾振传感器、RDP位移传感器等。动态测试采集分析系统主要组成见表3.1，其实物如图3.1所示。

表3.1 动态测试采集分析系统主要组成

仪器名称	数量
东华DH-5935动态信号测试分析系统	1套
DH-5935固态加速度拾振器	4个
imc16通道动态信号测试仪	1套
imc加速度感应器	6个
891-Ⅱ型拾振传感器（横向、竖向）	3个
	3个
RDP位移传感器	5套
笔记本电脑	1台
台式电脑	1台

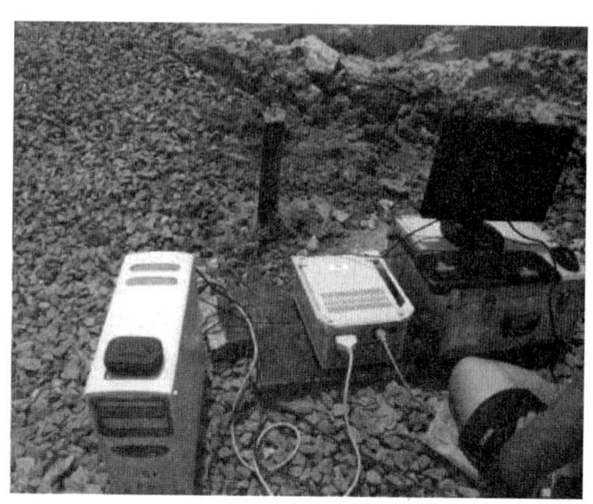

图 3.1　动态信号采集分析系统实物图

3. 测试方法

测试方法采用“埋设测振桩+传感器”的方法。新线与既有线路基之间沿线路纵向埋设钢管，埋深分别为 1 m、2 m、3 m，桩顶布设传感器，钢管作为永久观测桩；不同施工阶段埋设木桩作为临时观测点。测试时，在测振钢管桩上布置各类传感器，可分别测试 X、Y、Z 三个方向的振动物理量。根据现场实际情况（承载板浇注完毕），拟沿线路横断面方向布设一排钢筋（3~5 根），以测试横断面方向在特定列车运行速度下，路基土体动力参数的分布衰减。

4. 测试要求

（1）测试的列车以“和谐号”系列动力分散型动车组为主，以两列十二节车组为标准。每次测试时，由专人负责量测车速、记录车辆信息、估计车辆满座率；在不同位置、不同方向、不同高度布置各类型传感器，测试相关参数。

（2）考虑不同的工况（开挖、打桩、阀板浇注、路堤土填筑碾压、预压），从每个施工阶段开始—持续—结束，均需测试包括自然环境激励、列车荷载振动、施工机械振动等情况下各参数的变化情况。

（3）在其他影响条件下（如气候变化等）也应取得变化前后参数的改变量。

观测频度：路堤填筑前及填筑施工过程中，每天全天测试。

数据记录：采集测试数据真实准确，不得造假；自动采集的测试数据应及时在计算机内备份。

5. 数据采集

从实际测试能得到的几个反映振动的参数出发，分析如下：

（1）振动频率。作为结构物，既有线路基有自己的自振频率，其自振频率取决于路基自身，包括基床填料、路基土体性能以及周围土体的情况等。在紧靠既有线路基的地段施工，在不同的工况条件下（开挖、打桩、阀板浇注、路堤土填筑碾压、预压），既有线路基的自振频率必将发生改变。通过长期实测数据，分析出既有线路基自振频率的变化规律，可提出改变外部荷载的激振频率（列车荷载振动频率，打桩机、碾压机振动频率等）来避免共振的发生，保障既有线安全运营。

(2) 振动位移。结合土位移计及动态位移时程曲线，可以得出既有线路基一侧土体的位移趋势，拟得出最大位移值-列车速度、最大位移值-时间曲线，从而达到对既有线路基安全实时监控的目的，一旦发现位移量过大或变化速率过快，应立即停止施工甚至停止线路运行，采取相应防治措施。

(3) 振动速度。国内外学者或规范基于地面振动速度峰值（PPV），给出结构振动限值。因为相对于峰值加速度和峰值位移，峰值速度受频率影响较小。事实上，到底 PPV 超过多少限值会引起结构物的破坏，尚在争议中，而且各种观点之间差别较大。

总结振动速度峰值与车速等之间的规律，提出既有高速铁路路基土振动限值，尤其是针对新线施工的安全与质量，如新线路基在振动下的沉降特性，振动对填料填筑的影响等。

阶段一：开挖打桩阶段采用 DH-5935 动态信号测试分析系统，对既有线进行动位移、加速度原位测试。不同工况下，在管桩各个高度测试水平动位移。系统采用压电传感器，采样频率设置为 100 Hz，采样方式为连续采集，单位为 mm、mm/s^2，工程因子 mV/EU。采用埋设刚性桩的方法，如图 3.2、图 3.3 所示。桩顶测试地基土竖向动位移；沿桩不同高度，测试水平动位移，总结桩体动位移分布规律，计算土层动位移。

图 3.2 设置木桩作监测桩

图 3.3 埋设动力测试钢管

为观测地表下土层的动力响应，埋深为 1 m、2 m、3 m 钢管，作永久监测桩。桩顶可测得埋深土层竖向速度、加速度、动位移。沿桩身不同高度测试数据，可总结规律，计算得出不同深度土层水平方向速度、加速度、动位移。既有线列车通过时，开启程序，采集振动数据。采用1-4压电传感器通道，测试振动加速度、振动速度、振动位移及频率。采样频率控制在50~200 Hz，采样方式为示波采样。加速度采样单位采用 mm/s^2，传感器灵敏度采用8 pC/Eu，预测前进行通道平衡以及通道清零。现场测试埋设钢管桩前，在不同地方采集数据。采集火车行驶数据时，注意避开施工机械振动干扰。开挖打桩阶段振动、位移工况情况见表3.2。

表3.2 开挖打桩阶段振动、位移工况情况

序号	车型	车速/(km/h)	行驶方向	火车位置	测试项目
1	和谐号	120	北—南	1号线	1 m *X* 向位移
2	和谐号	120	南—北	1号线	1 m *X* 向位移
3	普通客运	100	北—南	1号线	2 m *X* 向位移
4	普通客运	80~100	北—南	2号线	2 m *X* 向位移
5	和谐号	50	南—北	1号线	1.5 m *X* 向位移
6	货运列车	30	北—南	1号线	1.5 m *X* 向位移
7	和谐号	150	北—南	2号线	1 m *X* 向位移
8	和谐号	60	南—北	1号线	1 m *X* 向位移
9	和谐号	120	北—南	1号线	2 m *X* 向位移
10	普通客运	100	北—南	2号线	1.5 m *X* 向位移
11	和谐号	120	北—南	1号线	1.5 m *X* 向位移

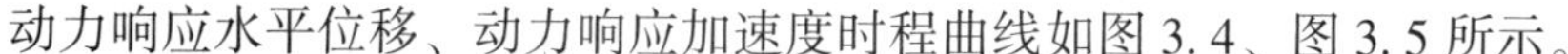

注：*X* 向—沿线路横断面方向；*Y* 向—沿线路纵向；*Z* 向—路基深度方向。1号线—靠近新建线路既有线轨道（距离新建线路）；2号线—相对新建线路较远既有线轨道（距离新建线路）。

动力响应水平位移、动力响应加速度时程曲线如图3.4、图3.5所示。

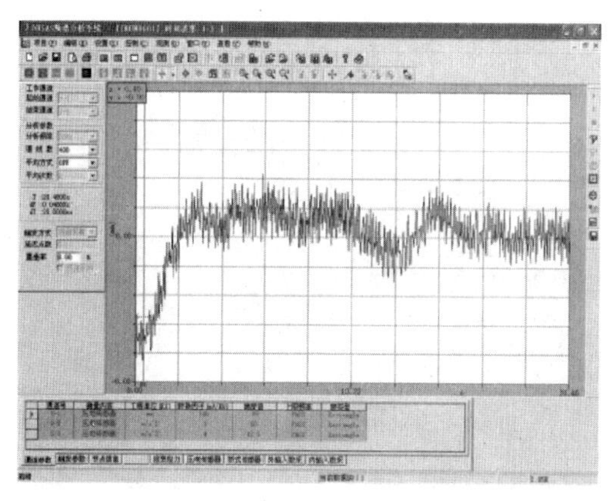

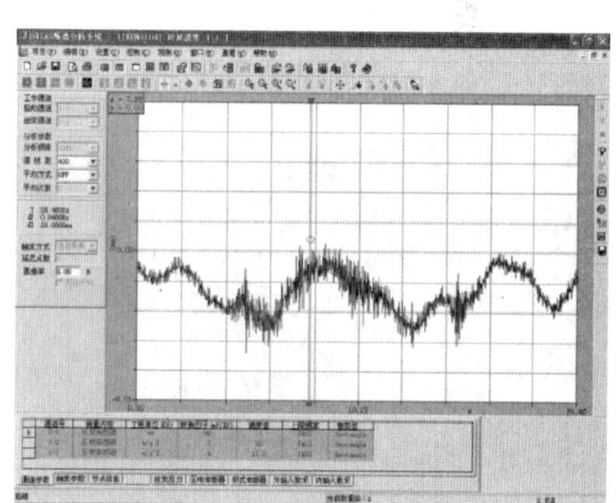

图3.4 动力响应水平位移曲线

阶段二：试验工点铺筑碎石垫层、浇筑承载板后，采用imc16通道数据采集仪、891-Ⅱ型传感器、imc传感器对既有线加速度、振动位移进行原位测试。

现场布点：钢管、临时钢筋、混凝土墩安装传感器，测试地表及不同土层深度竖向、水平加速度；选取典型边坡沿不同高度设置测点，测试既有线边坡水平振动位移。现场测试布

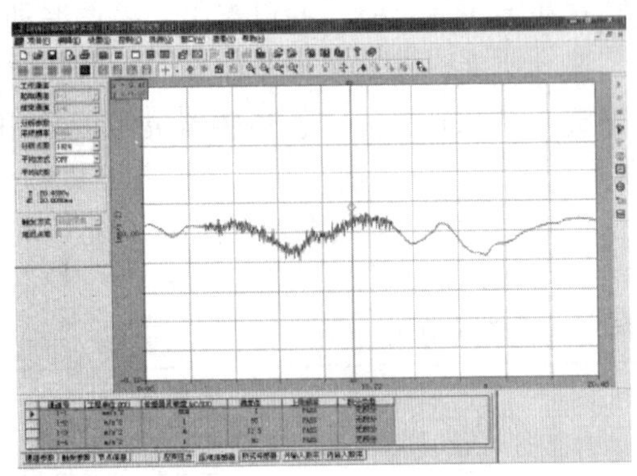
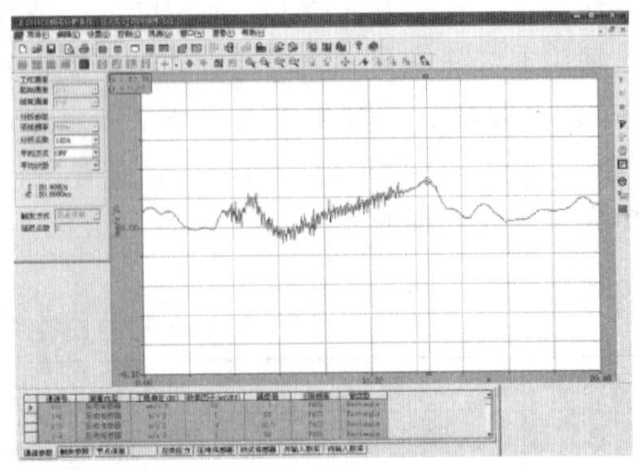

图 3.5 动力响应加速度时程曲线

点如图 3.6 所示。

图 3.6 现场测试布点

数据采集：按方案设计将传感器固定于测点，安装信号采集系统，启动电源，对采集系统进行参数设置保证数据采集真实可靠，系统布置妥当后进行采集。沿铁路横断面距既有线不同距离设测点，测试横向路基动力分布规律；钢管钢筋顶部布置加速度传感器，监测不同深度动力分布规律；钢管、边坡不同高度布置位移传感器，测试动位移分布规律。测点布点及动态采集系统设置情况见表 3.3、表 3.4，列车经过时加速度传感器采集的图像如图 3.7 所示。

表 3.3　测点布设

序号	传感器	通道编号	备注（测试项目）
1	imc 加速度感应器	Channel_01_imc14203_fbh	地表竖向加速度
2	imc 加速度感应器	Channel_02_imc14205_ggv	钢管（埋深 2 m）竖向加速度
3	891-Ⅱ型竖向拾振传感器	Channel_03_v7093_ddv	墩顶竖向加速度
4	891-Ⅱ型横向拾振传感器	Channel_04_h4227_ddh	墩顶水平加速度
5	891-Ⅱ型竖向拾振传感器	Channel_05_v7025_dmv	地表竖向加速度
6	891-Ⅱ型横向拾振传感器	Channel_06_h4226_dmh	地表水平加速度

表 3.4　动态采集系统设置

序号	传感器型号	电压/V	采样频率/Hz	量程/g	灵敏度因子/(g/V)
1	imc14203	10	200	±2	0.503 271
2	imc14205	10	200	±2	0.501 002
3	v7093	内置	200	±40	10.050 25
4	h4227	—	200	±40	10.799 14
5	v7025	—	200	±40	10.341 26
6	h4226	—	200	±40	10.582 01

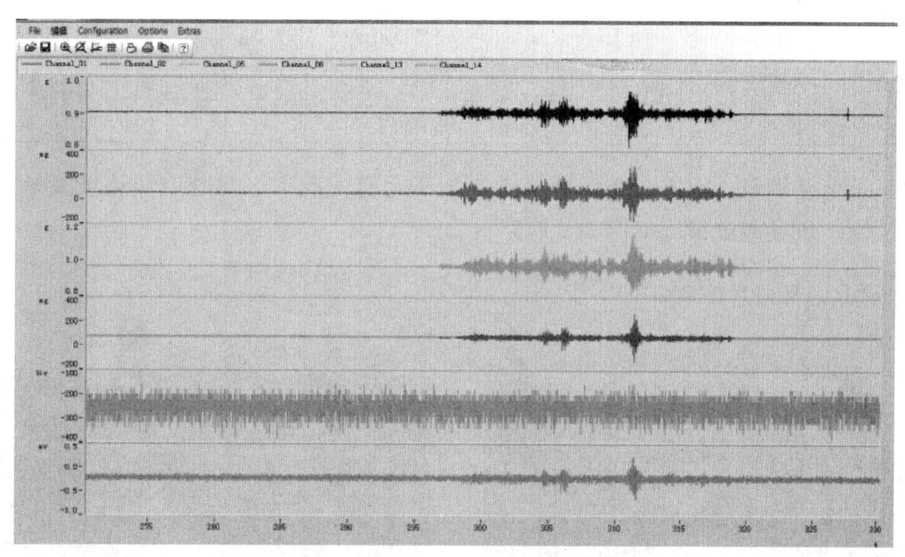

图 3.7　列车经过时加速度传感器采集图像

采用 RDP 位移传感器，对边坡土层水平振动位移进行测试。现场测试布点如图 3.8 所示，振动位移测点布设及动态采集系统设置见表 3.5、表 3.6。

图 3.8 现场测试布点

表 3.5 振动位移测点布设

序号	传感器	通道编号	测量项目
1	RDP 位移传感器	Channel_01	土层深 1 m 水平位移
2	RDP 位移传感器	Channel_02	土层深 2 m 水平位移

表 3.6 动态采集系统设置

序号	传感器型号	电压/V	采样频率/Hz	量程/mm	灵敏度因子/(mm/V)
1	120815	外部	200	12.5	2.604 709
2	120812	—	200	12.5	2.582 511

阶段三：路基填筑过程中，在机械碾压、列车运营工况下，对既有线边坡及地基土振动特性进行监测。现场测试情况如图 3.9 所示。

图 3.9　列车运行、机械碾压下土体动态测试

3.2.2　测试结果分析

3.2.2.1　振动频率

1. 路基自振频率

结构自振频率是动力学重点研究的内容，动力学计算前都要提取分析频率，从而得到结构振型与自振频率。既有线路基自振频率取决于填料、路基土的工程性质。武广线、秦沈线路基动力试验表明，铁路路基自振频率较低，范围为 0~40 Hz。日本东海道新干线路堤试验测得共振频率为 15~20 Hz。

2. 列车激振频率

列车通过使路基承受荷载作用从而产生强迫振动，该激励频率随列车速度变化。当激励频率与路基自振频率相等或接近时，将产生共振从而加剧路基振动。列车动力荷载形式较为复杂，具体包括簧上下质量振动、轮轨不平顺引起的冲击、车轮轴重移动的周期荷载。这些荷载作用可看作是不同频率谐波的叠加，其中轴重移动荷载主要产生低频段（0~40 Hz）；轮轨不平顺主要为中频段（40~100 Hz）。列车以一般速度运行时产生的激振力频率不会发生共振。实测基床动应力频谱表明，对路基影响最大的是基频，即车辆通过频率，对测试获得的频谱能量数据进行滤波，消除趋势项，可以得到其自功率谱图。列车振动测试谱图如图 3.10 所示。

从图 3.10 可知，列车荷载在路基中产生频率集中在 0~50 Hz，峰值主要集中在 20~40 Hz。激振频率随速度增加向高频方向移动，峰值能量增大。现场测试历经基坑开挖、筏板浇筑、路基填筑预压等，振动频率保持在 20~40 Hz，其中地基开挖阶段激振频率较低，在 20 Hz左右，与已有研究中日本测试获取的路基固有频率接近。测试振动频率与路基自振频率较接近，当自振频率与列车荷载产生的作用频率相等或接近时将产生共振，致使列车轨道振动加剧，影响高速行驶的平稳性。因此应加强对既有线路基的动力性能安全监控，采取相应安全防护措施。

3.2.2.2　振动位移

振动位移在列车通过时短暂发生，影响振动位移的主要因素有列车速度、轴重、线路平

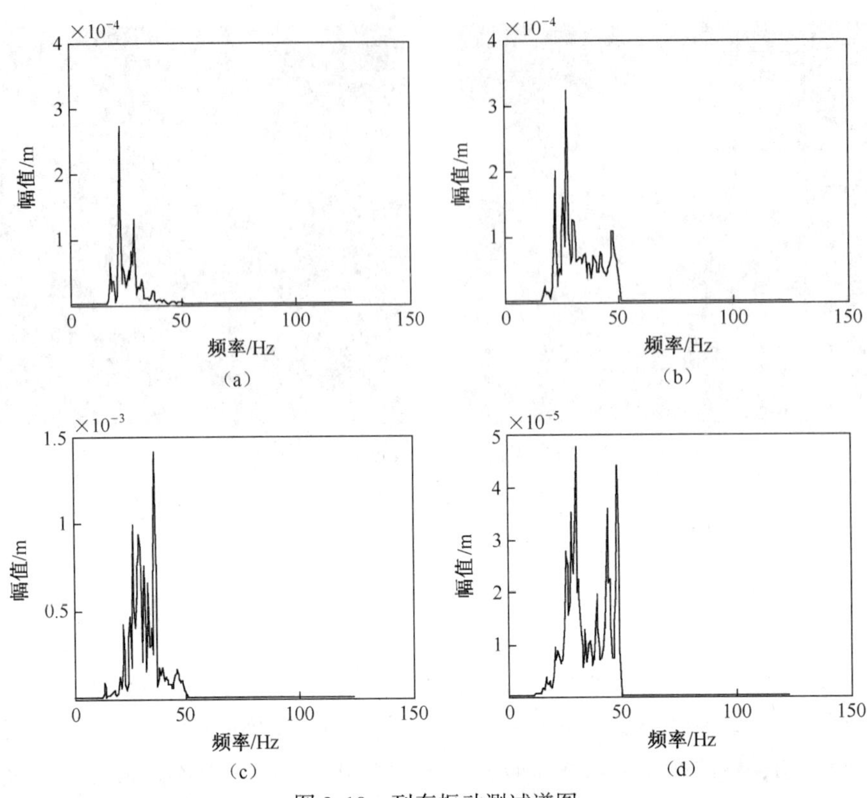

图 3.10 列车振动测试谱图

顺性、路基材料。既有线紧邻施工位置条件下，路基受力状态出现较大改变，路基振动位移是否因此产生行驶不利的影响有待研究。西南交通大学基于线路/车辆耦合振动模型进行路基动力分析得到，列车荷载作用下路基弹性变形是整个车轨路系统内部相互作用的结果，路基动弹性变形值应控制在 3.5 mm 以内。按《京沪高速铁路线桥隧站设计暂行规定》，当路堤高度为 5~10 m 时路基面弹性变形为 1.32~2.25 mm。

施工开挖阶段，测试振动位移竖向振动幅值为 1.9 mm，水平振动幅值为 0.15 mm。最大值位于边坡地表土；测试后期路堤填筑，振动位移处于 10^{-4} m 量级。根据 Richart 汇编的对特定频率竖向振幅容许值资料，工作频率为 40 Hz 时，位移振幅限值大约为 0.457 mm；初步判断两线之间土体动力特性趋于稳定，测试振动位移曲线如图 3.11 所示。

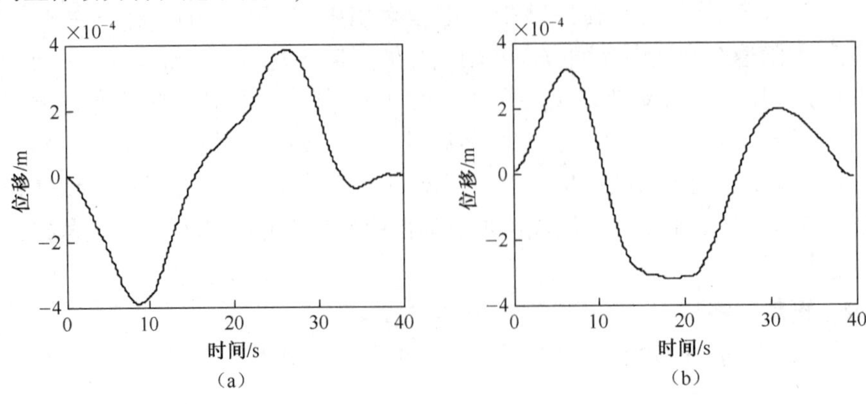

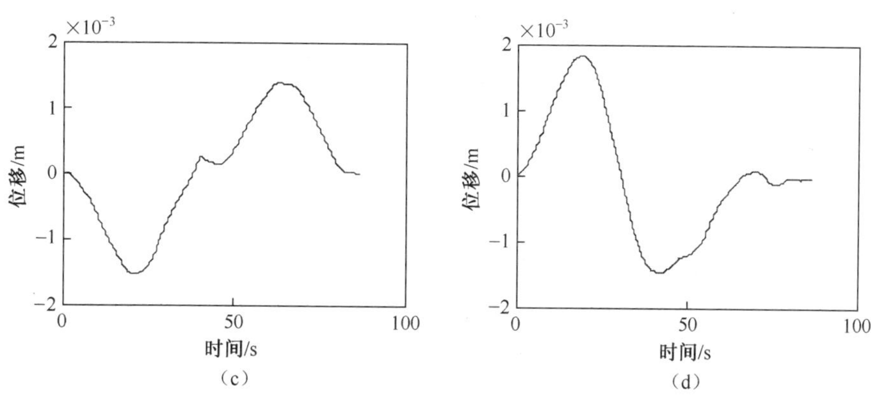

图 3.11　振动位移曲线

开挖阶段，地表土扰动影响最大，列车经过时振动响应最为明显，实测数据显示，随振动增加，振动位移趋于减弱，与振动响应变化规律一致。车速变化对振动位移影响不明显。随路堤土填筑碾压，土体动力响应有减弱趋势。数据显示与振动加速度一样的变化规律，随深度的增加，振动位移值减小，原因为振波在土层中的能量耗散。列车车速与振动位移大小关联不明显，实测水平振动位移曲线如图 3.12 所示。

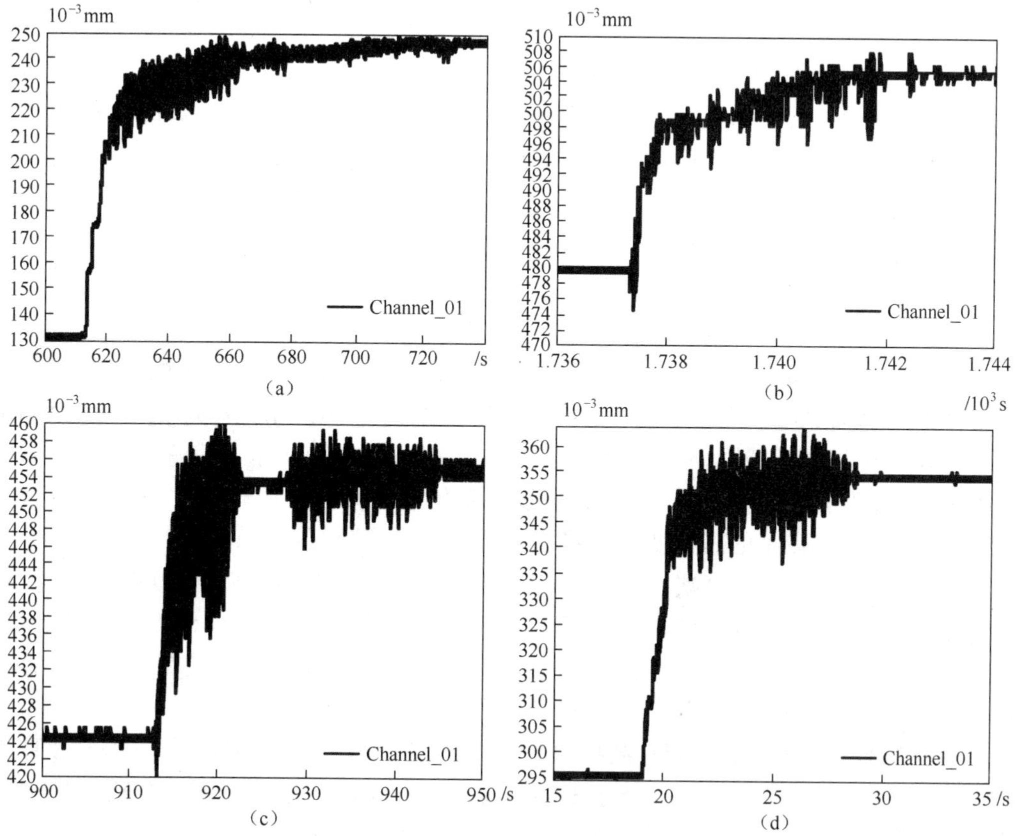

图 3.12　实测水平振动位移曲线

竖向振动位移沿深度方向衰减。列车低速运行情况下周围地表波动很小，振动为拟静态响应。快速傅里叶变换卷积积分得到，激振频率较大时，地表位移的波动性较大，原因是振波传至下层土体后发生反射与原波干涉，竖向振幅随传播距离变大会有一定的起伏而非一直衰减，这一现象随激振频率增大而更明显。如图 3.13 所示，由同一位置不同施工阶段振动位移峰值可知，路基开挖阶段振动位移最大，随路基填筑完成，动变形逐渐减小。

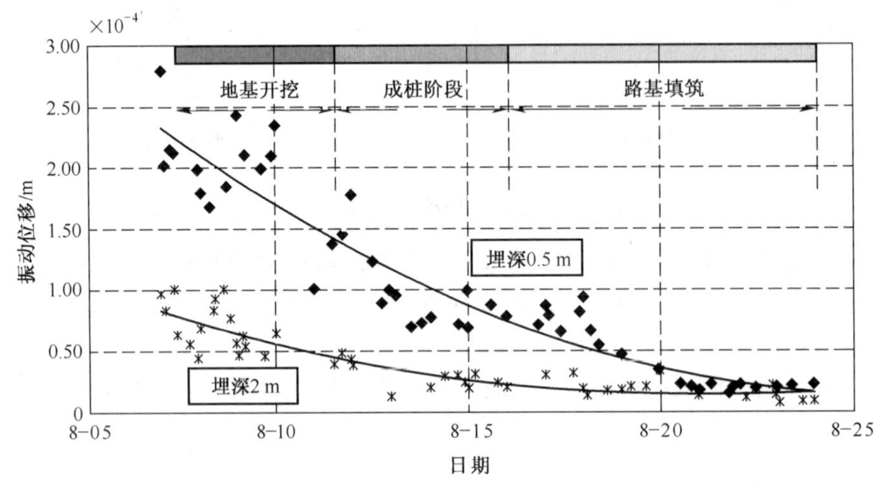

图 3.13 不同施工阶段振动位移峰值变化趋势

3.2.2.3 振动加速度

路基振动加速度是判断振动对轨道破坏的主要参数。振动加速度与路基动力特性、荷载频率密切相关。日本新干线高速列车振动测试加速度为 5~20 m/s^2。目前土体振动加速度没有安全评价标准。测试得到的振动加速度峰值随列车速度、土层深度变化衰减，与动应力规律相似。列车时速为 30 km，埋深 2 m、1 m、0.5 m、0.3 m 的位置振动加速度峰值分别为 0.010 29 m/s^2、0.017 36 m/s^2、0.018 74 m/s^2、0.032 02 m/s^2，深度范围内衰减 67%。列车速度从 30 km/h 增至 120 km/h，埋深 0.5 m 处地基响应振动加速度峰值从 0.018 74 m/s^2 增至 0.033 74 m/s^2，增加幅值为 44%。为更直观地看出振动加速度在不同深度的分布规律，绘制振动加速度-深度曲线、振动加速度-车速曲线如图 3.14 所示。由图中可见，振动加速度幅值衰减基本与相关研究路基面振动加速度衰减类似，但没有呈现出指数衰减规律。

地基土属于非均匀一致非弹性介质。在土层中传播时振波遇到土层界面会发生反射、折射；波传播过程中，极小的塑性变形也将引起能量耗散。随振源距离增加，能量逐渐耗散，加速度振动幅值也出现明显衰减。回归实测数据得到竖向与水平振动加速度衰减公式，水平振动加速度衰减公式为 $y=0.145e^{-0.20x}$，竖向振动加速度衰减公式为 $y=0.031e^{-0.17x}$，水平振幅的衰减远较垂直振幅内衰减快。衰减公式较好地反映了列车运行时振波在土中的传播规律。振动加速度-距离变化规律如图 3.15 所示。

试验段 2009 年 8 月 3 日完成承载板的浇筑，8 月 9 日开始进行路堤填筑，截至 8 月 17 日完成预压。跟踪整个施工阶段，对新建线路与既有线之间地基土进行原位监测，土体振动加速度幅值随路堤填筑碾压、预压后，整体呈现减小的趋势，8 月 13、14 日路堤填料开挖翻填，幅值出现波动，直至预压施工结束，土体振动响应趋于稳定。在各个施工阶段，振动幅

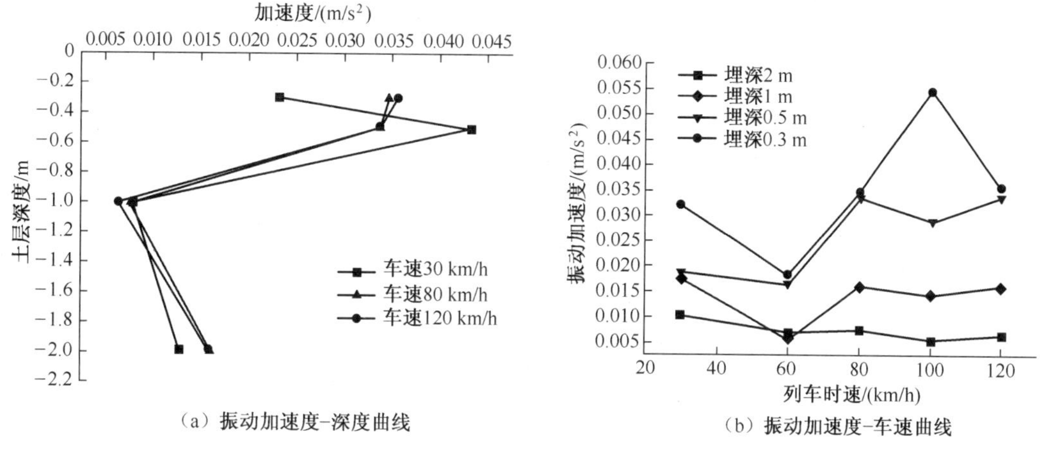

（a）振动加速度-深度曲线　（b）振动加速度-车速曲线

图 3.14　振动加速度-深度曲线、振动加速度-车速曲线

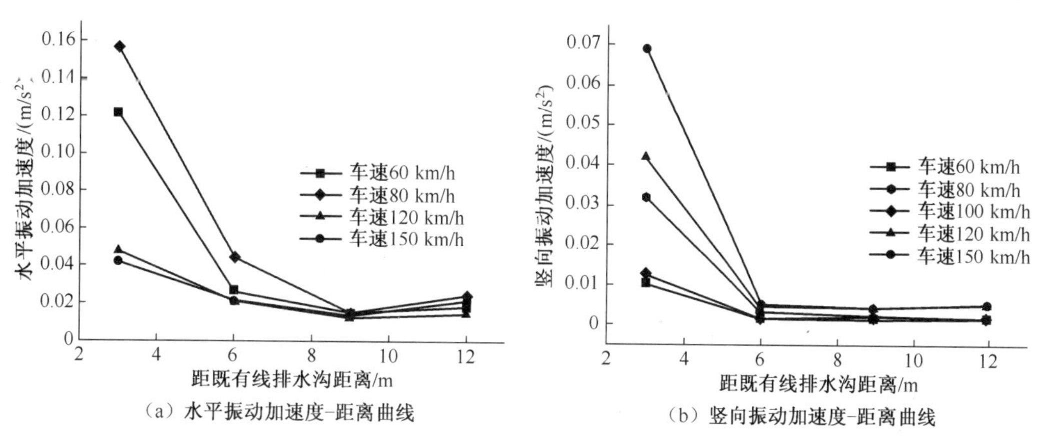

（a）水平振动加速度-距离曲线　（b）竖向振动加速度-距离曲线

图 3.15　振动加速度-距离变化规律

值最大出现在新线开挖阶段。

分析路基开挖、成桩、路基填筑等施工阶段的动力参数，得到不同施工阶段振动加速度峰值变化趋势如图 3.16 所示。由图 3.16 可知，振动加速度与振动速度规律相似，整个施工过程振动响应趋于减小，开挖阶段振动响应最大，成桩阶段出现轻微反弹，路基填筑阶段振动响应数值逐渐平稳。

3.2.2.4　振动速度

国内外多数研究采用质点振动速度值来评价建筑物的振动安全问题，某些工程也采用了质点加速度值来评价振动效应。土体有别于建筑结构物，在此振动速度作为参考数据进行分析类比。实测数据中，地基土振动速度幅值呈现出与加速度类似的分布规律，对振动加速度卷积积分得到振动速度，如图 3.17 所示。数据表明：地表最大振动速度为 5.04×10^{-4} m/s，振动速度沿深度方向衰减类似振动加速度。

地基土振动速度主要与土体特性有关。国内外学者研究给出了结构振动限值，见表 3.7。

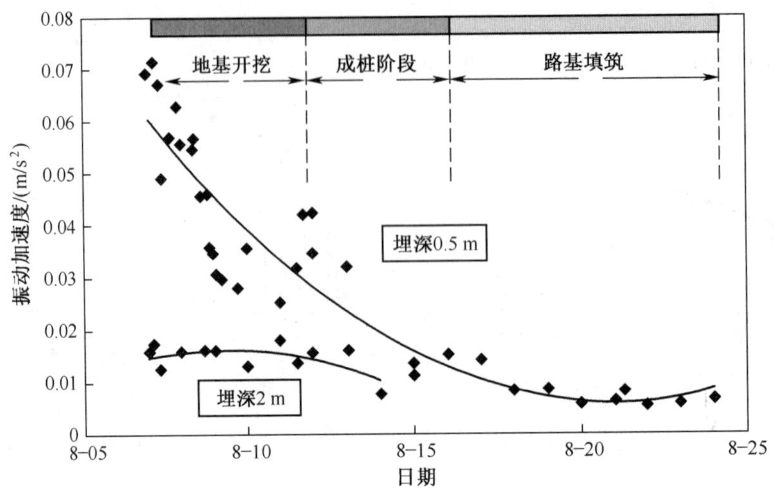

图 3.16　不同施工阶段振动加速度峰值变化趋势

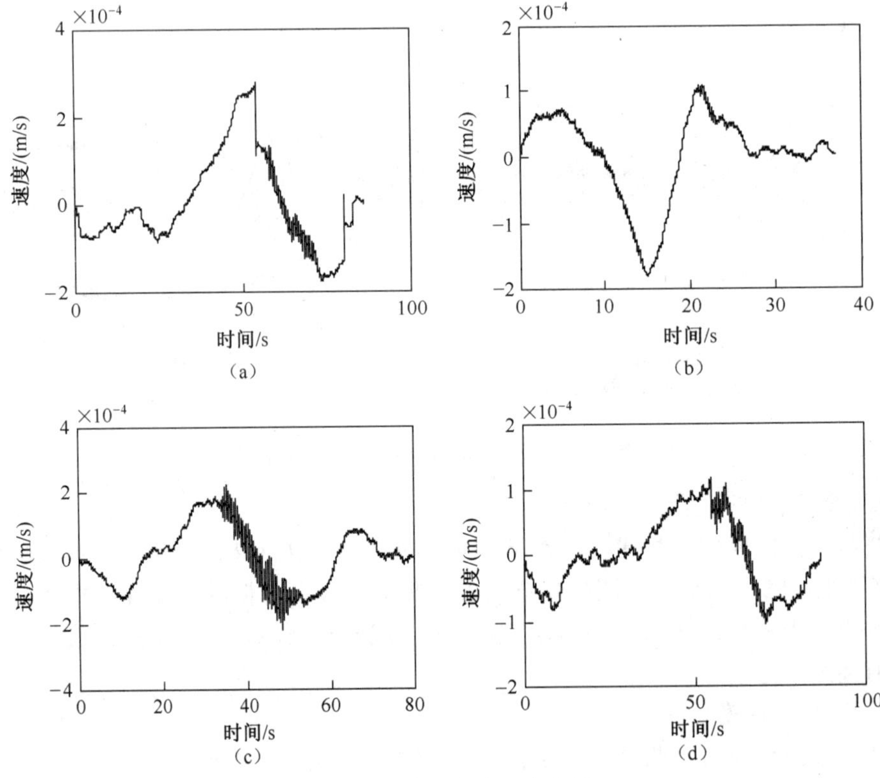

图 3.17　实测振动速度曲线

表 3.7　结构振动限值

质点速度/(mm/s)	振动效应
<1	人难以感觉到
1	人可以感觉到微弱振动

续表

质点速度/(mm/s)	振动效应
5	使人产生不舒适感，有振感
10	使人扰动不安，有明显振感
33	使人有较强的振动感
50	一般民用居住建筑安全振动极限
100	钢筋混凝土结构、隧道支护结构安全振动极限
140	使岩石介质产生裂缝、旧裂纹扩张
190	一般民用建筑严重开裂、破坏
300	无支护隧道内岩石振动脱落
600	岩石形成新的裂缝

德国研究人员通过测试获取铁路路基不同深度的振动速度与动态稳定性的关系如图 3.18 所示。粗粒土的临界振动速度约为 $V_{\text{krit}}=30$ mm/s，混合粒黏性土 $V_{\text{krit}}=25$ mm/s。

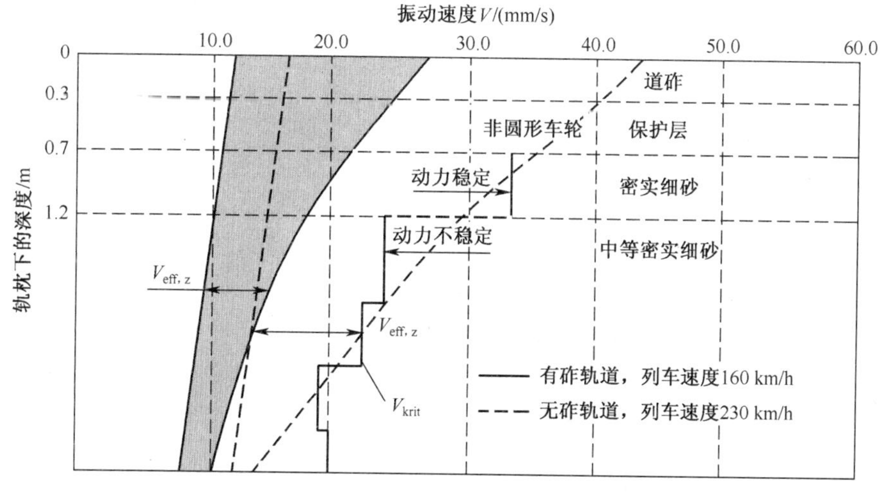

图 3.18　不同深度的振动速度与动态稳定性

参照振动效应振动速度界限，现场有明显振感，但处于安全界限以内。振动控制有关的标准《爆破安全规程》GB 6722—2014 中规定：在保证建筑物安全运营情况下，爆破振动速度应控制在 5 m/s 以下。《城市轨道交通安全保护第三方监测指标》的第 3.4 条款中有：由于打桩振动、爆炸振动引起的峰值速度应不大于 2.5 cm/s（对连性的振动控制指标应按 50%甚至更为严格控制）。根据上述 2 个标准，结合新建地铁及既有地基的实际状况，选取爆破振动峰值速度不大于 2.5 cm/s 为爆破安全控制标准。

3.3　运营路基静力测试

根据实际施工情况，静力测试分为 3 个阶段：①测试新线路基开挖对既有线安全营运的影响；②测试新线软基处理（打桩）对既有线安全营运的影响；③新线路基填筑等对既有线安全营运的影响。

3.3.1 测试方案

1. 静力测试内容

在既有线营运、新线建设期间，测试新老线路之间路基土以研究新建线路开挖填筑对既有线安全营运的影响：①不同深度土层水平侧向应力；②地表水平方向位移；③土体深层侧向位移。

为观测土体深层侧向位移，现场埋设 2 根测斜管，测斜管埋深 23 m，置于既有路基开挖坡脚处（新建桩筏地基筏板边缘）。因现场有大量机械与施工人员，易造成测斜地表数据误差，为更精确测量既有线路基边坡坡脚水平位移，在开挖坡脚位置埋深 0.5 m、1 m、1.5 m 的水平向土应变计，沿线路纵向每隔 1.8 m 布置一个。试验采用的埋入式水平向应变计受施工干扰影响小，灵敏度高，元件水平埋置土中，预先设定收缩量为 20 cm（测试限值），埋好后周围覆盖中粗砂并压实，引线套钢丝软管保护，在水平向荷载作用下应变计内部弹簧产生位移，即可通过电频输出位移数据，精度为毫米（mm）级，用于高精度测试施工期间既有线路基坡脚侧向位移。

2. 静力测试仪器

根据试验工点地基测试项目要求，静力测试元件见表 3.8。

表 3.8 静力测试元件

序号	测试元件名称	元件图片	规格	数量	备注
1	深层水平应力盒	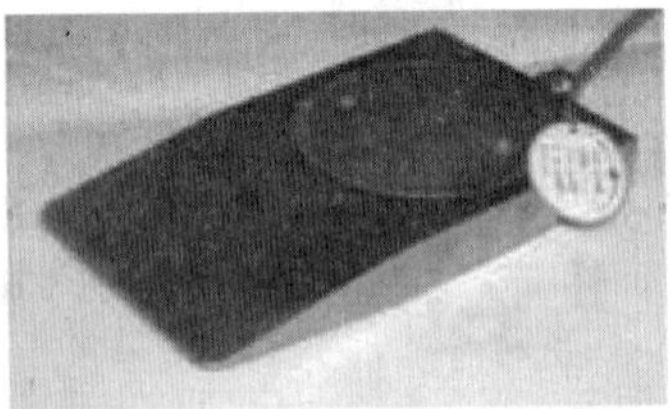	智能弦式数码	10 个	适用于软土地基内不同地质层面的水平向土应力测量
2	测斜管	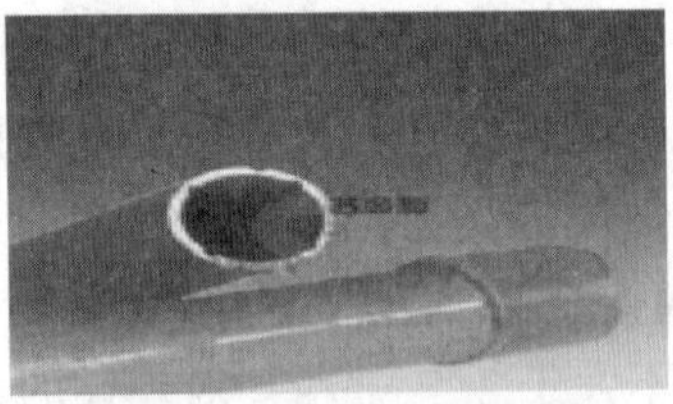	PVC 高精度	1 套（20 m）	侧向位移测量
3	水平向土应变计		电感调频	3 个	适用于土体水平方向应变的测量

为获取施工期间新老路基之间应力场分布变化情况，埋设应力铲测试两线之间不同深度的水平侧向应力。应力铲分为两组，每一组包含 5 个元件，埋设深度依次为 1 m、

3 m、5 m、7 m、9 m，两组应力铲分别朝向沪宁新线、京沪既有线。测试元件埋设如图3.19、图3.20所示。

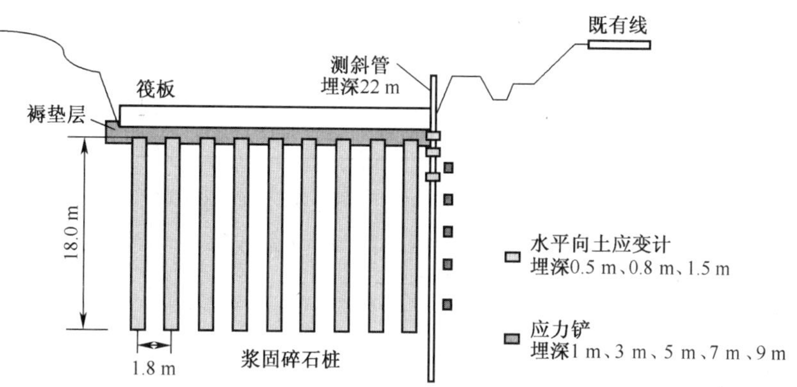

图3.19 测试元件埋设剖面图

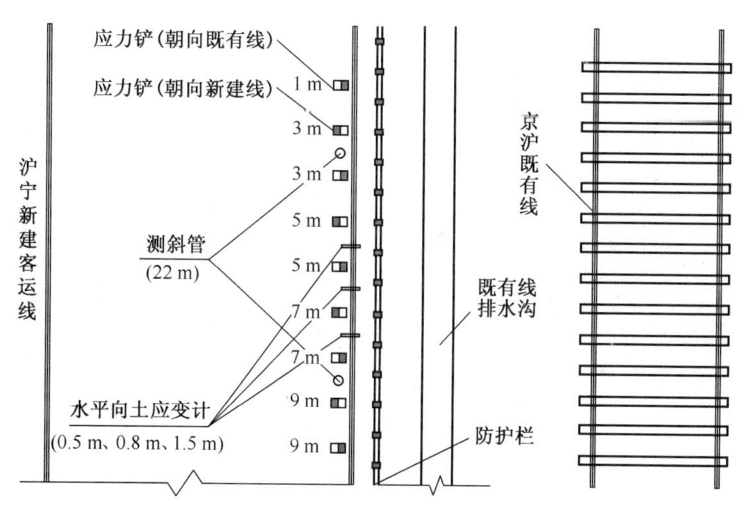

图3.20 测试元件平面布置图

3.3.2 元件埋设

施工对既有线安全运营的影响静力测试断面主要测试内容包括两线之间地基侧向位移、两线间地基侧向（水平向）应力、水平向应变。元件埋设在地基加固后、路基填筑前完成。

1. 水平向土应变计

为测量地表水平方向位移，在新老路基中间地表下0.5 m深处埋设水平向土应变计，沿线路方向每隔1.8 m一个，共计3个。紧靠既有线边坡挖槽埋设应变计，测试既有线、新线之间地基土水平位移。位移计采用长沙金码高科技有限公司生产的JMDL-45××水平向土应变计。其采用电感调频原理设计制造，具有高灵敏度、高精度、温度影响小的特点，适用于长期观测，主要性能指标见表3.9。

表 3.9　JMDL-45××水平向土应变计性能指标

品名	型号	量程/MPa	灵敏度/mm	标距/cm
水平向土应变计	JMDL-4503	30	0.01	20
	JMDL-4505	50	0.01	30
	JMDL-4510	100	0.01	50
	JMDL-4500	定做		

埋设注意事项：埋设位置按照设计测量确定；应变计预设土收缩量、位移；确保应变计水平，埋好后周围覆盖 20 cm 厚的中粗砂并压实；埋设完成后，引线套钢丝软管保护，挖槽集中引出路基；埋设完成后，测试数据。

2. 压力盒、应力铲

为测试不同深度水平侧向应力，结合施工现场实际情况，在观测断面路肩线下方沿线路方向、地表下不同深度布置压力盒、应力铲；浅层采用压力盒，深层采用应力铲。应力测试元件测试埋设深度依次 1 m、3 m、5 m、7 m、9 m。现场压力盒、应力铲如图 3.21 所示。

图 3.21　应力铲、压力盒（布袋包裹）

应力铲采用长沙金码高科技有限公司生产的 MZX-53××智能弦式数码水平应力盒，是一种测量软土地基内水平向土应力的传感器，也可用于地质勘探软土地基参数的测量，适应长期监测和自动化测量。其安装采用钻孔预埋方式，即在欲观测平面处钻孔至观测深度以上 0.3~0.5 m，再用钻杆压入至欲观测深度处，并在钻孔内填充土球。其主要性能指标见表 3.10。

表 3.10　应力铲性能指标

型号	量程/MPa	灵敏度/MPa	外形尺寸/mm			螺纹
			长	宽	厚	
JMZX-5303	0.3	0.001	205	120	26	ZG1/2

埋设注意事项：埋设位置按照设计测量确定；浅层埋设压力盒，采用布袋法，应力铲采用钢管插入，以确保受力膜朝向新老线路；确保压力盒、应力铲侧立，上覆中粗砂并压实；引线钢丝软管进行保护，挖槽集中引出路基；测试数据。

3. 测斜管

为观测土体深层侧向位移，了解地基由于深层侧向位移引起的沉降大小。在此采用测斜仪观测土体深层侧向位移，埋设于新老路基之间，数量 1 根，埋深 20 m。采用 CG-88 型 PVC 高精度测斜管，测斜管与测斜管接头采用凹凸槽连接，并用自攻螺丝固定。测斜管内有供测斜仪探头定向的间隔的导槽。其主要技术指标见表 3.11。

表 3.11 测斜管技术指标

规格/mm	外径/mm	内径/mm	导槽宽/mm	导槽深/mm	管长/mm	壁厚偏差/%	导槽扭角/(°/m)
ϕ70	ϕ70	ϕ60	5	2	2 或 4	≤14	≤0.2

埋设注意事项：埋设位置按设计经测量确定；采用钻孔埋设，无塌孔、缩孔现象；埋设测斜管前，先进行预组装，安装导管底部，接头连接处用土工布钢丝扎紧，防止泥浆渗入；导管内灌入水，将导管插入孔底；调整导管十字槽方向与观测方向保持一致，安装导管顶盖；导管周围回填粗砂；待孔内填土稳定后，测试数据，以稳定读数作为初始读数。

方案以土压力的改变形式、改变量、改变速率分析为基础，结合相关测得的各个位移值，进行对比沉降计算。打桩对老路基土体的挤压造成的位移趋势与开挖时相反，可继续沿用埋设元件。静力测试数据采集采用 JXB 综合数据采集仪，数据保证真实可靠，不造假；采集数据计算机备份。施工期间，一般每天填筑一层，观测一次，如果两次填筑时间间隔较长，应每 3 d 至少观测一次。路堤经过分层填筑达到设计高程后，在预压期前 2~3 个月内，每 5 d 观测一次，3 个月后 7~15 d 观测一次。

3.3.3 测试结果分析

3.3.3.1 两线之间深层地基土水平位移

测斜管获取深层地基土侧向位移分布变化。测试得到施工期间地基土侧向位移最大值发生在地表，为路基填筑阶段完成后新路基朝向既有路基的侧向位移。由图 3.22 可知，其变化规律为：①开挖阶段深层地基土出现向外侧（以既有路基为出发点）位移，这是由新建路基

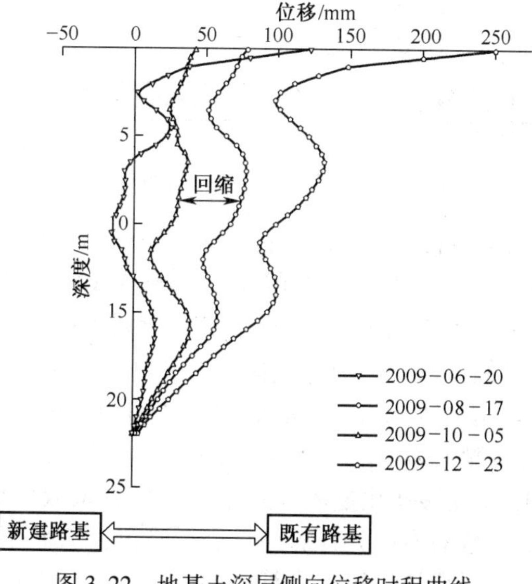

图 3.22 地基土深层侧向位移时程曲线

基坑开挖土体卸载造成的应力释放引起的；最大侧向位移为 20.59 mm，位移速率为 0.32 mm/d，但由于地表受施工干扰，该最大值没有出现在地表附近，而是出现在约 10 m 埋深处，其原因是与地基土性质有关；②成桩阶段，受桩体挤土效应影响，地基土出现向既有线路基的侧向变形；③路基填筑阶段，侧向位移持续增加，其中数据在 10 月份出现回缩，分析其原因是由于新建路基预压土卸载引起。施工期间测试平均位移速率为 0.59 mm/d，满足新建路基填筑施工过程变形控制的要求。

3.3.3.2 既有线路基坡脚水平位移

测斜管测试结果表明，基坑开挖阶段受土体卸载影响，既有路基地基土发生外移现象，但地表数据受施工干扰较大，因此采用水平向土应变计测试既有线路基坡脚水平位移。测试既有线路基坡脚水平位移，获取相对水平位移-时间变化曲线如图 3.23 所示，可知该处位移变化规律为：基坑开挖阶段变形发展最迅速，到筏板浇筑时期，出现微小回弹，认为筏板对既有路基边坡有加强的作用，随新建路基填筑，相对位移发展较平缓，预压卸载后再次出现明显增长。

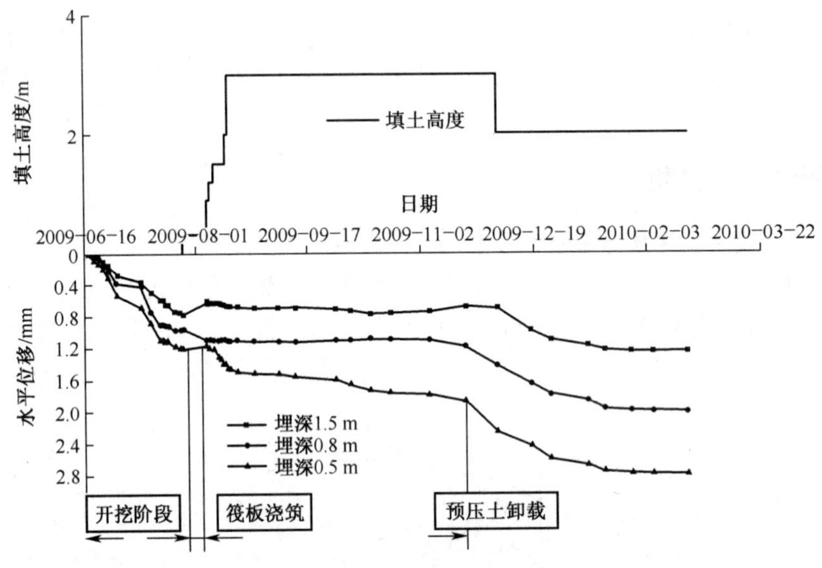

图 3.23 相对水平位移时间变化曲线

考虑元件固定端在施工期间也会发生水平位移，测试结果实际相当于元件长度范围内（40 cm）土体产生的相对位移。在此结合有限元估算既有线路基坡脚真实位移，计算得到，开挖坡脚节点与距坡脚水平距离为 0.5 m 处节点水平位移如图 3.24 所示。有限元计算得到，开挖卸载坡脚即发生明显外倾位移，随模拟筏板与路基填筑出现，位移受到抑制甚至回缩。

将有限元模型坡脚节点与其距离为 0.5 m 处节点之间距离视作土应变计测试范围，统计两点之间位移差值 H_2，将实测结果 H_1（0.5 m 埋深土应变计测试数据）与计算结果 H_2 比值作为换算系数 a。因不同阶段位移变化速率差别较大，换算系数 a 分为明显的 3 个阶段，如图 3.25 所示。基于此换算系数对有限元计算结果进行修正，基坑开挖结束后，计算坡脚累积最大水平位移为 42.55 mm，对应该阶段的换算系数 $a=0.57$，即初步估算坡脚水平位移约为 24.25 mm。

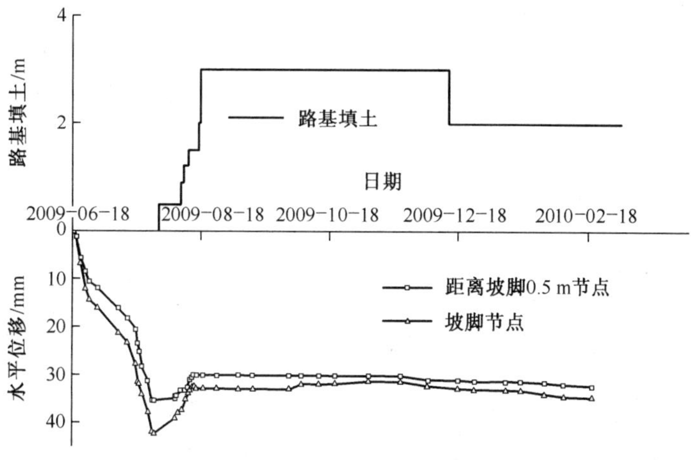

图 3.24　有限元计算坡脚节点水平位移

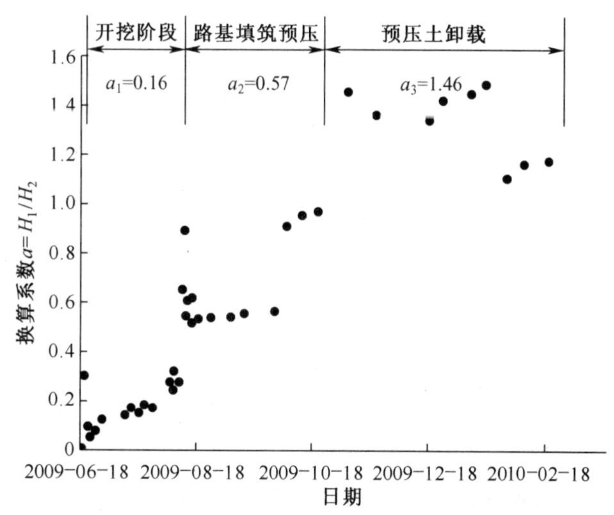

图 3.25　测试与计算结果换算系数 a

既有线路基水平位移变形监测目前缺乏规范依据，新建路基填筑变形量与变形速率的控制不适用于运营的老路基，考虑既有线路基最危险阶段是在基坑开挖时期，参照相关规范，安全级别最高的一级基坑建议报警值：水平位移累积值为 25~60 mm，相对基坑深度控制值为 0.2%~0.7%，变化速率为 2~10 mm/d；当无明确要求时，最大水平变形限值：一级基坑为 0.002 h。估算得到的坡脚位移累积值临近报警值，故应对既有路基加强监控，并采取必要的保护措施。

3.3.3.3　深层地基水平应力

应力铲测试可以获取两路基之间深层地基水平土压力变化规律，由图 3.26、图 3.27 可知：①开挖阶段，既有线路基形成边坡，土体由静止土压力逐渐转为主动土压力，测试数据显示，既有线路基应力释放，老线朝向新线的侧向土压力有明显增加，元件微应变达6.8 με，换算约为 3 kPa，地基土表现为既有路基向新线挤压；②成桩过程中，桩体挤土产生的挤压应力造成朝向新线的侧向土压力波动（减小）；③随新线填土荷载增加，深层土中附加应力增大，既有线路基对新线挤压作用，侧向土压力发生逆转，朝向新线的压力急剧减小，新线对既有线路的挤压应力增大；后期随填土荷载的稳定，深层地基侧向应力水平变化不明显。

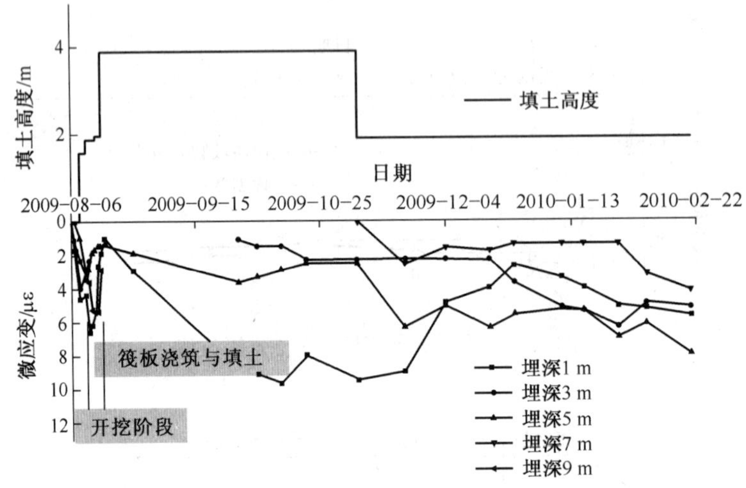

图 3.26　受力面朝向既有线侧向应力曲线

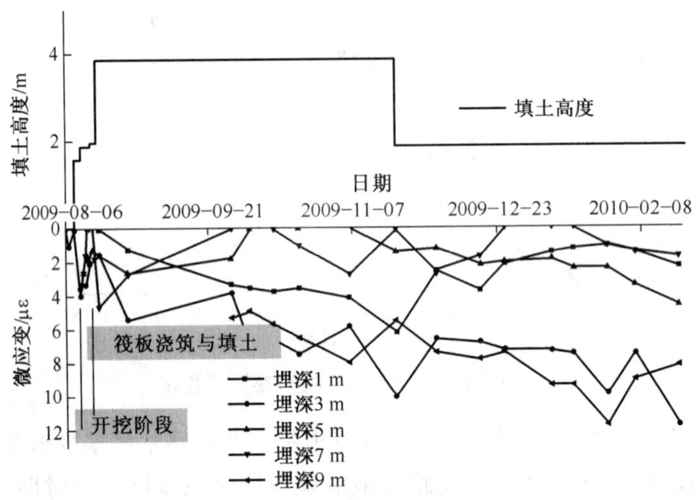

图 3.27　受力面朝向新线侧向应力曲线

进一步对比相对方向的压力分布情况。通过图 3.28，对比双向侧向应力分布可以发现，既有线对新线的挤压作用更为明显，这种变化主要是由于新线开挖土体卸载伴随既有线路基列车荷载作用引起的，主要发生在浅层地基范围内。此次测试侧向土压力在低于 10 kPa 范围内，远小于基坑变形监测报警值最高级别的（60%～70%）f（f 为设计极限值），因此判断，施工开挖造成的侧向压力不对既有线路基构成威胁。

综上分析，水平应力、侧向位移、既有路基坡脚位移等三项测试结果显示，在桩筏地基施工期间既有路基受到不同程度的影响，其中地基开挖阶段的数据变化最为明显，应当注意加强对既有路基的观测，从安全角度改进紧邻既有运营线的工程的施工技术。

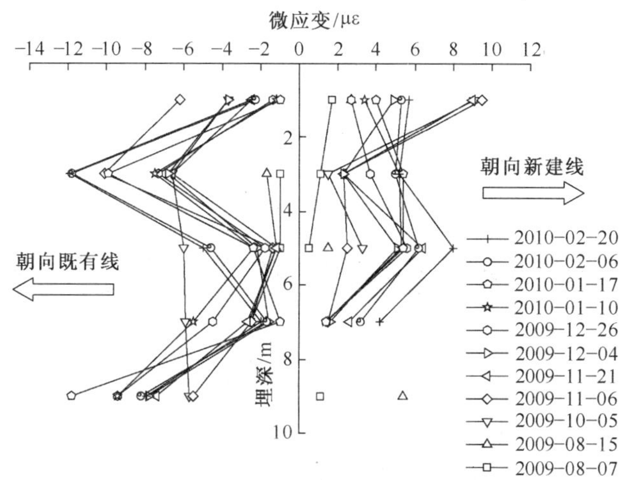

图 3.28　侧向应力分布变化曲线

3.4　小　　结

为确保新建高铁施工扰动条件下紧邻既有铁路的运营安全，本书开展现场测试研究，现场围绕施工的三个阶段（路基基坑开挖、成桩、路基填筑），进行变形应力以及路基动力响应测试，获取了如下结论：

（1）提出一套运营铁路路基动力性能测试方法，该方法可获取施工影响下既有路基振动位移、振动频率、振动加速度等路基动力性能指标。

（2）测试过程中路基开挖阶段振动响应参量峰值最大，为路基动力稳定性最危险阶段。路基振动加速度作为结构动力常用指标有类似标准可循，能直接反应测试体的动力性能，振动位移可作为动变形条件用以评价路基动力稳定性，因此建议此两项参量作为开挖影响下既有路基动力稳定控制指标。测试期间列车对路基的激振频率出现与铁路路基固有频率接近的情况，由此可能产生的共振会导致路基振动的加剧。据此建议工程建设部门采取加固边坡、加快施工等措施。

（3）静力测试分析表明，既有线路基坡脚水平位移对施工扰动最为敏感且有规律性，综合分析认为可将其作为施工期路基边坡稳定性监测控制指标。

（4）静力与动力测试共同得到：紧邻既有线的高铁桩-筏地基施工三阶段中，地基开挖阶段引起的周边区域应力变形最为明显，为确保既有线路基稳定，建议参考本书方法，采取现场监测等相关措施，以保证既有运营安全。

建立了紧邻高铁施工影响下既有线路基状态监控方法。但该方法的规范标准化尚需对控制指标的测试技术与控制阈值等进一步研究，因此须开展理论分析弥补测试技术无法达到的区域以及测试尚未获取的路基极限状态。

第 4 章

复杂施工环境下运营路基变形理论分析与稳定性计算

现场开展了施工扰动条件下运营路基现场测试试验。试验获取了既有线路变形、位移、动力响应等指标，但由于运营铁路安全考虑，测试无法全面得到既有线路基各个位置的变形与应力，同时现场也没有测试获取京沪既有线路基破坏极限状态。因此开展理论分析计算，通过理论分析建立一套预测既有路基变形的计算公式，以作为试验的弥补，并计算分析既有路基稳定性。

4.1 列车动荷载影响效应分析

列车移动荷载对轨道和地基产生冲击振动作用。当列车行驶速度接近轨道地基临界速度时，该动荷载产生的能量不能及时逸散，积聚在车轮和轨道接触处，致使列车产生过大振动位移。临界速度有以下 3 个：

(1) 地基表面瑞利波速。

(2) 地基土层模态波波速。

(3) 轨道中弯曲波最小相速度。

车速接近或超过临界速度，将直接影响行车平顺性，间接影响路基稳定性，除现场测试方法外，可通过适当的假设简化，对列车这一影响进行估算分析。

4.1.1 火车振波传递规律

火车在铁路上运行产生的振源是一连串移动式作用点，对地面形成叠加作用，所以可近似视为线振源。实测表明，振波比较复杂，大体上显示出谐和振波特征。振动频带较宽，最大振幅密集处的频率为 25~30 Hz。

可以假定：

(1) 火车在铁路上运行产生的动荷为无穷线分布竖向谐和力 $Q_0e^{i\omega t}$，并作用于路基中心线。

(2) 地基土为各向均匀、同性弹性体。

(3) 振动衰减是由于几何阻尼引起。

(4) 平面应变问题。

根据弹性理论，平面问题波动方程如下：

$$\left.\begin{aligned}(\lambda + G_s)\frac{\partial\bar{\varepsilon}}{\partial x} + G_s\nabla^2 u = \rho_s\frac{\partial^2 u}{\partial t^2}\\(\lambda + G_s)\frac{\partial\bar{\varepsilon}}{\partial z} + G_s\nabla^2\omega = \rho_s\frac{\partial^2\omega}{\partial t^2}\end{aligned}\right\}\tag{4.1}$$

式中：u 为水平位移；ω 为竖向位移；λ 为拉敏常数；G_s 为土的剪切模量；ε 为体应变；ρ_s 为土的质量密度；∇为拉普拉斯算子。

$$\left.\begin{aligned}u = \frac{iQ_0 e^{i\omega t}}{2\pi G_s}\int_{-\infty}^{\infty}\frac{p(p^2 - k^2 - 2\alpha\beta)e^{ipx}}{\varphi(p)}dp\\\omega = \frac{-iQ_0 e^{i\omega t}\omega}{2\pi G_s}\int_{-\infty}^{\infty}\frac{k^2\alpha e^{ipx}}{\varphi(p)}dp\end{aligned}\right\}\tag{4.2}$$

式中：Q_0 为单位长度作用力；ω 为振动频率，rad/s；p 为连续参变数，具有波数物理意义；$\alpha^2 = p^2 - h^2$，h 为纵波波数，$h = \frac{\omega}{v_p}$；$\beta^2 = p^2 - k^2$；k 为横波波数，$k = \frac{\omega}{v}$；$\varphi(p)$ 为瑞利函数。

$$\varphi(p) = (2p^2 - k^2)^2 - 4p^2\alpha\beta,\ i = \sqrt{-1}\tag{4.3}$$

方程式不定积分解，但能找出主值，经过运算可得到包含瑞利波和体波在内的水平向位移和竖向位移。当不考虑相位差时，地面某一点的最大位移为

$$\left.\begin{aligned}u = \frac{Q_0}{G_s}[\bar{u}_R + \bar{u}_R\beta_H(kx)^{-3/2}]\\\omega = \frac{Q_0}{G_s}[\bar{\omega}_R + \bar{\omega}_R\beta_v(kx)^{-3/2}]\end{aligned}\right\}\tag{4.4}$$

式中：

$$\bar{u}_R = \frac{\zeta_2[2\zeta_2^2 - 1 - 2(\zeta_2^2 - \zeta_1^2)^{1/2}(\zeta_2 - 1)^{1/2}]}{\frac{2(4\zeta_2^4 - 1)}{\zeta_2} - 16\zeta_2^{16}(2\zeta_2^2 - 1 - \zeta_2^2)/(2\zeta_2^2 - 1)^2}\tag{4.5}$$

$$\bar{\omega}_R = \frac{(\zeta_2^2 - \zeta_1^2)^{1/2}}{\frac{2(4\zeta_2^4 - 1)}{\zeta_2} - 16\zeta_2^{16}(2\zeta_2^2 - 1 - \zeta_2^2)/(2\zeta_2^2 - 1)^2}\tag{4.6}$$

$$\beta_H = \frac{\sqrt{\frac{2}{\pi}}[1 + \zeta_1^{\frac{3}{2}}/(1 - 2\zeta_1^2)^3]\sqrt{1 - \zeta_1^2}}{\bar{u}_R}\tag{4.7}$$

$$\beta_v = \frac{\sqrt{\frac{2}{\pi}}\left[\frac{\zeta_1^{\frac{1}{2}}}{2(1 - \zeta_1^2)} + 2(1 - \zeta_1^2)\right]}{\bar{\omega}_R}\tag{4.8}$$

式中：$\zeta_1 = \frac{v_s}{v_p} = \frac{h}{k}$；$\zeta_2 = \frac{v_s}{v_r}$。以上均为与土的泊松比 ν 有关的无量纲系数。

以上考虑的是弹性介质情况，振动衰减主要是由于几何阻尼效应。实际土体并非完全弹

性介质，土粒之间的振动摩擦和黏滞作用也会造成能量耗损，即“内阻尼效应”。

$$\left.\begin{aligned} u &= \beta e^{-\beta_0 r} \\ \omega &= \alpha e^{-\beta_0 r} \end{aligned}\right\} \tag{4.9}$$

式中：β_0 为土的能量吸收系数，参考表4.1；r 为某点离振源的距离。

表4.1 土的能量吸收系数 β_0 值

序号	土 类 名 称	β_0 /(1/m)
1	黄色饱和细砂土	0.10
2	处于冰冻状态的黄色饱和细砂土	0.06
3	成层状淤泥，含有机质粉砂的灰色饱和砂土	0.04
4	地下水以上带有层状和较多黏质的砂土和粉质黏土	0.04
5	带有某些砂和粉土的饱和棕色黏土	0.04~0.12
6	泥质白垩土	0.10
7	黄土和黄土状土	0.06~0.08

综合几何阻尼效应和内阻尼效应后，火车运行时轨道中心 r 处地面某一点的水平振幅（A_X）和竖向振幅（A_Z）可表达为

$$\left.\begin{aligned} A_X &= \frac{Q_0}{G_S}\left[\overline{U}_R + \overline{U}_R\beta_H (KX)^{-\frac{3}{2}}\right] e^{-\beta_0 r} \\ A_Z &= \frac{Q_0}{G_S}\left[\overline{U}_R + \overline{U}_R\beta_H (KX)^{-\frac{3}{2}}\right] e^{-\beta_0 r} \end{aligned}\right\} \tag{4.10}$$

4.1.2 火车振波估算

当前火车运行引起的地面振动衰减计算研究有待深入。在此引用茅玉泉[129]提出的衰减公式，以计算火车运行时，距轨道中心 3.0 m 的路肩以外的自然地面竖向和水平振幅衰减公式。

竖向：
$$A_X = \beta_0 k_0 r^{-0.75} e^{-\alpha_x r} v^{4/3}$$

水平：
$$A_Z = \beta_0 \frac{k_0}{2} r^{-0.6} e^{-\alpha_z r} v^{4/3}$$

式中：A_X，A_Z 为距轨道中心 r 处的竖向和水平振幅，μm；β_0 为机车车型系数，蒸汽机车 $\beta_0=1.0$，内燃机车 $\beta_0=0.5$，电气机车 $\beta_0=0.3$；v 为火车运行速度，km/h；k_0 为不同土类振幅系数，淤泥质粉质黏土 $k_0=2.5$，一般粉质黏土 $k_0=1.0$，卵石 $k_0=0.5$，硬土层 $k_0=0.15$；r 为轨道中心至计算点的距离，m；α_z、α_x 为土壤对水平和竖向振动能量吸收系数，淤泥质粉质黏土 α_z、α_x 为 5×10^{-4}，一般粉质黏土 α_z、α_x 为 15×10^{-4}，卵石 α_z、α_x 为 30×10^{-4}，硬土层 α_z、α_x 为 50×10^{-4}。

结合本工程实例，有线货车按内燃机车牵引考虑，客运列车按电气机车考虑，车速 $30\ \text{km/h}\leqslant v\leqslant 150\ \text{km/h}$，振动主频约为 25 Hz，新线施工距轨道中心按 $r=12.5$ m 计算，则有，客运列车为

$$A_X = 0.3\times2.5\times12.5^{-0.75}\times e^{5\times10^{-4}\times12.5}\times\sqrt[8]{150^4} = 90.47\ \mu\text{m}$$

$$A_Z = 0.3 \times \frac{1}{2} \times 2.5 \times 12.5^{-0.6} \times e^{5\times10^{-4}\times12.5} \times \sqrt[8]{150^4} = 66.07\ \mu m$$

货车为

$$A_X = 0.5 \times 2.5 \times 12.5^{-0.75} \times e^{5\times10^{-4}\times12.5} \times \sqrt[8]{30^4} = 17.64\ \mu m$$

$$A_Z = 0.5 \times \frac{1}{2} \times 2.5 \times 12.5^{-0.6} \times e^{5\times10^{-4}\times12.5} \times \sqrt[8]{30^4} = 12.88\ \mu m$$

实测水平振幅最大不超过 0.15 mm，经计算得出高速客运列车经过引起的振幅为0.09 mm，两者相差不大。

4.2 路基基坑开挖扰动效应力学分析

根据 2.3 节的分析，施工扰动主要在基坑开挖、成桩、路基填筑三个阶段。测试结果发现，在基坑开挖这一阶段变形与应力变化最为明显，因此有必要进一步分析其内在影响机理。

4.2.1 路基基坑开挖力学性状分析

基坑开挖将导致周围土体产生不同程度的位移变形。已有研究表明，影响基坑周边土体变形的因素主要有基坑尺寸、地下水、土体性质、支撑系统、暴露时间、开挖顺序、邻近设施、活荷载。基坑开挖卸荷过程中，根据土体工程性质不同将在周边地层产生分区现象。各区应力路径变化与变形各不相同。多数研究人员对基坑周边土体分区如图 4.1 所示。随着基坑分部开挖，Ⅰ区支护结构发生侧向位移，随之水平应力减小，竖向应力保持不变；Ⅱ区由于上部土体开挖卸载，上覆压力减小，因此竖向应力减小，但水平应力变化则不大；Ⅲ区土体竖向、水平应力均减小。

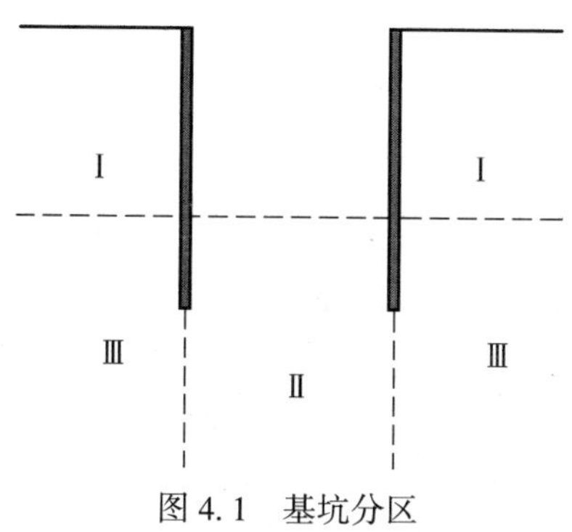

图 4.1 基坑分区

土体开挖卸载后，改变了基坑周边土体原有的应力场，将在水平和垂直方向产生剪切力，改变原有主应力的方向，而主应力偏转时将会产生塑性变形；另一方面，基坑开挖引起的降水在改变土体有效应力的同时还将产生渗流动水压力，这些作用会在土体产生固结变形，造成基坑周边土体的沉降与侧移。对基坑周边地表位移的计算主要有经验估算法、有限单元法、稳定安全系数法、反分析法等。在此分别采用弹性理论 Boussinesq 法和考虑降水影响的塑性解析解答，估算基坑周边土体的变形，以分析其对既有线路基的影响程度。

4.2.2 路基基坑开挖周边区域解析解

4.2.2.1 位移弹性解答

新建线路基坑开挖势必破坏紧邻位置既有线路基下部土体原有的地应力平衡，引起应力场位移场变化。基坑开挖前地基土可视作以水平面为边界的半空间。开挖后水平面边界局部变为下凹曲面边界。为反映这种变化，可将相当于开挖土体的荷载竖向向上作用于半空间表面，按布辛奈斯克（Boussinesq）解的积分来得到。则自重引起的土体中某一点应力为

$$\left.\begin{aligned}\sigma_x &= k_0\gamma z\\ \sigma_y &= k_0\gamma z\\ \sigma_z &= \gamma z\\ \tau_{xy} &= 0\\ \tau_{yz} &= 0\\ \tau_{zx} &= 0\end{aligned}\right\}\tag{4.11}$$

式中：γ 为土的容重；k_0为静止土压力系数。

开挖时，在半空间表面作用一个向上的集中力 Q 的荷载。若荷载为任意形状表面荷载，则 Q 改为 $q\mathrm{d}A$，面积积分可得到开挖后应力场与位移场，q 为被挖除土体的面容重，如图 4.2 所示。

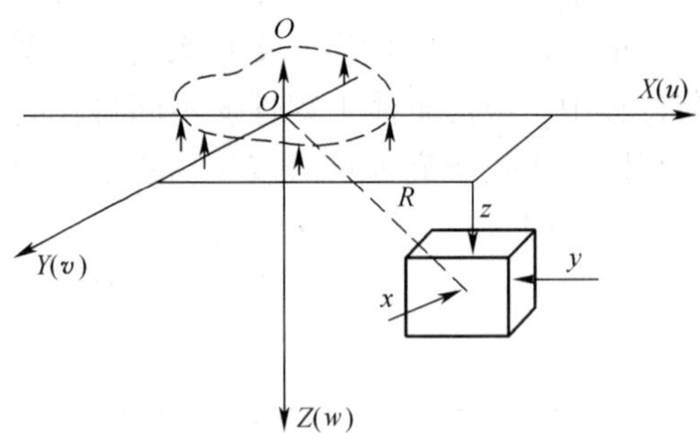

图 4.2 均布荷载作用于弹性半无限体表面产生的应力

开挖后的应力场为

$$\left.\begin{aligned}\sigma_x &= k_0\gamma z - \int\frac{3q}{2\pi}\left\{\frac{x^2z}{R^5}+\frac{1-2\nu}{3}\left[\frac{1}{R(R+z)}-\frac{(2R+z)x^2}{R^3(R+z)^2}-\frac{z}{R^3}\right]\right\}\mathrm{d}A\\ \sigma_y &= k_0\gamma z - \int\frac{3q}{2\pi}\left\{\frac{x^2z}{R^5}+\frac{1-2\nu}{3}\left[\frac{1}{R(R+z)}-\frac{(2R+z)y^2}{R^3(R+z)^2}-\frac{z}{R^3}\right]\right\}\mathrm{d}A\\ \sigma_z &= \gamma z - \int\frac{3q}{2\pi}\frac{z^3}{R^5}\mathrm{d}A\\ \tau_{xy} &= -\int\frac{3q}{2\pi}\left\{\frac{xyz}{R^5}-\frac{1-2\nu}{3}\frac{(2R+z)xy}{R^3(R+z)^2}\right\}\mathrm{d}A\\ \tau_{yz} &= -\int\frac{3q}{2\pi}\frac{yz^2}{R^5}\mathrm{d}A\\ \tau_{zx} &= -\int\frac{3q}{2\pi}\frac{xz^2}{R^5}\mathrm{d}A\end{aligned}\right\}\tag{4.12}$$

式中：$R=\sqrt{x^2+y^2+z^2}$；ν 为泊松比；q 取决于土的容重及开挖深度。

开挖后的位移场则表示为

$$\left.\begin{aligned} u &= -\int \frac{q(1+\nu)}{2\pi E}\left[\frac{xz}{R^3}-(1-2\nu)\frac{x}{R(R+z)}\right]\mathrm{d}A \\ v &= -\int \frac{q(1+\nu)}{2\pi E}\left[\frac{yz}{R^3}-(1-2\nu)\frac{y}{R(R+z)}\right]\mathrm{d}A \\ w &= -\int \frac{q(1+\nu)}{2\pi E}\left[\frac{z^2}{R^3}+2(1-\nu)\frac{1}{R}\right]\mathrm{d}A \end{aligned}\right\} \tag{4.13}$$

式中，E 为弹性模量，即土体的变形模量。

4.2.2.2　考虑降水影响的沉降估算

基坑开挖引起的降水主要通过两种作用改变原有土体的有效应力。一是改变土体自重有效应力；二是改变渗流有效应力。自重有效应力发生改变是因为地下水位以下应力由固体颗粒和孔隙水共同承担，降水以后固体颗粒承担的应力增大，即有效应力增加，这部分增加的有效应力在某深度 η 处可以表示为 $\Delta p_1=(\eta-h_0)\gamma_w$，其中 h_0 为原有地下水位，γ_w 为孔隙水容重。渗流有效应力发生改变是因为开挖降水造成基坑内外产生水头差，引发周边土体渗流，从而造成土体有效应力的变化。若渗流方向向下，土体有效应力增加，产生土体附加沉降。文献［195］中提到，单位体积土体竖向单位渗透力 $D=\gamma_w i$，式中，i 为产生渗流的土体的水力坡降，$i=\mathrm{d}r/\mathrm{d}s$。平面情况条件下忽略水平方向动水压力对沉降的影响，假定降水引发的是一维竖向渗流，渗流动水压力引起的有效应力 $\Delta p_2=\frac{DV}{A}=\gamma_w i[\eta-f(\xi)]$，式中，$V$、$A$ 为渗流通过的体积和截面积，$f(\xi)$ 表示降水漏斗曲线。

因此，基坑开挖引起的周边土体沉降总体可以分为 3 个部分，如图 4.3 所示。图中①是由土体容重改变产生的沉降；②是渗流引起的应力变化产生的附加沉降；③是由基坑支护侧移造成的地表沉降损失。

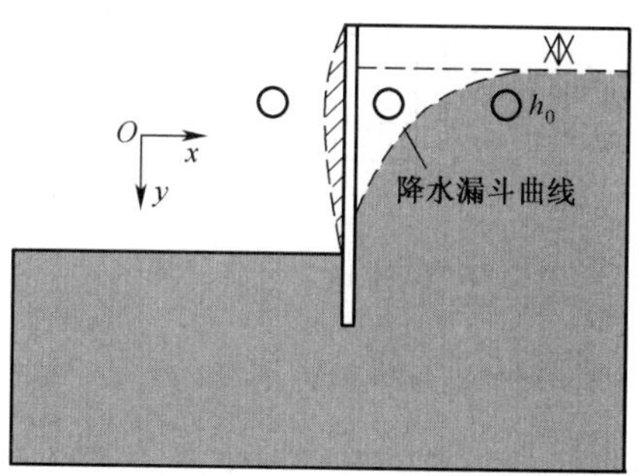

图 4.3　基坑周边土体沉降变形示意图

基坑开挖降水引起土体有效应力的增加导致土体固结压实，在某深度 η 处的单元 $\mathrm{d}\xi\mathrm{d}\eta$ 在有效应力增量 Δp 的作用下产生的微元压缩 $\mathrm{d}s$ 可以表示为

$$\mathrm{d}s=\frac{\alpha_v\Delta p}{1+e_0}\mathrm{d}\eta \tag{4.14}$$

式中：e_0为土体初始孔隙比；α_v 为压实系数，$\alpha_v=\dfrac{\Delta e}{\Delta p}$。

将 Δp_1 、Δp_2 代入即得到

$$\mathrm{d}s_1=\frac{\alpha_v(\eta-h_0)\gamma_w}{1+e_0}\mathrm{d}\eta \tag{4.15}$$

$$\mathrm{d}s_2=\frac{\alpha_v\gamma_w i[\eta-f(\xi)]}{1+e_0}\mathrm{d}\eta \tag{4.16}$$

单元下沉影响下，ds 上部土体会向下移动，传递至地表形成单元下沉盆地，基于随机介质理论，该下沉盆地可表示为

$$W_{ew}=\frac{1}{r(\eta)}\exp\left[-\frac{\pi(x-\xi)^2}{r^2(\eta)}\right] \tag{4.17}$$

式中：$r(\eta)$ 为深度 η 之上地层影响范围，$r(\eta)=\eta\tan\beta$，β 为地层影响范围角，取决于地层条件。

开挖前地下水位 $\eta=h_0$，开挖后，水位下降形成降渗漏斗曲线 $\eta=f(\xi)$，原始水位与曲线之间的降水部分中，单元土体产生微小体积压缩 $\mathrm{d}\xi\mathrm{d}s_1$，结合上式即有 $\mathrm{d}\xi\mathrm{d}s_1=\dfrac{\alpha_v(\eta-h_0)\gamma_w}{1+e_0}\mathrm{d}\eta\mathrm{d}\xi$，各单元降水压缩形成的微沉降向上传播，在地表叠加后在基坑周边地表形成下沉，计算图式如图 4.4 所示。

$$W_{w1}=\int_0^R\int_{h_0}^{f(\xi)}\frac{\tan\beta}{\eta}\cdot\exp\left[-\frac{\pi\tan^2\beta}{\eta^2}(x-\xi)^2\right]\frac{\alpha_v(\eta-h_0)\gamma_w}{1+e_0}\mathrm{d}\xi\mathrm{d}\eta \tag{4.18}$$

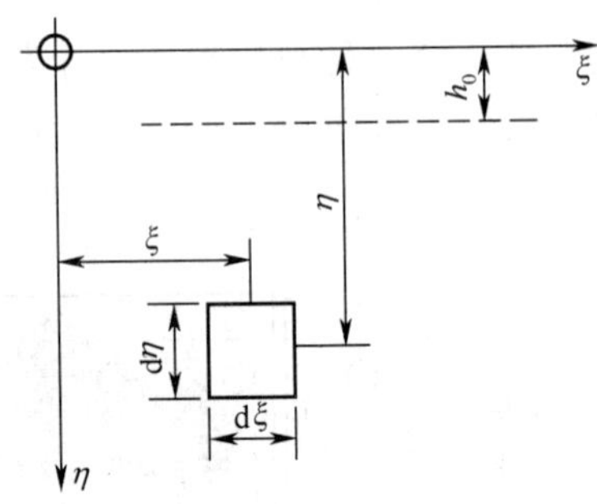

图 4.4　降水地表沉降计算图式

水位下降曲线 $\eta=f(\xi)$ 至降水水位之间，渗流压力产生的微小压缩 $\mathrm{d}\xi\mathrm{d}s_2$，这些压缩叠加传递至地表形成的下沉

$$W_{w2}=W_{w1}=\int_0^R\int_{f(\xi)}^{H-h_w}\frac{\tan\beta}{\eta}\cdot\exp\left[-\frac{\pi\tan^2\beta}{\eta^2}(x-\xi)^2\right]\frac{\alpha_v\gamma_w i[\eta-f(\xi)]}{1+e_0}\mathrm{d}\xi\mathrm{d}\eta \tag{4.19}$$

则有基坑降水引起的地表下沉 $W_w=W_{w1}+W_{w2}$。

降水在基坑周边土体形成渗降漏斗曲线，地下水向基坑周边排水井中涌动，经一定时间渗流趋于稳定，该渗流服从线性达西定律，假定基坑周边降水井为稳定潜水井流，根据 Dupuit 微分方程可得基坑一侧涌水量

$$q = KA\frac{\mathrm{d}h}{\mathrm{d}r} = 2\pi rhK\frac{\mathrm{d}h}{\mathrm{d}r} \tag{4.20}$$

式中：K 为土层的渗透系数；A 为涌水断面积；其他量见图 4.5。

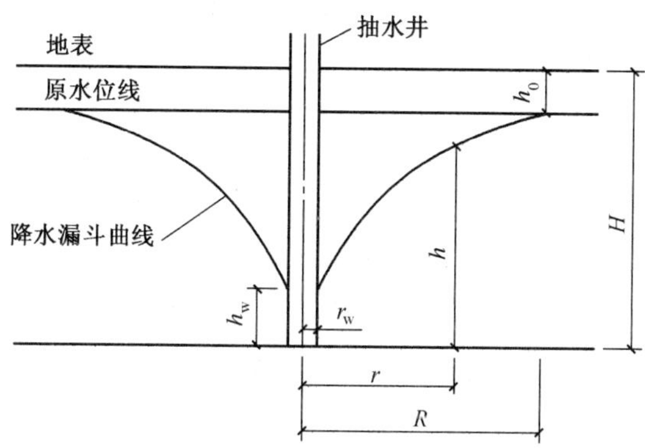

图 4.5　稳定潜水井降水漏斗曲线

对式（4.20）分离变量，并在积分区间 $r_w - R$ 和对应的 $h_w - (H - h_0)$ 进行积分得

$$q = \frac{\pi K[(H - h_0)^2 - h_w^2]}{\ln (R/r_w)} \tag{4.21}$$

式中：h_w 为降水井内水位；h_0为原地下水位；R 为疏水影响半径；r_w 为抽水井的半径。

对式（4.21）区间 r_w–r 与 h_w–h 进行积分，得到

$$q = \frac{\pi K(h^2 - h_w^2)}{\ln (r/r_w)} \tag{4.22}$$

式中：h、r 分别为渗降漏斗曲线上某点到底板的垂直距离和到抽水井轴线的水平距离。

考虑总流量 q 与任一位置的流量 q 相等，由式（4.21）、式（4.22）可得渗降漏斗曲线方程

$$h^2 = h_w^2 + \frac{[(H - h_0)^2 - h_w^2]\ln (r/r_w)}{\ln (R/r_w)} \tag{4.23}$$

对式（4.23）进行坐标转换，可得渗降漏斗曲线方程

$$\eta = H - \left\{h_w^2 + \frac{[(H - h_0)^2 - h_w^2]\ln (r/r_w)}{\ln (R/r_w)}\right\}^{1/2} \tag{4.24}$$

将式（4.24）代入式（4.18）、式（4.19），即可计算出由于基坑降水引起的地表沉降。即

$$W = 2\int_0^R \int_{f(\xi)}^{H-h_w} \frac{\tan\beta}{\eta} \cdot \exp\left[-\frac{\pi\tan^2\beta}{\eta^2}(x - \xi)^2\right]\frac{\alpha_v \gamma_w i[\eta - f(\xi)]}{1 + e_0}\mathrm{d}\xi\mathrm{d}\eta \tag{4.25}$$

4.2.3　工程实例计算

沪宁城际铁路施工现场开挖基坑如图 4.6 所示，试验工点地层资料如表 4.2 所示。

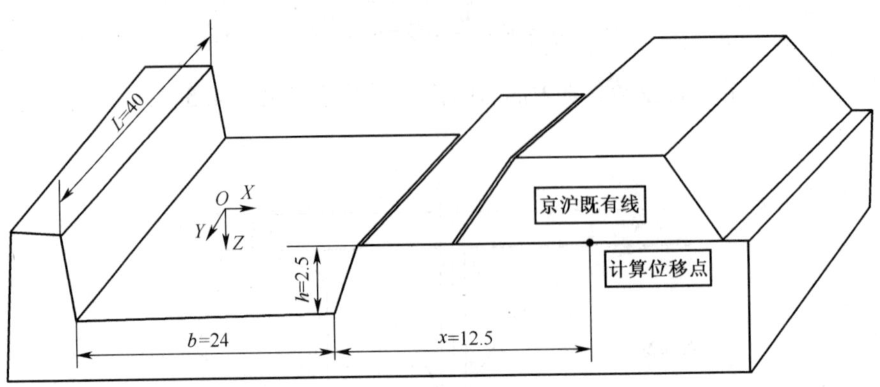

图 4.6 基坑开挖示意图

表 4.2 土层材料主要参数指标

土层名称	土层厚度/m	饱和容重/(kN/m³)	杨氏模量 E/MPa	渗透系数/(cm/s)	
				垂直 kV	水平 kH
人工填土	1.9	20	3	1	1
Q4 粉土	3.3	17.7	5.80	1.46E-8	5.65E-8
Q4 粉质黏土夹淤泥	8.0	20.2	2.60	3.15E-6	3.84E-5
Q4 粉质黏土	5.6	17.5	8.60	9.45E-8	4.31E-6

根据 4.2.2.1 节位移弹性解答，可以求得基坑开挖引起的位移曲线如图 4.7 所示。

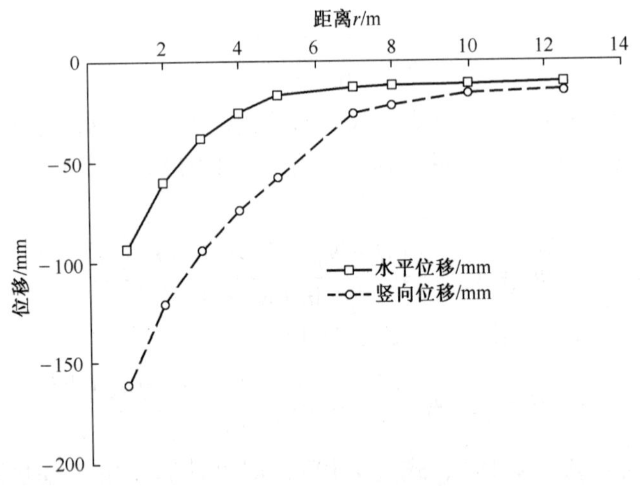

图 4.7 基坑开挖引起的位移曲线

考虑基坑开挖深度 2.5 m，取压实系数为 0.3，初始孔隙比为 0.74，开挖主要影响角为 33°，地下降水影响半径 R 可以按下列经验公式估算：潜水，$R=2S\sqrt{KH}$；承压水，$R=10S\sqrt{K}$；线状基坑影响宽度，$R=1.73\sqrt{KHS/\mu}$，其中 μ 为给水度，按经验取 $\mu=0.15$，K 为渗透系数，试验点为典型的线状基坑，则估算得到影响半径 $R=154$。

考虑降水引起的沉降与基坑开挖产生的竖向位移叠加，计算可得考虑降水基坑周边区域沉降变形曲线如图 4. 8 所示。

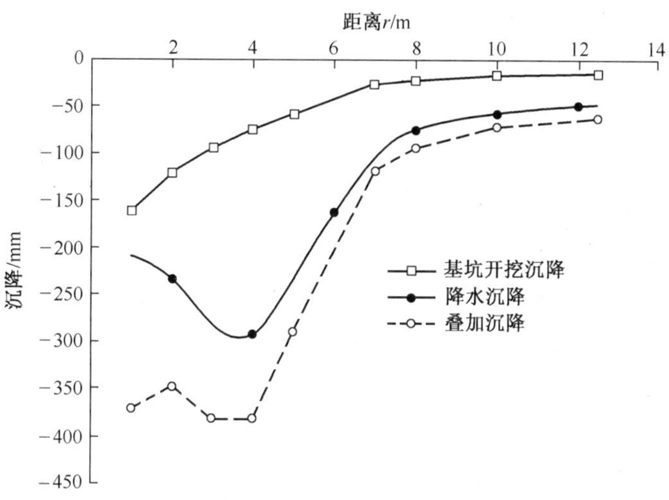

图 4. 8　考虑降水基坑周边区域沉降变形曲线

计算得到，距离基坑 12. 5 m 的既有线路基基底水平位移为 10. 7 mm。考虑基坑开挖与降水叠加引起的沉降为 61. 4 mm，既有线为有砟轨道，认为此范围内的变形对行车平顺性影响不大。

4. 3　沉桩施工扰动效应力学分析

4. 3. 1　沉桩过程挤土作用

饱和黏土地基中沉桩，由于饱和黏土不排水抗剪强度很低，且弱渗透性、不排水时压缩性低，沉桩过程中桩周土体受强烈扰动，桩周土体受水平挤压，产生剪切变形，土颗粒之间孔隙自由水形成高超孔隙水压力，土体不排水，抗剪强度随之降低，沉桩过程中与桩体积等量土体发生较大侧向位移和向上隆起。由于孔压消散及群桩叠加，位移和隆起的影响范围会逐渐扩大。

研究表明，沉桩在不同类型土中的挤土效应也不相同。黏性土地基沉桩区及邻近 10 ~ 15 倍桩径范围内侧向位移和隆起达到最大值，后随距离增大而减小，影响范围约 1 倍桩长。软土地基其影响范围则可达 50 m。松散中密砂质地基影响区为 4 ~ 5 倍桩径。地基土特性对沉桩区地基土侧向位移和隆起及影响范围有明显影响。要精确计算沉桩地基土侧向位移、沉降等还比较困难。本书在测试的基础上通过圆孔扩张理论对沉桩过程邻近地基土位移应力变化进行估算，作为既有路基稳定评判的依据。

4. 3. 2　沉桩挤土圆孔扩张理论分析

圆孔扩张理论可包括球形孔扩张和圆柱形孔扩张两类理论。球形孔扩张理论将沉桩刺入过程视作桩尖球形孔扩张，桩尖由初始半径不断扩张直至桩径。沉桩过程中桩尖下沉被设为球形孔连续向下位移扩张的过程，基于此假设求出沉桩过程侧向压力与桩周土体位移解析解，球形孔扩张理论阐明了沉桩过程中桩尖刺入过程，但没有对桩周土与桩相互作用进行解释。圆柱形孔扩张理论将沉桩过程视作土体中一定初始半径的柱形孔在不断挤压扩张至桩径的过程，把竖向沉桩转为土体水平向扩张过程，基于这一假设可将沉桩过程作为平面应变问题予以求解。

假定土体是理想各向同性均匀弹塑性材料，服从摩尔-库仑屈服准则，根据弹塑性理论可求出具有初始半径圆孔在均匀分布内压力作用下的解析解。在内压力作用下紧邻桩侧土体进入塑性，塑性区以外土体仍处于弹性。沉桩过程中认为圆孔内压力不断增加。随内压增加桩周土塑性区域不断扩大，桩侧土体产生水平位移，同时圆孔半径由初始半径逐渐增至桩径大小，据此求出桩周土体应力和位移。考虑现场采用预应力管桩及土层特点，本书采用圆柱形孔扩张理论分析沉桩过程挤土效应，对周边土体应力位移变化进行估算。

将沉桩过程视为不排水条件下平面应变轴对称的圆柱形孔扩张问题，如图 4.9 所示。设圆孔的初始应力场为 σ_0，初始孔径为 a_0。当均匀分布的内压力从 σ_0 增大到 σ_a 时，孔径从 a_0 增大到 a。随内压力增加，圆孔周边圆柱形区域由弹性状态进入塑性状态，塑性区随压力 σ_a 增加不断扩大，图中 r_p 表示为塑性区半径。

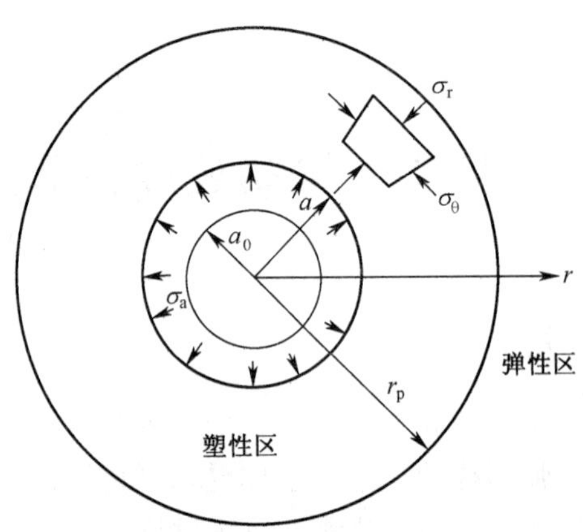

图 4.9　圆孔扩张模型

计算假定主要由以下 4 点：

(1) 土体是均匀各向同性的理想弹塑性介质。

(2) 塑性区的平均体积应变设为 Δ，塑性区土体力忽略不计。

(3) 土体屈服服从摩尔-库仑屈服准则。

(4) 均布内压施加之前，土体受到水平向自重应力 q 的作用。

4.3.2.1 圆柱形孔扩张理论弹性解

平面应变轴对称问题平衡方程为

$$\frac{\mathrm{d}\sigma_r}{\mathrm{d}r} + \frac{d_r - \sigma_\theta}{r} = 0 \tag{4.26}$$

几何方程为

$$\varepsilon_r = \frac{\mathrm{d}u_r}{\mathrm{d}r},\ \varepsilon_\theta = \frac{u_r}{r}$$

弹性阶段本构方程为广义虎克定律

$$\varepsilon_r = \frac{1-\mu^2}{E}\left\{\sigma_r - \frac{\mu}{1-\mu}\sigma_\theta\right\} \tag{4.27}$$

$$\varepsilon_\theta = \frac{1-\mu^2}{E}\left\{\sigma_\theta - \frac{\mu}{1-\mu}\sigma_r\right\} \tag{4.28}$$

根据图 4.9 圆孔扩张模型，扩张过程中的弹性区包括两个组成部分：

$$D = \begin{cases} r \mid r \geqslant a,\ p \leqslant p_c \\ r \mid r \geqslant r_p,\ p \geqslant p_c \end{cases} \tag{4.29}$$

式中：a 为扩张过程中的孔径；r 为扩张半径；p 为扩张压力，p_c为孔壁塑性变形临界压力；r_p为塑性区半径。

当初始应力场为 p_0时，由边界条件可知 $r=a$，$\sigma_r=p$；$r=\infty$，$\sigma_r=p_0$，可得到弹性阶段应力场、位移场表达式为

径向应力

$$\sigma_r = (p-p_0)\left(\frac{a}{r}\right)^2 + p_0 \tag{4.30}$$

切向应力

$$\sigma_\theta = -(p-p_0)\left(\frac{a}{r}\right)^2 + p_0 \tag{4.31}$$

径向位移

$$u_r = \frac{1+\mu}{E}(p-p_0)\left(\frac{a}{r}\right)^2 r \tag{4.32}$$

4.3.2.2　圆柱形孔扩张理论塑性解

在轴对称条件下对服从摩尔-库仑屈服条件的土体，材料的屈服表达式为

$$\sigma_r - \sigma_\theta = (\sigma_r + \sigma_\theta)\sin\varphi + 2c\cos\varphi \tag{4.33}$$

即

$$\sigma_\theta = \sigma_r \frac{1-\sin\varphi}{1+\sin\varphi} - \frac{2c\cos\varphi}{1+\sin\varphi} \tag{4.34}$$

根据平面应变轴对称问题平衡微分方程 $\frac{\mathrm{d}\sigma_r}{\mathrm{d}r} + \frac{\sigma_r - \sigma_\theta}{r} = 0$，得到

$$\frac{\mathrm{d}\sigma_r}{\mathrm{d}r} + \frac{2\sin\varphi}{1+\sin\varphi}\frac{\sigma_r}{r} + \frac{2c\cos\varphi}{1+\sin\varphi}\frac{1}{r} = 0 \tag{4.35}$$

求齐次方程解，得到 $\sigma_r = A r^{-\frac{2\sin\varphi}{1+\sin\varphi}}$，其中 A 为积分常数。

求解非齐次方程，得到 $\sigma_r = -c\cot\varphi + \frac{B}{r^{\frac{2\sin\varphi}{1+\sin\varphi}}}$，其中 B 为积分常数。根据边界条件，当 $r=R_u$（最终扩张半径），$\sigma_r=\sigma_p$（孔壁最终内压力）时，代入上式可得

$$B = (p_u + c\cot\varphi) R_u^{\frac{2\sin\varphi}{1+\sin\varphi}} \tag{4.36}$$

即得到

$$\sigma_r = -c\cot\varphi + \frac{B}{r^{\frac{2\sin\varphi}{1+\sin\varphi}}} = (p_u + c\cot\varphi)\left(\frac{R_u}{r}\right)^{\frac{2\sin\varphi}{1+\sin\varphi}} - c\cot\varphi \tag{4.37}$$

基于体积平衡，即孔的体积变化等于弹塑性变化的体积变化，可知

$$\pi(R_u^2 - R_0^2) = \pi R_p^2 - \pi(R_p - u_p)^2 + \pi(R_p^2 - R_u^2)\Delta \tag{4.38}$$

即

$$1 + \Delta = 2u_p \frac{R_p}{R_u^2} + \frac{R_p^2}{R_u^2}\Delta$$

式中：R_u 为桩径；R_p 为塑性区半径（弹塑性交界处）；u_p 为弹塑性交界处位移；Δ 为塑性区平均体积应变。

取 $r = R_p$，$\sigma_r = \sigma_p$ 时，根据弹性解中已得到

$$u_r = \frac{1+\mu}{E}(p - p_0)\left(\frac{a}{r}\right)^2 r \tag{4.39}$$

则

$$u_p = \frac{1+\mu}{E}(\sigma_p - p_0) R_p \tag{4.40}$$

将 $\sigma_p = (p_u + c\cot\varphi)\left(\frac{R_u}{R_p}\right)^{\frac{2\sin\varphi}{1+\sin\varphi}} - c\cot\varphi$ 代入得到

$$u_p = \frac{1+\mu}{E} R_p\left[(p_u + c\cot\varphi)\left(\frac{R_u}{R_p}\right)^{\frac{2\sin\varphi}{1+\sin\varphi}} - c\cot\varphi - p_0\right] \tag{4.41}$$

只要确定塑性区最终半径 R_p、最终孔压力 p_u 即可求得最终位移 u_p。

由体积平衡方程得到

$$1 + \Delta = 2\left\{\frac{1+\mu}{E} R_p\left[(p_u + c\cot\varphi)\left(\frac{R_u}{R_p}\right)^{\frac{2\sin\varphi}{1+\sin\varphi}} - c\cot\varphi - p_0\right]\right\}\frac{R_p}{R_u^2} + \frac{R_p^2}{R_u^2}\Delta \tag{4.42}$$

当 $r=R_p$，$\sigma_r = \sigma_p = -\sigma_\theta$，根据屈服表达式，则有 $\sigma_p = c\cos\varphi$，即

$$\sigma_p = (p_u + c\cot\varphi)\left(\frac{R_u}{R_p}\right)^{\frac{2\sin\varphi}{1+\sin\varphi}} - c\cot\varphi = c\cos\varphi \tag{4.43}$$

则有

$$(p_u + c\cot\varphi)\left(\frac{R_u}{R_p}\right)^{\frac{2\sin\varphi}{1+\sin\varphi}} = c\cot\varphi + c\cos\varphi \tag{4.44}$$

代入式（4.42）得到 $1 + \Delta = 2\left\{\frac{1+\mu}{E} R_p c\cos\varphi\right\}\frac{R_p}{R_u^2} + \frac{R_p^2}{R_u^2}\Delta = 2\left[\frac{1+\mu}{E}c\cos\varphi + \Delta\right]\frac{R_p^2}{R_u^2}$ (4.45)

$$R_p = R_u\sqrt{\frac{1+\Delta}{2\left[\frac{1+\mu}{E}c\cos\varphi + \Delta\right]}} \tag{4.46}$$

$$P_u = \frac{c\cot\varphi + c\cos\varphi}{\left(\frac{R_u}{R_p}\right)^{\frac{2\sin\varphi}{1+\sin\varphi}}} - c\cot\varphi = \frac{c\cot\varphi + c\cos\varphi}{\left(\sqrt{\frac{2\left[\frac{1+\mu}{E}c\cos\varphi + \Delta\right]}{1+\Delta}}\right)^{\frac{2\sin\varphi}{1+\sin\varphi}}} - c\cot\varphi \tag{4.47}$$

得到 $r=R_p$ 时，弹塑性交界处径向位移

$$u_{\mathrm{p}}=\frac{1+\mu}{E}R_{\mathrm{p}}\left[(p_{\mathrm{u}}+c\cot\varphi)\left(\frac{R_{\mathrm{u}}}{R_{\mathrm{p}}}\right)^{\frac{2\sin\varphi}{1+\sin\varphi}}-c\cot\varphi-p_0\right]$$
$$=\frac{1+\mu}{E}R_{\mathrm{u}}\sqrt{\frac{1+\Delta}{2\left[\frac{1+\mu}{E}c\cos\varphi+\Delta\right]}}\left[c\cos\varphi-p_0\right] \tag{4.48}$$

结合土体本构方程，得到塑性区径向位移解答，并有其径向应力解

$$\sigma_{\mathrm{r}}=(p_{\mathrm{u}}+c\cot\varphi)\left(\frac{R_{\mathrm{u}}}{r}\right)^{\frac{2\sin\varphi}{1+\sin\varphi}}-c\cot\varphi+p_0$$
$$=\left[\frac{c\cot\varphi+c\cos\varphi}{\left(\sqrt{\frac{2\left[\frac{1+\mu}{E}c\cos\varphi+\Delta\right]}{1+\Delta}}\right)^{\frac{2\sin\varphi}{1+\sin\varphi}}}\right]\left(\frac{R_{\mathrm{u}}}{r}\right)^{\frac{2\sin\varphi}{1+\sin\varphi}}-c\cot\varphi+p_0$$
$$u_{\mathrm{r}}=\frac{1+\mu}{E}\left(\frac{c\cot\varphi+c\cos\varphi}{\left(\sqrt{\frac{2\left[\frac{1+\mu}{E}c\cos\varphi+\Delta\right]}{1+\Delta}}\right)^{\frac{2\sin\varphi}{1+\sin\varphi}}}-c\cot\varphi-p_0\right)\left(\frac{R_{\mathrm{u}}}{r}\right)^{2}r \tag{4.49}$$

在此，需要得到合理的塑性区平均体积应变Δ，其真实数值较难获取，需要通过三轴剪切试验或其他解析计算来确定。考虑其是塑性区应力状态的函数，在确定塑性区土体应力状态后可确定平均体积应变。

图4.10中应力路径AB即圆孔达到塑性状态，随后扩张应力继续增大形成塑性区即应力路径BC。认为体积变化主要决定于初始与最终的位置，因此不考虑其应力路径，塑性区体积可用路径AD与DC体积变化的总和来表示。

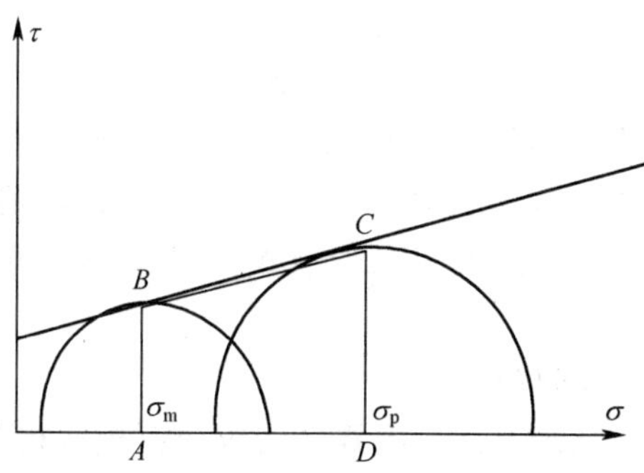

图4.10　圆孔扩张应力路径示意图

首先求解应力路径AD对应的体积应变$\varepsilon_{\mathrm{vAD}}$。根据平面应变状态可知

$$\Delta\sigma_{\mathrm{rr}}=\Delta\sigma_{\theta\theta}=\sigma_{\mathrm{p}}-\sigma_{\mathrm{m}}=\frac{\sigma_{\mathrm{rr}}-c\cos\varphi}{1+\sin\varphi}-\sigma_{\mathrm{m}} \tag{4.50}$$

$$\Delta\sigma_{\mathrm{zz}}=2\mu\,\Delta\sigma_{\mathrm{rr}} \tag{4.51}$$

根据弹性阶段本构关系可知

$$\varepsilon_{rr} = \varepsilon_{\theta\theta} = \frac{\Delta\sigma_{rr}}{E} - \frac{\mu}{E}(\Delta\sigma_{\theta\theta} + \Delta\sigma_{zz}) = \frac{(1-\mu-2\mu^2)}{E}\left(\frac{\sigma_{rr} - c\cos\varphi}{1+\sin\varphi} - \sigma_m\right) \tag{4.52}$$

小应变条件下，$\varepsilon_v = 1 - (1-\varepsilon_{rr})(1-\varepsilon_{\theta\theta}) = \varepsilon_{rr} + \varepsilon_{\theta\theta} - \varepsilon_{rr}\varepsilon_{\theta\theta}$ (4.53)

则有路径 AD 体积应变 ε_{vAD} 的解答为

$$\varepsilon_{vAD} = \frac{(1-\mu-2\mu^2)}{E}\left(\frac{\sigma_{rr} - c\cos\varphi}{1+\sin\varphi} - \sigma_m\right)\left[2 - \frac{(1-\mu-2\mu^2)}{E}\left(\frac{\sigma_{rr} - c\cos\varphi}{1+\sin\varphi} - \sigma_m\right)\right] \tag{4.54}$$

然后求解应力路径 DC 对应的体积应变 ε_{vDC}。

$$\Delta\sigma_{rr} = -\Delta\sigma_{\theta\theta} = \sigma_{rr} - \sigma_p = \frac{\sigma_{rr}\sin\varphi + c\cos\varphi}{1+\sin\varphi} \tag{4.55}$$

这一阶段尚没有达到塑性平衡，径向应变增加对应切向应变的减少。

$$\varepsilon_{rr} = -\varepsilon_{\theta\theta} = -\frac{1+\mu}{E}(\sigma_{rr} - \sigma_p) = -\frac{1+\mu}{E}\left(\frac{\sigma_{rr}\sin\varphi + c\cos\varphi}{1+\sin\varphi}\right) \tag{4.56}$$

同样根据小应变条件下，$\varepsilon_v = 1 - (1-\varepsilon_{rr})(1-\varepsilon_{\theta\theta}) = \varepsilon_{rr} + \varepsilon_{\theta\theta} - \varepsilon_{rr}\varepsilon_{\theta\theta}$ (4.57)

得到路径 DC 体积应变 ε_{vDC} 的解答为

$$\varepsilon_{vDC} = \left[\frac{1+\mu}{E}\left(\frac{\sigma_{rr}\sin\varphi + c\cos\varphi}{1+\sin\varphi}\right)\right]^2 \tag{4.58}$$

则有塑性区体积应变

$$\varepsilon_v = \varepsilon_{vAD} + \varepsilon_{vDC} \tag{4.59}$$

体积平衡可知

$$\sum \varepsilon_v \mathrm{d}V = \pi(R_p^2 - R_u^2)\Delta \tag{4.60}$$

即

$$\Delta = \frac{\sum \varepsilon_v \mathrm{d}V}{\pi(R_p^2 - R_u^2)} \tag{4.61}$$

基于上述推导，Δ 的理论解可通过以下步骤确定：

(1) 先设定一个塑性区平均体积应变值 Δ_1，计算求得塑性区内应力状态。

(2) 将应力状态各计算参量代入求解 $\varepsilon_v = \varepsilon_{vAD} + \varepsilon_{vDC}$，得到修正的 Δ_2。

(3) 采用修正的 Δ_2 重复上述步骤，当 Δ_n 与 Δ_{n+1} 相差不大时，即得到塑性区平均体积应变 Δ。

4.3.2.3 群桩沉桩过程位移解答

在单个圆柱形孔扩张解答基础上，采用叠加法求得群桩沉桩过程中产生的土体位移，如图 4.11 所示。

图中 L 为排桩到 A 点的垂直距离，S 为桩间距，D 为排桩地表总长的 1/2。根据叠加法，排桩在 A 点产生的径向位移

$$u_{叠} = \frac{2}{S}\int_0^D \frac{L \cdot u_r}{\sqrt{L^2 + y^2}}\mathrm{d}y \tag{4.62}$$

基于单桩径向位移计算表达式计算得到

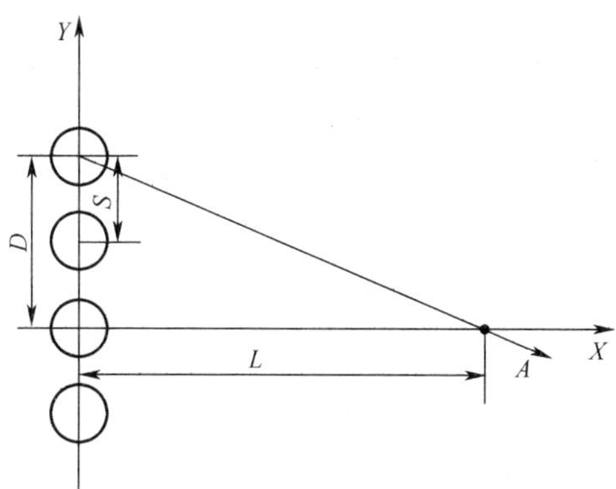

图 4.11　群桩沉桩位移示意图

$$u_r = \frac{1+\mu}{E}\left(\frac{c\cot\varphi + c\cos\varphi}{\left(\sqrt{\dfrac{2\left[\dfrac{1+\mu}{E}c\cos\varphi + \Delta\right]}{1+\Delta}}\right)^{\frac{2\sin\varphi}{1+\sin\varphi}}} - c\cot\varphi - p_0\right)\left(\frac{R_u}{r}\right)^2 r \tag{4.63}$$

即可积分求解得到群桩产生的径向位移叠加

$$u_{叠} = \frac{2}{S}\int_0^D \frac{L}{\sqrt{L^2+y^2}}\frac{1+\mu}{E}\left(\frac{c\cot\varphi + c\cos\varphi}{\left(\sqrt{\dfrac{2\left[\dfrac{1+\mu}{E}c\cos\varphi + \Delta\right]}{1+\Delta}}\right)^{\frac{2\sin\varphi}{1+\sin\varphi}}} - c\cot\varphi - p_0\right)\left(\frac{R_u}{r}\right)^2 r\mathrm{d}y \tag{4.64}$$

4.3.3　工程实例计算分析

4.3.3.1　径向位移与应力分布曲线

现场试验段桩长范围内土层主要参数见表 4.3，采用预制管桩。桩长为 16 m，桩径为 0.5 m，桩间距为 2.4 m，正方形布置。注意此处采用的是杨氏模量，其与土体压缩模量换算采用经验公式 $E = E_s\left(1 - \frac{2\mu^2}{1-\mu}\right)$。

表 4.3　桩长范围内土层主要参数

序号	土层名称	土层厚度 /m	饱和容重 /(kN/m³)	杨氏模量 E/MPa	泊松比	黏聚力 c /kPa	内摩擦角 φ/(°)
1	Q4 粉土	3.3	17.7	5.80	0.35	29.24	6.64
2	Q4 粉质黏土夹淤泥	8.0	20.2	2.60	0.45	69.65	27.45
3	Q4 粉质黏土	5.6	17.5	8.60	0.4	20.70	3.82

根据 4.3.2 节步骤首先计算得到 $\Delta = \{0.0145, 0.0147, 0.0143, 0.0143, 0.0144\}$，代入径向位移、应力解答方程，即得到沉桩过程中弹塑性区应力场与位移场分布。

首先计算得到了桩长深度范围内不同土层对应的塑性区边界，如图 4.12 所示，桩径为

0.5 m 的管桩沉桩过程形成的塑性区半径为 1.6~2.44 m，约为桩径的 3~5 倍，这一计算结果与以往研究人员在饱和软黏土中通过模型试验得到的水平影响范围一致（3D~5D），塑性区边界以外即弹性区，弹塑性边界处径向位移（即水平位移）u_p 为 16.6~90 mm。

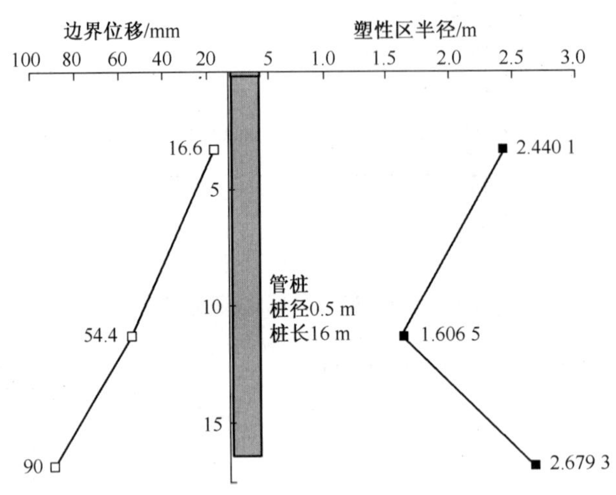

图 4.12　桩长深度塑性区边界

在确定塑性区半径 R_p 与 u_p 之后，进一步计算得到径向位移与径向应力随距离增加的变化曲线，如图 4.13 所示。由图 4.13 可知不同土层产生的位移变形规律一致但大小不同，主要受土体性质与初始应力（自重应力）的影响，其中第 3 层土的径向位移最大。当 r=6.5 m 时，产生的位移只有 1.39 mm，认为其产生的影响可以忽略不计，对应此处的径向应力为 20.98 kPa。

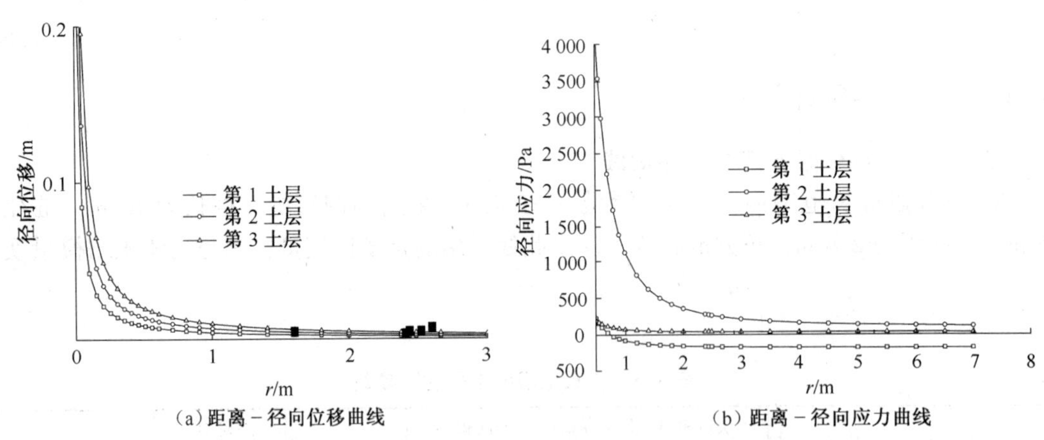

图 4.13　径向位移、应力分布随距离增加的变化曲线

4.3.3.2　位移变化的影响因素分析

通过解析解答案可以看出，影响到水平位移的主要包括表征土体性质的参量（黏聚力、内摩擦角、变形模量），以及桩径桩长。桩长的影响主要体现在影响深度。因此，本书主要改变土的黏聚力 c、内摩擦角 φ 、桩径 D，讨论其对沉桩挤土效应的影响。

如图 4.14 所示，改变桩径 D= ｛0.3，0.45，0.4，0.45，0.5，0.55，0.6｝，结果表明，塑性区半径随桩径的增加线性增加。对比桩径 0.3 m 与 0.6 m，其塑性半径由 1.46 m 增至

2.92 m，而其径向位移也随之增加，在塑性区边界其位移由 10.59 mm 增至 21.7 mm。

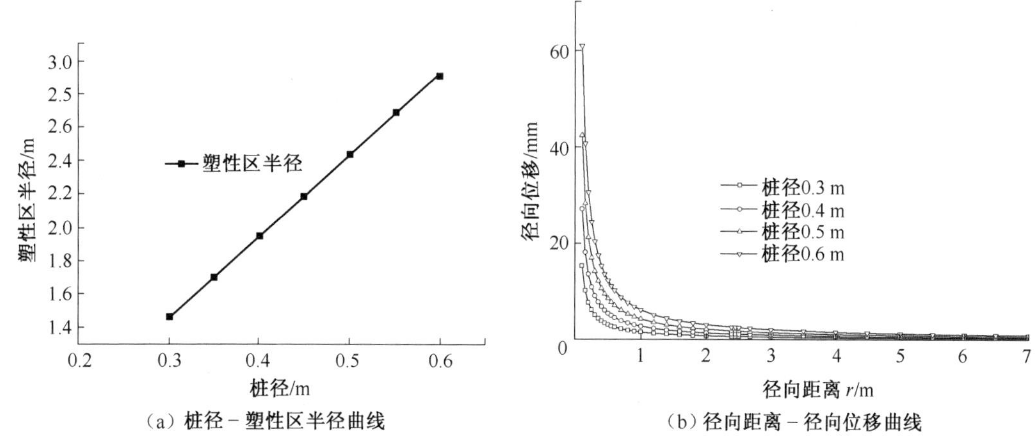

图 4.14　桩径与塑性区半径关系曲线

分别取黏聚力 $c=\{15, 20, 25, 29.5, 35, 40, 45\}$，得到结果如图 4.15 所示。塑性区半径随 c 值的增大而减小，但径向位移则随 c 值的增大而增大。

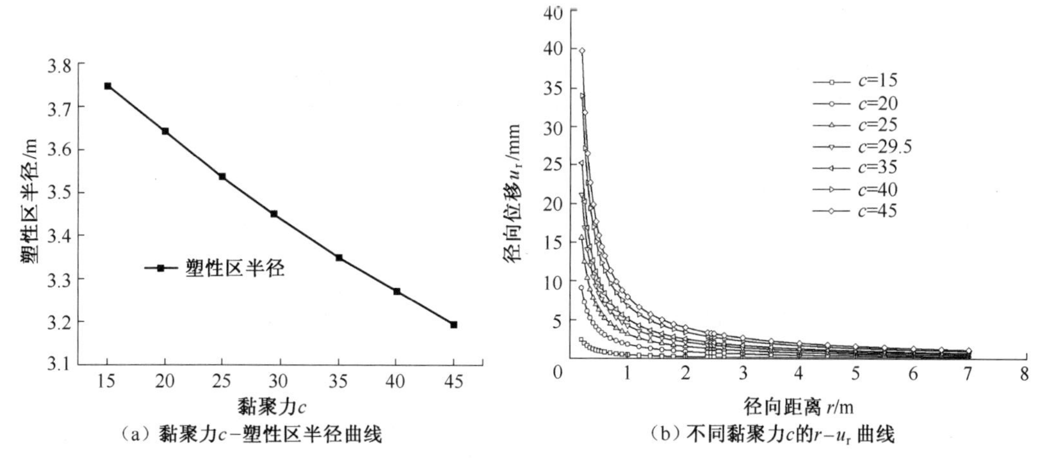

图 4.15　黏聚力对径向位移影响曲线

分别取内摩擦角 $\varphi=\{6.6, 10, 15, 20, 25, 30, 35, 40, 45, 50\}$，得到的结果如图 4.16 所示。其中，塑性区半径随 φ 值的增大而增大，径向位移变化则异于 c 值。当 φ 从 6.6 增至 35 时，径向位移随 φ 的增加而增加，但其后进一步增加 φ 值，径向位移出现变小的趋势。

4.3.3.3　邻近既有线群桩挤土位移分析

试验段紧邻既有线路基距离第一排沉桩最近为 12 m，根据解析解叠加公式计算此处叠加水平位移。则有已知桩间距 $S=2.4$ m，分别取 {4, 6, 8, 10, 12} 根桩作为一排时，对应地表排桩半长 $D=\{4.8, 7.2, 9.6, 12, 14.4\}$ m，则积分计算得到在 $L=12$ m 计算点的叠加水平位移 $u_{叠}=\{1.4, 2.0, 2.6, 3.1, 7.2\}$ mm。

此外，上海市政工程管理局编制的《软土市政地下工程施工技术手册》中给出了简易水平位移及隆起量的公式，该方法属于根据实测资料的回归分析预估沉桩挤土位移的经验公式法。

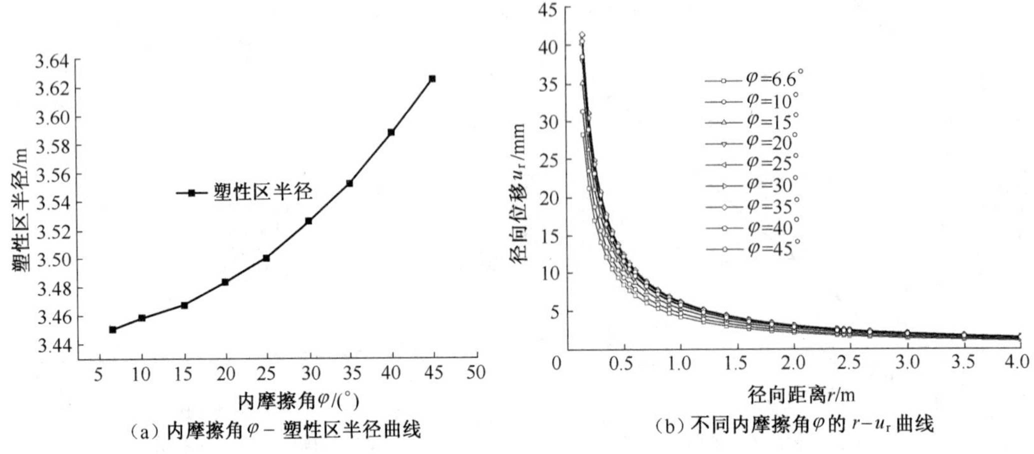

图 4.16　内摩擦角对径向位移影响曲线

$$\Delta_{总} = \sqrt{r^2 + \frac{F}{\pi}} - r \tag{4.65}$$

$$\Delta_H = K_1 K_2 K_3 \Delta \tag{4.66}$$

$$\Delta_V = K_1 K_2 K_4 \Delta \tag{4.67}$$

式中：$\Delta_{总}$、Δ_H、Δ_V 分别为总位移、水平位移、竖向位移；r 为计算点与孔心距离；F 为沉桩总面积；K_1为挤土系数，取 0.7~0.95；K_2为挤土分配系数，取 0.5~0.8；K_3为水平位移分配系数，取 0.4~0.6；K_4为竖向位移分配系数，$K_4=1-K_3$。

分别采用两种方法计算得到 $L=12$ m（即经验公式中的 $r=12$ m）产生的叠加水平位移，如图 4.17 所示，其中 K_1、K_2、K_3分别取 0.7、0.5、0.4 时得到 Δ_H = {10.4，15.66，20.8，26.0，31.2} m。可见采用经验公式法大于解析解，由于该经验公式主要针对上海地区软土，而解析计算多采用孔隙比较小的黏土，因此，认为这种计算差异主要是土的性质造成的。

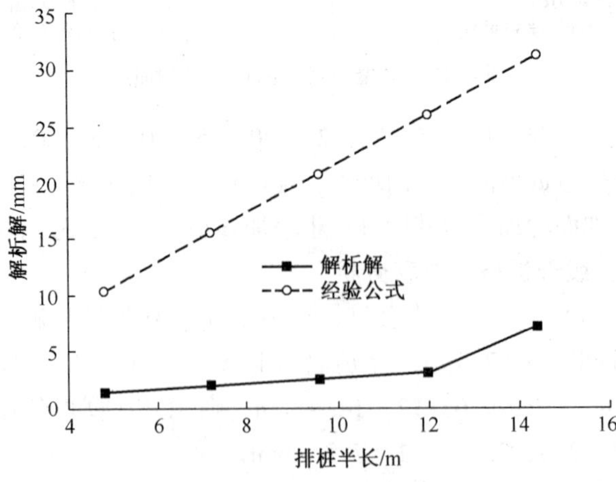

图 4.17　解析解与经验公式对比计算

将本章基坑开挖、沉桩挤土力学分析计算结果与第 3 章现场实测结果（采用测斜管测试数据）进行对比。测试监测点位于既有线路基开挖坡脚处，如测试结果分析中所提基坑开挖阶段测斜管向新线一侧倾斜，成桩期间发生回弹，如表 4.4 所示。由表 4.4 可知在开挖阶段计算结果偏大 30%。原因是测试元件埋设时，基坑已经开挖完成，所以前期变形量没有获取，造成测试结果偏小。而沉桩挤土数据偏小 22.3%，则认为施工中各种大型机械（钻机、挖机）等对地基的扰动无法通过计算体现出来，因此实测结果可能反映了大型机械的扰动。

表 4.4　理论计算与实测结果对比

监测位置	施工阶段	实测结果（测斜管测试）/mm	理论计算/mm	误差/%
既有线开挖坡脚 $H=2.0$ m，$r=0.5$ m	基坑开挖	67.8	97.4	30.3
	沉桩挤土	40.2	31.2	-22.3

4.4　路基稳定性分析

4.4.1　路基边坡稳定性计算

首先通过经验公式对路基稳定性进行估算。根据《建筑边坡工程技术规范》（GB 50330—2013），以下几类边坡应进行稳定性评价：

（1）建筑场地自然边坡。

（2）开挖填筑形成需稳定验算的边坡。

（3）施工期不利工况边坡。

（4）使用条件发生变化的边坡。

沪宁客运专线开挖施工造成京沪铁路既有线路基一侧形成人工土质边坡。边坡工程按其损坏后造成的破坏后果严重性、边坡类型和坡高等因素确定安全等级，见表 4.5。

表 4.5　土质边坡安全等级

边坡类型	边坡高度	破坏后果	安全等级
土质边坡	$10<H\leqslant 15$	很严重	一级
		严重	二级
	$H\leqslant 10$	很严重	一级
		严重	二级
		不严重	三级

下列建筑边坡工程破坏后果严重，安全等级定为一级，应进行稳定性验算：

（1）由外倾软弱结构面控制的边坡工程。

（2）工程滑坡地段的边坡工程。

（3）边坡塌滑区有重要建（构）筑物的边坡工程。

边坡塌滑区的范围可按下式估算：

$$L=\frac{H}{\tan\theta} \tag{4.68}$$

式中：L 为边坡坡顶塌滑区外缘至坡底边缘的水平投影距离，m；H 为边坡高度，m；θ 为坡顶无荷载时边坡的破裂角，(°)，对直立土质边坡破裂角可取 $45°+\psi/2$，φ 为土体的内摩擦角。

试验工点开挖形成边坡高为 1.5~2.2 m，试验得到内摩擦角为 16.7°。经计算，边坡塌滑区 $L\in[5.1,\ 7.4]$。因此认为京沪既有线路基处于边坡滑塌区影响范围以内，应加强变形监控。

边坡稳定性分析方法分为两大类：定性分析法和定量分析法。

定性分析法是一种地质分析法，具体包括工程地质类比法、自然历史分析法、专家数据库、图解法、SMR 法等。这些方法以揭示崩塌滑坡演化历史与发展规律为重点，通过数理统计提出稳定性判别标志，据此评价滑体稳定性。

定量分析法应用岩体力学、土力学等理论，基于经典数学物理方程计算稳定系数，分析计算边坡塌滑体内的应力应变分布，据此进行稳定性评价，常见的主要有极限平衡法与数值分析法。目前已有了多种极限平衡分析方法，如 Fellenius 法、Bishop 法、Jaubu 法、Morgenstern Prinee 法、余推力法、Sarma 法、楔体极限平衡分析法等。数值分析方法主要有有限元方法、边界元方法、离散元方法、DDA 方法、拉格朗日法、数值流行与无单元方法、界面元方法、运动单元法、块体理论分析法和概率可靠度分析方法等。

为实现施工现场科学组织管理，通过定量指标评定路基稳定状态，进行路基稳定性定量计算。定量分析方法主要有极限平衡法和数值分析法。根据工程现场边坡类型和可能的破坏形式，选取典型断面，采用圆弧滑动法及摩擦圆法对比计算，并通过有限元计算进行对比验证。

1. 圆弧滑动法

圆弧滑动法计算边坡稳定性系数如下：

$$K_S = \frac{\sum R_i}{\sum T_i} \tag{4.69}$$

$$N = (G_i + G_{wi})\cos\theta_i + P_{wi}\sin(\alpha_i - \theta_i) \tag{4.70}$$

$$T_i = (G_i + G_{wi})\sin\theta_i + P_{wi}\cos(\alpha_i - \theta_i) \tag{4.71}$$

$$R_i = N_i\tan\varphi_i + c_i l_i \tag{4.72}$$

式中：K_S 为边坡稳定性系数；c_i 为第 i 条块滑动面土体黏聚力；φ_i 为第 i 条块滑动面上土体内摩擦角；θ_i、α_i 分别为第 i 条块底面倾角与水位面倾角；G_i 为第 i 条块单位宽度土体自重；G_{wi} 为第 i 条块上部构筑物单位宽度自重；P_{wi} 为第 i 条块单位宽度动水压力；N_i 为第 i 条块滑动面法线反力；T_i 为第 i 条块滑动面切线反力；R_i 为第 i 条块滑动面抗滑力。

假设 $\varphi=0$ 时，临界圆弧圆心位置采用图解法确定，如图 4.18、图 4.19 所示。

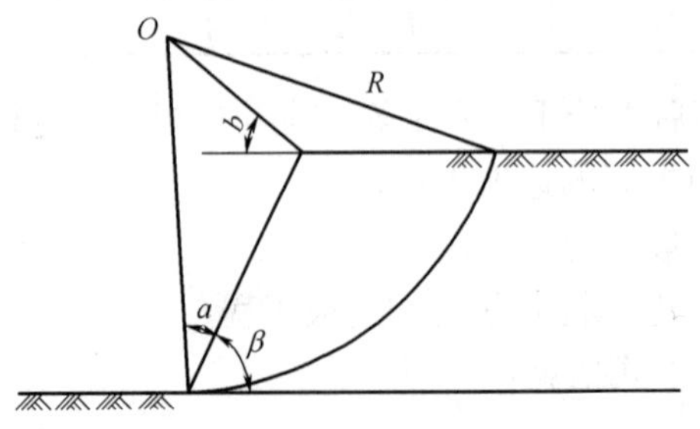

图 4.18 $\varphi=0$ 的滑面确定

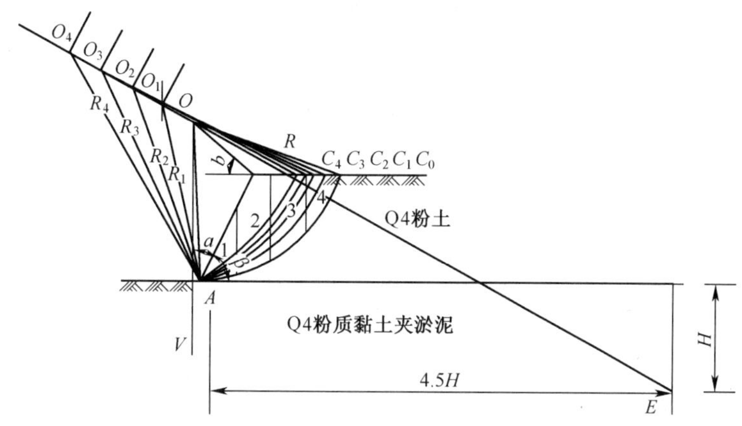

图 4.19　确定最危险滑面位置

坡度高宽比为 1：0.5，得到坡脚 $\beta=63°26'$，角 $a=29°30'$，角 $b=40°$。试算土体面积 A_{ji}，并量取 a_{ji}，计算面积分量 n_{ji} 和 t_{ji}，计算结果见表 4.6~表 4.10。

$$n_{ji}=A_{ji}\cdot\cos a_{ji},\ t_{ji}=A_{ji}\cdot\sin a_{ji} \tag{4.73}$$

表 4.6　圆弧滑面试算 A_{C0}

土条	A_{j0}/m^2	a_{j0}/（°）	n_{j0}	t_{j0}
1	0.42	10	0.41	0.07
2	1.08	19	1.02	0.35
3	0.89	31	0.81	0.46
4	0.37	59	0.19	0.32

表 4.7　圆弧滑面试算 A_{C1}

土条	A_{j1}/m^2	a_{j1}/(°)	n_{j1}	t_{j1}
1	0.38	20	0.36	0.13
2	0.92	30	0.79	0.46
3	0.69	42	0.51	0.46
4	0.13	61	0.06	0.11

表 4.8　圆弧滑面试算 A_{C2}

土条	A_{j2}/m^2	a_{j2}/(°)	n_{j2}	t_{j2}
1	0.27	21	0.25	0.09
2	0.64	35	0.52	0.37
3	0.55	43	0.40	0.38
4	0.21	58	0.11	0.18

表 4.9 圆弧滑面试算 A_{C3}

土条	A_{j3}/m^2	$a_{j3}/(°)$	n_{j3}	t_{j3}
1	0.26	30	0.23	0.13
2	0.58	39	0.45	0.37
3	0.46	51	0.29	0.36
4	0.10	58	0.05	0.08

表 4.10 圆弧滑面试算 A_{C4}

土条	A_{j4}/m^2	$a_{j4}/(°)$	n_{j4}	t_{j4}
1	0.23	37	0.18	0.14
2	0.50	42	0.37	0.33
3	0.35	55	0.20	0.29
4	0.03	60	0.02	0.02

$$A_{ji}=\begin{bmatrix}0.42 & 0.38 & 0.27 & 0.26 & 0.23\\ 1.08 & 0.92 & 0.64 & 0.58 & 0.50\\ 0.89 & 0.69 & 0.55 & 0.46 & 0.35\\ 0.37 & 0.13 & 0.21 & 0.10 & 0.03\end{bmatrix},\ a_{ji}=\begin{bmatrix}10 & 20 & 21 & 30 & 37\\ 19 & 30 & 35 & 39 & 42\\ 31 & 42 & 43 & 51 & 55\\ 59 & 61 & 58 & 58 & 60\end{bmatrix} \tag{4.74}$$

$$n_{ji}=A_{ji}\cdot\cos a_{ji},\ t_{ji}=A_{ji}\cdot\sin a_{ji} \tag{4.75}$$

$$n_{ji}=\begin{bmatrix}10 & 20 & 21 & 30 & 37\\ 19 & 30 & 35 & 39 & 42\\ 31 & 42 & 43 & 51 & 55\\ 59 & 61 & 58 & 58 & 60\end{bmatrix},\ t_{ji}=\begin{bmatrix}10 & 20 & 21 & 30 & 37\\ 19 & 30 & 35 & 39 & 42\\ 31 & 42 & 43 & 51 & 55\\ 59 & 61 & 58 & 58 & 60\end{bmatrix} \tag{4.76}$$

$$K_i=\frac{c\cdot\widehat{AC_i}+\gamma\tan\varphi\cdot\sum n_{ji}}{\gamma\sum t_{ji}} \tag{4.77}$$

土的容重取 17.7 kN/m³，$c=43$，$\varphi=16.4°$。经试算，得到断面边坡临界滑动面稳定系数 K_c，结果见表 4.11。

表 4.11 圆弧滑动面试算

试算圆心	O_0		O_1		O_2		O_3		O_4		O_C	
弧长	6.67		6.21		5.88		5.63		5.42			
分条 n、t	n	t	n	t	n	t	n	t	n	t	n	t
1	0.41	0.07	0.36	0.13	0.25	0.09	0.23	0.13	0.18	0.14		
2	1.02	0.35	0.79	0.46	0.52	0.37	0.45	0.37	0.37	0.33		
3	0.81	0.46	0.51	0.46	0.40	0.38	0.29	0.36	0.20	0.29		
4	0.19	0.32	0.06	0.11	0.11	0.18	0.05	0.08	0.02	0.02		
$\sum n$ 和 $\sum t$	2.43	1.20	1.72	1.16	1.28	1.02	1.02	0.94	0.77	0.78		
K												
η												

2. 摩擦圆法

滑动稳定系数 $K = \frac{c}{\gamma H} \cdot \frac{\gamma_r \cdot H_r}{c_r}$，稳定参数 $N_S = K \cdot \frac{\gamma H}{c}$，稳定参数 N_S 如图 4.20 所示。

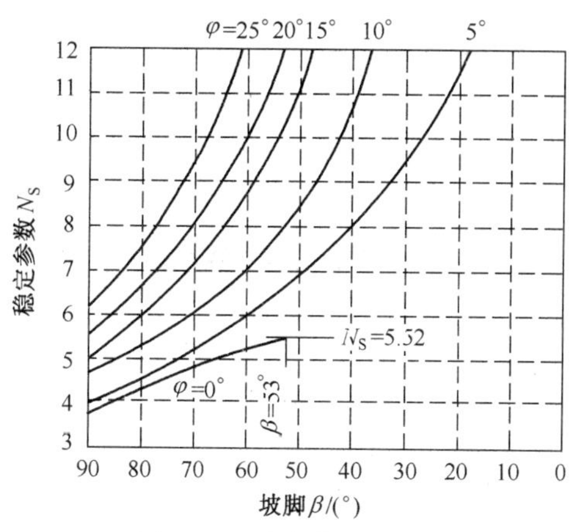

图 4.20　稳定参数 N_S 图

根据试验得到，$\varphi = 16.4°$，$\beta = 63°$。由图 4.20 查得稳定参数 $N_S = 8.56$。

由式可得 $K = \frac{c}{\gamma H} \cdot N_S = \frac{17}{20.2 \times 2.2} \times 6.2$。

边坡稳定性系数应不小于表 4.12 的规定要求，否则必须对边坡采取防护措施。

表 4.12　边坡稳定安全系数

边坡安全等级 计算方法	一级边坡	二级边坡	三级边坡
平面滑动法 折现滑动法	1.35	1.30	1.25
圆弧滑动法	1.30	1.25	1.20

3. 固结有效应力法

软土路基路堤是否稳定，通常采用固结有效应力法进行验算。如图 4.21 所示，脚标Ⅰ表示软土地基，脚标Ⅱ表示填土，则稳定系数

$$K = \frac{\sum c_u L + \sum N_{\mathrm{I}} \tan \varphi_u + \sum N_{\mathrm{II}} U \tan \varphi_{cu} + \sum N_{\mathrm{II}} \tan \varphi}{\sum (T_{\mathrm{I}} + T_{\mathrm{II}})} \tag{4.78}$$

式中：c_u、φ_u 分别为快剪测得的黏聚力和内摩擦角；φ_{cu} 为固结快剪测得的内摩擦角；φ 为填土压实后快剪测得的内摩擦角；L 为各段滑弧长度；U 为地基土在验算时刻的平均固结度；T_{I}、N_{I} 分别为地基土土体质量 Q_1 作用于滑动面的法向、切向分力；T_{II}、N_{II} 分别为地面以上填土质量 Q_2 作用于滑动面的法向切向分力。

室内试验得到计算参数。固结有限应力法计算的关键是获得验算时刻地基平均固结度，根据实测沉降曲线与估算总沉降量可得地基土固结度，计算参数取值见表 4.13，计算结果见表 4.14。计算结果表明，开挖深度 2.2 m 时路基保持稳定，计算结果受开挖坡度影响较大，

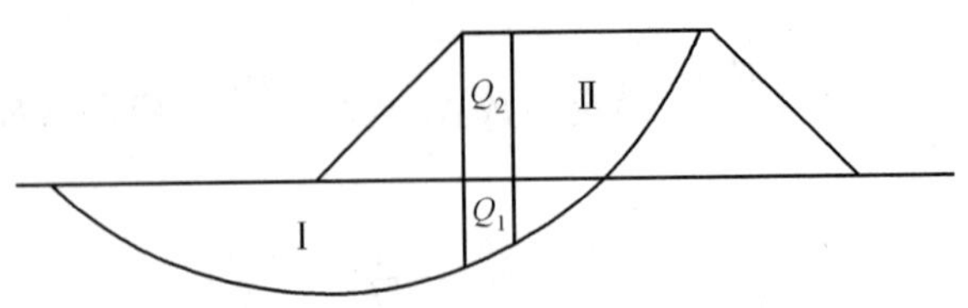

图 4.21 有效应力法验算

因此开挖应注意坡度。

表 4.13 计算参数取值

计算参数	试验数据
快剪黏聚力 c_u /kPa	37.74
快剪内摩擦角 φ_u /(°)	1.70
固结快剪内摩擦角 φ_{cu} /(°)	5.27
填土压实后内摩擦角 φ /(°)	11.47
平均固结度 U	0.27

表 4.14 稳定性计算成果

开挖深度 h/m	稳定系数 K_c		
	圆弧滑动法	固结有效应力法	摩擦圆法
1.2	4.1	4.5	4.3
1.5	3.5	3.3	3.4
2.2	2.2	2.7	2.3

4.4.2 路基动力稳定性评价

现场试验得到了既有线路基振动加速度、振动频率、振动位移等动力响应参量，数据分析得到了各施工阶段既有线路基动力特性分布与变化规律，据此得出了最危险性施工阶段及关键位置；然而由于规范和已知研究成果尚未得出路基动力稳定性阈值，因此从安全角度考虑，需要对路基动力稳定性进行评判。路基动力稳定性评判方法主要有临界动应力法、动剪应变法、有效振速法。

临界动应力法是以动强度为控制指标的路基长期动力稳定性评价方法。我国有砟轨道路基设计中把临界动应力作为确定基床厚度的依据。基床动应力小于临界动应力，则累积永久变形便会得到控制。但当前高速铁路无砟轨道沉降控制标准大幅提升，因此即便动应力满足临界动应力，变形还是可能超过无砟轨道要求，临界动应力法能否适用无砟轨道路基还需验证。

土动力学研究表明，动剪应变幅值超过临界值，土体将发生永久变形，即塑性体积应变。试验结果表明，如果短期动力荷载作用引起的动剪应变超过某一门槛值，土骨架将发生不可恢复的塑性变形，该门槛值称为短期动剪应变门槛。VUCETIC 给出了短期动剪应变门槛均值下限值、线性动剪应变门槛 γ_{tv} 与塑性指数的关系曲线。短期动剪应变门槛 γ_{tvS} 可用来评判土体在地震爆破等短期、高强度动剪应变作用下的动力稳定性。列车荷载作用下路基动剪应变属于小剪应变范围，每次动载作用下土体基本处于弹性区域，发生的塑性变形量可忽略不计。但长期反复动载作用下，塑性变形不断积累，可能出现较大的附加沉降。胡一峰等[98]提出了路基动力稳定性评判准则：①若动剪应变 γ_d 小于线性动剪应变门槛 γ_{st}，则路基短期长期动载作用下均动力稳定；②若路基动剪应变 γ_d 大于线性动剪应变门槛 γ_{st}，则路基短期、长期动载作用下均动力失稳；③若 $\gamma_{st}<\gamma_d<\gamma_{tvS}$，则路基在短期动载作用下动力稳定，长期动载作用下是否动力稳定难以判断。动剪应变评判准则见表 4.15。

表 4.15　动剪应变评判准则

动剪应变 γ_d	$\gamma_d<\gamma_{st}$	$\gamma_{st}<\gamma_d<\gamma_{tvS}$	$\gamma_{st}>\gamma_{tvS}$
土的性状	线弹性	小剪应变，非线性	中等至强剪应变，强非线性
短期动载下土的动力稳定性	稳定	稳定	不稳定
长期动载下土的动力稳定性	稳定	当 $S_N<S_V$ 时，稳定	不稳定
动荷载引起的附加沉降 S_N	无需分析	需进一步分析	动力失稳破坏

注：S_V 为铁路动载引起的路基附加沉降允许值，大小取决于轨道系统，S_N 为铁路动载引起的路基附加沉降。

动荷载-动剪应变确定，一般按理论公式（4.79）计算确定。

$$\gamma_d=\frac{V_{res,sff,z}}{C_s} \tag{4.79}$$

式中：$V_{res,sff,z}$ 为有效振速；剪切波速 C_s 可通过室内或现场动力试验成果按理论公式（4.80）计算。

$$C_s=\sqrt{\frac{G_d}{\rho}} \tag{4.80}$$

式中：G_d为路基土的动剪模量，MPa，由室内试验确定；ρ 为土体密度，g/cm^3。

在缺乏试验条件或用于初步分析时，剪切波速 C_s 可用试验公式（4.81）估算。

$$C_s=\sqrt{\frac{\alpha\beta(1-\mu)E_{v2}}{2\rho}} \tag{4.81}$$

式中：E_{v2}为静态二次变形模量；μ 为泊松比；α 为动弹性模量 E_{vd}与静态变形模量 E_s之比；β 为非线性折减系数。

动剪应变评判准则中的 γ_{st}、γ_{tvS} 需要通过动三轴试验获取。

有效振速法是德国铁路引入的以临界有效振速为控制参数的动力稳定性分析方法，其规范中描述了振速的 3 种临界状态，无黏性土路基采用振速第 1、第 2 临界状态进行评判。

$$K_{dyn1}\cdot V_{res,eff,z}<V_{krat1}\quad \text{第 1 临界状态} \tag{4.82}$$

$$K_{dyn2}\cdot V_{res,eff,max}<V_{krat2}\quad \text{第 2 临界状态} \tag{4.83}$$

式中：K_{dyn1}、K_{dyn2} 分别第 1、第 2 临界状态下的动力安全系数，取 $K_{dyn1}=1.4$，$K_{dyn2}=1.2$；$V_{res,eff,z}$ 为有效振速；$V_{res,eff,max}$ 为有效振速最大值。V_{krat1}、V_{krat2} 分别为第 1、第 2 临界振速。

黏性土采用振速第 3 临界状态进行评判，准则如式（4.84）。

$$K_{dyn3} \cdot V_{res,eff,z} < V_{krat3} \quad 第3临界状态 \tag{4.84}$$

式中：K_{dyn3} 为第3临界状态下动力安全系数，取1.5。

正常固结黏性土第3临界振速 V_{krat3} 按式（4.85）计算，欠固结黏性土取 $V_{krat3} < 3$ mm/s。

$$V_{krat3} = \xi \cdot I_{\varepsilon}^{1.5} \tag{4.85}$$

式中：I_{ε} 为稠密指数，按式（4.86）计算；ξ 为参考速度，正常固结土取40 mm/s，欠固结土取25 mm/s。

$$I_{\varepsilon} = \frac{W_L - W}{W_L - W_P} \tag{4.86}$$

式中：W_L为液限；W_P为塑限；W 为天然含水量。

有效振速 $V_{res,eff,z}$ 的确定方法有两种：一种是进行现场实测；另一种根据经验公式（4.87）计算。

$$V_{res,eff,z} = V_{res,eff,SU} \cdot e^{-\varepsilon z} \tag{4.87}$$

式中：Z 为路基土深度，m；ε 为路基土吸收系数，有砟轨道取0.5，无砟轨道取0.2；$V_{res,eff,SU}$ 为路基面处总有效振速，mm/s，与列车速度、施工条件有关，可按经验公式（4.88）估算。

德国DS836规范推荐的有效振速参考值见表4.16。

$$V_{res,eff,SU} = K_1 e^{K_2 V_{\varepsilon}} \tag{4.88}$$

式中：V_{ε} 为列车行驶速度，km/h；K_1和 K_2为经验常数，按表4.17取值。有砟轨道路基面处有效振速 $V_{res,eff,SU}$ 可取值为6~16 mm/s，无砟轨道 $V_{res,eff,SU}$ 值通常为1~8 mm/s，显然，板式无砟轨道应力分布较均匀，$V_{res,eff,SU}$ 相对较小，更利于路基及其下土层的动态稳定性。

表4.16 路基面（$Z=0$）处有效振速$V_{res,eff,SU}$的经验值

上部结构形式	区域	地基情况	城际列车CIE 车速/(km/h)					其他车型 车速/(km/h)			
			100	160	200	250	300	60	100	160	200
无砟轨道	均匀区段	有利情况	4	6	8	10	12	3	5	8	10
		不利情况	5	8	10	13	15	4	6	10	12
	潜在扰动段	有利情况	5	8	10	13	15	4	6	10	12
		不利情况	7	11	14	18	21	5	8	13	16
有砟轨道	均匀区段	有利情况	7	11	14	18	21	6	9	14	18
		不利情况	9	14	18	23	27	7	11	18	22
	潜在扰动段	有利情况	11	17	22	28	33	8	14	22	28
		不利情况	13	21	18	33	39	10	16	26	32

表4.17 GOTSCHOL经验常数

经验常数	有砟轨道上部结构		无砟板式轨道
	有利轨道位置	不利轨道位置	
K_1	0.9	0.9	0.2
K_2	0.0075	0.009	0.011

现场试验段勘察资料显示京沪既有线路基为黏性土，因此采用振速第 3 临界状态进行评判，即 $K_{dyn3}=1.5$。京沪线路基工作时间长达几十年，应当属于正常固结黏性土。现场取土进行试验。土的物理力学性质指标如表 4.18 所示。

表 4.18　试验段地基土物理力学性质指标

土层编号	土体名称	取土深度 h/m	土的物理性指标					颗粒密度 ρ_s/(g/cm³)	液限 w_L/%	塑限 w_p/%	塑性指数 I_p/%	液性指数 I_L
			含水率 w/%	湿密度 ρ/(g/cm³)	干密度 ρ_d/(g/cm³)	孔隙比 e	饱和度 S_r/%					
(1)	粉质黏土	1.20	23.7	2.01	1.63	0.63	96.2	2.66	35.9	19.5	16.3	0.26
(2)	淤泥质黏土	6.50	33.9	1.94	1.49	0.87	97.5	2.64	39.9	20.5	19.4	0.70
(3)	粉质黏土	13.5	25.3	2.00	1.60	0.68	98.3	2.67	34.1	18.6	15.6	0.44
(4)	粉质黏土	19.0	23.6	2.00	1.62	0.66	95.7	2.67	32.5	18.0	14.6	0.39
(5)	黏土	23.5	24.3	2.01	1.62	0.66	97.5	2.68	33.0	16.3	16.7	0.48
(6)	黏土	31.0	22.9	2.00	1.63	0.63	97.1	2.64	45.0	22.1	23.0	0.04

经计算得到稠密指数 $I_\varepsilon=\dfrac{w_L-w}{w_L-w_p}=\dfrac{35.9-23.7}{35.9-19.5}=0.74$，取 $\zeta=40$ mm/s，即得到第 3 临界振速 $V_{krat3}=\xi\cdot I_\varepsilon^{1.5}=25.46$ mm/s。数据表明：土体振动速度沿深度方向衰减类似振动加速度，地表最大振动速度为 5.04E−4 m/s。估算有效振速 $V_{res,eff,z}=V_{res,eff,SU}\cdot e^{-\varepsilon z}$，有砟轨道取 $\varepsilon=0.5$，$Z=0$，$V_{res,eff,SU}=K_1e^{K_2V_\varepsilon}$，$K_1=0.9$，$K_2=0.009$，$V_\varepsilon\in[60,300]$，则有砟轨道路基面处有效振速 $V_{res,eff,z}=1.54\sim13.39$ mm/s，该数值与经验值 6~16 mm/s 十分接近，根据第 3 临界振速值，可知路基动力稳定性处于安全范围以内。

4.5　小　　结

本章主要从理论分析与计算对施工扰动条件下既有路基服役状态进行变形预测与稳定验算，主要结论如下：

（1）针对路基基坑开挖引起的应力、孔压、位移变化，推导 Boussinesq 解析解与考虑降水的解析方程估算开挖引起的周边区域沉降量，该计算方法可获取既有线路基基底沉降值，从而弥补测试空白区。

（2）基于圆柱形孔扩张理论，建立能反映成桩挤土效应的理论解析方程，该方程可求解成桩过程中周边区域弹性变形与塑性变形，用以求解不同的桩径、地基土性质、施工邻近距离条件下的挤土位移，并考虑群桩叠加效应，通过经验资料与回归分析经验公式计算对比，验证了该计算公式的可行性。

（3）开展路基稳定性计算分析。采用圆弧滑动法、摩擦圆法与固结有效应力法计算既有路基一侧开挖边坡的稳定性，计算考虑开挖深度的影响；同时采用德国 DS836 规范中提及的总有效振速法对路基动力稳定性进行评价，估算既有路基的有效振速，评价其安全性。

第5章

复杂施工环境下运营路基服役状态数值分析

通过现场测试试验已经得到了既有线保持运营条件下各个施工阶段路基静力变形、位移、应力等参量，以及振动速度、振动频率等动力响应，通过理论分析得到施工各阶段引起的既有路基基底等内部区域水平位移与沉降量，在此借助有限元模型分析运营既有路基在最不利状态下的服役状态，一方面与测试、理论计算相互验证，另一方面可提供路基极限破坏状态阈值。

5.1 路基数值计算模型

5.1.1 模型建立

考虑到列车高速运行和轨枕的分担作用，基床表面纵向应力波可视为均匀分布；另一方面，每根轨枕受到相同振动荷载作用的概率一致，由于线路属于半无限结构，因此纵向可假定路基为平面应变问题。铁路路基属于长条基础，研究表明，沿路基纵向路基结构内部变形与应力分布规律基本相似，可采用平面应变模型仿真路基状态；轨道在脉冲激扰源作用下引起的振动，大体可影响前后10跨轨枕范围，超出该范围，振动传播极弱，因此动力计算模型取60 m×40 m，既能有效反映施工对路基的影响，同时又可减少无谓的计算量。为获取其影响程度最严重的状态，选取两线最近间距的断面作为数值模拟对象。选取的路基断面基于平面应变原理，基本假定如下：

（1）土体为弹性材料，采用摩尔-库仑模型。

（2）路基和地基的初始应力场由自重荷载产生。

（3）新建路基采用桩加固，桩土接触条件为部分滑动，接触界面用滑移系数模拟。

（4）新建路基分层填筑，各层连续性好。

（5）地基左右边界不透水，底部和上部为透水边界；底部完全固定约束，两侧竖直边界施加滑动约束。

基于静力触探资料地基土划分为4个土层；填土1.5 m，预压高2 m；筏板厚0.5 m，板下0.2 m碎石垫层；桩径0.5 m，桩长12 m，正方形布置；新建路基中心距紧邻既有线中心18 m；模拟地基土深度至25 m。建立平面应变模型，模型取60 m×40 m，板单元模拟桩，等效厚度模拟桩径；引入接触面单元模拟桩土作用。平面应变条件下桩可等效为宽度等于桩径的条形板。复合地基平面应变等效涉及两个问题：一是桩体刚度，二是地基渗透系数。刚性桩本身较为致密，渗透系数小，因此，主要考虑刚度等效问题。复合地基数值计算中刚度等效方法主要有两种：一是刚度不变，保持桩面积置换率不变的面积等效方法，这类方法适合砂桩等刚度较小的桩；二是对刚度较大桩应用刚度等效方法。假设桩与桩间土加权平均刚度等于条形板刚度，条形板长度等于相邻两桩中心点距离。等效条形板桩的刚度为

$$E_{sp} = \frac{\pi D}{4L} E_p + \left(1 - \frac{\pi D}{4L}\right) E_s$$

或

$$E_{ep} = \frac{E_p A_p + E_s A_s}{A_L} = E_g \left[\frac{\pi D}{4L}\left(1 - \frac{1}{n}\right) + \frac{1}{n}\right] \tag{5.1}$$

本次计算采用桩面积等效法，如图 5.1 所示。

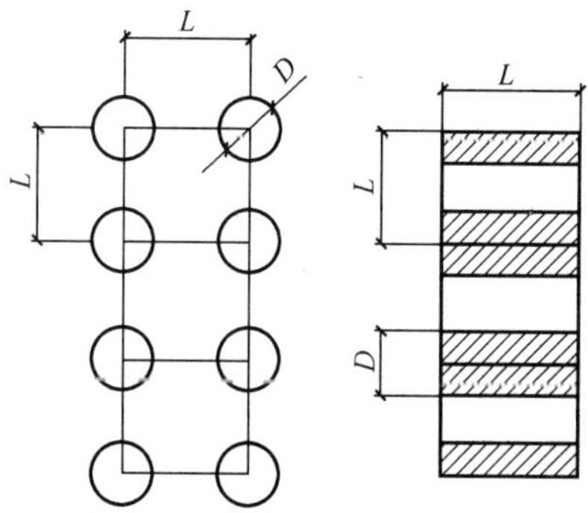

图 5.1　桩面积等效法

模型底部采用完全固定约束，两侧边界施加滑动约束。考虑列车动荷载作用，土体为半无限大介质。为避免振动波在边界的反射，采用黏滞边界，以吸收波动能量，以便更符合实际。建立的有限元模型如图 5.2 所示。

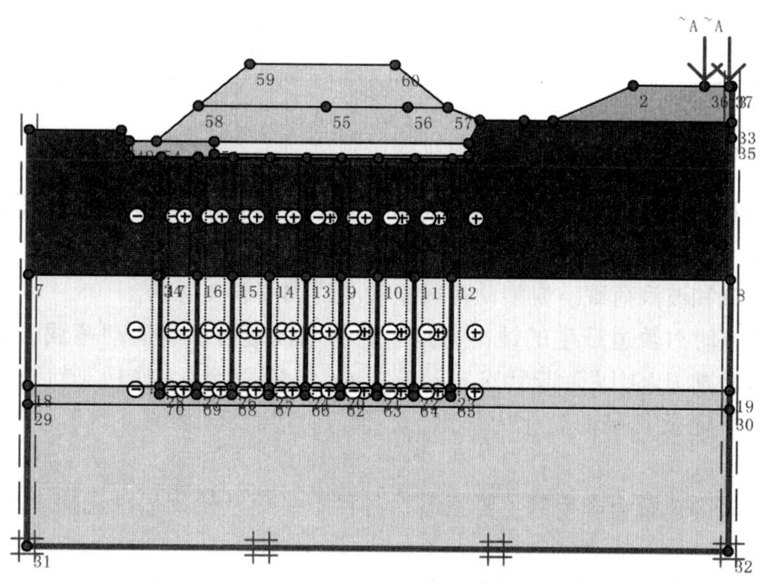

图 5.2　有限元计算断面几何模型

通常情况下动荷载是高速的且引起的是小应变，因此土体的动态刚度通常都比静态刚度要大。进行有限元模型动力计算时，采用瑞利阻尼，吸收系数 α 和 β 取为 0.01；由弹性参数和土体密度计算得到波速 v_p 和 v_s，程序自动计算弹性参数。剪切波 v_s = 85 m/s，压缩波 v_p =140 m/s。路基本体阻尼比 ξ_4=0.07，地基阻尼比 ξ_1=0.08。

根据静力触探地基土分层，室内试验得到土体主要参数指标见表 5.1。

表 5.1 土体主要参数指标

土层名称	本构模型	饱和容重	杨氏模量 E/MPa	泊松比	黏聚力 c/kPa	内摩擦角 φ/(°)	渗透系数/(cm/s)	
							垂直 kV	水平 kH
人工填土	摩尔-库仑	20	3	0.35	10	35	1	1
Q4 粉土	摩尔-库仑	17.7	5.80	0.3	29.24	6.64	1.46E-8	5.65E-8
Q4 粉质黏土夹淤泥	摩尔-库仑	20.2	2.60	0. 3	69.65	27.45	3.15E-6	3.84E-5
Q4 粉质黏土	摩尔-库仑	19.0	7.30	0. 3	43.82	16.47	5.28E-8	2.05E-8
Q3 黏土	摩尔-库仑	20.4	8.50	0. 3	37.00	17.10	4.34E-7	5.86E-7
路堤土	摩尔-库仑	20	3	0.35	1.0	30	1.0	1.0
碎石垫层	摩尔-库仑	50	100	0.15	0	40	1.0	1.0

划分网格，全局疏密度设为粗糙，桩土接触范围、桩端局部两次加密。根据施工情况，设为 4 种工矿考虑，分别计算既有线运营情况下土体振动响应。工况模拟见表 5.2。

表 5.2 工况模拟列表

工况	时间/d	备　注
开挖	30	新线开挖，既有线路基一侧形成开挖边坡
开挖打桩	10	新线打桩，为减小对既有线扰动，采用浆固碎石桩
填筑	5	路堤分层填筑
预压	100	堆载预压 2 m

5.1.2 列车荷载

根据土动力学计算原理，一般周期荷载都可以通过傅氏级数展开分解成若干简谐荷载的叠加，所以研究土体材料的动力性质最常用的动荷载为简谐荷载，可以模拟往复式和旋转式机器产生的动荷载和波浪荷载。典型动荷载振动曲线如图 5.3 所示。

列车通过路基时对轨道产生的锤击力是一种移动简谐力。高速动荷载引起的是小应变。可将列车动荷载激励 $P(t)$ 以简谐形式 $p(t) = p_0\sin\omega t$ 表述，该力作用于轨道某一固定位置。这种激励模型将车辆及其振动简化为简谐力，属于定点激励系统，列车移动荷载示意图如图 5.4所示。

研究表明，竖向轮轨力产生的主要原因是各种不平顺及轮周局部扁瘢。轮轨力主要在以下 3 个频率范围内：

（1）0.5~10 Hz 低频范围，由车体对悬吊部分的相对运动产生。

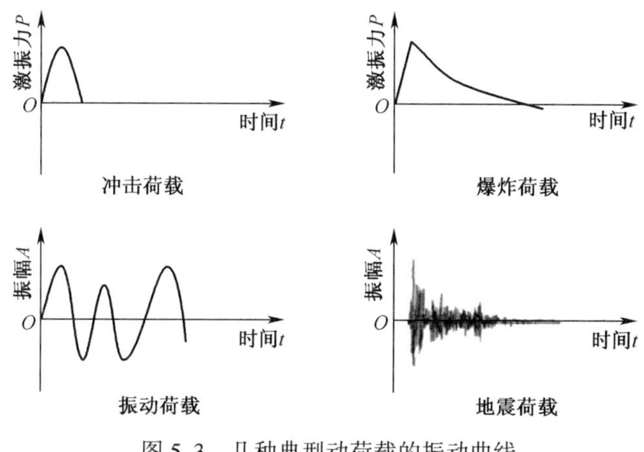

图 5.3　几种典型动荷载的振动曲线

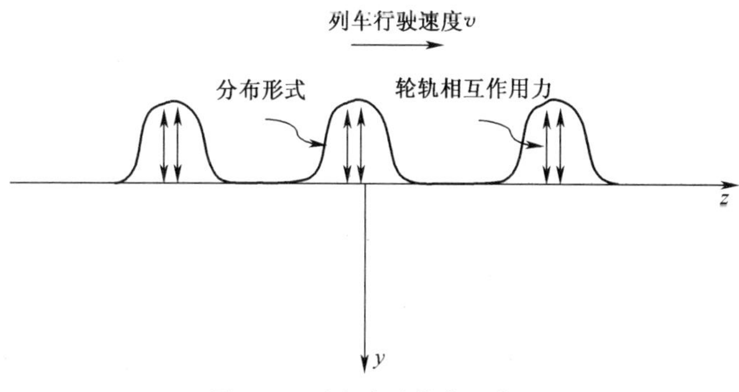

图 5.4　列车移动荷载示意图

（2）30~60 Hz 中频范围，由簧下轮质量对钢轨回弹作用产生。

（3）100~400 Hz 高频范围，由钢轨运动受到轮轨接触面的抵抗产生。

轮轨作用力在中低频范围内较为剧烈，高频范围内主要影响车体。采用无缝线路时，影响轮轨力的因素主要在于轨道不平顺与波形磨耗效应。日本车速 $v=200$ km/h 以上轨道的不平顺维修管理标准为：舒适度标准为 7 mm/10 m，安全目标值为 10 mm/10 m。英国对于时速 200 km 轨道几何不平顺管理标准见表 5.3。

表 5.3　英国轨道几何不平顺管理标准

控制条件	波长/m	正矢/mm
按行车平稳性（Ⅰ）	50	16
	20	9
	10	5
按作用到线路上的动力附加荷载（Ⅱ）	5	2.5
	2	0.6
	1	0.3
波形磨耗（Ⅲ）	0.5	0.1
	0.05	0.005

据上述分析，可用激振力来模拟列车荷载。该力包括静荷载和由正弦函数叠加成的动荷载。设定一个反映不平顺与轨面波磨效应的激振力来模拟轮轨间相互作用，即列车荷载。设其表达式为

$$F(t)=P_0+P_1\sin\omega_1 t+P_2\sin\omega_2 t+P_3\sin\omega_3 t \tag{5.2}$$

式中：P_0为车轮静荷载；P_1、P_2、P_3分别对应于表 5.3 中Ⅰ、Ⅱ、Ⅲ控制条件下某典型值振动荷载。

列车簧下质量为 M_0，则振动荷载幅值 $P_i=M_0a_i\omega_i^2$，其中：a_i为表 5.3 中Ⅰ、Ⅱ、Ⅲ控制条件中某一典型矢高；ω_i 为对应车速下相应Ⅰ、Ⅱ、Ⅲ控制条件下不平顺振动波长圆频率，$\omega_i=2\pi\dfrac{v}{L_i}$，$v$ 为列车运行速度，L_i 为Ⅰ、Ⅱ、Ⅲ控制条件下典型波长。国外高速铁路轴重为 16~17 t，单边静轮重 $P_0=80$ kN，簧下质量取 $M_0=750$ kg$=750$ N·s^2/m。我国高速铁路的运行标准相比国外有所提高，Ⅰ、Ⅱ、Ⅲ控制条件下分别取典型不平顺振动波长和相应的矢高为 $L_1=10$ m，$a_1=3.5$ mm；$L_2=2$ m，$a_2=0.4$ mm；$L_3=0.5$ m，$a_3=0.08$ mm。对应车速 $v=$ 180~324 km/h，低中高频范围分别为 5~9 Hz、25~45 Hz 和 100~200 Hz。

列车荷载表达式可反映：

（1）车身轴重、非悬挂质量等车体影响因素。

（2）轨道几何不平顺、路基构成随机不平顺等影响。

（3）列车行驶速度。

（4）列车荷载周期和振动特性。

（5）列车荷载移动组合及轨道传递分散作用。

模型动载 $F(t)$ 作用于轨枕，一个轮重由 5 个轨枕承受，最大受荷轨枕占轮重的 30%~40%，此外考虑周围轮重应力叠加，通过对比我国现行 22 t 轴重下的实测资料，断面动载幅值取为 $0.7F(t)$。施加两个定点激振荷载于既有线实际距离顶面两个集中力作用点，视为列车通过时横向两对车轮对下部轮轨作用力。计算考虑最不利的情况，即基坑造成既有线路基一侧开挖的情况，这个阶段工程现场持续约一周时间，其中基坑开挖至最深 2 m 约两天，后期即完成筏板浇筑以及路基填土。考虑一列火车 72（4 × 16+8）对车轮（货车、动车组、普快有所区别），即一列火车产生 72 次激振，根据丹阳车站列车运行图布置，该试验工点靠近新建线路一侧下行线每 24 h 通过列车 102 对，则激振次数 $N>72\times102\times2=14\ 688$，在新线开挖基坑最深至 2 m 状态下对模型施加动荷载。

5.1.3 模型验证

根据计算的目的，在此主要模拟 3 种工况。工况 1：在既有线一侧封闭单元，模拟土体卸载开挖基坑，施加列车荷载作用，分析不同列车通过速度对路基边坡稳定性的影响；工况 2：考虑路基浸泡条件下路基强度与变形状态；工况 3：新建路基打桩振动对既有线的影响。

数值模型建立后，计算得到新建路基中心地表总沉降、深层地基土孔压随时间变化发展曲线如图 5.5、图 5.6 所示，并通过修正模型材料参量，最终获得与试验断面现场实测数据变化规律吻合较好的曲线，由此得到能较真实反映实际的计算模型，在此基础上进行不同工况的模拟计算。

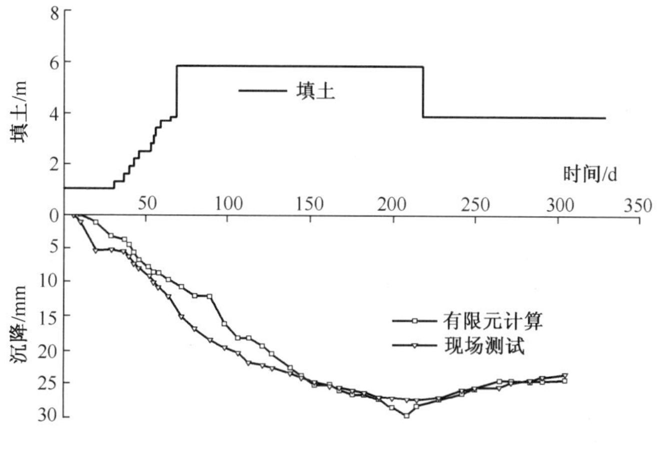

图 5.5　沉降-时间曲线

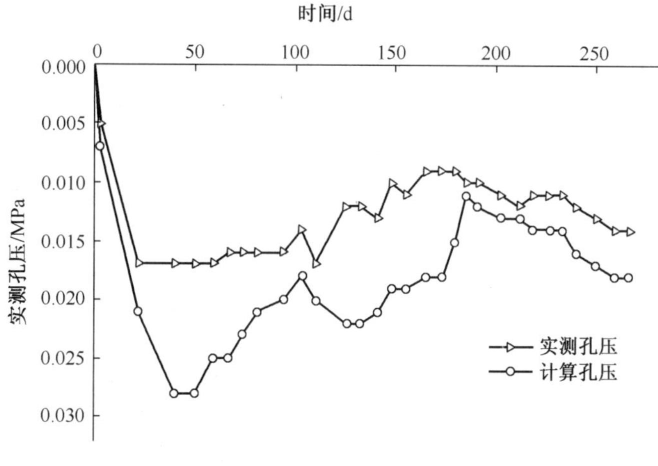

图 5.6　孔压-时间曲线

5.2　运营路基服役状态分析

5.2.1　施工扰动下运营路基最危险阶段

模型建立时通过沉降对比曲线，初步验证模型的合理性。在此将相同位置测试、理论计算与数值分析结果进行相互验证，以进一步确保有限元模型准确性。由表 5.4 对比可知，有限元计算与测试、理论计算结果误差不超过 30%，其中与测试试验结果相差 10 mm 左右。考虑测试现场施工干扰以及理论分析假定条件约束，该模型可作为进一步分析路基服役状态与极限状态的计算依据。

表 5.4 有限元计算与测试、理论计算对比

施工阶段	获取方法	既有线路基开挖坡脚侧向位移/mm
基坑开挖阶段	现场测试	67.8
	理论计算	97.4
	有限元计算	59.1
成桩阶段	现场测试	40.2
	理论计算	31.2
	有限元计算	33.7

在模型验证基础上，计算施工3个阶段紧邻新建新线的运营路基服役状态，主要通过侧向位移、路基沉降、水平应力来分析其受影响的程度。

1. 侧向位移

新线开挖阶段，由于上部土体卸载，两线之间向新线方向的挤压变形明显。随着管桩施工完成对新线地基的加固，变形出现回弹，既有线对新线的挤压变形减弱，至后期新线路基填土加载，变形发生逆转，出现了向既有线的挤压变形，其分布变化曲线如图 5.7 所示。

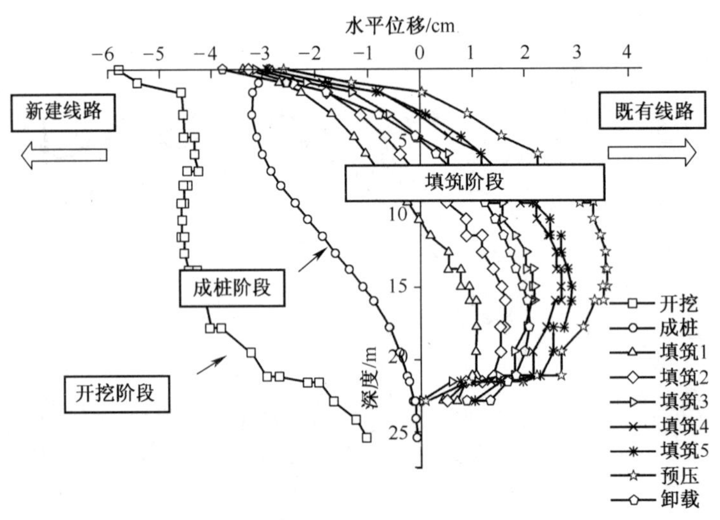

图 5.7 地基侧向位移分布及变化规律曲线

2. 路基沉降

施工开挖成桩初期，新线地表土体出现上拱现象，与之对应的既有线路基基底则发生了沉降变形；随填土加载，荷载引起的附加应力使得新建路基逐渐发生沉降，同时新建地基压缩变形速度快于既有线路基变形，从而引起既有线路基沉降出现一定程度的回缩，其沉降变化规律如图 5.8 所示。

3. 水平应力

在施工成桩阶段，两线之间深层地基土侧向应力分布及变化与位移变化有相似的规律。开挖初期朝向新线方向产生挤压应力。成桩之后，管桩对新线地基起到了加固效果，挤压应

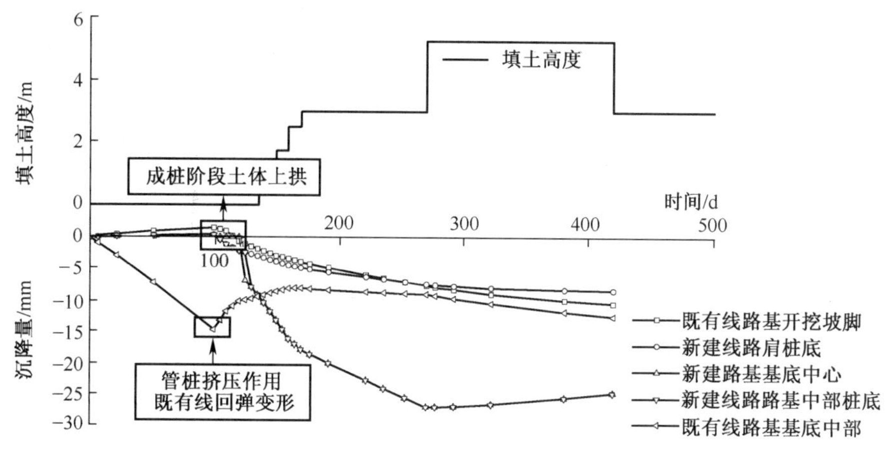

图 5.8　地基沉降变化规律

力明显减小。随着填土荷载增加，应力方向发生逆转，由新线向既有线发生挤压，期间伴随着预压土的卸载，应力出现一定程度的回弹，如图 5.9 所示。

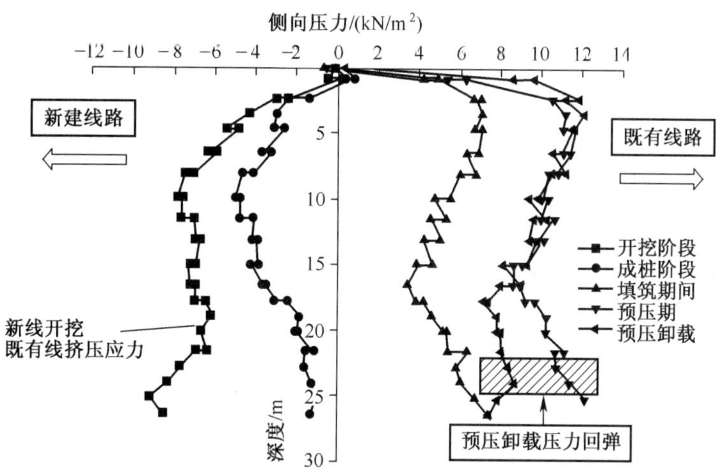

图 5.9　两线之间侧向压力分布曲线

5.2.2　施工扰动下列车运行控制

基于试验与理论分析获知基坑开挖属于既有线运营最危险阶段，建立计算模型，分析基坑开挖影响下列车通过速度与停靠的既有线路基安全情况，以此为运营线运输管理提供建议。

为考虑列车速度的影响，应对动力加载进行合理的模拟。日本铁路列车荷载取值采用不同情况分类计算的方法，正常设计轮重为

$$P_d = P_j(1 + \phi) \tag{5.3}$$

式中：P_d 为轨道设计动荷载；P_j 为轨道设计静荷载；ϕ 为速度系数。根据东海道新干线实测值确定，当轮重变动为 1σ 时，$\phi = 0.15$；当轮重变动为 3σ 时，$\phi = 0.45$。考虑车轮有最长为75 mm 的扁疤时，$P_d = 3P_j$；进行异常情况下的检算时，采用异常情况的设计轮重，$P_d = 4P_j$。

考虑到我国无砟轨道建设和养护维修的具体情况，建议在无砟轨道结构设计中取轮重变动系数为 1.5 作为列车经常使用的荷载，设计轮载取为 3 倍静轮载，对于客货混运线路可暂按 300 kN。根据上述列车荷载模型，考虑列车时速得到理论加载指标见表 5.5。

表 5.5　不同车速的理论加载指标

列车车型	列车时速/(km/h)	加载波形	动荷载峰值（kN）= 轴重×(1+0.3 时速/100)
客车 轴重 18 t	60	正弦波	212
	80		223
	120		245
	200		288（28.8 t）
	250		315
货车 轴重 25 t	30	正弦波	273
	60		295
	80		310
	120		340
	150		363

计算显示，列车引起的动应力是一种单向脉冲模式而非双向正弦模式。动应力以一定应力值为基准变化，这个基准值即偏移应力，循环变化的应力为循环应力，列车通过时偏移应力不变，循环应力使动应力具有循环特性，如图 5.10 所示。

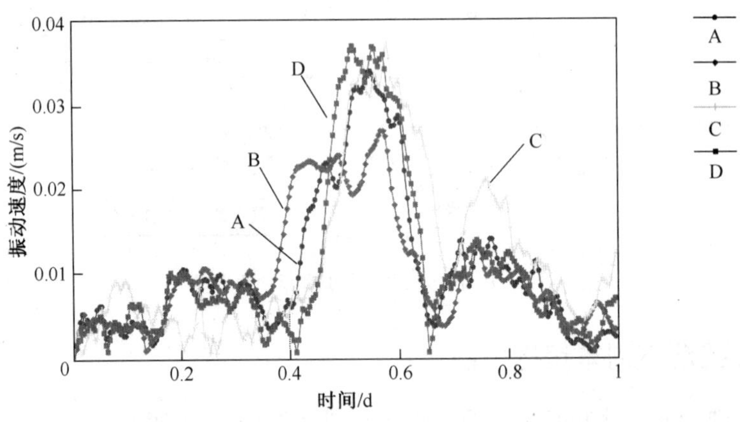

图 5.10　列车模拟荷载作用下路基动应力响应

由于不同区段地基处理措施有所区别，地基开挖深度也存在差异，因此计算也考虑不同基坑开挖深度条件下列车通过速度的影响。分析数据采用最直观反映路基强度与变形两项状态的指标，即剪应力与位移（路基坡脚水平位移）。由图 5.11、图 5.12 可知，基坑开挖深度由 0.5 m 增至 3 m，位移与剪应力都随之明显增加，位移从 2.7 mm 增至 18.8 mm，最大剪应力从 342 kN/m^{2}增至 419 kN/m^2；而在同一开挖深度，列车速度从 60 km/h 提升至 250 km/h，位移与最大剪应力的增加不明显。据此分析，列车通过速度对路基状态影响较小。

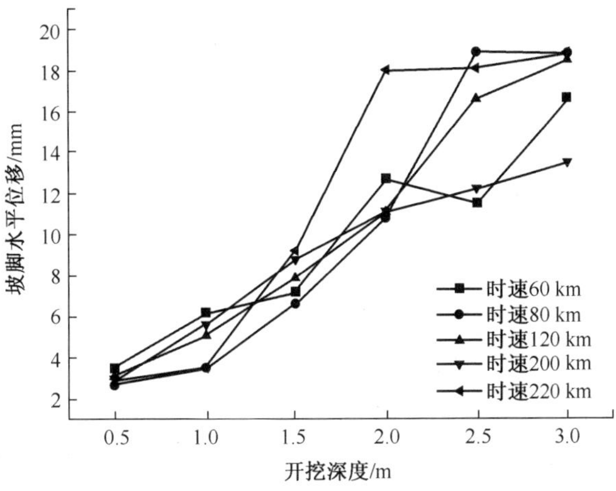

图5.11 路基坡脚水平位移变化曲线

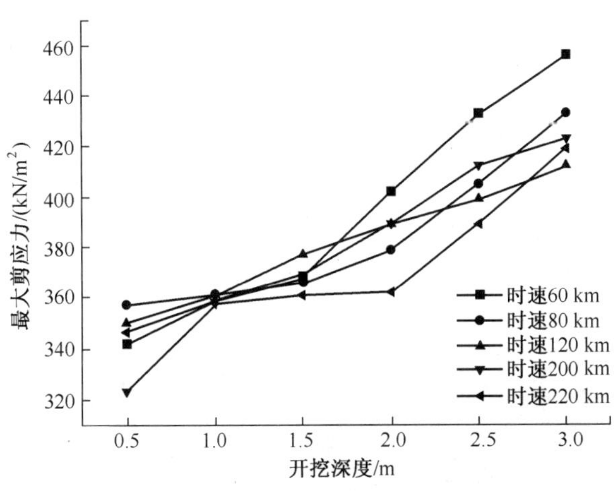

图5.12 路基最大剪应力变化曲线

5.2.3 最不利条件下运营路基状态

5.2.3.1 基坑浸泡

基坑开挖现场在暴雨天气影响下路基边坡出现小范围的垮塌，经过施工抢修，运营铁路未出现险情，但该区域内粉质黏土在雨水冲刷、浸泡下的强度会发生较大变化，有必要对浸泡下的路基稳定性进行预测。考虑路基浸泡下的稳定性可采用有限元 PLAXIS 程序的地下水渗流计算模块，可通过地下水计算生成水压。设地下水流动服从 Darcy 定律，引入折减系数 K 以区分浸润面以上非饱和土和浸润面以下饱和土渗流方式。浸润面以下土体折减系数 K 等于1；浸润面以上土体折减系数 K 小于1；浸润面附近过渡区域折减系数 K 由 a 线性递增到1。有限元将渗流力作为体积力加到土体骨架中，渗流场产生的渗流力转换等效结点力来计算。

$$\{F_{\mathrm{w}}\} = -\gamma_{\mathrm{w}}\iint[N^{\mathrm{T}}]\left\{\frac{\partial h}{\partial n}\right\}\mathrm{d}x\mathrm{d}y \tag{5.4}$$

式中：$\left\{\frac{\partial h}{\partial n}\right\}$ 为水头梯度向量；Ω 为渗流力积分域。

有限元计算出地下水水位上升后渗流场中水头，将渗透力转化为等效结点力作为一级荷载加到土体骨架上。Zienkiewicz 将强度折减概念引入有限元方法，该方法在边坡稳定性分析中安全系数 F_s 定义为外部荷载不变情况下，边坡土体提供的最大抗剪强度 τ_f 与外荷载在边坡内产生的实际剪应力 τ 之比，即

$$F_s = \frac{\tau_f}{\tau} = \frac{c + \sigma\tan\varphi}{\tau} \tag{5.5}$$

式中：c 为黏聚力；φ 为内摩擦角；σ 为正应力。

据此得到土体实际抗剪强度

$$\tau_m = \tau = \frac{\tau_f}{F_s} = \left(\frac{c}{F_s}\right) + \sigma\left(\frac{\tan\varphi}{F_s}\right) = c_m + \tan\varphi_m \tag{5.6}$$

式中：$c_m = \frac{c}{F_s}$；$\tan\varphi_m = \frac{\tan\varphi}{F_s}$。

根据失稳判据确定边坡达到极限平衡状态，对应强度折减系数即为安全系数；否则，假定新的折减系数重复计算，直到边坡达到极限平衡状态。

在此，通过设定水位高度得到路基浸润面，将路基划分为饱和区与非饱和区，以此反映路基及开挖基坑雨后浸泡过程，计算采用强度折减法得到路基边坡的稳定系数。如图 5.13 所示，雨水浸泡条件下运营路基列车加载造成浸润线以下孔压增加，将显著改变路基应力场分布，随后期水位下降，将进一步引起路基新一期的固结变形，导致运营线路上部结构变形。

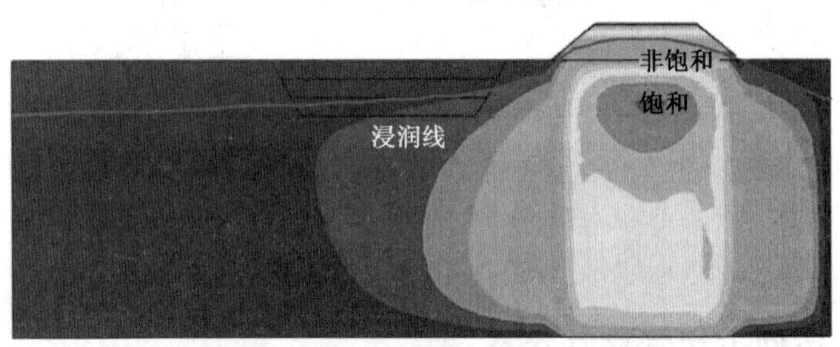

图 5.13 浸泡条件下路基超孔压分布

除可能引起的路基固结变形以外，采用强度折减计算得到的路基边坡稳定安全系数显示，开挖路基边坡 F_s 值从初期 1.08 降至 0.54，其中系数突变显示出边坡已出现破坏，如图 5.14 所示。在工程现场中，由于及时采取了抽水排水、路基边坡喷浆挂网、码砌等各项措施，实际未出现计算中的路基破坏状态，但计算表明，在雨后应加强对路基的防护，否则很有可能出现影响正常运营的垮塌事故。浸泡条件下路基状态指标见表 5.6。

5.2.3.2 动力打桩

振动法沉桩与地震或爆破有相似之处，能量均以波的形式通过岩土从震源向外传播，并由此引起地基和既有桥梁及建筑物的震动。虽单击震动历时较短，但因间隔小、击数多，机械作用所产生的冲击能在荷载作用期间幅值与周期几乎不变。依据已有研究成果，沉桩过程中桩侧土按被扰动影响程度可划分为 4 个区域：Ⅰ区为沿附于桩身边缘的硬层区，它是在沿

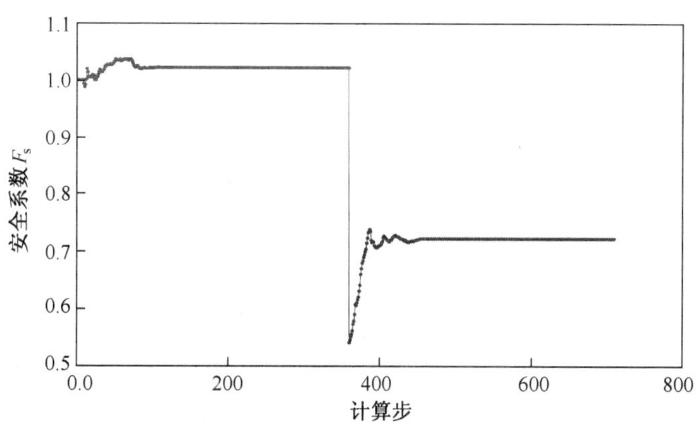

图 5.14　边坡安全系数变化曲线

表 5.6　浸泡条件下路基状态指标

基坑开挖深度/m	路基坡脚位移/mm	路基最大剪应力/(kN/m^2)	边坡安全系数 F_s
0.6	19.6	451	1.08
1.5	34.8	579	0.54
2.2	36.6	602	0.73

桩挤压力作用下形成的，土中的孔隙水压力大部分已被挤出。Ⅱ区为重塑挤密区，其土体在挤压力作用下被扰动和重塑，并使密实度提高，而离地表浅层土向上隆起。Ⅲ区为扰动区，厚度约为 3.5 倍桩径，土的平均密度有所减少，含水量大，孔隙水压力增高。Ⅳ区为影响轻微区，其中沉桩引起的附加应力和孔隙水压力较小，土的原始结构基本上保持不变。打桩影响如图 5.15 所示。

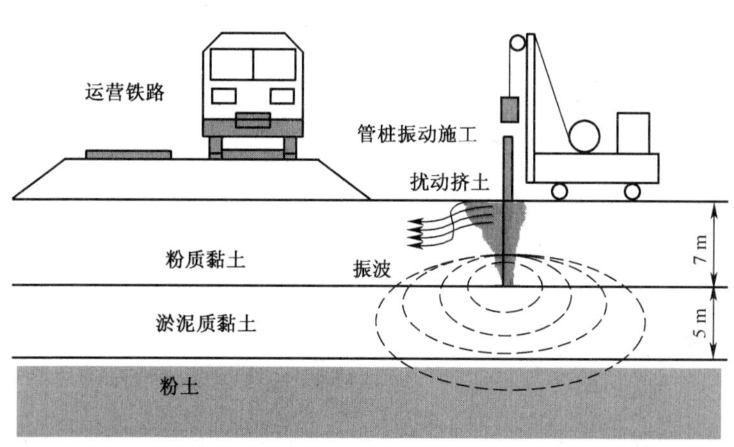

图 5.15　打桩影响示意图

打桩是动力过程，管桩直径 0.5 m，桩长 12 m，桩穿过粉质黏土层、淤泥质黏土层，引起周围土体振动，桩周土应力快速增加，土体产生超孔压。建立的简化模型为轴对称模型，使用标准重力加速度（9.8 m/s^2）。土体和桩体都用 15 节点单元来模拟。桩周设界面单元，模拟桩土相互作用，界面延伸土层为 0.5 m，在模型底部和侧向边界设置动态吸收边界避免振动波反射。使用 PLAXIS 标准边界生成边界，桩顶部施加水平约束。为模拟打桩力，桩顶部施加分布动力荷载。黏土层使用摩尔库仑模型，因为是快速的加载过程，所以材料设置为不排水属性，土层材料参照本章 5.3 节数值模拟参数设置。

桩是混凝土材料，用非多孔介质线弹性模型模拟。振波在土层和混凝土桩体中传播速度差异很大。造成计算时长的增加。为减少迭代过程中子步的数量，土体网格疏化，桩体网格细化。计算过程有 3 个工序：第 1 工序生成桩；第 2 工序激活简谐波荷载，给桩施加冲击作用；第 3 工序冻结荷载，分析桩土的动力响应。后两个工序都是动力分析计算。动力计算使用标准迭代步，设时间间隔为 0.01 s。设定动力子步数为 1，施加动力荷载输入值如图 5.16 所示。

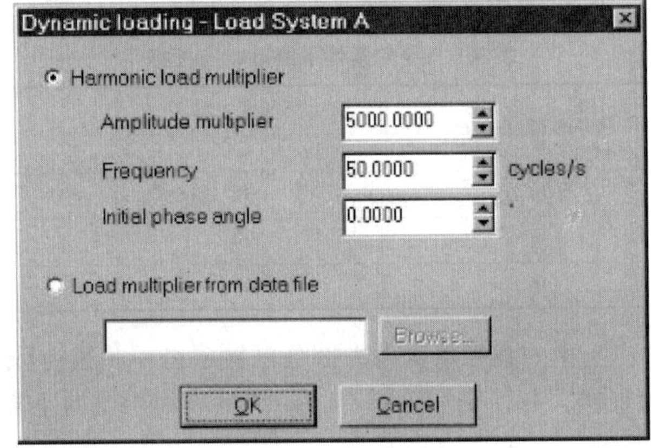

图 5.16　动力荷载参数

在荷载系统 A 上施加半个周期的简谐波荷载。在本工序结束后荷载值归为 0，动力荷载模型输入形式如图 5.17 所示。

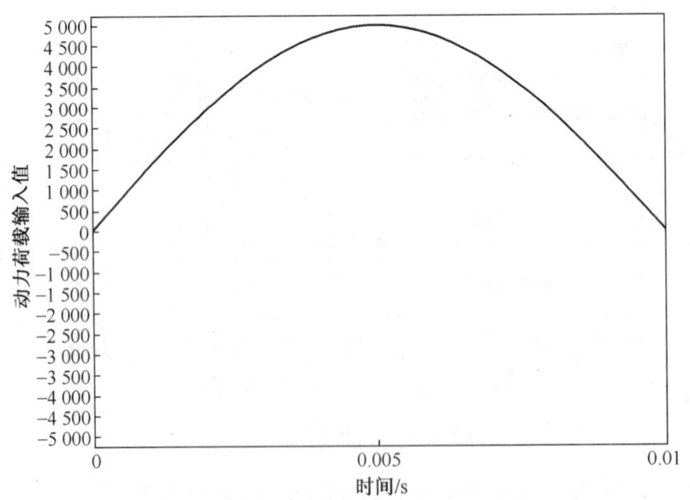

图 5.17　动力荷载模型输入形式

第 3 工序动力分析使用标准迭代步。输入“时间间隔”0.19 s。设置动力子步数为 19。第 2 步和第 3 步的时间步相同。选择桩顶节点为监测点。计算位移-时间曲线如图 5.18 所示，从桩（顶点）的时间位移曲线中可以看出：由于单次冲击产生的桩顶最大沉降为 18 mm，最终沉降为 5 mm。大部分的沉降发生在第 3 步冲击结束后。这是因为压缩波沿着桩体向下传播，引起附加沉降。虽然没有瑞利阻尼，但由于土体的塑性和振动波能量在模型边界上被吸收，桩体的振动逐渐减弱。

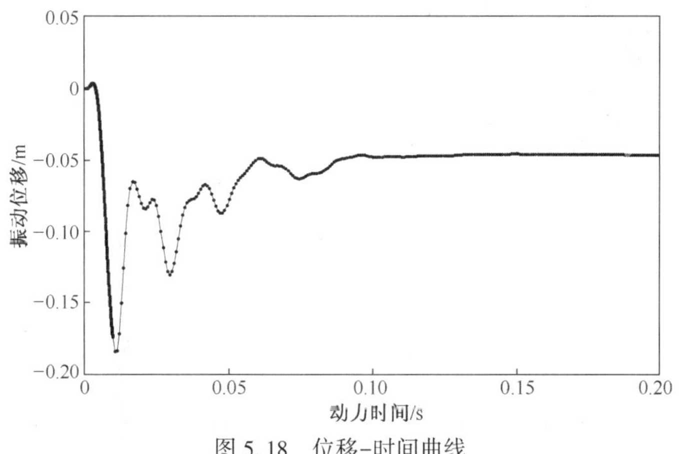

图 5.18　位移-时间曲线

查看第 2 工序的结果（t=0.01 s，冲击发生后），可发现桩周产生很大超孔压，这减小了土体的抗剪强度。冲击后 0.001 s、0.02 s 发生的超孔压分布如图 5.19、图 5.20 所示。

图 5.19　打桩过程动力响应超孔隙水压分布（T=0.001 s）

图 5.21、图 5.22 显示打桩过程中由桩体向周边土体剪应力扩散过程。可见地基动力响应大体呈波形扩散，影响范围水平方向达到 25~30 m，深度在桩端以下 5~10 m。

目前结构物振动限值多用振动速度表征，因此研究打桩过程的振动速度变化具有重要意义。管桩施打过程中土体振动速度峰值达到 1.3 cm/s，振动速度扩散形态、影响范围与剪应力分布类似。图 5.23 显示了桩顶振动速度时程变化，由加载初期的 40 cm/s 逐渐衰减为 0。

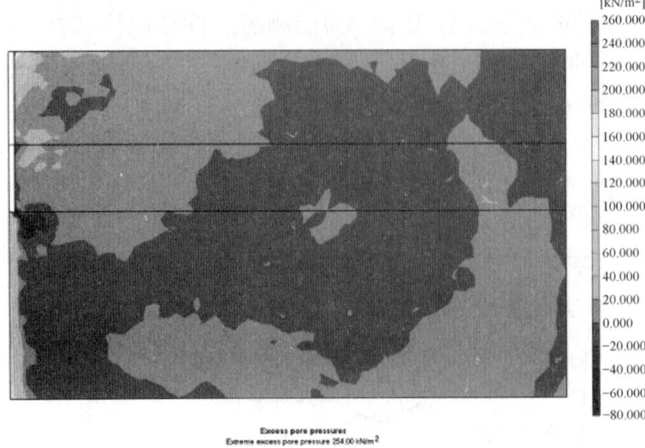

图 5.20　打桩过程动力响应超孔隙水压分布（$T=0.2$ s）

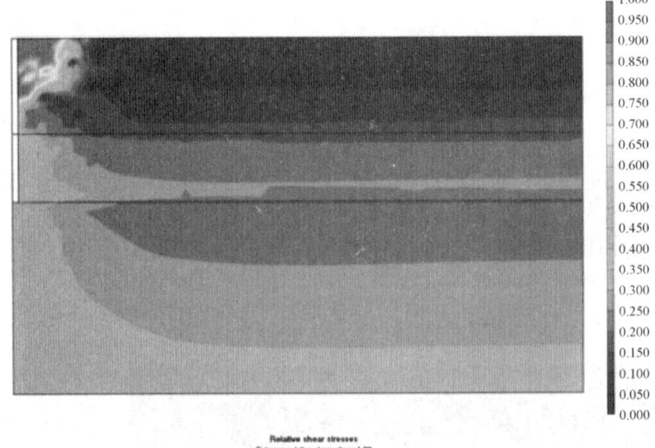

图 5.21　打桩过程动力响应剪应力分布（$T=0.001$ s）

图 5.22　打桩过程动力响应剪应力分布（$T=0.2$ s）

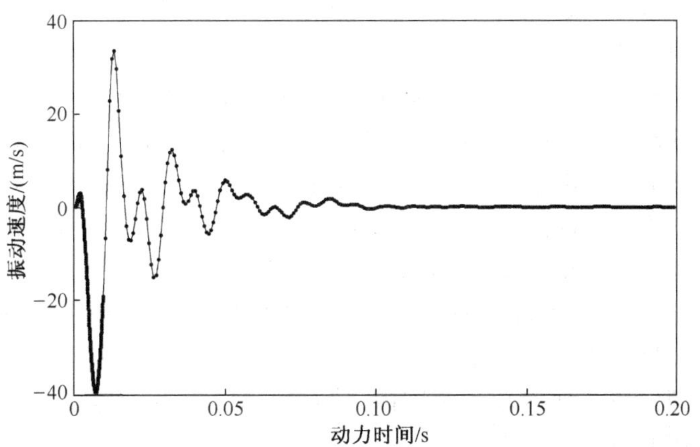

图 5.23　打桩过程动力响应——桩顶振动速度时程曲线

提取距离桩体 12 m 范围（沪宁客专管桩施工与既有线最近的相邻距离）接近地表处监测点振动位移数据如图 5.24 所示，可见经过初期的振荡之后，位移曲线振动中轴线最终在 2 mm水平上，表明此处监测点产生了 2 mm 的塑性变形，可以理解为管桩施工引起的地基土变形。由此可见，单根桩施工即可引起 2 mm 的变形，若在邻近位置进行群桩施工，既有线将极有可能发生被挤走的危险，这在我国铁路建设历程中已有多次先例，因此，现场必须采取应对措施，不能采用常规预应力管桩打桩施工工艺。

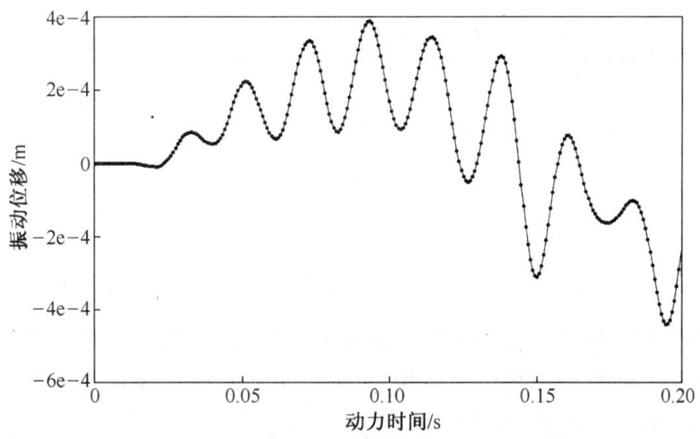

图 5.24　打桩过程动力响应——振动位移时程变化曲线

5.3　运营路基稳定阈值

该计算内容旨在模拟模型极限状态时，关键位置的几项动力参数指标限制（包括振动加速度、振动速度、动位移）作为评价路基状态的参考。计算首先分析静力状态下路基不同工况下的受力变形情况。

边坡开挖阶段，施工对既有线及周边范围扰动较大，地基应力重新分布，受施工扰动及排水条件改变的影响，地基加快固结。施工开挖进行 30 d 后地基沉降趋势。

开挖形成边坡，既有线路基在自重影响下，出现滑动面倾向，累计水平位移最大值不超过 4.5 mm，不足以造成路基失稳破坏。在施工干扰的同时，既有线路基仍需承担运输任务，列车荷载在正常情况下可以不予以考虑；由于开挖形成边坡，在动力荷载作用下，边坡稳定性有必要进行验算。路基开挖情况下，施加动力荷载模拟列车的作用，此时两线之间地表土受扰动影响最大，地表土体动力稳定性能较差。路基振动加速度幅值达 0.4 cm/s^2，振动速度幅值达0.08 cm/s，振动位移达到 5.03 mm 时，模型发生破坏。开挖打桩阶段，成桩过程对地基扰动影响较大，同时桩体对土层有挤密作用，深层地基土动力响应比开挖初期弱。振幅最大处仍位于开挖坡脚位置、埋深较浅范围内（1~2 m），振动加速度最大可达 14.37 cm/s^2，振动速度幅值达 0.051 cm/s。

路基填筑时期，最大竖向变形主要集中在新线桩端处，开挖边坡随着路基填筑的完成已经趋于稳定，水平应力方向仍主要是既有线向新线挤压，分析既有线受动载作用，新线地基土受扰动情况下固结尚未完成。振动位移至 5.03 mm 时，变形急剧增大，模型在既有线路肩发生破坏。

在施工期间运营铁路动力稳定性的判断目前没有任何可靠依据，前期进行的现场试验获取了振动加速度、振动速度、振动位移、振动频率等各项动力响应指标，由于路基未出现破坏极限状态，因此借助有限元模型来实现获取路基稳定状态阈值。根据数值计算结果，施工期间运营路基模型发生失稳破坏时现场试验运营路基变形与动力响应峰值见表 5.7。

表 5.7 现场试验运营路基变形与动力响应峰值

施工阶段/控制指标	垂向振动位移/mm		振动加速度/(cm/s^2)		侧向位移/mm	
	测试峰值	计算阈值	测试峰值	计算阈值	测试峰值	计算阈值
基坑开挖	1.9	5.03	0.069	0.08	45	62.4
打桩	1.1	12.44	0.032	0.087	68	89.9
路基填筑	0.6	17.72	0.011	0.945	147	162.7

当激振频率与路基固有频率相同或接近时会引起共振，从而造成行车不利因素，路基自振频率有其较为固定的范围；而测试中的振动速度可由振动加速度卷积积分获取，在此选用振动加速度；测试试验中侧向应力量值非常小，难以评估其规律；因此分析选中侧向位移、振动位移（垂向）、振动加速度 3 项指标作为综合评判路基状态的指标。这一结果可作为现场试验对路基进行的动力监测数据的重要控制指标，对路基动力稳定状态进行及时预警。

5.4 小　　结

为确保高铁桩筏地基的施工质量及紧邻既有铁路的运营安全，本书开展现场测试，测试获取既有线路基动力响应与受力变形规律，但已有研究缺乏路基状态限值，因此通过数值计算分析得到以下结论：

（1）对比侧向位移、沉降、水平应力三项指标在施工的三个阶段中变化可知，路基基坑开挖阶段既有线路基变化最明显，即认为新建线路路基基坑开挖阶段是运营路基最危险的阶段，应加强这一阶段的防护措施；列车通过速度对路基状态则影响较小，认为在紧邻区域不需专门进行列车运行速度控制。

（2）模拟最不利条件下运营路基状态，其中，路基基坑受雨水浸泡，运营路基开挖边坡稳定系数降幅明显；紧邻位置采用振动打桩施工技术，则造成邻近路基产生较明显的塑性变形。因此建议工程现场必须加强排水，并在紧邻区段禁止采用振动打桩技术。

（3）计算获取路基破坏时路基变形等数值，根据测试试验成果，主要取垂向振动位移、振动加速度、侧向位移作为控制指标，得到破坏峰值，结合现场测试监控，可作为运营路基安全预警的量化指标标准。

第6章 工程措施对运营铁路路基服役状态的影响

基于测试与计算分析可知，工程现场运营路基存在共振、边坡浸泡垮塌、成桩过程既有线被挤走等隐患。邻近施工造成铁路线被挤走的情况在我国早有先例，为确保运营铁路行车安全，通过分析提出相应的预防保护措施，以保证在不影响正常施工质量与进度的前提下，实现施工安全与运动安全的“双安”目标。

6.1 地基处理方式变更

沪宁城际铁路采取新型地基处理方式——桩筏复合地基。桩筏复合地基借鉴了房建工程中CFG桩复合地基通过砂石垫层调节地基中桩土荷载分配的思路，2005年首先应用于我国京津城际铁路几处松软土地基段。沪宁城际铁路主要采取了CFG桩+褥垫层+筏板地基处理方式，为避免CFG桩施打对紧邻既有线路基与地下管线造成安全隐患，沪宁新线丹阳车站紧邻既有线区段，变更设计采用浆固碎石桩替代CFG桩，两线紧邻位置地基处理情况见表6.1，其中桩筏复合地基结构如图6.1所示。

表6.1 两线紧邻试验段地基处理方式

沪宁铁路标段	地基处理方式	备　注
DK70+020	CFG桩+碎石垫层+筏板	距既有线约20 m，路桥过渡段
DK80+805	天然地基	距既有线40~60 m
DK80+835	CFG桩	距既有线40~60 m，路基填方
DK80+935	CFG桩+碎石垫层+土工格栅	距既有线40~60 m，路基填方
DK91-DK93	浆固碎石桩+碎石垫层+筏板	紧邻既有线，两线最近4~5 m； 靠近既有线丹阳站，地下管线纵横
DK95	管桩+筏板	位于沪宁城际丹阳车站，包括路桥过渡段

CFG桩体中掺加石屑、粉煤灰和水泥加水拌和，是一种黏结强度较高的桩体，可适用于路基等条形基础，也可用于独立基础。CFG桩按设计要求和现场条件选用相应的施工工艺，

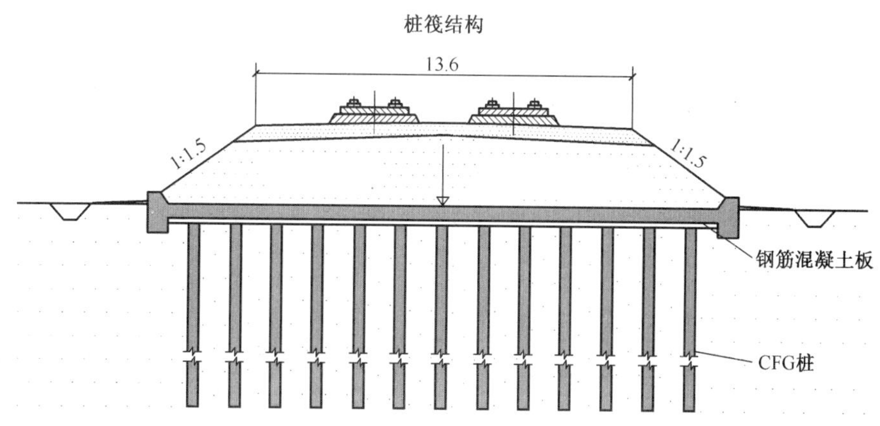

图 6.1　桩筏复合地基结构示意图

其施工工艺如图 6.2 所示。

（1）长螺旋钻孔灌注成桩适用于粉土、黏土、人工填土。

（2）泥浆护壁钻孔灌注成桩适用于粉土、砂土、黏土、人工填土、碎石（砾）石土及风化岩层分布的地基。

（3）长螺旋钻孔、管内泵压混合料成桩适用于粉土、黏土、砂土。

（4）沉管灌注成桩适用于粉土、黏土、淤泥质土、人工填土及无密实厚砂层地基。沪宁城际铁路试验工点多为淤泥质土、粉质黏土，CFG 桩采用沉管灌注成桩。

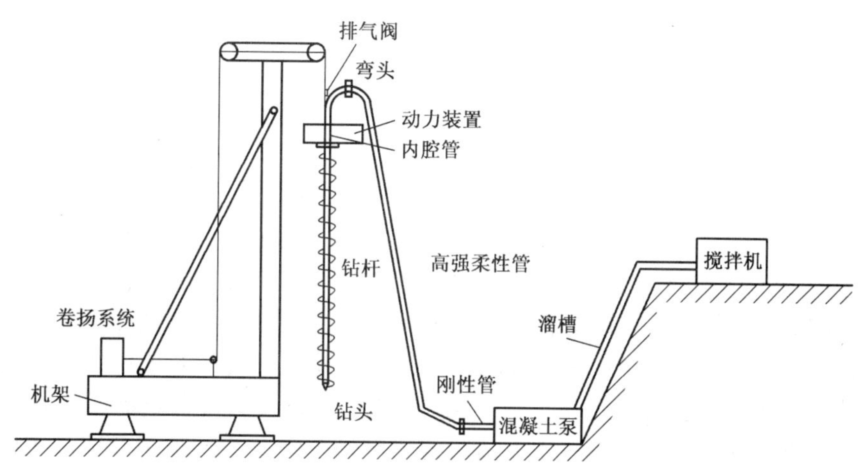

图 6.2　长螺旋钻管 CFG 桩施工工艺

在北江大堤某水闸振动沉管工艺施工试验表明，施工 3 排 6 列 18 条桩对 7 m 范围内地表产生较大的沉降，距第 1 排桩 1 m 位置处发生的最大沉降为 27.787 cm；在 3~7 m 范围内不均匀沉降差远超过规范允许的地基沉降差；地表振动速度已超出质点安全振动速度控制标准的要求。

实践证明，CFG 桩施工振动会对邻近建筑物产生不良影响，其振动噪声污染严重，也不容忽视。同时，紧邻既有线区段进行施工，CFG 桩机设备高大，进场、换场对既有线空间存在侵入问题，施工操作困难，对既有线正常运营影响较大。

浆固碎石桩是一种提高碎石桩强度的地基处理新方法，直径为 0.3～0.7 mm。浆固碎石桩工艺主要有钻机按设计直径、深度成孔，放入注浆管，投放石料，投料完成后注浆，固结成桩。施工流程如图 6.3 所示。

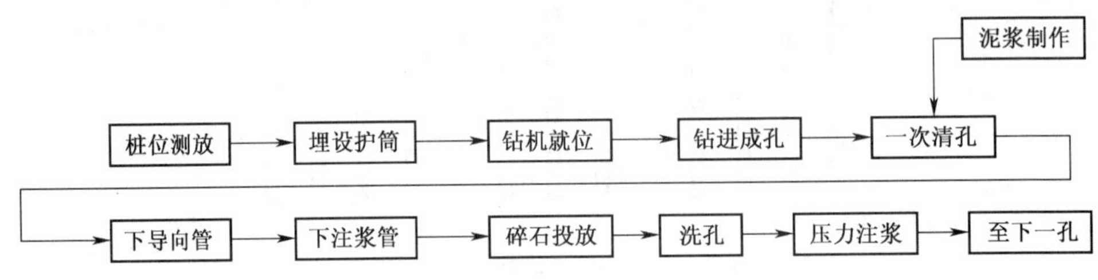

图 6.3　浆固碎石桩施工工艺流程

浆固碎石桩与其他桩对比，有其自身优点。浆固碎石桩径范围大，施工场地小，施工过程无振动、无噪声，挤土效应相对较小，施工机械轻便；注浆过程中浆液可改善桩间土强度及桩土摩擦阻力，提高地基承载力。CFG 桩与浆固碎石桩特点比较见表 6.2。

表 6.2　CFG 桩与浆固碎石桩特点比较

项　目	CFG 桩	浆固碎石桩
适用条件	既适用于条形基础、独立基础，又可用于筏基箱型基础；可用于填土、黏土，既可用于挤密效果好的土，又可用于挤密效果差的土	适用于软基地区
施工设备	振动沉管机、长螺旋钻机、混凝土泵、混凝土搅拌机	钻机、各种尺寸的钻头、护筒、注浆管、注浆泵、砂浆搅拌机等
常见问题	振动噪声；邻近原有建筑物，振动影响比较大	难以穿透硬土层；一般人工运输倒料，效率较低

紧邻京沪既有线的沪宁铁路试验工点 DK92+003-787.50 段浆固碎石桩的布设根据设计要求，桩径为 0.5 m，桩间距为 1.8 m，桩长为 12～18.0 m，正方形布置；桩顶结构为 0.5 m 厚 C30 钢筋混凝土+0.2 m 厚碎石垫层。施工现场浆固碎石桩目前没有规定打桩次序，考虑安全因素，须从邻近既有线的桩开始施工，然后逐步向外推移。考虑减少对地基土的扰动影响，采用“间隔跳打”的顺序。成桩顺序如图 6.4 所示。

浆固碎石桩也是一种刚性桩，与其他刚性桩相比具有无振动、无噪声、不挤土、对周围构筑物无影响、施工机械轻便、机械高度低、施工速度快、施工安全等优点。综合上述特点，在紧邻既有线区段采取浆固碎石桩对紧邻既有线的场地进行加固，具有较高的施工安全性。

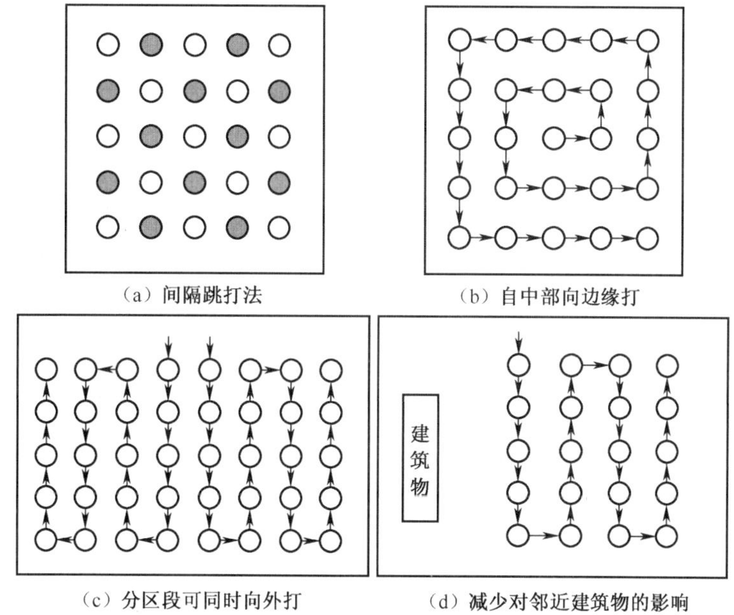

（a）间隔跳打法　（b）自中部向边缘打
（c）分区段可同时向外打　（d）减少对邻近建筑物的影响

图 6.4　成桩顺序示意图

6.2　运营路基开挖边坡防护措施

测试得到的既有线路基位移速率及累积变形量在基坑防护以及新建路基规范要求以内（5 mm/a），但在运营线路某路段仍出现了垮塌病害，分析其原因，一方面是受到强降雨的影响，另一方面是受列车荷载振动的影响。针对测试反映出来的应力变形变化情况及路基边坡垮塌的安全隐患，桩筏地基不同施工阶段采取了防护措施，以保障既有线的运营安全。

（1）基坑开挖。基坑采用前端全断面开挖后端分部开挖，靠既有线一侧 1∶2 放坡。开挖前基坑边坡设置变形观测点。邻近既有线基坑应分幅开挖，以控制基底隆起，因开挖面小可减小路基横向压力差，保证土体平衡。开挖前对边坡土体进行降水，消除土坡失稳隐患。开挖完成后立即进行混凝土抹面，并及时进行筏板浇筑，可有效控制基坑底部隆起和坡脚位移。当路基沉降大于 8 mm/d 或累计沉降大于 20 mm 时必须停止施工。基坑开挖初期、雨后应增加观测频次，密切监控既有线路基变形。不良地质基坑应对运营铁路路基稳定和轨面变形进行安全监控。当发现坑顶裂纹、坑壁松塌、涌水涌砂等情况，难以保证既有线路基稳定时，应停止施工，加固处理后才可继续施工。

（2）喷浆挂网。新建铁路桩筏地基首先开挖运营线路一侧的原有地基，形成有线路一侧的人工开挖边坡，工程现场地层为粉质黏土，这一类型的土在雨水浸泡下会变得极其松散，且用以喷浆抹面的坑壁水泥浆被雨水冲刷剥落，雨后部分路段出现坍塌，威胁到紧邻既有线路基稳定。为此，对基坑进行重新喷射混凝土封闭坡面，喷浆可对坡面土体起连续作用，并在边坡表面产生嵌固效应，提高土体黏结力，改善土体性质，加强土体整体性，提高基坑边坡自承自稳能力，充分发挥土体的潜能。另外，喷浆封闭坡面有效地阻止了地表水、降雨对坡面的浸泡、渗入，从而确保路基土强度。为防止雨天边坡垮塌，喷浆基础上坡体表面覆盖钢筋网以进一步加强整体性。

（3）筏板浇筑。为便于材料运输与施工，筏板采取跳打浇筑，如图 6.5 所示。既有线路基开挖基坑经雨水浸泡造成局部垮塌，筏板跳槽浇注具有尽早支撑坡脚的作用。边坡与筏板接触处筏板对边坡的推力使边坡更加稳定；另外，未浇筑筏板的边坡土体受稳固区段（筏板顶推）摩擦力和剪力，使其也不易被破坏。

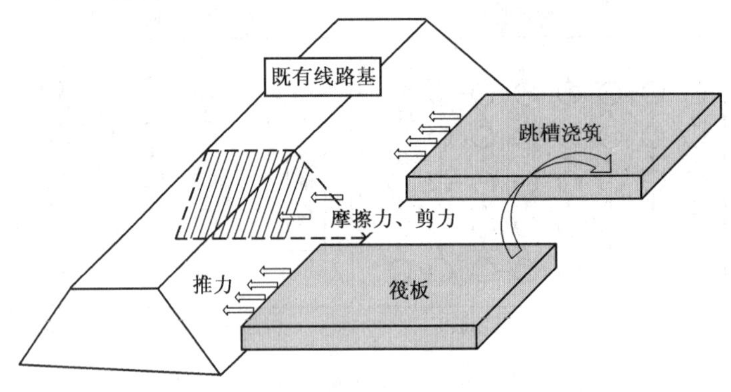

图 6.5　筏板跳槽浇筑示意图

（4）路基边坡稳定性验算。对基坑开挖深度进行边坡稳定性验算，分析施工开挖安全深度；通过数值方法模拟计算既有线路基浸水控制时间。

（5）应急措施。雨后既有线道砟大量渗水，加剧了开挖基坑积水。渗水积水导致边坡不稳定，甚至出现塌滑，现场及时采取排水。喷浆挂网护坡出现垮塌导致既有线路基稳定性变差，给既有线带来安全隐患。施工现场使用草袋、砂石、木枕等进行码砌护坡。

6.3　紧邻既有线静压预应力管桩施工技术

新建沪宁城际铁路 DK92+700~DK95+692 共 1 065.62 m 路基采用高强度预应力混凝土管桩进行地基加固，混凝土强度为 C60，管桩壁厚为 100 mm，桩间距为 2.2~2.4 m，正方形布置，桩长 15~37 m。该段与既有京沪铁路并行，紧邻管桩至既有线路中心距离均小于 20 m，最近仅为 6.8 m。

预制管桩由于承载性好、生产规模性及质量易于检测等优点，在工程中应用广泛。但实践表明，管桩施工引起的振动、挤土对周围环境影响较大，尤其打桩应力波会造成邻近土体强烈振动，影响周边构筑物的正常使用与安全。沉桩振动产生的能量以波的形式传播，引起地基和既有构筑物振动。为防止打桩对既有线振动及挤压影响，采用静压法施工预应力管桩，成桩施工安全技术主要从 3 个方面减小对既有线的影响，如图 6.6 所示。

（1）在紧邻既有线侧设置应力释放孔。应力释放孔孔径为 0.5 m，间距为 3~5 m，深度不小于桩长的一半且不小于 10 m。应力释放孔对挤土效应进行有效释放，阻断了土体向既有线侧的应力传递。

（2）静压施工取代动力打桩。

（3）采用跳打顺序，尽早形成帷幕。

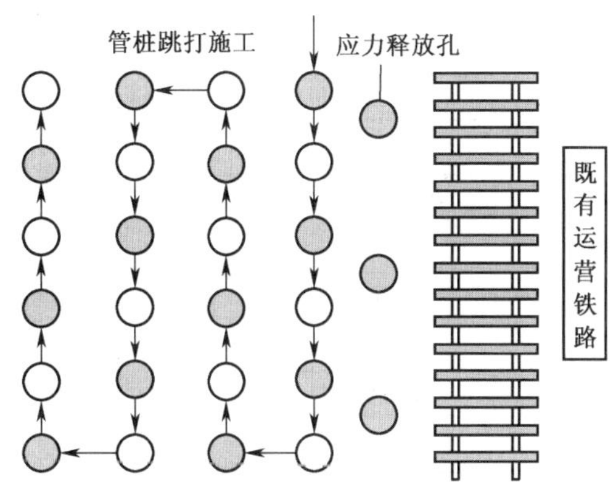

图 6.6　成桩施工优化技术示意图

6.3.1　紧邻既有线管桩施工工法特点

（1）可有效解决紧邻既有线预应力管桩施工的挤土效应对既有线造成的影响。

（2）紧邻既有线侧设置应力释放孔，对管桩施工的挤土效应进行释放，确保既有线安全。

（3）操作简单、无振动力、安全可靠，无施工噪声，对于在城市等居民区附近施工的管桩，有利于环保。

该方法适用于邻近既有铁路、公路和既有建筑物等软土地基采用管桩施工的情况，其他预制桩如方桩等的施工也可参照此工法。

6.3.2　紧邻既有线管桩施工技术

1. 工艺原理

施工前先开挖应力释放孔。应力释放孔设在离既有线最近的管桩外 1～2 m 处，用碎石注浆桩机钻孔，孔径为 0.5 m，平行既有线 3～5 m 布置，孔深为桩长一半且不小于 10 m，用碎石及时填充，释放孔使得施工产生的超孔压有了消散通道。施工管桩采用同排跳打，即先施工 1、3、5、7 桩，既有线路基观测无变化 24 h 后再施工 2、4、6、8 桩，以此类推施工第 2、第 3 排桩，使靠既有线侧形成群桩帷幕，抑制朝向既有线的挤土效应，为超孔压提供消散时间。

施工工艺流程如图 6.7 所示。

2. 操作要点

为保证既有线运营安全和新建沪宁城际铁路建设质量和进度，结合静压管桩施工工艺和技术措施要求，管桩施工坚持应力分散、实施对既有线动态监测的原则。严格执行既定管桩施工的各项技术措施，确保既有京沪线的绝对安全。通过该段地质资料可知，土层孔隙比为 0.81～1.13，土体处于饱和状态，土颗粒和水都不具有压塑性。施工中需要解决的问题是挤

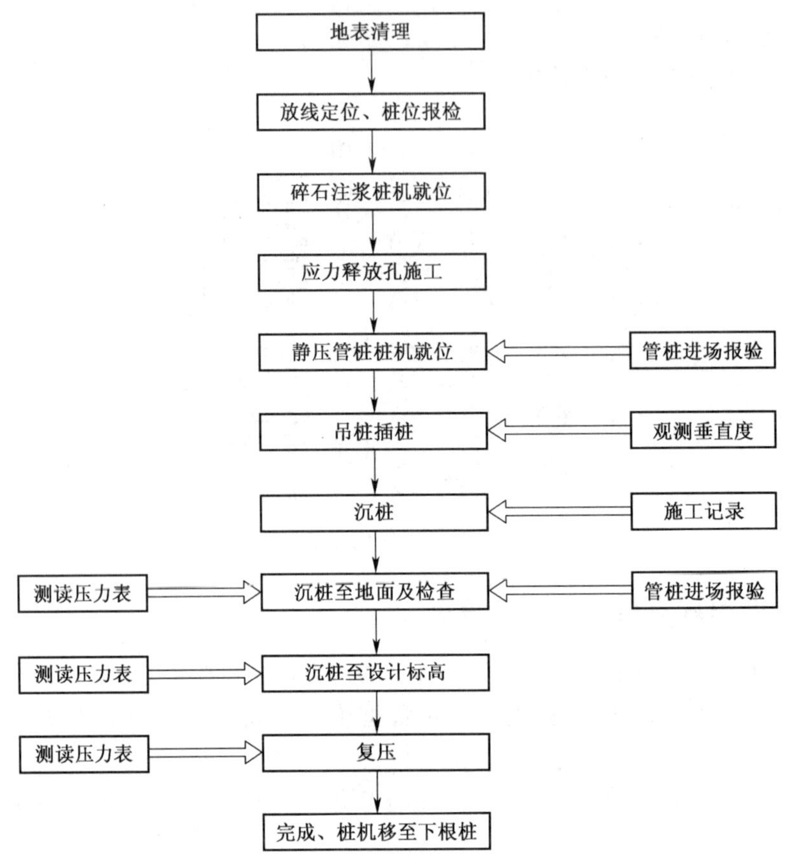

图 6.7 紧邻既有线静压管桩施工工艺流程

土管桩施工使土层内产生超孔隙水压力。为保证既有线路基稳定，需有超孔隙水压力消散的排水通道和充分应力释放时间。静压管桩机压桩尾随应力释放孔之后，在没有应力释放孔的地段不进行管桩作业。应力释放孔的主要目的是为超孔隙水压力的消散提供空间。

3. 管桩施工原则

（1）严格控制作业时间。紧邻既有线管桩施工作业在每日 7:00—17:30 进行（为满足既有线观测和超孔隙水压力的消散有充足时间的需要），并严格执行设备管理单位现场线路监测人员及施工单位观测人员全部到岗方能施工的安全要求，其他时间严禁施工。且制订日计划，严格控制压桩速度，保证土体固结及超孔隙水压力的充分消散时间。每天压桩总延米数控制在 600 m 以内。

（2）坚持分散施工的原则。先施工靠近既有线的第一排桩，并且采取同排跳打，即先施工 1、3、5、7……，对观测桩进行水平、位移观测，并与设备管理单位负责线路轨面检测监控的工务人员每 1 h 联系一次。分散施工的主要目的是为超孔隙水压力提供充足的消散时间。

4. 施工过程中既有线动态监测

施工过程中坚持五定原则："定人、定时、定点、定仪器、定方法"。

（1）观测桩的设置。观测桩设置在紧靠护栏外侧路基面上，为埋深 2 m 的木桩（10 cm），在桩顶打入水泥钉形成观测固定点，间距 10 m，测量 3 次取平均值为设计坐标与高程，之后每次观测对比该设计值算出变化量。

（2）观测频次。施工时间 2 h 观测一次，打桩处前后 20 m 范围内 1 h 一次，有异常地段内为 1 h 一次。施打完后观测频次一天两次，持续 3 d。

（3）观测标准。根据铁路工务部门观测限制，在既有线不限速的情况下，路基水平变化量大于 2 mm/d 或累计水平变化大于 10 mm 时，必须停止施工；在既有线限速的情况下，路基水平变化量大于 8 mm/d 或累计水平变化大于 20 mm 时，必须停止施工。

（4）观测作业。采用苏一光 DSZ2+FS1 水准仪、索佳 SET210 全站仪控制竖直变化和水平变化，观测工作有架子队测量工程师专门负责，观测控制点为 CPⅢ控制点。

主要机具设备及施工材料见表 6.3。

表 6.3　主要机具设备及施工材料

序号	材料设备名称规格型号	数量	备注
1	全液压静压管桩机（ZYJ-600 型）/台	1	带吊装设备
2	二氧化碳气体保护焊机（MIG-270T）/台	2	管桩焊接
3	焊丝（ER50-6 ϕ1.2 mm）/kg	若干	—
4	铁刷/把	4	管桩接头除锈
5	油漆/kg	若干	管桩接头防锈
6	对讲机/台	5	既有线防护
7	防护马甲/件	15	既有线防护
8	作业标/个	2	既有线防护
9	限速牌/个	4	既有线防护
10	T 字牌/个	1	既有线防护
11	终端信号牌/个	2	既有线防护
12	响墩/个	12	既有线防护
13	红黄信号旗/面	6	既有线防护
14	短铜导线/个	3	既有线防护
15	喇叭/个	6	既有线防护
16	双面信号灯/个	6	既有线防护
17	停车信号牌/个	2	既有线防护
18	钳子/把	若干	既有线防护
19	铁丝/kg	若干	既有线防护

6.3.3　施工安全措施

（1）既有线铁路附近桩机等大型机械施工应有切实可行的机械防倾措施，在远离既有线侧设置 1.5 m 深地锚上拉缆风绳进行防护，施工平台承载力应大于 1.2 倍的施工最大荷载

(线路横断面方向施工平台承载力应均匀)，防止机械发生倾覆。

(2) 施工用电应符合国家有关规范要求。临时电力及照明严格按照安全规定执行和设置，不得变通。在施工作业区、施工道路、临时设施、办公区和生活区设置足够的照明，保证夜间防护照明。

(3) 压桩时严禁非工作人员进入施工场地内。

(4) 压桩施工顺序必须是从靠近既有线一侧向远离既有线侧进行施工。施工过程中应加强协同既有线设备管理部门进行既有线路稳定观测。

(5) 施工靠近既有线的压桩过程中，严禁桩机下面站人。全液压桩机及起重设备，在地面上松软环境下施工时，场地要铺填碎石，平整压实。

(6) 管桩拼接成整桩采用端板焊接连接，焊接前应确保铁板平整、无锈，焊接紧密、牢固。

(7) 全液压桩机施工时，应保证桩架的平整度，以免桩机倾倒。

(8) 遇 6 级以上台风时应停止作业，并将桩机放倒。

(9) 工地内合理布置排水沟，排水沟不得妨碍工地内的交通。

(10) 紧邻既有线管桩作业时间应为每日 7:00—17:30 进行，其他时间严禁施工。

(11) 坚持分散进行的原则。距离既有线 20 m 以内的管桩施工，先打靠近既有线第 1 排桩，沿既有线平行方向施打，做好路基沉降位移观测，并联系工务单位进行既有线轨面监控。路基观测轨面检测无变化 24 h 后打第 2 排桩。

(12) 在既有线不限速的情况下，路基水平变化量大于 2 mm/d 或累计水平变化大于 10 mm时，必须停止施工，并与监理设备管理单位分析原因，制订补强防护措施。

6.3.4 应用效果

三段试验段紧邻既有线的软土地基采用管桩加固。DK92+700~DK93+515 段桩长为 15~20 m，桩间距为 2.2~2.4 m，最内侧一排管桩与最近既有线钢轨的距离为 6.8~11 m；DK95+404.36~DK95+619.542 段桩长 25~37 m，桩间距为 2.2~2.4 m，最内侧一排管桩与最近既有线钢轨的距离为 9.1~12.9 m；DK95+656.558~DK95+692 段桩长 24 m，桩间距为 2.2 m，最内侧一排管桩与最近既有线钢轨的距离为 10.7~11.4 m。预应力管桩技术要求为：PC-A500 型，混凝土强度等级 C60，桩径规格为 50 cm，对应壁厚为 10 cm，采用静压法施工。管桩顶设 C30 钢筋混凝土筏板，厚 50 cm。非筏板地段管桩顶设 C30 钢筋混凝土桩帽，桩帽尺寸均为 1.4 m×1.4 m×0.35 m，帽顶上设置 0.5 m 碎石垫层。2008 年 12 月开始进行管桩施工，2009 年 2 月施工完成，测试结果显示，施工期间未对既有沪宁铁路造成影响，确保了既有线的运营安全。静压预应力管桩施工过程如图 6.8 所示。

(a) 应力释放孔及地锚防护施工

(b) 机械喂桩吊装

(c) 压桩一

（d）压桩二

（e）压桩三

（f）焊接一

（g）焊接二

图 6.8　静压预应力管桩施工过程

6.4　紧邻既有线成桩控制技术效果分析

6.4.1　有限元分析模型

1. 典型断面的选取

DK92+700~DK93+515 段桩长为 15~20 m，桩间距为 2.2~2.4 m，最内侧一排管桩与最近既有线钢轨的距离为 6.8~11 m，相比较，该区段是管桩施工距离既有线最近位置，在地层条件差别不大的前提下，最近间距会产生最不利的影响，因此选取该区段某断面作为模拟计算对象。

2. 物理模型

铁路路基属于长条基础范畴，理论研究与测试数据表明，沿路基纵向结构内部变形与应力分布规律基本相似，因此建立平面应变模型可以实现路基状态仿真。依据现场土层分布的特点、铁路路基尺寸，设计模型为 60 m×40 m，如图 6.9 所示，可以有效反映成桩过程的影响范围，同时避免减少无谓的计算量。

模拟中所作的主要假定和简化如下：

（1）所有土层以及路堤填料、碎石垫层假定为遵守摩尔-库仑模型，混凝土板采用线弹性模型。

（2）所有土体、路堤填料以及碎石垫层均不承受拉力，即拉伸截断强度为 0。

（3）采用界面单元，模拟 CFG 桩与土的接触问题，其中的界面强度折减系数依经验而定，一般对于黏土/混凝土相互作用，$R_{inter} \approx 1.0 \sim 0.7$；砂土/混凝土相互作用，界面折减系数 $R_{inter} \approx 1.0 \sim 0.8$。

（4）管桩采用板单元模拟，采用强度 *EA* 与刚度 *EI* 确定等效厚度。

（5）采用 Plaxis 推荐的固定边界，即左右两侧水平固定，模拟无侧限情况，底部完全固定。

（6）关闭的固结边界，由于路堤左右对称，对称中心无渗流发生，即无固结发生，需要关闭；底部以下为岩体，认为不透水，因此也需关闭。故关闭的固结边界有左右两侧及底部土层边界。

粉质黏土层和淤泥质黏土层处在浅层，所受的自重压力不大，不考虑压缩模量随深度的变化；对于粉质黏土层，考虑压缩模量随深度的增加的效果，增量取为 500 kPa/m。

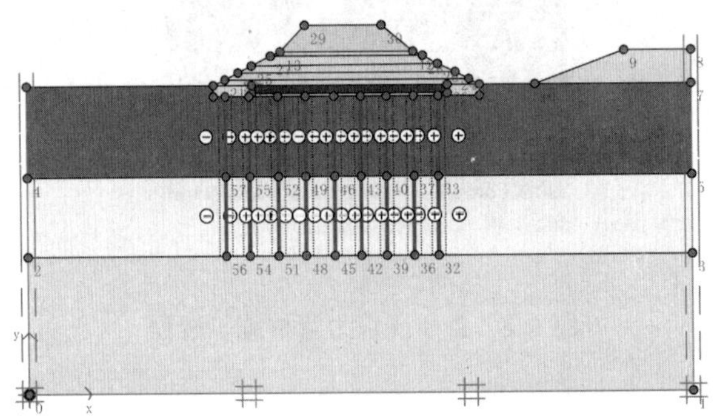

图 6.9 典型断面有限元模型

3. 材料参数

根据静力触探进行土层分层，室内试验得到土层材料主要参数见表 6.4。

表 6.4 土层材料主要参数指标

土层名称	土层厚度	本构模型	饱和容重	杨氏模量 *E*/MPa	泊松比	黏聚力 *c*/kPa	内摩擦角 φ	渗透系数/(cm/s)	
								垂直 kV	水平 kH
人工填土	1.9	摩尔—库仑	20	3	0.35	10	35	1	1
Q4 粉土	3.3	摩尔—库仑	17.7	5.80	0.3	29.24	6.64	1.46E-8	5.65E-8
Q4 粉质黏土夹淤泥	8.0	摩尔—库仑	20.2	2.60	0.3	69.65	27.45	3.15E-6	3.84E-5
Q4 粉质黏土	5.6	摩尔—库仑	17.5	8.60	0.3	20.70	3.82	9.45E-8	4.31E-6
Q4 粉质黏土	0.9	摩尔—库仑	19.0	7.30	0.3	43.82	16.47	5.28E-8	2.05E-8
Q3 黏土	7.3	摩尔—库仑	20.4	8.50	0.3	37.00	17.10	4.34E-7	5.86E-7
路堤土	1.5	摩尔—库仑	20	3	0.35	1.0	30	1.0	1.0
碎石垫层	0.7	摩尔—库仑	50	100	0.15	0	40	1.0	1.0
道砟	1.2	线弹性							

利用板单元对桩体进行模拟，不过由于 Plaxis 的板单元模拟的是板桩墙，在平面外是无限长的板单元，而 CFG 桩体为圆柱体单元，因此需要对 CFG 桩模量 E 进行转换，将空间问题转化为平面问题计算。桩、板的材料参数见表 6.5。

$$E_{sp} = \frac{\pi d}{4s}E_p + \left(1 - \frac{\pi d}{4s}\right)E_s \tag{6.1}$$

表 6.5 桩、板的材料参数

名称	本构模型	抗弯刚度	轴向刚度	等效厚度	容重	泊松比
管桩	线弹性	0.12E6	12E6	0.5	8.3	0.15
承载板	线弹性	0.15E6	15E6	0.5	9	0.135

4. 模拟工况

为对比验证紧邻既有线静压施工工法的有效性，并揭示沪宁城际铁路管桩施工对既有线内在影响机理，参照实际施工过程，建立的数值计算模型工况见表 6.6。

表 6.6 计算模型工况

序号	工　况
1	静置
2	开挖
3	成桩
4	碎石垫层+筏板铺筑
5	路基填筑（1~5 分层填筑）
6	预压
7	预压卸载

模拟不同施工阶段工况的同时，考虑新工法的特点，建立对比计算模型。

（1）对比模型模拟设置应力释放孔，分析其减压作用。

（2）进行管桩施打动力分析，模拟打桩过程，研究振动打桩与静压施工的影响效果。

6.4.2 静压管桩施工应力释放孔作用分析

紧邻既有线管桩施工工艺中，管桩施打以前应先设置直径为 0.5 m 的应力释放孔，对比分析云图 6.10（a）、（b）可以发现，成桩阶段，应力释放孔周围出现应力集中现象，而在释放孔与既有线路基之间总应力分布则发生明显变化，由原来未设孔时的较规则一致的挤向压力，变为与深层地基土自重应力类似的沿深度变化的分布形式，应力普遍小于未设置释放孔的地基模型，应力释放孔在改变地基应力分布方面作用明显。

为明确了解应力分布改变的大小，提取释放孔与既有线路基之间的侧向应力数据绘制其分布曲线如图 6.11 所示。由图可见其整体规律改变明显，水平方向上侧向应力由原来的一致

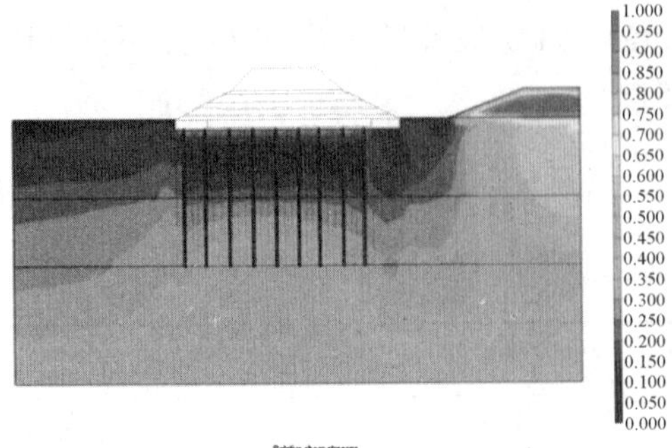
(a) 无应力释放孔模型剪应力分布云图

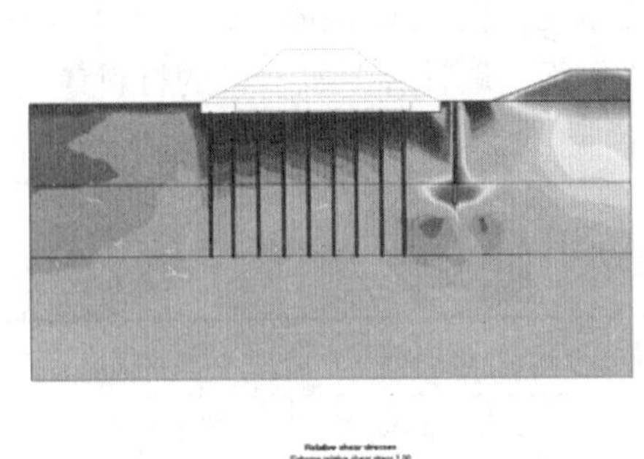
(b) 应力释放孔模型剪应力分布云图

图 6.10 应力释放孔对地基总应力分布影响对比图

挤压力变为不规则应力分布形式，在孔底位置出现弯点；由于采用的是静压施工，管桩成桩过程对既有线挤压作用并不明显，但地基加固效果明显，可以减弱或抵消新线土体卸载与既有线路基上部荷载引起的附加应力，而应力释放孔的作用，则使得侧向挤压应力进一步减弱甚至发生逆转。

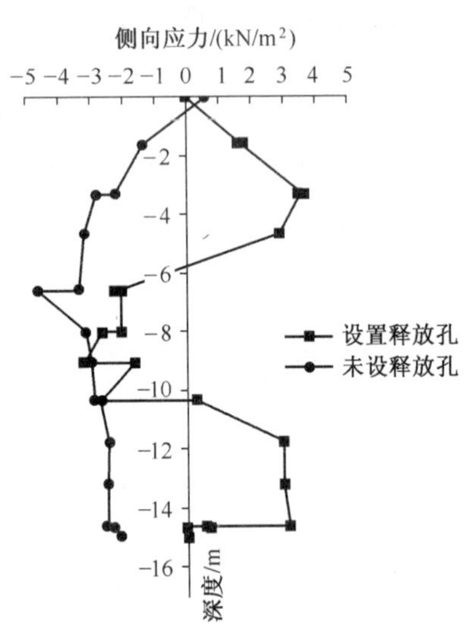

图 6.11 侧向应力分布曲线

6.4.3 静压施工效果分析

从应力水平、变形两个角度对比分析静压施工与振动沉桩对周边土体的影响。如图 6.12 所示，对比可以发现，二者应力影响范围差异明显，静压施工主要引起桩周土体应力场变化，而管桩施打则造成了 10 m×25 m 范围内应力场的显著变化，同时，施工剪应力水平（0.358 MPa）大于施工静压力（0.301 MPa）；位移场变化也大为迥异，静压施工对周边土体有规则的挤密作用，产生 1.49 mm 累积变形，施打过程对桩周土体影响巨大，产生 66 mm 的位移。

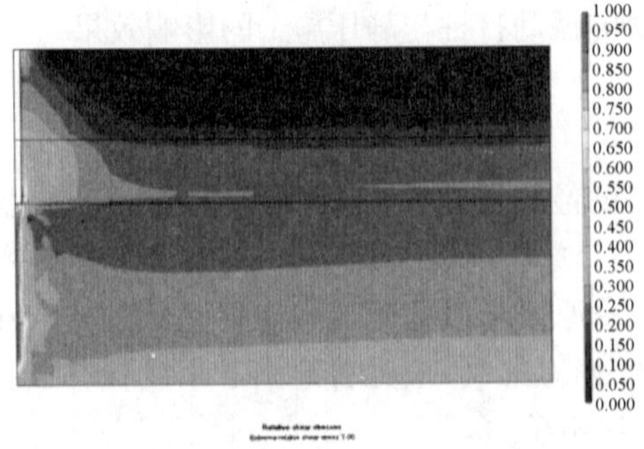
(a) 静压施工(0.30 MPa)

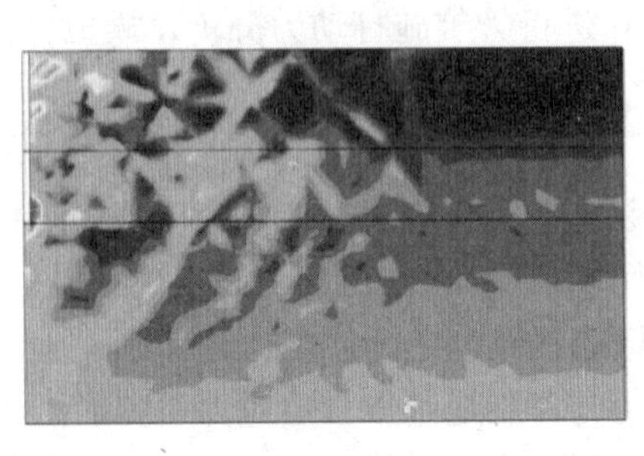
(b) 动力施打(0.36 MPa)

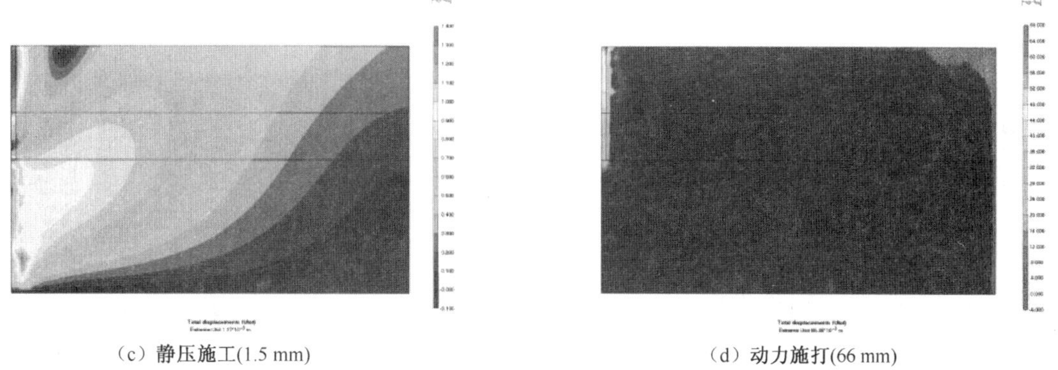

（c）静压施工(1.5 mm)　　（d）动力施打(66 mm)

图 6.12 静压施工与动力施打对比云图

6.4.4 管桩施工顺序影响分析

基于上节打桩过程计算模型，分析紧邻既有线管桩成桩顺序对邻近区域的影响。首先完成邻近既有线一侧的管桩，可以加固土体，防止其他管桩对既有线的不利影响。为此，在原有动力分析简化模型的基础上，以现场设计桩间距 1.8 m 增加设置 1~2 排桩。建立 4 种计算工况网格划分模型。排桩顺序如图 6.13 所示。

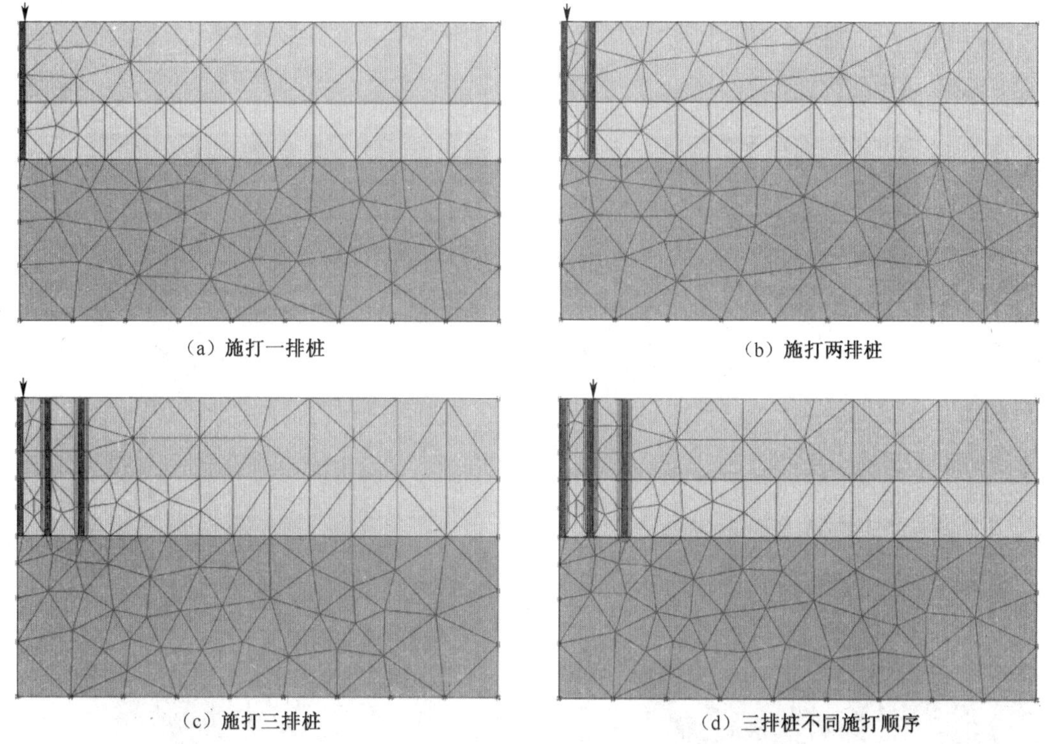

（a）施打一排桩　　（b）施打两排桩

（c）施打三排桩　　（d）三排桩不同施打顺序

图 6.13 排桩顺序示意图

与单一成桩相比，加设一排桩后桩顶振动明显减小，由原来最初 18 mm 衰减累积变形为 6 mm，初期振幅 11 mm 衰减为 4 mm，桩对地基加固效果明显。不同工况下剪应力、位移分布云图如图 6.14、图 6.15 所示。

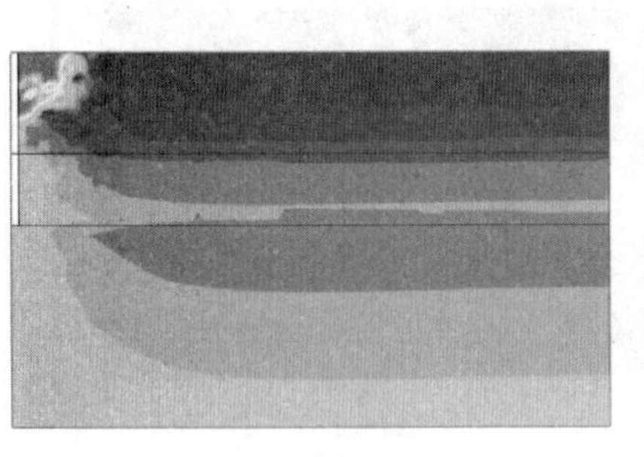

（a）$T=0.01$ s单排桩剪应力分布

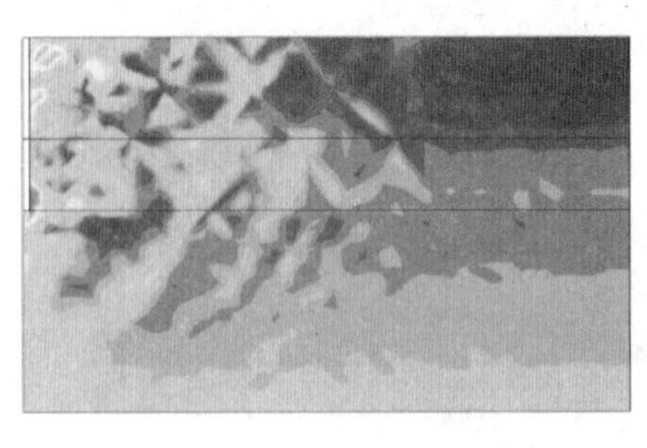

（b）$T=0.2$ s单排桩剪应力分布

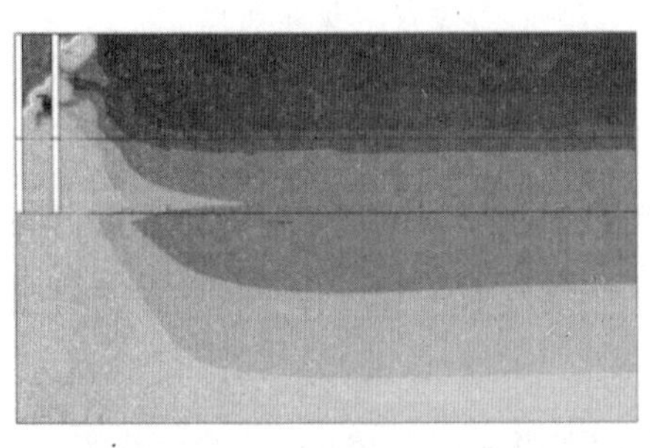

（c）$T=0.01$ s两排桩剪应力分布

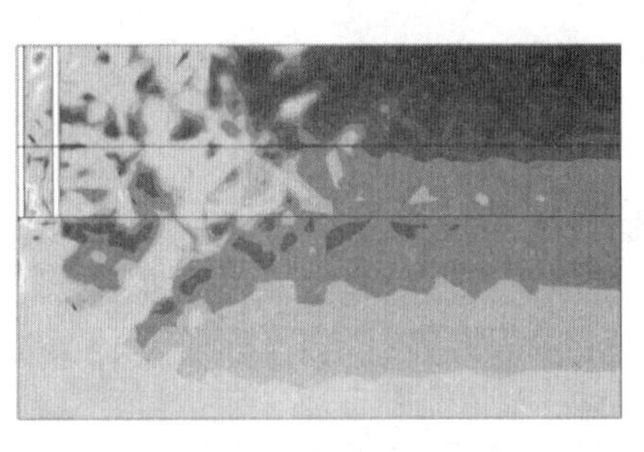

（d）$T=0.2$ s两排桩剪应力分布

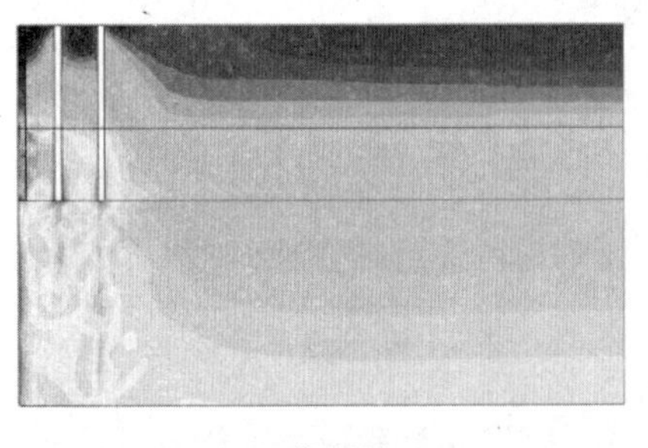

（e）$T=0.01$ s三排桩剪应力分布

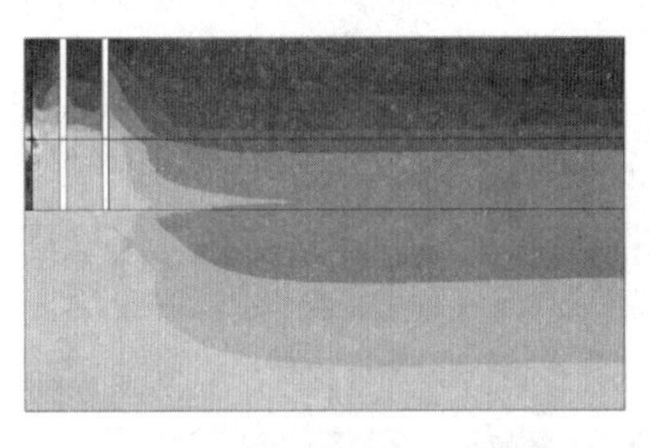

（f）$T=0.2$ s三排桩剪应力分布

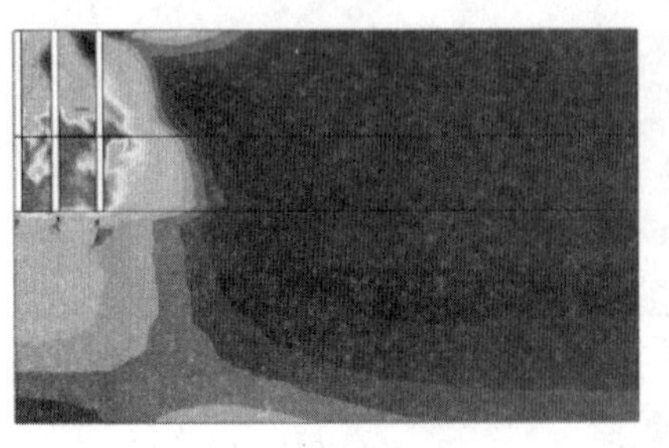

（g）$T=0.01$ s三排桩跳打剪应力分布

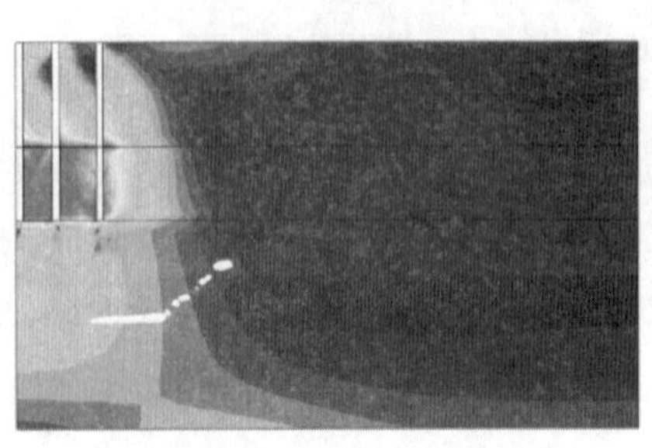

（h）$T=0.2$ s三排桩跳打剪应力分布

图 6.14　不同工况下剪应力分布云图

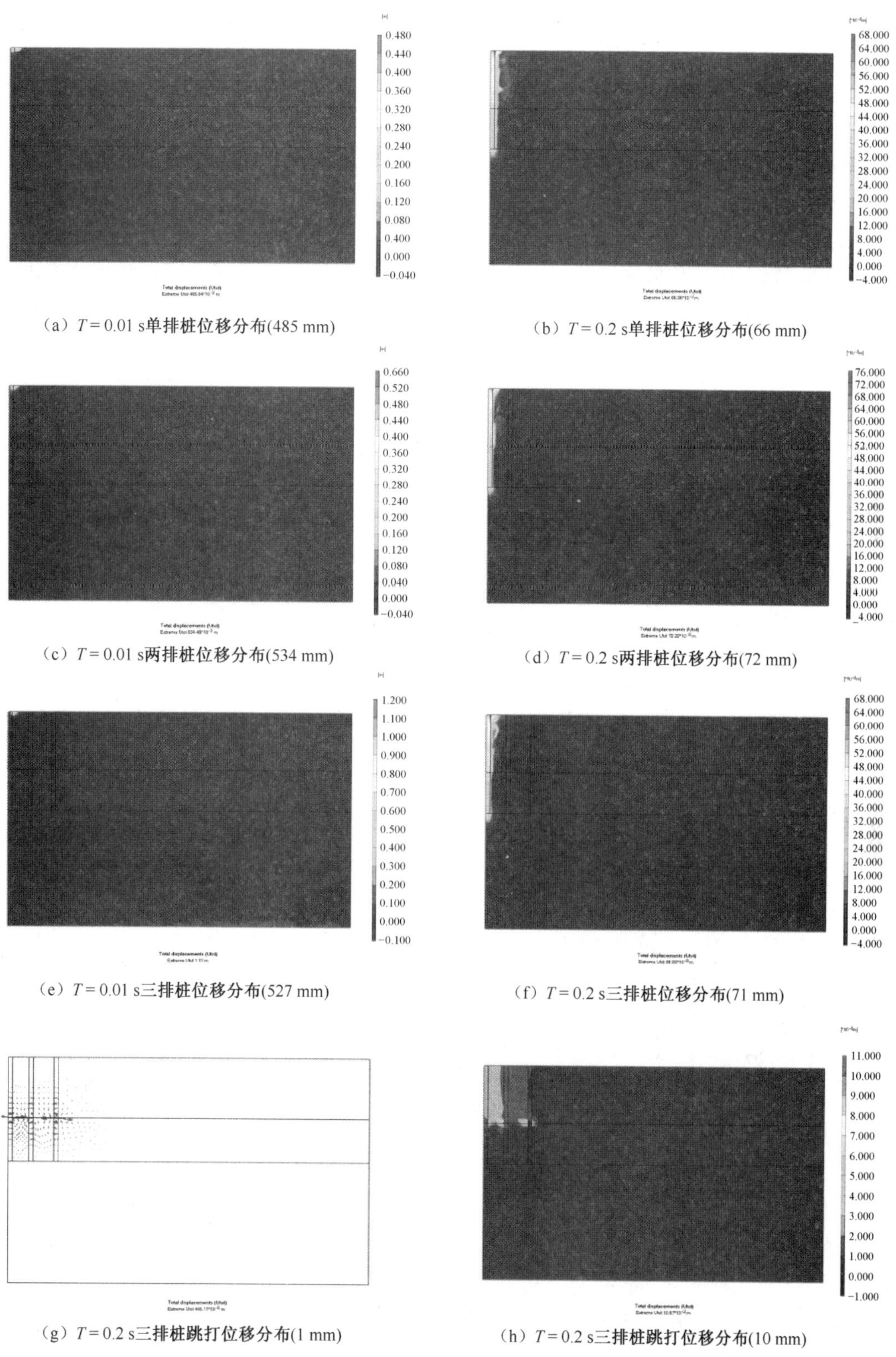

（a）$T=0.01$ s单排桩位移分布(485 mm)

（b）$T=0.2$ s单排桩位移分布(66 mm)

（c）$T=0.01$ s两排桩位移分布(534 mm)

（d）$T=0.2$ s两排桩位移分布(72 mm)

（e）$T=0.01$ s三排桩位移分布(527 mm)

（f）$T=0.2$ s三排桩位移分布(71 mm)

（g）$T=0.2$ s三排桩跳打位移分布(1 mm)

（h）$T=0.2$ s三排桩跳打位移分布(10 mm)

图 6.15　不同工况下位移分布云图

通过对比不同工况（不同成桩顺序）的位移云图与剪应力云图，以研究成桩过程的挤土效应。分布图像显示，当完成第一排桩加固后，再施打一排桩，整个剪应力与位移分布变化不明显；完成第二排桩之后，施打第三排桩时，地基加固效果有明显改观，在管桩动力加载影响范围以内（10 m×25 m），动力响应应力场不再呈现波状扩散，只在桩周有限区域变化明显，整体与静力施工应力场分布类似；位移变形最大区别体现在：顺序施工产生的位移量相差不大，当采用跳打方式施工时，最终产生的累积变形量（10 mm）大大小于顺序施工产生的变形量（70 mm）。

没有规定施工现场管桩成桩的次序，考虑到加固区附近有其他建筑物，必须从邻近建筑物一边的桩开始施工，然后逐步向外推移。采用“间隔跳打”的方法，可以很大程度上减少对地基土的扰动影响，其成桩顺序如图 6.16 所示。

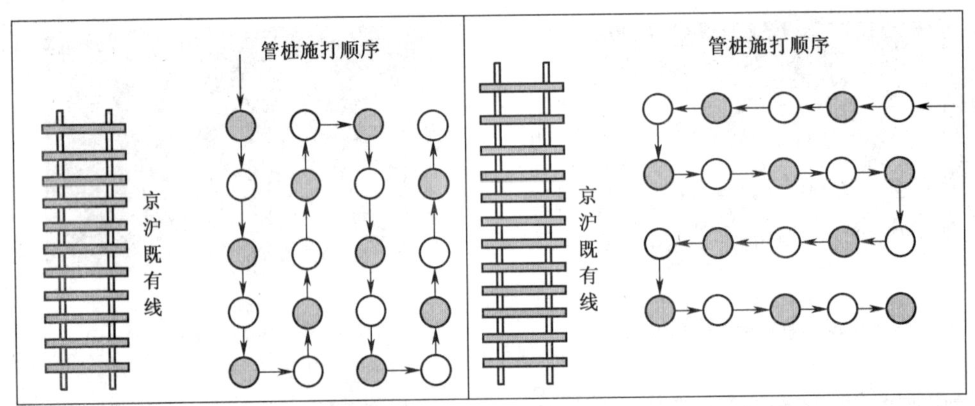

图 6.16　管桩成桩顺序

图 6.17 显示距离管桩 10 m 位置地基土的应力变形分布情况，对比不同成桩顺序的挤土

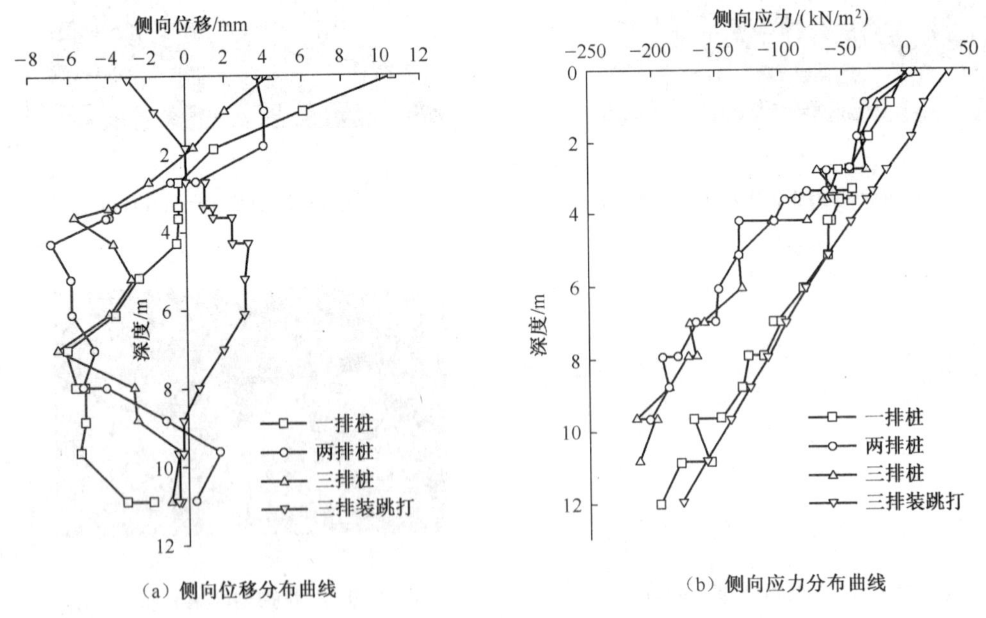

图 6.17　距离管桩 10 m（既有线位置）侧向位移与侧向应力深层分布曲线

效果，应力深度分布曲线显示，当采用跳打施工成桩时，前后都有桩对地基的加固挤密，打桩造成的扰动小于正常顺序施工。由于在这里采用的是动力施打，数据体现地基的动力响应，位移数据分布有一定的离散型，但总体上顺序施工造成的累积位移量值明显大于跳打施工。

桩顶动力响应沉降变化时程曲线如图 6.18 所示，也可以表现出施工顺序不同的加固效果。

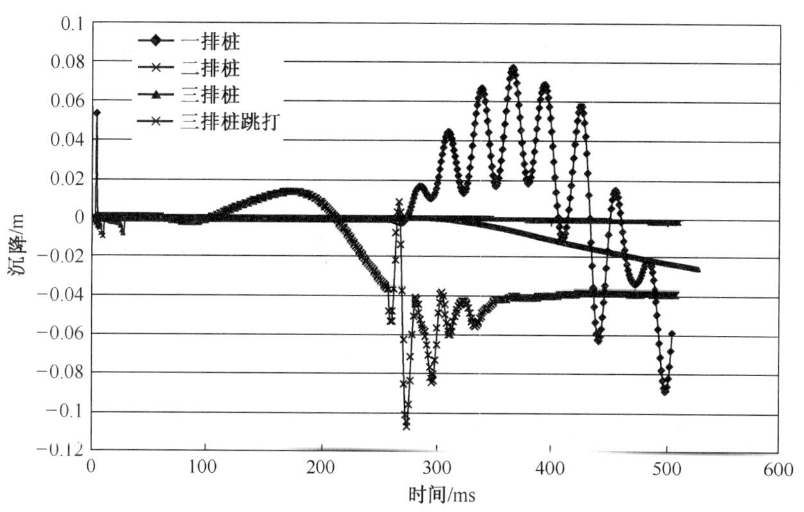

图 6.18　桩顶动力响应沉降变化时程曲线

6.5　小　　结

通过现场测试与理论计算的数据分析认为，紧邻位置的施工对既有线路基不可避免会产生影响，直接关系到行车安全，因此工程现场必须采取相应的措施确保运营安全，主要包括：

（1）为确保现场施工安全，防止挤走紧邻既有线，建议并实施了地基处理方式更改，将 CFG 桩更换为振动影响更小、施工机械更轻便的浆固碎石桩；同时对运营路基开挖边坡进行喷浆挂网、筏板施工等措施，有效保护既有路基安全。

（2）计算分析得到振动打桩对紧邻既有线路基影响较大，存在挤走既有线的问题，依据工程实践与现场特点，提出紧邻既有线静压预应力管桩施工技术，该技术已申报成为铁路总公司施工工法。该工法采用静压施工的管桩成桩技术，合理设置应力释放孔，并研究管桩的施工顺序，应用于工程实践，起到了良好的效果。

（3）为掌握管桩施工对既有线路基影响的内在原理，优化施工工艺，通过有限元计算模型，从应力应变、位移变化分布规律角度分析管桩施工过程中的挤土效应；建立不同工况模型，研究了动力施打与静压施工的差异、应力释放孔对土体侧向应力位移传递的阻断作用、不同施工顺序周边地基土的扰动效果。数值计算结果一方面验证了紧邻既有线管桩施工工法的有效性；另一方面，从影响机理和优化工艺的角度深化管桩施工技术，为以后类似工程提供参考依据。

第 7 章

复杂地质条件下运营铁路路基顶管施工技术研究

7.1 顶管施工技术研究现状

顶管技术最早在日本和欧美国家开始使用，是一种非开挖技术，始发井顶进时开挖掘进面土体，在后推力的作用下产生扰动，可使用泥浆减小摩擦力，减小土体变形，最后通向到达井。经过多年的发展，顶管技术在我国已得到大量的实际工程应用，且保持着高速的增长势头，无论在技术上、顶管设备还是施工工艺上都取得了很大的进步，在某些方面甚至已达到了世界领先水平。2014 年太原市政总公司完成了长 800 m、直径 1.2 m 的钢筋混凝土管工程，是目前已完成的我国最长的流沙层顶管工程，2015 年中建七局在湛南市湛河治理工程中完成了 5 566 m 超长距离钢筋混凝土顶管，创造了新的顶管施工记录。

与传统的明挖方式相比，顶管法能有效地利用地下空间，减少对地面施工、建筑、交通等的影响，施工过程中土方开挖、回填量小及拆除地面障碍物少等优点。由于上述优点，顶管技术已经被广泛应用于实际工程中，但顶管作业过程中也不可避免地对周边地层产生扰动，导致土体发生变形。当下穿铁路路基时，将会使铁路路基变形，当变形超过一定范围时，会严重影响铁路路基安全。因而顶管施工在穿越工程中对铁路路基的影响受到越来越多的关注。

目前，顶管施工主要分为机械顶管与人工顶管两类，机械顶管适用于地质单一且无地下线路影响的地段。但在目前城市的现状下，机械顶管很难大显身手，一旦出现问题，有场地的可大开挖取机头，没有场地的只能放弃使用，而且机械顶管设备价格不菲。因此，人工顶管是目前施工中最可靠、最实用的施工方式。

人工顶管又称刃口推进法，原理如图 7.1 所示。目前的人工顶管设备只在前端设置一个刃口用于切割土体。

7.1.1 施工扰动对土壤结构的破坏

土壤结构可以通过土壤的紧密度、压力、体积、土壤间隙结构、土壤含水量等参数表征出来。顶管施工虽然有很多优点，然而在施工过程中，如果不能合理地科学地进行规划，很有可能对土壤结构造成破坏，在一定程度上，也会引起路基的沉降，破坏力很大。

1. 地表压力变化造成的影响

地表压力主要是指地表的建筑物、交通、水流、车辆甚至人。地表压力不同，顶管施工

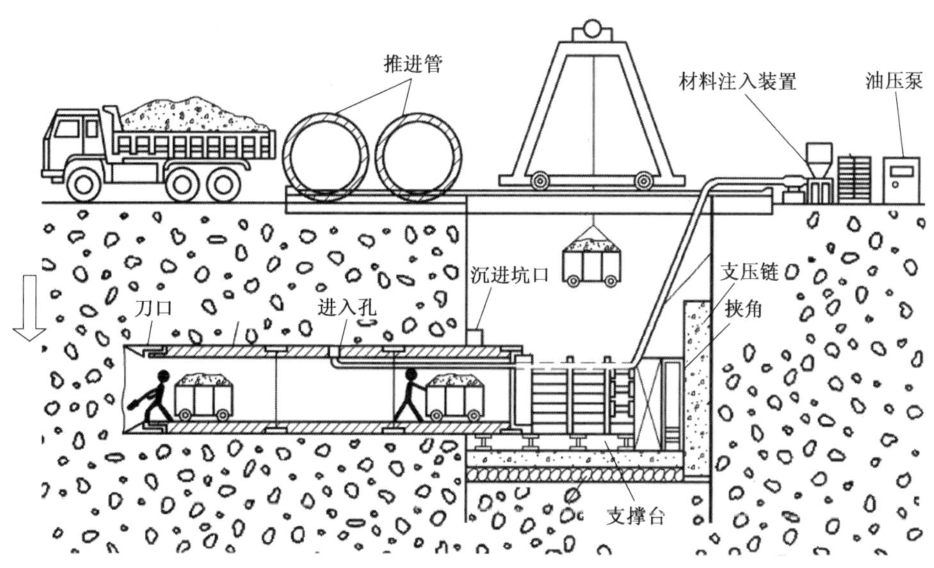

图 7.1　刃口推进法原理

中所承受的压力就不同，根据研究发现，地表压力与路基沉降成正比。

一方面是因为在顶管施工过程中，对承受地表压力的地质结构进行了破坏，如果不能及时有效地舒缓地表建筑物的压力，那么路基沉降是必然会发生的，不仅有可能会造成地表建筑物倾斜甚至会引起坍塌。另一方面，地表压力不是一成不变的，比如一座高档写字楼，在顶管施工过程中，因人员流动性比较大，所以它的压力也会随时变化。在施工前期的试验中，应该充分考虑这些不断变化的地表压力。另外，除了外在因素影响地表压力外，地表压力自身也会有变化，比如重力加速度，在顶管施工过程中，一旦地质结构层被破开，那么地表压力自身的重力加速度就会释放出来，这也是需要在施工前进行反复验证和考虑的问题。

2. 顶管施工引发土壤的振动

在顶管施工过程中，机器强大的破坏力和震动力易引发土壤的振动，继而引起土壤结构的错位、沉降、下塌、变异等。尤其是在土壤结构比较松软的地方，比如粉土层，淤泥质土等，一旦受到外力的扰动，不仅会造成路基沉降，更坏的影响可能会造成路面整体塌陷，造成“空洞”现象。此外，为了腾出一定的施工空间，需要通过专业的器械对地面以下的土体结构进行一定的积压，造成土体变形，而土体中分布着含水层，土质结构也不同，受到这些机械的物理作用，土体结构会扭曲变形，甚至坍塌，造成路基沉降。

所以，必须在施工前，对施工区域的土壤结构进行详细的勘察采样，进行非常详细的科学实验，确保顶管施工能够因地制宜，尽可能地减少施工对施工区域的破坏。

3. 顶管施工对土壤含水层的破坏

通常含水层是指埋藏于地表以下储水性能较强的岩土层，地表以下隔水层与含水层的相间分布，构成了地下空间上的含水层的多层展布。顶管施工虽然能有效地减少对周围建筑物和地面生产的影响，然而地表看不见的地下含水层结构千变万化。在顶管施工过程中，除了承受土体压力，还要承受孔隙水压力，土压力有一定的标准，而水压力的标准相对模糊一些，因为它的变化空间很大，如果在施工过程中，对水压力的变化掌握不准，水压力加重了土体压力，便会导致路基沉降。

因此一定要有效地描述施工区域的含水层分布情况，合理有效地规避对含水层的破坏，尽可能在保护含水层的条件下进行施工，规避含水层破坏造成的路基沉降。

4. 顶管施工对土质结构层的破坏

顶管施工是一种在地面以下进行“破土穿行”的过程，肯定会使得土体所处的天然静止平衡状态受到破坏，尤其是土质结构层的变化，不同于土地的表层，结构层一旦破坏，短时间内极难恢复正常，反而会引发一连串的蝴蝶效应。所以在施工过程中，一定要注重对土质结构层的研究，对土体进行合理有效地分区，在使用顶管机时，需要辅助机器支撑整个土体的重量，在这些机器支撑土体时，土体会释放一定的压力，支撑力和压力互有所长，势必会影响土质结构层，引起土质结构层的扭曲和破坏。

所以，在顶管施工过程中应该尤其注意有效地释放器材的反作用力。要通过科学试验、科学器械有效地计算承载力，把承载力和荷载力运算出来，并尽可能地精确到小数点后 6 位，减少误差。此外，也应该注重提升机器的效率，改进机器的功能，合理有效地扩充支撑力，做到作用力和反作用力相互抵消，避免造成土质结构层的破坏，从而引起路基沉降。

7.1.2 施工扰动对轨道变形的影响

1. 掘进机到达穿越点前的轨道变形

当掘进机距离穿越点位置较远时，由于掘进机刀盘的切削搅拌作用和顶进设备的机械振动对周围土体产生扰动，土颗粒孔隙中的水和气体被排出，土体受到压缩，导致路基开始出现较小沉降，此时轨道出现小变形。随着掘进机距离的靠近，由于顶进设备的挤压力作用，路基出现隆起，掘进机越靠近穿越点，路基变形越大，轨道变形也越大。

2. 掘进机到达穿越点时的轨道变形

当掘进机距离穿越点位置较近时，开挖面的土体受到顶进设备挤压、刀盘切削力以及机械振动的作用。开挖时，一方面由于应力释放使得土体水平应力减小；另一方面在顶管推力作用下土体水平应力增加。若两方面应力变化能保持开挖面土体水平应力恒定时，顶管推进作业对邻近土体的扰动最小，路基变形最小，轨道变形最小。若开挖面土体水平应力减小值小于主动土压力，则土体将发生坍塌，路基发生沉降变形，轨道发生沉降；若开挖面水平应力值大于被动土压力，将使得土体受到挤压，引起路基的隆起，轨道的隆起。由于掘进机刀盘的剪切力作用使得周围土体产生剪胀或减缩变形，导致土体体积变化，引起路基沉降或隆起，轨道也随之产生沉降或隆起。

3. 掘进机通过穿越点时轨道变形

当掘进机通过穿越位置时，掘进机机头外侧与其接触面附近土体形成剪切滑动面，由于土体受到剪切应力的作用，引起路基沉降和轨道沉降。顶管施工过程中掘进机推进速度越大，接触面土体受到的剪切应力越大，路基变形也越大，轨道变形也越大。

4. 掘进机通过穿越点后轨道变形

在实际施工时，为了减小顶管推进过程中土体与管壁之间的摩擦阻力，常采用注浆减阻措施。但若采用过大注浆压力，不但不能起到减阻作用，还有可能使管节周围土体因受到浆液的挤压而产生移动导致路基隆起，轨道隆起；若采用过小注浆压力，浆液不能充满管壁与土体之间的孔隙，土体可能会向内移动导致路基沉降，轨道发生沉降变形。

7.1.3　施工开挖面稳定性研究

顶管施工技术是一种非开挖式地下穿越施工技术，由于其顶进面尺寸相对盾构开挖面小，因此对周围土体产生的扰动规律与盾构施工不尽相同。同时伴随着地质状况的改变与施工工艺的改变，有时对顶管周围土体的扰动过大，甚至发生大面积的地表沉陷或隆起。因此在施工中如何控制顶管开挖面的稳定性成为一个关键问题。

1. 太沙基松动土压力理论

太沙基（K. Terzaghi）认为当被开挖隧洞具有一定埋深时，隧洞上方土体因土体开挖发生位移，此时土体颗粒由于相互错动而发生应力传递，这种效应在一定程度上阻碍了隧洞上覆土体的沉降变形，因此提出隧洞工作面上的最小支护力远低于土体中原始应力。因此太沙基假定隧洞开挖后，上方土体在重力作用下发生沉降，在隧洞两侧至地面出现两个剪切面，基于土体颗粒间的应力传递现象，提出了太沙基松动土压力公式，其中包含了隧洞尺寸、隧洞埋深、土体内摩擦角和黏聚力等因素。其计算模型如图 7.2 所示，由此分析受扰动土体任意深度 z 处某一位微元的受力状况，其竖向受力平衡方程为

$$2B_s\sigma_v + 2B_s\gamma dz = 2B_s(\sigma_v + d\sigma_v) + 2(c + K_0\sigma_v\tan\varphi)dz,\ B_s = R + R \times \left(\tan45° - \frac{\varphi}{2}\right) \tag{7.1}$$

式中：γ 为土的容重；φ 为土体内摩擦角；c 为土体黏聚力；K_0 为土体侧压力系数；$2B_s$ 为土条宽度；R 为隧洞半径；P_0 为地表荷载值；σ_v 为隧洞上方土压力值。

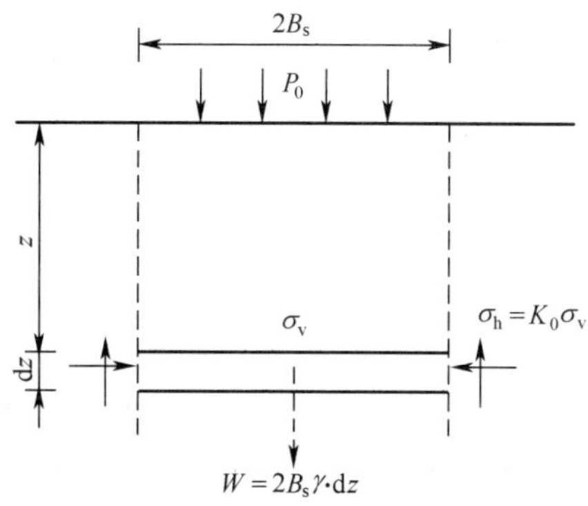

图 7.2　太沙基松动土压力计算模型

对式（7.1）的两侧对 z 进行积分，并代入边界条件 $z=0$，$\sigma_v = P_0$，可以得到

$$\sigma_v = \frac{B_s\gamma - c}{K_0\tan\varphi}\left[1 - e^{-\left(\frac{K_0\tan\varphi}{B_s}\right)z}\right] + P_0 e^{-\left(\frac{K_0\tan\varphi}{B_s}\right)z} \tag{7.2}$$

由式（7.2）即可得到不同深度 z 处的土压力值。据以上推导不难发现，太沙基松动土压力理论在计算时采用了侧压力系数 K_0，并且其值大小对于松动压力的计算结果影响较大。太沙基基于相关砂土试验结果发现，土体侧压力系数随在土体中的位置而变化，因此太沙基松动土压力理论在实际应用中需要假定侧压力系数的值，其大致范围为 0.5~1。

为了研究 K_0 的取值对于太沙基公式的影响，本章计算取土条宽度 B_s 为 8 m，土的黏聚

力 c 为 20 kPa，内摩擦角 φ 为 20°，土的重度为 20 kN/m³，针对不同的 K_0 值和隧洞埋深利用太沙基松动土压力公式进行计算，得到上覆土体土压力与隧洞埋深的关系如图 7.3 所示。

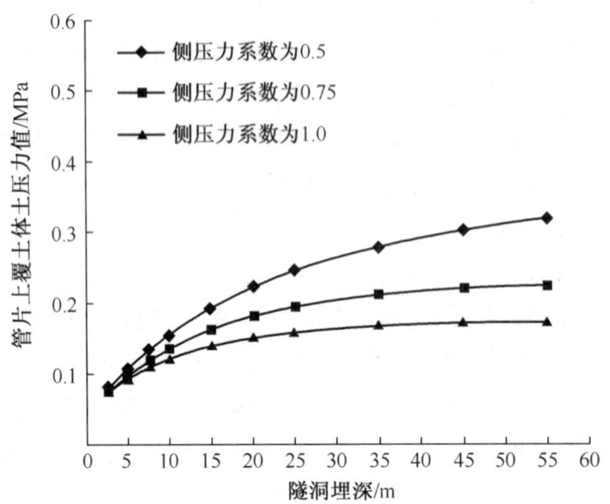

图 7.3 上覆土体土压力与隧洞埋深的关系

由图 7.3 可以看出，侧压力系数 K_0 的取值对于太沙基松动土压力的计算结果影响较大，为此本章分别选取深度为 10 m、20 m、35 m、55 m 的不同侧压力系数下的计算结果（表 7.1）进行对比可以得出，在不同的深度上，随着 K_0 由 0.5 变化到 1，土体松动土压力值大约会浮动 30%~50%，然而 K_0 的取值主要依赖于工程经验，某些程度上会给土压力计算结果带来一定的不精确性。

表 7.1 不同 K_0 下的松动土压力值

深度 z/m	不同 K_0 下的松动土压力值/MPa			松动土压力变化量
	$K_0=0.5$	$K_0=0.75$	$K_0=1.0$	
10	0.245	0.194	0.158	0.087
20	0.221	0.181	0.151	0.070
35	0.280	0.211	0.166	0.114
55	0.317	0.224	0.171	0.146

2. 地层损失

地层损失即管道顶进施工过程中挖出的土体体积与管道体积的体积差。地层损失值是一个复杂的变量，它是随着时间和空间变化的三维变量。在长时间停止顶进的情况下，由于注浆层向土体及管道内渗流，也会造成施工中有效注浆率的减小，导致地层损失分布很难确定。地层损失主要由以下几方面引起：①工具管前舱压力变化引起的超挖；②管道与周围土层之间空隙引起的超欠挖；③纠偏操作引起的土体超欠挖；④浅层顶管顶进时因浆液与土层的摩阻力而对外围土体产生的拖带效应；⑤施工中的纠偏；⑥局部的管道接头漏浆。

如不考虑注浆因素，可以认为地层损失就是因超挖导致土体沿管道径向的变形。它综合考虑了以上几种情况产生的地层损失，其中以前三种为主。地层损失是地面沉降的根本原因，以参数 GAP 来反映地层损失的三维效应。

$$GAP = G_e + G_p + U_{3D} + \omega \tag{7.3}$$

式中：G_e 为刀盘切削形成的管道外壁的空隙（人工掘进时是指挖掘出工具管的空隙）；G_p 为顶管机外径与管道结构外径之差；U_{3D} 为开挖面形成的超挖土量；ω 为由顶进施工引起的偏斜或顶进路线为曲线时形成的空隙。

7.2　复杂地质条件下顶管施工技术

7.2.1　富水砂层地质条件下顶管施工技术

本施工技术适用于以下情况顶管施工：①砂层地质条件下；②邻近既有建筑物；③下穿既有道路；④地下水位高；⑤长距离顶管施工。

施工时通过进浆管向顶管机刀盘前方提供一定的膨润土浆液，让其在顶管机挖掘面上形成一层保护膜，并以泥水舱内泥水的压力来平衡挖掘面上的土压力及水压力。工作时机头刀盘电动机的电源开关，顶管机的刀盘就被驱动以均匀的速度对土体进行切削，通过刀盘切削口泥土进入泥舱内，同时机内两道管路同步运作，一边打入一定比例的膨润土浆液到泥舱内对土体进行细化，另一边管道接入排泥泵将分解细化的泥浆水抽入泥浆池内循环使用。

7.2.1.1　施工特点

（1）适用范围广。适用于邻近既有建筑物、下穿既有市政道路、地质中含有大量建筑垃圾及生活垃圾，施工的同时不影响上部通车。

（2）施工精度高。通过全站仪发出红外线光到内部的十字板接受光源后把掘进的轴线与高程反馈到中央控制台进行实时纠偏。

（3）地面沉降小。针对地质较差地段，采用双液注浆及高压旋喷桩加固，安全性能较好。

（4）减少人工。辅助设备的通用性强，减少人工投入。

（5）经济效益明显。顶管单次可顶进 100 m 以上，减少了中继间数量，顶进工效极高，降低造价，经济效益明显。

7.2.1.2　工艺流程及操作要点

施工工艺流程如图 7.4 所示。

1. 地基加固

（1）高压旋喷桩。对于邻近既有建筑物或地下水位丰富的砂层，采用高压旋喷桩作为止水帷幕，防止周围建筑物塌陷。桩身垂直度要求不大于 1/150L，采用 42.5 号普通硅酸盐水泥，桩径为 800 mm，桩心间距为 600 mm。装机就位后，对装机进行调平、对中，调整桩基的垂直度，保证钻杆应与桩位一致，偏差控制在 10 mm 以内，钻孔垂直度误差小于 0.3%。钻孔前应调试空压机、泥浆泵，使设备运转正常，校验钻杆长度，并用红油漆在钻塔旁标注深度线，保证孔底标高满足设计深度。其工序流程如图 7.5 所示。

钻机施工前，应首先在地面进行试喷，在钻孔机械试运转正常后，开始引孔钻进。钻进

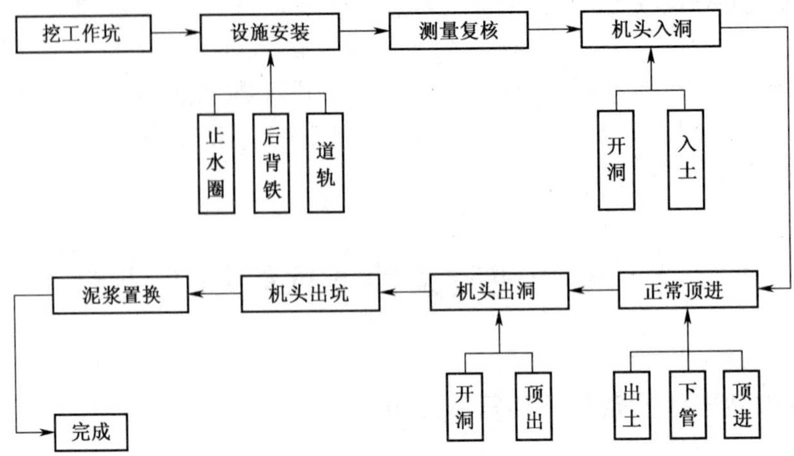

图 7.4　施工工艺流程

过程中要详细做好钻杆节数记录，保证钻孔深度准确。引孔至设计深度后，拔出岩芯管，并换上喷射注浆管插入预定深度。在插管过程中，为防止泥沙堵塞喷嘴，要边射水边插管，水压不得超过 1 MPa。当喷射注浆管插入设计深度后，接通泥浆泵，然后由下向上旋喷，同时将泥浆清理排出，喷射先达到预定的喷射压力，喷浆后再逐渐提升旋喷管，以防扭断喷浆管。

旋喷提升到设计标高后停止喷浆，提升钻头出孔口，清洗注浆泵及输送管道，然后将钻机移位。

（2）双液注浆。对于下穿既有道路且地下水丰富的地段，为防止路面沉降或者塌陷，采用水泥浆+玻璃水、磷酸+玻璃水进行双液注浆加固，达到快速堵漏的目的，克服了单液水泥浆的凝结时间长且难以控制、动水条件下结石率低等缺点，提高了加固的效果，扩大了水泥注浆的范围。其工序流程如图 7.6 所示。

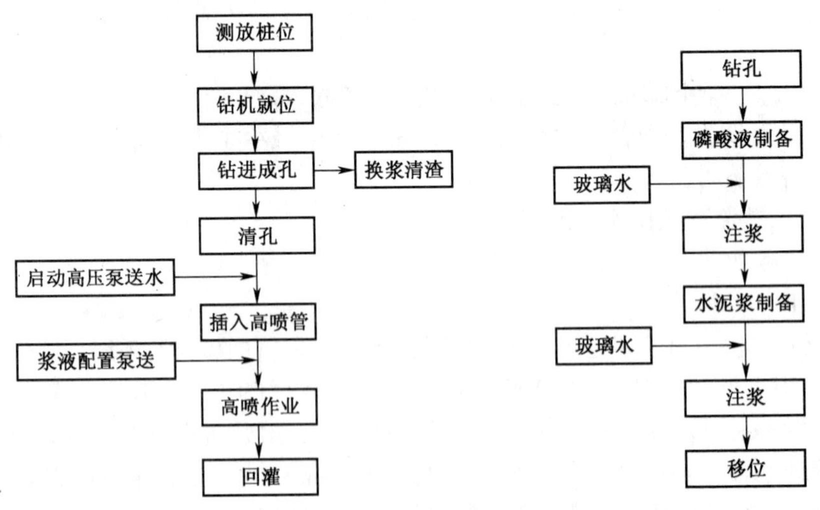

图 7.5　工序流程　　　图 7.6　双液注浆工序流程图

浆液比例调试方法如下：

1）玻璃水与磷酸液。对磷酸液（A 液）与玻璃水（B 液）凝固时间进行试验，选取 7 组数据，按照不同的比例进行调制，见表 7.2，当 A 液与 B 液比例为 1：1 时，凝结时间最快。

表 7.2　玻璃水与磷酸液比例

材料比例（B 液：A 液）	0.6：1	0.7：1	0.8：1	0.9：1	1.0：1	1.1：1	1.2：1
凝结时间/s	85	78	60	48	30	45	55

2）玻璃水与水泥浆。对 B 液与水泥浆（C 液）凝固时间进行试验，选取 4 组数据，按照不同的比例进行调制，见表 7.3，当 B 液与 C 液比例为 0.7：1 时，凝结时间最快。

表 7.3　玻璃水与水泥浆比例

材料比例（B 液：C 液）	0.6：1	0.7：1	0.8：1	0.9：1
凝结时间/s	50	35	48	52

（3）钻机就位。按布孔方案，放出孔位，石灰或木桩标记，钻机就位稳定、牢固，钻杆垂直孔位。

（4）注浆。A 液与 B 液、B 液与 C 液调试完成后，先注射 A 液与 B 液，采用双管进行注浆，溶液在压浆泵口处汇融，注浆压力控制在 0.6 MPa～0.9 MPa。30 min 后注入 B 液与 C 液，工序同上。

（5）移位。注浆完成后，移位进行到下一个注浆。注浆口间距为 2.0 m，梅花形布置。

2. 工作井开挖

目前工作井施工主要采用放坡开挖、逆作井、沉井 3 种工艺，对 3 种工艺进行了对比分析，优先选用逆作法进行工作井施工。

（1）基坑开挖。施工测量放线，确定施工井位置后，即可进行土方开挖。分节进行开挖，每节挖土深度定为 1 m，当遇到流沙或地下水丰富地段时，可减少挖土深度，一般为 0.5 m。

挖掘机开挖土方时，必须先开挖基坑中心范围，然后对称挖掘周边泥土，最后人工进行护壁范围的挖除及修整，人工下井前应做好安全可靠的爬梯。

机械开挖土方前应参照地质报告，而现场必须有专人负责观测地质及护壁的变化，以及地下水渗漏情况，发现异常立即组织疏散作业人员，并及时分析问题、处理问题。

当开挖深度超过 4 m 时，采用长臂挖掘机进行取土，人工辅助修边。开挖过程基本与挖掘机开挖相同。

（2）井壁钢筋绑扎。土方开挖人工修整完毕后，立即进行护壁钢筋绑扎。采用预先下料、井下绑扎的施工方法，按设计配筋进行井壁竖向钢筋的绑扎及搭接。绑扎时先将竖向钢筋打入土中，钢筋间距按设计要求，然后绑扎上水平横向钢筋，两种钢筋绑接要求牢固，最后将 1.3 m 长钢筋打入井壁土中，间距为 1 000 mm，双排钢筋，起到支承护壁重量作用，防止开挖下级护壁时上级护壁下沉。

（3）井壁模板安装。井壁模板由钢模拼装而成，板间用U形卡固定，沿模板底部打短钢筋桩加固，拼装中留一道接缝夹一根$\phi48$的钢管，以便拆模；必要时采用$\phi60$的钢管对顶支撑加固。

（4）混凝土浇筑。井壁混凝土强度为C30，利用导槽下送，混凝土应分层对称捣筑，防止模板侧移或跑模，每次分层厚度为100～200 mm，人工捣实。使浆液均匀饱满，接口处与上级护壁必须连接良好，保证接口不漏水。

（5）模板拆除。井壁钢模板拆除一般时间为浇筑24 h后，且下级护壁准备支模时将上级护壁模板拆除，利用此模板浇注下级护壁。对变形模板应及时移至地面矫正。重复上述工作，直至护壁制作完成，工作井开挖达到设计标高。

（6）封底。施工至设计标高后，清理基坑底部泥渣，浇筑垫层混凝土。达到强度后绑扎底板钢筋，采用溜槽浇筑底板混凝土，浇筑完成后覆盖洒水养护。

3. 顶进

（1）封闭式顶管机就位。用吊车吊装顶管机，将顶管机放入顶进坑内的导轨上，顶管机前端距井壁约300 mm。就位后先检查顶管机的轴线是否与机坑轴线、导轨轴线以及主顶油缸的轴线保持一致，发现偏差立即调整。无误后再进行顶管机电路、油路、注浆系统的安装调试。

（2）机头入洞。先将洞口处的墙壁凿除，洞口处，人工向前挖土500～800 mm，再将机头徐徐推进洞口，待刀盘全部进洞，调整止水圈位置，使其完全封闭地下水。然后开动顶管机刀盘，待土舱压力升到0.1 MPa时，这时螺旋输送机的土压也上升到0.07 MPa左右。掘进机开始入土时，机头外露，只存在轨道对机头的摩擦力，机头易发生旋转，故在入土前2 m顶进时，顶进速度控制在5 mm/min以下，以防机头整体旋转，并观测机头倾角和旋转变化，及时修正和调整。倾角的变化用纠偏千斤顶调正，旋转角大于±30°时，可使用刀盘反转调正，顶进2 m以后在机头不旋转的情况下可逐渐加大顶进速度。机头完全入土后，土舱压力控制在50～80 kPa。

（3）正常顶进。

1）土舱压力。按计算表数值设定，施工时设备自控可保证10%的土仓压力；遇有下穿道路、离构筑物较近时，土舱压力设定适当加大30%左右，以提高安全系数。

2）触变泥浆减阻。顶管过程中，必须同步注入减阻泥浆，它是减少顶进阻力、提高顶进速度的重要一环，减阻泥浆采用膨润土配制而成。膨润土一般要求胶质价在80以上。膨润土进场后，先测定其胶质价，根据胶质价确定配合比，膨润土泥浆质量配合比见表7.4。

表7.4　膨润土泥浆质量配合比

序号	膨润土胶质价	膨润土	水	烧碱
1	60～70	100	524	2～3
2	70～80	100	524	1.5～2
3	80～90	100	614	2～3
4	90～100	100	614	1.5～2

膨润土泥浆的拌和时间一般为20～30 min。泥浆制备后，必须静置24 h方可使用，使其充分吸水，膨润成胶体，使用密度计测其密度，掌握在1.15 g/cm^{3}为宜。

在机头尾部设置有触变泥浆注浆孔，顶进施工的同步注入触变泥浆，以形成原始浆套；每节混凝土管均有 3 个注浆孔，顶进过程中，通过注浆孔持续补浆。注浆使用挤压式注浆泵，注浆口压力控制在 0.13~0.22 MPa，视储浆池内触变泥浆下降的速度及顶镐压力表读数调节注浆压力。

4. 顶进测量及纠偏

（1）顶进测量。初始顶进每 1 m 测量一次，并做记录。正常顶进时，每顶进 3 m 测量一次，遇有纠偏每 1 m 测量一次，测量时要注意照射到机头激光靶上的激光点和管道中心轴线的一致性，若出现偏差通知机手及时调整。测量人员分别绘制出管道中心及高程曲线图，随时预测机头的前进趋势。

（2）顶进纠偏。当顶进过程中发生偏移时，如机身内部的激光靶心（图 7.7）发生偏移，偏差数据传送至操作平台，操作平台自动纠偏程序，连接的 4 个液压千斤顶进行纠偏。如自动纠偏发生异常时可采用手动纠偏，机械手需不断地观察光靶上激光点的行走轨迹，纠偏时每 1 m 测量一次，并做机头和机尾的数据比较，有回归趋势时，保持一段顶进距离后，要停止纠偏，防止左右摆动。纠偏的原则是勤纠、微纠，每次纠偏量不要过大，而且要注意发展趋势，当上下、左右均发生偏差时，先纠上下、后纠左右。中央控制台如图 7.8 所示。

图 7.7　纠偏系统激光靶心

图 7.8　中央控制台

（3）顶进速度。顶进速度控制在 30~50 mm/min，入洞后的前 10 m 以及纠偏时用较低速度，以后视出土情况、刀盘扭矩情况适当加快顶进速度。

5. 安装管节

管节下坑前先进行外观检查，包括管端面是否平直、管壁表面是否光洁、管体上有无裂缝等，检查合格的管子用吊车放到顶进坑内的导轨上，进行顶进。下管时，机头在停止顶进的状态下，刀盘转 3~5 min，在停机和同时螺旋输送机出土的情况下，排土液压门关闭，并断电以保证土压舱土压达到平衡。下管工序完成后，再顶进时，应先开刀盘，再依次开螺旋输送机、推进系统。

6. 机头出洞

机头推进到距接收坑约 2 m 处，拆除接收坑洞口处的墙壁，从接收洞口中心部位打进一根钢钎寻找机头，洞口处的土体开裂并向外凸出，仔细测量机头上、下、左、右 4 个方向，与出洞口的大小、位置合适时，启动主顶油缸继续推进，至中心刀露出时，停止推进。安置机头接收托架，然后，慢慢将机头推入接收坑内。

7. 泥浆置换

（1）顶管完成后及时对管道外壁进行充填加固，把原注入的膨润土浆置换掉。

（2）使用的泥浆置换材料为水泥浆，其配比为水：水泥：粉煤灰=1：1：3。通过管道内部的压浆孔压注，注浆次数不少于3次，两次间隔时间不大于24 h。

（3）每二节混凝土管编为一组，分为注浆孔与排浆孔。将注浆泵清洗干净，吸浆龙头放入灰浆池内，开启注浆泵，打开第1组注浆孔，当第1组排浆孔冒出灰浆后，关闭阀门，再打开第2组，以此类推，直到全线完成，再关闭所有阀门，保压30 min，保压时注浆压力为1 MPa。泥浆置换完成后，应拆除主通道浆管和管内弧形浆管就地清洗，以免浆液凝固堵塞。

7.2.2 岩层顶管机施工技术

岩层顶管机施工的基本原理是借助于主顶油缸主管道中间的推力，将岩层顶管机从顶进坑内穿过岩层一直推到接收井内，与此同时，将紧随岩层顶管机后的管道铺设，是一种非开挖管道的施工方法。其中，岩层顶管机的电动机是通过减速器带动小齿轮，然后带动设在中心的大齿轮。大齿轮与主轴及轧辊连接成一体。工作时，顶管机刀盘一边旋转切削岩层一边作偏心运动把石块轧碎，然后从排浆管中被排出。采用红外线、全自动化操作平台进行精确定位，施工过程中发生偏位时，显示屏上出现偏移量，液压油缸自动进行纠偏。

7.2.2.1 施工流程

1. 测量放线

根据设计管道中心线，在选定的工作井放出开挖线位置。

2. 顶进设备安装

（1）顶进及接收工作井基坑进行开挖，采用矩形钢筋混凝土结构，浇筑混凝土后，待混凝土强度达到设计值的75%后采用中粗砂分层回填，防止沉降。

（2）安装导轨。底板浇筑混凝土，作为钢枕木基础，安装要牢固可靠，以保证管子的顶进方向。钢枕木安装高程严格控制在低于管外底高程1~2 cm，枕木长度比导轨外缘两边各长出30 cm，导轨高200 mm。顶进设备安装。根据地质勘探的结果确定管线穿越的岩层。其工艺流程如图7.9所示。

进行最大顶力计算，顶力包括两部分，一部分为迎管面阻力 N_F，另一部分为管道摩阻力 $\pi D_o Lf$，总顶力

$$F_P = \pi D_o Lf + N_F$$

式中：$N_F = \pi(Dg - t)tR$；D_o 为管道外径，m；L 为管道的长度，m；f 为每米管道的摩阻力；D_g 为顶管机外径，m，取1.8；t 为工具管刃口厚度，m，取0；R 为挤压阻力，取500 kN/m^2。

导轨安装完成后要用水平仪复核导轨顶面的高程，符合设计坡度要求后，才能进行下道工序。

3. 管道顶进

（1）初始顶进。顶进准备工作完成后，开始初始顶进。初始顶进在顶管工作中起着很重要的作用，一要穿过工作井洞口，在此过程中保证洞口结构不被破坏，同时泥水不进入顶坑；二要保证高程、中心偏差最小，为正常顶进打下良好的基础。顶进用工作井顶进设备进行速

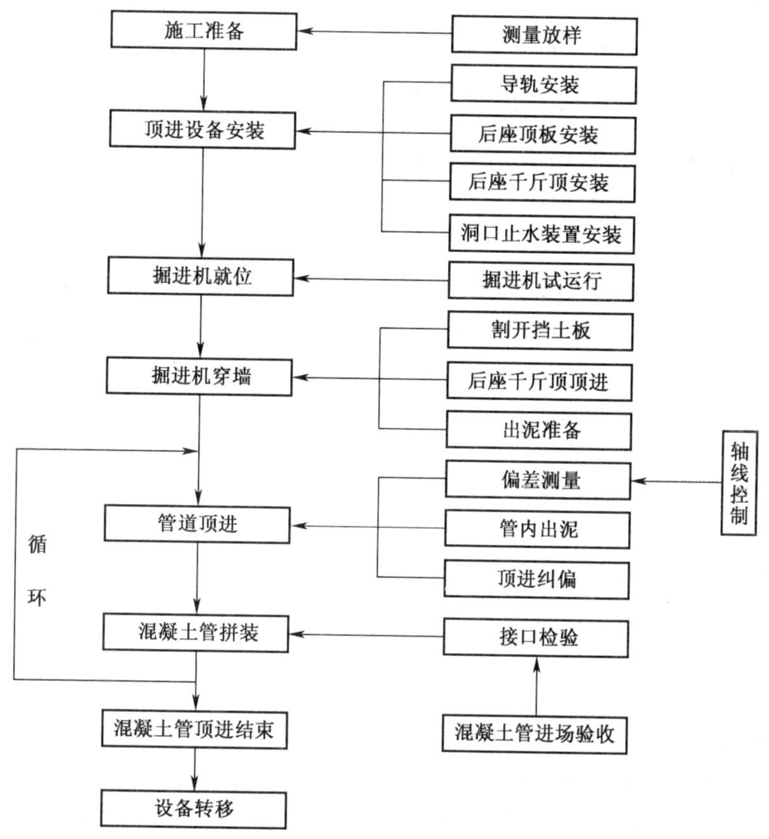

图7.9　工艺流程

度控制，分为两个部分，机头入洞阶段速度控制在3～5 mm/min，此阶段重点是找正工具管中心、高程，偏差控制在±5 mm之内，所以速度不宜太快。

（2）顶管机正常顶进。

1）顶进主要参数。泥浆在整个顶管过程中起着关键作用，泥浆的压力、浓度影响挖掘面的稳定性。泥浆浓度流量影响到切削下土体能否正常送到地面。泥浆要及时优化配比，并能依据掌子面岩层土质及时调整。

泥水初定参数：泥水密度为1.05 t/m^3；泥水舱压力为245 kPa；泥水流量 $Q_1 \leq 0.65$ m^3/min；排泥流量 $Q_2 \leq 1.07$ m^3/min。

机头顶进速度设定为100 mm/min，如要加大顶进速度，在保证泥水舱泥压的条件下，先加大泥浆流量，再计算顶进速度，否则排泥管会堵塞。流量计设定为1.07 m^3/min。

2）顶进操作程序。启动进排浆泵，泥路循环，自控系统调正管路压力达到设定压力并稳定；机头顶进：工作井顶进千斤顶设定顶进速度为100 mm/min。同时，使排泥管流量保持在1.07 m^3/min。压力计测量压力，控制电动阀的开启度，保持泥水仓压力。

3）顶进测量控制。初始顶进后500 mm，顶进测量开始，测量仪器使用索佳SET250型全站仪一台和水准仪DSZ2一台，每顶进5 000 mm作一次平面中心、高程记录，并及时向技术负责人汇报，以便采取措施。每次下管后对顶进中心线校测，同时人工测量机头后第 1 管口、第 2 管口中心、高程，与计算机中记录数据对照。

4. 管道纠偏

管道纠偏主要依靠由纠偏油缸等设备组成的纠偏系统来实现。在纠偏时根据激光光靶的绝对误差结合机头的倾斜角进行有预见的纠偏。4 个纠偏油缸深处的长度差值不宜超过 25 cm，一般情况每次纠偏不大于 0.5°，如果偏差值在 10 mm 范围内，则尽量少纠偏，精心组织施工，确保机头以适当的曲线半径逐步地回到轴线上来。当顶进线路上同时有高程偏差和轴线偏差时，先纠正偏差较大的一面，在纠正中心或高程偏差时，如果偏差值超出了纠差控制范围，立即将停止前者，先将后者纠正。

5. 下管

当油缸伸长量无法继续顶进时开始进行下管。下管时的操作程序：打开基坑旁通阀门，保持泥水仓压力，同时打开冲洗阀门冲洗排泥管路；停止油泵；机头刀盘停转；待排泥管路冲洗干净后，停止输泥泵、排泥泵；关闭触变泥浆、输泥管、油管、排泥管阀门。拆除工作井管接口各种管线、电缆，管内应急灯工作，管口安装橡胶圈，对接承插口。

6. 注浆（膨润土）

管内壁设置 2 道注浆孔，孔径 3 cm，施工时注入膨润土，减少管道与岩层之间的摩擦力，顶进的过程进行注浆。之后进行下一节顶管施工。

7. 注浆（水泥浆）

检查井和工作井之间贯通后，防止管道和岩层之间存在空隙，采用 1∶1 水泥浆进行注浆封堵，完成后采用沥青麻絮封堵注浆口。

7.2.2.2 岩层顶管操作要点

1. 顶进方向控制

首先将设计中心线做好现场转移工作。当工作井挖好以后将中心线移到工作井内，控制好轨道方向及管中心线，注意高程变化。在施工中，随时检查偏差情况，工作井一定要准确无误。方法：确定好管线中心线后，用十字拉线法在不同位置反复施测至少两次以上方可施工。工作井内的高程控制点不得少于两个，施工测量必须做到先闭合后使用的原则。稳轨用全站仪找方向，用水平仪控制高程，要多次复核，各道工序（如道轨铺设、高程测设等）必须用文字交底。

管道纠偏是顶管施工过程中的一道关键控制环节，在管道顶进过程中，工具管在工作面围岩的压力和后续顶进设备的推理作用下很容易发生偏移，如果不及时对工具管进行纠偏处理，顶进形式的偏差将会全部留在敷设后的管道上，因此，顶管施工过程中的纠偏实质上是对工具管的纠偏。管道纠偏大概分为两种：基本纠偏和辅助纠偏，本工程由于顶管距离不是很长，管线偏差较小，故采用基本纠偏即可保证管线位置。基本纠偏是利用管道自身的构造进行的，主要依靠由纠偏油缸等设备组成的纠偏系统来实现。在顶进过程中纠偏油缸应保持伸出，在不纠偏时纠偏油缸也应伸出 20 mm 左右，以防止机头突然遇到障碍物卡死。辅助纠偏措施是在利用设备自身的纠偏系统很难达到纠偏标准的时候，利用外力协助管道自身结构进行纠偏的过程。

2. 泥浆作业控制

（1）挖掘面上的泥浆管理。保持挖掘面上的稳定是岩层顶管施工的首要条件。如果不能保持挖掘面上的稳定，会造成挖掘面上的塌方，这时不仅会造成地面较大的沉降，而且会使顶管无法正常运转而无法控制方向。为了保持挖掘面上的稳定，必须严格控制泥浆压力。顶管机泥浆舱内压力应比地下水压力高 20 kPa，由于泥浆舱内的压力比地下水压力高，就可以防止地下水通过排浆管道而流失，从而也就可以使挖掘面稳定，具体的控制方法是通过调节进排浆泵的流量、压力来控制或者是用压缩空气来控制。其次，进水必须是泥浆，把进水的比重控制在 1.10~1.20。

（2）进排管泥浆管理。进排管泥浆管理是确保挖掘面稳定的条件之一，同时也是确保泥浆能正常输送所不可忽视的一个重要环节，泥浆自身的密度、黏度、稳定性及脱水性等特性都应当与挖掘面上的岩层以及泥浆输送的特性相吻合。

（3）泥浆输送计算。

1）基本参数

顶管机外径 $D=1\ 800$ mm；

推进距离 $L=280$ m；

工作坑深度 $H=7$ m；

工作坑到泥浆池的距离 $l_1=20$ m；

工作坑到沉淀池的距离 $l_2=20$ m；

地面到排泥口高度 $h=8$ m；

推进速度 $S=100$ mm/min；

挖掘面泥浆压力控制范围 $P=300$ kPa

2）排浆

固体颗粒的容重 $\rho_1=2.7$；

排浆的密度 $\delta_2=1.15$（$\delta_1=1.0$）；

土含水率 $\alpha=60\%$；

粒度分布（黏粒和粉粒）。

（4）进水、排浆流量 Q_1、Q_2 的计算。

1）挖掘面积

$$A = 1/4\pi \times D_2 = 1/4\pi \times D_2 = 2.54\ \text{m}^2$$

2）含泥率

$$K = 100\% - \alpha = 100\% - 60\% = 40\%$$

3）每分钟掘进体积

$$q = A \times \frac{S}{1\ 000} = 2.54 \times \frac{100}{1\ 000} = 0.254\ \text{m}^3/\text{min}$$

4）每分钟的掘进体积

$$G = A \times \frac{S}{1\ 000} \times K = 2.54 \times \frac{100}{1\ 000} \times 40\% = 0.1016\ \text{m}^3/\text{min}$$

5）排浆管内体积浓度

$$C_1 = (\delta_2 - 1.0)\frac{\delta_2 - 1.0}{\rho_1 - 1.0} \times 100\% = \frac{1.15 - 1.0}{2.7 - 1.0} \times 100\% = 8.82\%$$

6）进水流量 Q_1、排浆流量 Q_2 及排浆浓度 C_2 分别为

$$Q_2 = 2.83\ \mathrm{m^3/min}$$

$$Q_1 = Q_2 - q = 2.83 - 0.254 = 2.576\ \mathrm{m^3/min}$$

$$C_2 = (C_1 \times Q_1 + G \times 100)/Q_2 = \frac{8.82 \times 2.576 + 10.16}{2.83} = 11.61\%$$

7）排浆管内径 d 及流速 V_2 分别为 $d=147$ mm，$V_2=2.78$ m/s。

8）排浆管的等值长度：

$$L_2 = L + H + I_2 + (\text{阀及管路损耗}) = 280 + 7 + 20 + 20 = 327\ \mathrm{m}$$

9）挖掘面泥浆压力 $P=300$ kPa。

10）排浆泵的扬程损失 $HF_2=327\ \mathrm{m}\times0.106\ \mathrm{m/m}=34.66$ m（水头）。

11）排浆泵的扬程

$$TH_2 = HF_2 + H + h - \frac{P \times 10}{\delta_2} = 34.66 + 7 + 8 - \frac{3 \times 10}{1.2} = 24.66\ \mathrm{m}(\text{水头})$$

根据计算结果可选择进、排浆泵。考虑到泵的效率等因素，排浆泵的流量选 36 $\mathrm{m^3/h}$、扬程选大于 70 m 的即可。进水泵和排浆泵选参数、型号相同的泵，以便互换。如果不考虑互换性，则进水泵选流量为 168 $\mathrm{m^3/h}$、扬程选大于 50 m 的即可。

3. 后背墙施工及质量要求标准

（1）后背墙用 20 号工字钢焊成一堵墙，为顶管的反力提供一个垂直的受力面，正面焊一块 2 cm 厚钢板，使各工字钢受力更均匀。工字钢墙的空隙中灌满自密混凝土，形成一道由厚钢板、工字钢和混凝土组成的、牢固的、刚度很大的复合后背墙，承受千斤顶传来的顶进反力。后背墙安装无误后，在后背墙与井壁间浇筑 30 cm 厚混凝土后背，并垫一层 5 cm 厚的木板，以使井壁受力均匀。

（2）顶管顶进作业时，顶力反作用于后背及工作井后背土体，这就要求其强度和刚度必须满足顶进控制的最大允许顶力，并且在其施工、安装过程中应保证列队传递均匀和整体受力，以避免安全事故、影响周围环境和顶进作业。

（3）后背平面和顶进轴线应保持垂直，表面应坚实平整，能有效传递作用力。

4. 注浆控制

顶管工序结束后，进行水泥浆充填，最大限度地消除因顶管施工造成的地面沉降。水泥浆充填可以有效地补偿顶管管外侧空隙部分，从而使管体外侧土体密实。填充完毕后，做好施工记录，并保存有关资料。注浆泵可选择脉动小的螺杆泵，流量与顶进速度相匹配。

7.3 有限元数值模拟及分析

在实际变形预测和分析方法中，单纯依靠理论分析法、经验公式法和模型试验法等，往往因其假定条件、工程类型、试验模拟条件等因素限制，难以对实际工程提出建设性的指导意见。相比之下，数值模拟分析结合实际监测数据和工程类比法在一定程度上能更好地解决实际穿越工程所面临的问题。为进一步了解和掌握其施工及控制技术，本章利用计算机仿真

技术进行力学讨论，采用 3D 数值分析方法对地层损失进行模拟，旨在了解顶管施工引起的环境力学效应，以预测顶管地面沉降。

7.3.1　土体本构模型的建立及参数假定

根据增量塑性理论，岩土基本上是一种弹塑性体。比较典型的岩土本构关系模型有 Drucker-Prager 模型、黄文熙模型、Cambridge 模型、Rowe 理论和清华模型等。针对这些模型进行分析发现，Drucker-Prager 本构模型和清华模型能较好地预测压力-位移关系，能更好地反映超浅层顶管弓起的沉降。为了更好地把握岩土与管体的相互作用，本章采用有限元分析程序 ANSYS 对超浅层顶管全过程进行仿真分析，预测地面沉降变形，防止有害沉降的发生。

土体采用 Drucker-Prager 本构模型，模拟尺寸为 50 m × 75 m × 25 m。土体及路基道床采用 Solid45 单元模拟，对于管道材料，由于其弹性模量比土层弹性模量大得多，所以将管道材料看成弹性体，采用 shell63 壳单元进行模拟。

边界条件的选取，除了顶面取为自由边界，其他面均采取法向约束。数值模拟分析时考虑以下问题：①结合实际监测范围，对监测线上顶管施工进行模拟和结果的提取；②模拟顶管施工前，首先平衡初始地应力场；③假定既有铁路路基结构为线弹性材料；④假定新建顶管隧道、既有铁路路基与土体之间符合变形协调原则。

模型中路基参数取值：密度为 2.00 g/cm ^{3}，弹性模量为 1.30×10^2 MPa，泊松比为 0.30。土层物理力学参数见表 7.5，计算模型如图 7.10 所示。

表 7.5　土层物理力学参数

土层	厚度/m	密度/(g/cm^3)	弹性模量/MPa	泊松比	内摩擦角/(°)	黏聚力/kPa
杂填土	2.00	1.75	3.14	0.29	24.3	11.7
粉质黏土	3.35	1.92	6.97	0.32	22.6	12.7
粉土	3.45	1.96	18.70	0.31	13.6	30.2

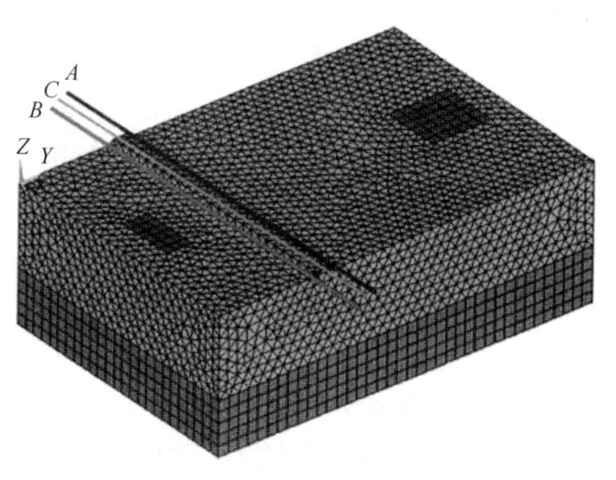

图 7.10　计算模型

数值计算中模拟实际顶管施工步序，首先开挖工作井和接收井激活土体侧面单元，模拟盾构掘进中土体开挖和盾构机前进，按照实际施工工序，顶管按照 3 m 顶进 1 步，先顶进北侧顶管，最后顶进南侧顶管。整个顶管施工过程可以看作开挖和管材跟进支护 2 个步骤。在开挖前先假设土体内部仅存在重力产生的初始地应力，且土体变形已经完成，开挖完成后，整个土体也是在重力作用下完成变形。

7.3.2 模型变形分析

选取平行于既有铁路路基坡脚处的 2 排观察线（ 图 7.10 中的 A 线、B 线），以及路基顶部中心线（图 7.10 的中 C 线）的最终竖向变形值和横向位移，得到各观察线竖向变形情况如图 7.11 所示，横向变形情况如图 7.12 所示，其中竖向变形负值表示下沉，正值表示上浮；横向变形负值表示沿顶进方向，正值表示与顶进方向相反。

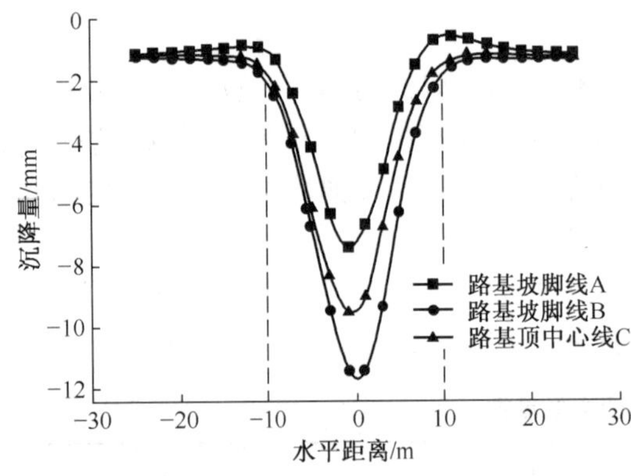

图 7.11 顶管穿越后路基观察线竖向变形情况

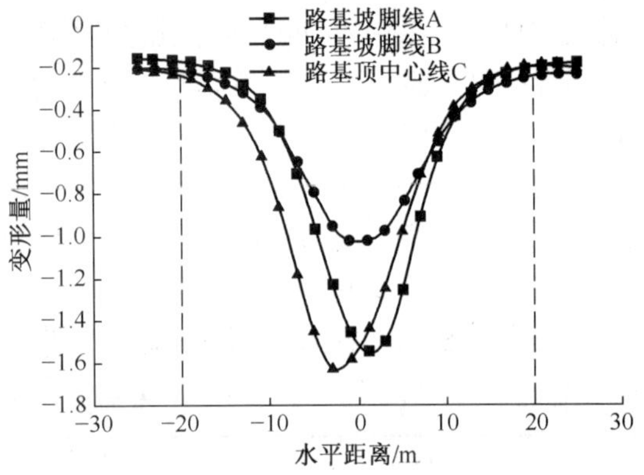

图 7.12 顶管穿越后路基观察线横向变形情况

由图 7.11 可看出，该工程中路基沉降槽约为穿越中心点左右各 10 m 范围内，形成“V”形沉降槽，以穿越中心为轴两侧对称，其中路基顶部中心线 C 最大沉降变形约为 9.5 mm、路基坡脚线 B 最大变形为 11.4 mm、路基坡脚线 A 最大变形为 7.5 mm，A 和 B 观察线上最大变形点沉降相差 3.9 mm，原因在于接收井距离 B 观察线较近，接收井的开挖导致 B 观察线上土体的扰动，顶管进一步的穿越造成了叠加变形影响。因此，在类似工程中应防范接收井或始发井的开挖对于邻近建（构）筑物的影响；变形最大点均在穿越中心位置附近，在穿越工程中控制穿越中心位置处沉降至关重要，应加强对穿越位置处的铁路路基的防护，当处于正在穿越位置时，应提高监测频率，随时掌握变形动态。

由图 7.12 可看出，路基横向变形的变形槽约为穿越中心点左右各 20 m 范围内，横向变形影响范围较大。最大横向变形为 1.6 mm，在本工程中横向变形对路基安全影响较小，实际监测数据中横向变形基本为零，在此不对横向变形进行分析。但是，由于横向变形影响范围较大，所以在今后类似工程施工时建议对横向变形也采取变形监测，可以提前采用数值模拟的方法预测变形情况及横向位移影响范围，对于强烈影响位置应随时掌握变形动态。

7.3.3 顶进参数分析

顶管施工是由掘进机切削土体后开挖，再由工作井中千斤顶顶进，因而对掘进机前方一定土体产生强烈的扰动作用，土体先处于卸载状态，而后随着千斤顶的顶进，掘进机前方土体处于挤压状态。由于掘进机的管径大于后续管节直径，会产生地层损失，管节周围土体处于卸载状态，产生应力松弛。同时由于顶管的顶进，在管壁与土体接触面上产生摩擦阻力。由于这些力的共同作用，在顶管周围产生不同的应力区。这些附加应力在土中会产生位移和变形，如果施工参数控制得当，则这些变形和位移会很小；如果参数控制不好，会产生较大的土体位移，轻则影响既有铁路运营安全，重则造成安全事故。因此，对于顶管施工中顶进参数的控制至关重要。

（1）掘进机正面推进力。顶管施工引起土体的变形，是多种因素耦合作用的结果，其中掘进机正面推进力对地表变形影响显著，正面推进力越大，引起的土中的附加应力越大，如果正面推进力大于推进面被动土压力，随着推进面的接近和远离，路基土体会出现隆起和下沉现象，使轨道产生不平顺，尤其加大行车时的轨道不平顺，对铁路的正常安全运营产生严重的不利影响，施工中应严格控制掘进机正面的推进力，并且尽量防止纠偏等可能引起地层损失的情况出现，保证铁路运输安全。

（2）摩擦力影响。顶管施工中，正常的摩擦力对地面变形的影响较小，但一些特殊情况，如施工停顿时间过长，四周松土会塌落在管壁上抱实，同时水分也会从减阻浆液中离析出来，使重新启动时摩擦力大大增加，引起对土体的扰动和拖带效应明显增加，造成地面位移的增加，从而使铁路路基位移变大，危及列车行驶安全。在实际施工中，因环向空腔不连续、不均匀、泥浆流失、地下水及压注浆工艺等，可能会对注浆减摩效果产生影响，使摩擦力增加，对地面变形影响增大。因此，实际顶进施工过程中为了保障铁路的运行安全要防止此类情况的发生，同时注意注浆减摩的效果。

（3）同步注浆与二次注浆。同步注浆是保证地面建筑物、地下管线、盾尾密封及衬砌管片安全的重要环节，通过对地层特点的分析并结合监控量测结果及时调整注浆参数，可使环形间隙能够较均匀填充，并防止管涵承受不均匀偏压，对于穿越工程的顺利完成及保证既有铁路设施的安全具有重要意义。

在工程施工完成后，根据实际监测结果，及时调整线路几何形位，可以有效保证铁路线路的正常安全运营，若出现变形波动，还可进行二次注浆进行加固处理，进一步保证铁路路基安全。

7.4　运营铁路路基顶管施工控制及效益分析

7.4.1　质量控制

（1）管材质量控制。管材进场时需要对每根管材的质量进行严格的检验，钢筋数量、保护层、管材强度以及外观有无缺陷，不满足规范及设计要求的一律退场处理。施工前进行专项技术交底制度，即交图纸、施工方法、操作规程、验收标准、安全知识以及其他的注意事项。

（2）施工中的工序自检制度。严格按图规定的质量要求组织施工，做好隐蔽工程记录和施工日志，每道工序施工后及时检查、评定施工质量，确保达到优良标准。

（3）监理交接班制度。交接双方均须在交接记录上签署意见，接方班组对达不到优良标准的上道工序坚决不接收，要求上道工序班组返工直至符合优良标准才可进入下道工序，同时做好顶进记录。

（4）“三检”合格后，提请监理部门、质监站及建设方施工代表等有关人员进行检查验收，确保工程质量优良。

（5）加强质量意识教育制度。日常工作中，加强对施工人员的质量教育意识和工作技能培训，树立良好的质量意识并具有较高的业务水平，有效保证工程质量。

（6）与工程有关人员建立终身质量责任合同制及相关的奖惩制度，做到奖罚分明，严格实施。

（7）主要技术控制指标见表 7.6、表 7.7。

表 7.6　顶管管道允许偏差

序号	项　目			允许偏差/mm	检验频率		检验方法
					范围	点数	
1	直线顶管水平轴线	顶进长度>300 m		100	每节管	1	用全站仪和水准仪检验
		100 m<顶进长度≤300 m		50			
		顶进长度≥1 000 m		$L/10$			
2	直线顶管内底高程	顶进长度>300 m	D<1 500	+30，−40			用水准仪或水平仪测量
			D≥1 500	+40，−50			
		300 m≥顶进长度>100 m		+60，−80			用水准仪测量
		顶进长度≥1 000 m		+80，−100			
3	相邻管间错口	钢管、玻璃钢管		≤2			用钢尺量测
		钢筋混凝土管		15%壁厚，且≤20			
4	对顶时两端错口			50			

表 7.7　工作井允许偏差

检查项目			允许偏差/mm	检验频率		检验方法
				范围	点数	
1	导轨	顶面高程	+3，0	每座	每根轨道 2 点	用水准仪测量、水平尺量测
		中心水平位置	3		每根轨道 2 点	用经纬仪测量
		两轨间距	±2		2 个断面	用钢尺量测
2	工作井每侧宽度、长度		不小于设计规定	每座	2	用尺量
3	后背	垂直度	0.1%H	每座	1	用水准仪测量
		水平扭转度	0.1%L		1	用经纬仪测量

7.4.2　安全控制

1. 一般规定

（1）上下工作坑必须走安全梯。安全梯应固定在支撑上，并设置扶手或护圈。

（2）顶管作业必须执行交接班制度。

（3）因故停顶后恢复顶进前，必须对支撑、平台、支架、电气设备、吊索具进行检查，并对氧气和有毒有害气体含量进行检测，确认安全后方可作业。

（4）作业中传递工具、材料必须轻拿轻放，稳妥传递，严禁从坑上向下或者从坑下向上抛扔。

（5）在顶管作业过程中必须按安全交底要求保护地下管线和构筑物，作业人员不得踩踏被保护的地下管线和构筑物。

（6）作业面遇不明构筑物（管道）时应立即停止作业，报告施工技术管理人员，经处理确认安全后方可继续作业。

2. 工作井

（1）严禁在高压线下方设工作井。在高压线附近设工作井时，必须遵守规定，保持安全距离。

（2）顶进井离开一般建筑3 m以上，离开高大建筑15 m以上。

（3）工作井应分层开挖分层浇筑。浇筑施工前必须检查井壁土体的稳定性，确认安全。

（4）工作井必须按技术交底要求按混凝土框架支撑。浇筑框架墙壁时必须设专人指挥。

3. 平台、立架、工作棚

（1）安装平台作业时应按照要求选用材料。主梁不得直接放置在井壁土体上，支承结构应符合交底要求。平台方木应满铺，梁、方木必须固定，平台防护栏不得低于1 m。作业人员出入口应设不低于1.2 m的护身栏。

（2）立架安装完成后，必须经验收合格后方可使用。

（3）利用四脚架吊运的工作坑必须设活动平台，活动平台必须设定位锁固装置。活动平台就位后必须立即锁固。

（4）支架的底脚必须固定在梁上，支架的横拉杆不得少于四道。

（5）顶管井应设工作棚。工作棚应覆盖至工作坑防汛埂以外。

4. 运管、下管

（1）管材堆场与运输道路应坚实平整。

（2）下管作业必须统一指挥。下管前必须检查起重设备、卡环、钢丝绳、吊钩、支架、平台等，确认安全后方可下管。

（3）吊运管子时，吊管的索具不得直接捆绑在管子上，应用可塑性材料衬垫。

（4）下管前应先在平台上试吊，确认安全后方可下管。

（5）下管时严禁管子下方有人。将管子吊起，确认安全后方可缓慢吊下。管至井底30~50 cm时，作业人员方可靠近管子进行稳管作业。作业过程中，严禁手扶钢丝绳。

（6）管子就位支稳后方可摘钩。作业人员避开吊索具后方可提升吊具。

5. 顶进

（1）顶进前应检查液压系统、顶铁、后背、导轨等，确认安全后方可顶进。

(2) 按照技术交底的要求安装顶铁。顶铁必须保持中心受压，受力均匀。顶铁之间、顶铁与后背之间必须垫实。

(3) 顶进中，顶铁上及顶铁两侧不得有人。

(4) 顶进中发现塌方、后背变形、顶铁扭翘、顶力突变等情况，必须立即停顶，采取措施，确认安全后方可继续作业。

6. 注浆

(1) 制浆和注浆前，应检查空气压缩机、压浆罐、注浆泵的压力表、安全阀及管路等状况，确认正常后方可作业。

(2) 注浆前应封堵掌子面与管道间空隙，加固顶进入口处的工作井壁，并安装注浆管嘴。

(3) 作业时，必须设专人指挥，明确联络信号及人员分工，作业人员协调配合。必须按技术交底要求的程序操作并控制压力，补浆必须由工作井向顶进方向依次推进。

(4) 检修作业前，必须停机、卸压、切断电源。

(5) 作业中应及时清理遗洒的浆液，并运至指定地点妥善处理。

7.4.3 经济效益

(1) 顶管施工过程中尽量少设置工作井，减少不必要的土石方开挖和转运，避免运输过程中的能源消耗和对环境的影响。

(2) 设立泥浆池，所有泥浆循环利用，减少资源浪费，避免环境污染，达到节能的目的。

(3) 经济效益。通过项目研究，对顶进设备进行了改进，使封闭式顶管机能够适用更多管径施工，半机械化顶管机工效由 10 m/d 提高到 15 m/d，节约工期 38 d，累计节约成本约 104.7 万元，节约费用明细见表 7.8、表 7.9。

表 7.8 半机械化顶管节约费用明细

序号	细目名称	单价/万元	单位	数量	金额/万元	备　注
1	管理费用	70.126 4	月	1.26	88	
2	破碎装置	−3	次	1	−3	改装累加花费费用为 3 万元
3	合计				85	节约费用

表 7.9 封闭式顶管机节约费用

序号	设备	单价/万元	使用年限/年	残值/万元	年成本/万元	备　注
1	1.65 m 顶管机	160	7	10	21.4	只能适用 1.65 m 顶管
	1.8 m 顶管机	180	7	12	24	只能适用 1.8 m 顶管
2	1.65 m 顶管机改进	190	7	10	25.7	改进后能适用于 1.8 m 顶管施工
3	合计				19.7	节约费用

7.4.4　社会效益

（1）对合同规定的施工界限内、外的植物、树木等尽力维持原状，严禁超范围砍伐树木和其他经济植物。

（2）施工废水、生活污水按有关要求进行处理，不得直接排入河流和渠道。

（3）施工场地和运输道路要经常洒水，尽可能减少灰尘对生产人员和其他人员造成危害及对农作物的污染。

（4）报废材料或施工中返工的挖除材料立即运出现场并进行掩埋。对于施工中废弃的零碎配件，边角料、水泥袋、包装箱等及时收集清理并搞好现场卫生，以保护自然环境与景观不受破坏。

（5）通过对高强度岩层采用合适的施工方法以及顶管在富水砂层中的应用，能够有效地提高施工生产效率，加快施工进度，节约了施工成本，保证工程顺利进展，保证工程安全可靠，减少了施工对环境的影响，减少了土石方外运的能源损耗和排放，符合绿色施工理念。

7.5　小　　结

（1）本章建立的顶管施工模型中，假定顶管在均质土层中穿越，且对管节之间的连接做了简化，并以此来分析注浆压力与铁路荷载在顶管施工中对周围土体变形造成的影响。而作为非开挖技术的一种，实际顶管施工技术非常复杂，在现场施工中会出现许多变化因素，比如顶进速度、泥浆量、出土及管线纠偏等。顶管穿越的土体分层也十分复杂，可能会遇到障碍，因此实际工程的顶管施工对周围土体造成的影响也难以准确预测。后期研究也应该寻找实际工程案例对所建模型进行验证。

（2）对于实际铁路顶管施工中，注浆压力也是可以起到减小土体扰动的作用的，在后面的研究中应把注浆压力与铁路荷载对周围土体变形这两个因素结合起来。工作井是提供顶力的场所，在长距离顶管施工中顶力和顶进速度都不是一成不变的，有必要对工作井后背墙在反复应力作用的力学特性进行进一步的研究。

（3）本章仅在数值模型中进行理论分析，实际工程要结合实际人工监测或自动化监测，观察坡脚沉降量及变形情况，对于强烈影响位置应随时掌握变形动态，对影响铁路安全的因素及时把控，验证数值模拟方法在分析此类工程问题中具有较好的可靠性。

（4）无论是顶管施工还是其他施工，都是一种破坏与重建的结合，顶管施工对土体结构、土质结构、地表、含水层等都有一定的破坏作用。这就要求在顶管施工中，一定要科学验证其对土壤结构、地表压力、含水层等的影响和破坏，有效规避这些不良影响，科学施工，根据地表、地质等不同，因地制宜，充分发挥先进机器的建设力，有效抵消其物理破坏力，真正做到顶管施工利大于弊，造福于人类。

第8章 运营铁路路基服役状态评估

本章的状态评估借鉴了风险安全评估的思路，即对某些重要或风险级别较高的构筑物受邻近新建地下工程施工影响，通过一定技术手段对其受影响程度进行预测、评价和界定，并提出相应的措施与建议，为既有构筑物安全保障提供依据，同时为新建工程设计及优化提供参考。评估的目的如下：

（1）为新建工程设计服务。

（2）为下一步施工过程评估和工后评估提供参考。

（3）为建（构）筑物安全界定提供依据。

评估总体分两个阶段，首先对工程进行初步风险分级，然后在此基础上采用定性和定量相结合的方法，明确和细化工程风险级别。级别的划分考虑因素包括既有构筑物的重要程度和自身特点、新建工程的规模和特点、新建地下工程与既有建（构）筑物的接近程度、工程地质和水文地质条件等。安全评估依据主要为国家、地方、行业规范、规程和技术规定，岩土工程勘察报告，现状调查报告，既有构筑物设计竣工文件，新建工程设计文件，行业管理文件及规定，专家咨询意见等。安全评估需要在对既有建（构）筑物充分调查的基础上，首先进行调查和检测，并进行适当的计算分析，给出既有建（构）筑物的剩余抗力指标，然后根据现状调查、检测的结果对新建地下工程施工引起既有建（构）筑物的影响程度进行分析预测，从而评估既有建（构）筑物特定条件下的安全状态，并给出相应的建议。

8.1 路基状态评估存在的问题

针对紧邻新线建设的既有线路基检测评估的方法尚没有专门的研究，如何建立一套与之对应的简便、实用、准确的检测方法的问题亟待解决。目前既有线路基评价主要面临的问题如下：

（1）缺乏系统性。以往的路基评估，大多是以原位测试为基础，评价指标都是单一的测试数据，没有从影响路基质量的各个方面进行选择归类。另外，对于各种指标按照一种什么样的方式及权重去结合，也没有相应的研究。

（2）缺乏针对性。在以往的一些指标中，很多是不适合用于既有线路基评价的，如地基系数 K30 等控制路基填筑压实质量的指标以及承载力指标。

（3）缺少规范化。缺少针对既有线的评价标准，目前，既有线路基评估可参照的标准有路基设计规范或设计暂行规定。

然而，采用新线设计标准去进行既有线路基评价存在以下问题：

（1）没有考虑既有线路基土经长期运营存在的结构特性。

（2）既有线在结构上可能与新线有较大差异。

（3）既有线改造后的维护可能允许与新线不同。

（4）新线的设计标准有待实践的检验。因缺乏相应标准，即使有可靠的路基检测方法，也难做出恰当的评估。

8.2　评价基本原理

8.2.1　评价思路

建立一个较为合理的评估模型重点需要解决评价指标的选取、评分、权重的确定三个问题，在此对运营路基状态评估没有前例可循，因此，基于本书前部分的现场测试、理论分析、数值计算与轨检车资料分析等，选取影响路基状态的主要控制因素作为评价指标，由于不同量化指标的差异较大，因此基于其阈值进行归一化处理，考虑不同指标归一化处理过程中可能存在的误差，采用灰色理论对其不确定性进行处理，减小评价指标量化评分归一化过程中的误差，而不同评价指标对路基状态影响程度的大小，即评价模型中的权重确定，直接影响评价结果。在此拟借用神经网络的特点，通过不断的神经网络训练学习，控制实际输出值与期望输出值之间的误差，确定一组较为合理的权重组合，由此建立运营路基状态综合评价模型。路基状态评价思路如图 8.1 所示。

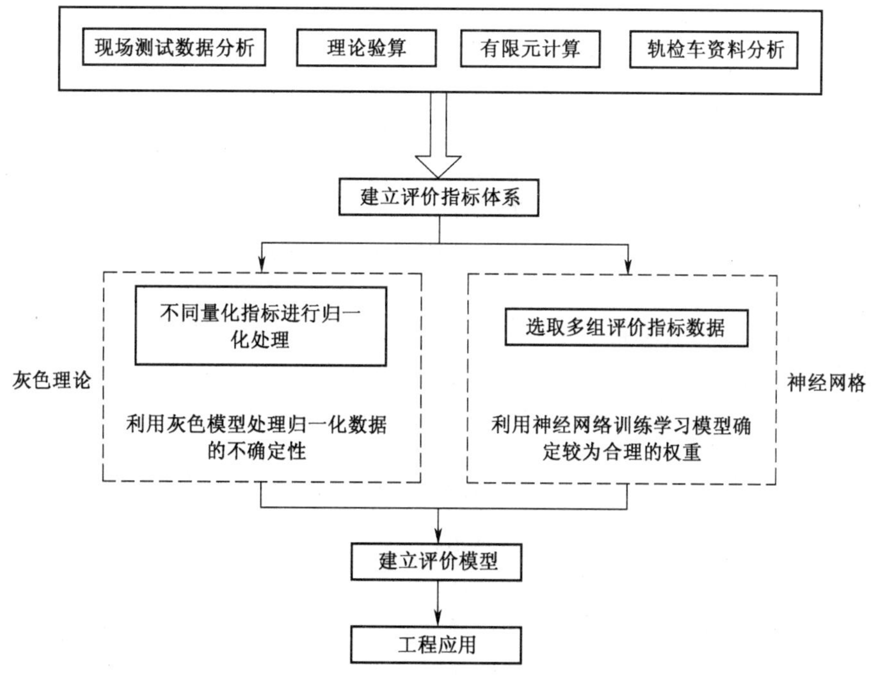

图 8.1　路基状态评价思路

8.2.2 灰色聚类模型

邓聚龙教授与期刊 System & Control Letter 发表了论文“Control Problems of Grey Systems”，正式提出灰色系统理论。截至目前，灰色系统理论已形成以灰色关联空间为基础，以灰色模型（GM）为主体，以灰色过程及其生成空间为内涵与基础的方法体系。概率论和数理统计可以解决大样本多数据不确定性问题；而有的不确定性问题具有少数据、小样本、信息不完全等特点。灰色系统理论即是处理少数数据不确定性问题的理论。灰数即信息不完全的数，指仅能知晓大概范围而不能得知具体数值的数。灰数用集合来表示，记为⊗。如物体重 100~200 kg，这一物体的质量就是一个灰数，即 $\otimes \in [100, 200]$。为实现量化处理，灰色系统理论要对灰数进行“白化”。白化是指将不确定的灰数按白化权函数取一个确定的值。区间中灰数取值遍布于整个区间，且各个取值权数不同。不等权灰数用 $f(x)$ 描述权值，$f(x)$ 就为灰数 $\otimes(x)=h$ 的白化权函数，如图 8.2 所示。

$$\text{典型白化权函数形式：} f(x)=\begin{cases} I(x)，\text{单调增}，x\in[a_2, b_1] \\ R(x)，\text{单调减}，x\in[b_2, c_1] \\ 1，\text{最大值}，x\in[b_1, b_2] \end{cases}$$

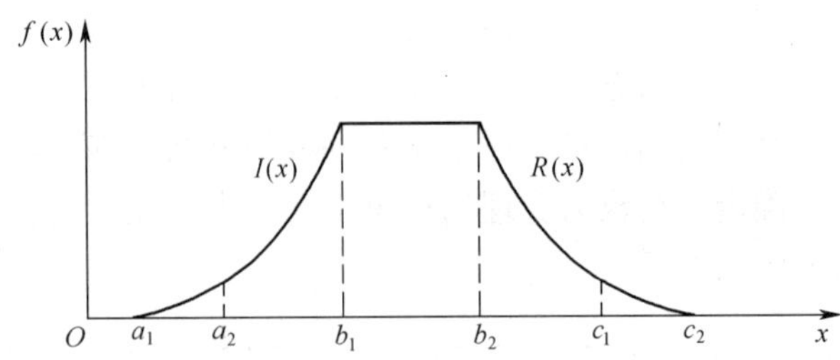

图 8.2　典型白化权函数

按样本将对象作灰色评估，具体包括灰统计与灰聚类。灰统计即将统计对象样本通过白化权函数抽象为数字，按此量统计出对象灰类权。灰聚类即将聚类对象样本通过白化权函数抽象为数字，按此量将对象灰类聚集。灰统计评估以白化权函数生成为基础，归纳数据得出统计指标所属灰类。评估指标原始数据以区间不确定数据灰数来逼近。风险灰色统计评估法的要素如下：

（1）项目。评估指标 j，$j \in J\{1, 2, \cdots, m\}$。

（2）对象。评估专家 i，$i \in I\{1, 2, \cdots, \omega\}$。

（3）样本。评估专家 i 对于评估指标 j 的样本，样本矩阵 $d=d_{ij}$，$i=1, 2, \cdots, \omega$，$j=1, 2, \cdots, m$。

$$\begin{matrix} \text{指标 1 指标 2} \cdots \text{指标 } m \end{matrix}$$

$$d=\begin{bmatrix} d_{11} & d_{12} & \cdots & d_{1m} \\ d_{21} & d_{22} & \cdots & d_{2m} \\ \vdots & \vdots & \ddots & \vdots \\ d_{\omega 1} & d_{\omega 2} & \cdots & d_{\omega m} \end{bmatrix}$$

（4）灰类。风险等级 $k \in K=\{1, 2, \cdots, n\}$。

灰类指概念性的类别，如“好”“中”“差”则可以定义为“第 1 灰类”“第 2 灰类”“第 3 灰类”。

（5）白化权函数。λ 表示 k 灰类白化权函数，λ_{jk} 表示评估指标 j 属于灰类 k 的白化权函数。白化权函数是反映客观规律的区间函数，通过函数类型选择实现更逼近实际。若评估所需原始数据指定不准确、各因素相关性低，可选用抛物线这类变化率较大的函数类型；相反，若原始数据较准确、各因素相关性高，可选用椭圆曲线这类变化率小的函数类型。常用的典型白化权函数有三类，即上、中、下类白化权函数，如图 8.3 所示。

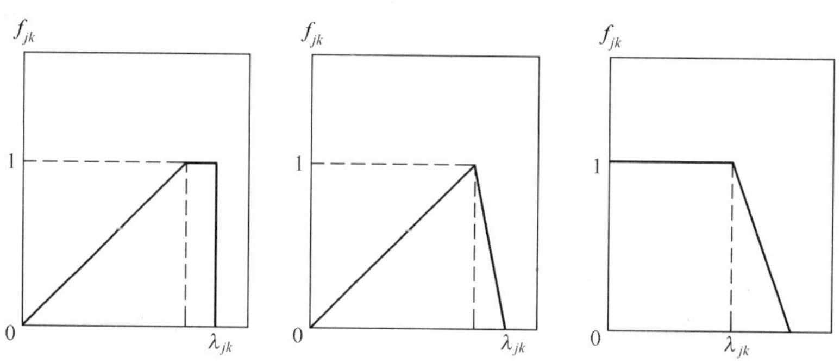

图 8.3　上、中、下类白化权函数

专家 i 对指标 j 样本 d_{ij} 在灰类 k 白化权函数 f_k 上白化权值 f_{jk}（d_{ij}），计算评估指标 j 属于 k（k=1，2，…，n）灰类的统计权向量，根据最大灰统计值，确定该评估指标 j 所属灰类。

令 n_{jk} 为评估指标样本列对 k 灰类白化值的全局和，则

$$n_{jk}=\sum_{i=1}^{\omega}f_k(d_{ij}) \tag{8.1}$$

令 n_j 为评估指标 j 样本列的灰类全局和，则

$$n_j=\sum_{k=1}^{n}\sum_{i=1}^{\omega}f_k(d_{ij}) \tag{8.2}$$

令 σ_{jk} 为评估指标 j 样本列的灰类全局和，则

$$\sigma_{jk}=\frac{n_{jk}}{n_j} \tag{8.3}$$

记 σ_j 为评估指标 j 的灰统计权向量，有

$$\sigma_j=(\sigma_{j1},\ \sigma_{j2},\ \cdots,\ \sigma_{jn}) \tag{8.4}$$

根据灰评估向量 σ_j 最大权原则，确定评估指标风险等级，若有 $\sigma_{jk}=\max\sigma_{jk}$，则 j 指标属于 k^* 风险等级。但按最大原则确定被评估指标所属灰类，会丢失很多信息，尤其 σ_{jk} 不能直接评估对象，故将灰色评估权向量 $\sigma_j=(\sigma_{j1},\ \sigma_{j2},\ \cdots,\ \sigma_{jn})$ 做进一步处理，使 σ_{jk} 单值化。将各评估灰类等级按风险等级赋值，得出各评估灰类等级数值化向量 $\boldsymbol{U}=(u_1,\ u_2,\ \cdots,\ u_n)$，指标综合评估值记为 V，则有 $V=\sigma_j\times U^{\mathrm{T}}$。根据 V 的大小对照风险等级划分表确定其风险等级。

8.2.3　人工神经网络

影响路基状态的因素非常多，而且相互交杂在一起。而包括水（降雨积水）、列车荷载、

温度、施工影响等在内各类因素是一个典型的随机过程，很难用线性模型精确地评价路基状态。因此必须建立一个数学模型，有效地处理模糊非线性的数据。

人工神经网络是一门20世纪80年代兴起的非线性科学，在数据处理、模式识别、自动控制等领域广泛应用。神经网络是指借鉴人脑结构的工作原理，采用数学方法利用计算机技术发展的智能技术。神经网络以网络结构形式完成输入与输出空间映射，计算过程中没有显式函数，通过网络结构不断学习、调整完成计算。其并行分布处理依据人脑的基本功能特征，模仿生物神经系统的功能发展起来的一种新型信息计算体系。神经网络由很多非线性映射神经元组成，神经元之间通过权系数联系。该系统由输入层、输出层、隐含层构成，每一层有一个或多个节点。神经网络方法可实现聚类学习，进行信息并行处理，具有很强的自学习自组织能力，相比传统算法，其处理信息的能力更快捷，因此，神经网络方法在岩土工程中的应用也比较广泛。

路基状态影响因素很多，除了水与荷载之外，本书研究中施工扰动是导致其发生较大变化的主要控制因素，可以采用神经网络方法选用合适的数学模型表示这类随机非线性的扰动影响。神经网络模型常见的有BP模型、H模型、K自组织特征影射模型、逆传播模型、自应谐振理论模型等。其中，BP模型是应用最广泛、发展最成熟的一种神经网络模型，它是一种快速下降计算，通过计算使实际输出和预期样本输出之间的均方差最小，如图8.4所示。其中该模型常使用S逻辑非线性函数，即$f(x)=1/(1+e^{-x})$。

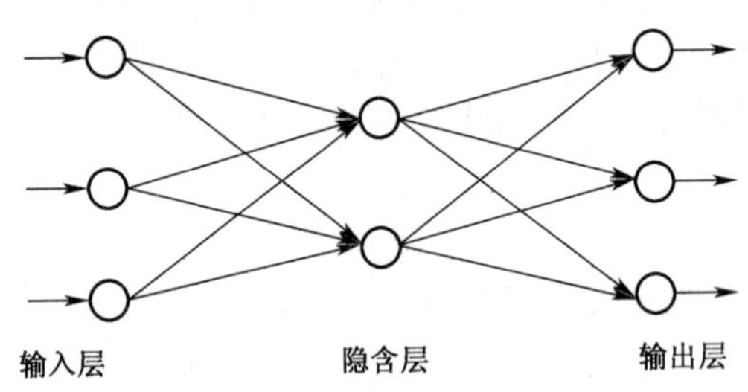

图8.4 神经网络结构图

BP算法的过程可分为两个阶段：第一阶段为模式前向传输，由输入层开始，逐层计算神经元的净输入s_j和输出y_j，直到输出层为止；第二阶段为反向传播，由输出层开始逐层计算神经元输出误差，根据误差梯度下降原则调节各层联结权重W_{ij}及神经元的阈值θ_j，使修改后的网络最终输出y_t接近期望值dt，即减小误差e_t。这一阶段在一次训练以后，可重复训练，不断减小输出误差直至满足要求。

1. 模式前向传输

设输入向量$X=\{x_1, \cdots, x_i, \cdots, x_n\}$，期望输出向量$D=\{d_1, \cdots, d_t, \cdots, d_p\}$，输入层各单元$u$只起传送输入信息的作用。

（1）计算隐含层各单元的净输入I_j。

$$I_j=\sum_{i=1}^{n} W_{ij}x_i-\theta_j, \quad j=1, 2, \cdots, p \tag{8.5}$$

式中：W_{ij}为输入层第i单元与隐含层第j单元间的连接权重；θ_j为隐含层第j单元阈值，p为隐含层单元总数。

（2）S 型函数计算隐含层各单元输出 y_j。

$$y_j = f(I_j) = \frac{1}{1 + e^{-I_j}},\ j = 1,\ 2,\ \cdots,\ p \tag{8.6}$$

式中，y_j 是隐含层第 j 单元的输出。

（3）计算输出层各单元的净输入 I_t。

$$I_t = \sum_{j=1}^{p} W_{jt} y_j - \theta_t,\ t = 1,\ 2,\ \cdots,\ q \tag{8.7}$$

式中：W_{jt} 为隐含层第 j 单元与输出层第 t 单元之间的连接权重；θ_t 为输出层第 t 单元的阈值；q 为输出层单元总数。

（4）计算输出层各单元实际输出 y_t。

$$y_t = f(I_t) = \frac{1}{1 + e^{-I_t}},\ t = 1,\ 2,\ \cdots,\ p \tag{8.8}$$

式中，y_t 为输出层第 t 单元实际输出。

2. 误差反向传播

通常用方差来表示期望输出 d_t 与实际输出 y_t 存在的误差

$$e_t = \frac{1}{2} \sum_{t=1}^{q} (d_t - y_t)^2 \tag{8.9}$$

按照误差 e_t 来修改输出层的权重 W_{jt} 和阈值 θ_t，权重 W_{jt} 和阈值 θ_t 的修改应使 e_t 最小，因此，W_{jt} 和 θ_t 应沿 e_t 负梯度方向变化，即修正量 ΔW_{jt} 及 $\Delta\theta_t$ 应与（$\partial e_t/\partial W_{jt}$）及 $\partial e_t/\partial \theta_t$ 成正比，即

$$\Delta W_{jt} = -\alpha \frac{\partial e_t}{\partial W_{jt}} \tag{8.10}$$

$$-\Delta\theta_t = -\alpha \frac{\partial e_t}{\partial \theta_t} \tag{8.11}$$

式中，α 为比例常数。

分别计算输出层及隐含层权重与闭值修正

$$\frac{\partial e_t}{\partial y_t} = y_t - d_t \tag{8.12}$$

计算输出层任意单元 u_t 净输入 y_t 改变时，误差 e_t 导数可根据式（8.8）及式（8.12）计算。

$$\frac{\partial e_t}{\partial I_t} = \frac{\partial e_t}{\partial y_t} \cdot \frac{\partial y_t}{\partial I_t} = (y_t - d_t) f'(I_t) = (y_t - d_t) y_t (1 - y_t) \tag{8.13}$$

计算与输出层任意单元 u_t 的连接权重 W_{jt} 及 u_t 的阈值 θ_t 改变时，误差 e_t 的导数由式（8.7）及式（8.13）计算。

$$\frac{\partial e_t}{\partial W_{jt}} = \frac{\partial e_t}{\partial I_t} \cdot \frac{\partial I_t}{\partial W_{jt}} = (y_t - d_t) f'(I_t) y_j = (y_t - d_t) y_t (1 - y_t) y_j \tag{8.14}$$

$$\frac{\partial e_t}{\partial \theta_t} = \frac{\partial e_t}{\partial I_t} \cdot \frac{\partial I_t}{\partial \theta_t} = (y_t - d_t) f'(I_t)(-1) = (d_t - y_t) y_t (1 - y_t) \tag{8.15}$$

在式（8.14）、式（8.15）中令

$$\delta_t = -\frac{\partial e_t}{\partial I_t} = (d_t - y_t) f'(I_t) = (d_t - y_t) y_t (1 - y_t)$$

由式（8.10）、式（8.11）可求得

$$\Delta W_{jt} = \alpha \delta_t y_t \tag{8.16}$$

$$\Delta \theta_t = \alpha \delta_t \tag{8.17}$$

称 δ_t 为输出层的调整误差。用同样的方法可以计算与隐含层各单元 u_j 相连接的权重修正量 ΔW_{jt} 及 u_t 的阈值修正量。

$$-\Delta W_{ij} = -\beta \frac{\partial e_i}{\partial W_{ij}} \tag{8.18}$$

$$-\Delta \theta_j = -\beta \frac{\partial e_t}{\partial \theta_j} \tag{8.19}$$

式中，β 为比例常数，易知

$$-\frac{\partial e_t}{\partial W_{ij}} = -\frac{\partial e_t}{\partial I_j} \cdot \frac{\partial I_j}{\partial W_{ij}} = \frac{\partial e_t}{\partial y_j} \cdot \frac{\partial y_j}{\partial I_j} \cdot \frac{\partial I_j}{\Delta W_{ij}} = -\frac{\partial e_t}{\partial y_j} y_j (1 - y_j) x_j \tag{8.20}$$

式中，y_j 并不是 u_j 的一个输出，而是与各输出层各单元均有连接的 y_j，因此计算 $\frac{\partial e_t}{\partial y_j}$ 时，就要考虑到输出层各单元的连接。

$$-\frac{\partial e_t}{\partial y_j} = \sum_{t=1}^{q} -\frac{\partial e_t}{\partial I_j} \Delta \frac{\partial I_j}{\partial y_j} = \sum_{t=1}^{q} \delta_t W_{jt} \tag{8.21}$$

令

$$\delta_j = -\frac{\partial e_t}{\partial I_j} = -\frac{\partial e_t}{\partial y_j} y_j (1 - y_j) = y_j (1 - y_j) \cdot \sum_{i=1}^{q} \delta_t W_{jt} \tag{8.22}$$

则有
$$\Delta W_{ij} = \beta \delta_j x_i$$

同理求得
$$\Delta \theta_j = \beta \delta_j$$

式中：δ_j 为隐层调整误差；α、β 为学习速率，用来调节学习收敛速度。

权重及阈值修正后，再次计算各层单元的输出、新的误差 δ_t^*、δ_j^*、权重修正量 ΔW_{ij}^*、ΔW_{jt}^* 及新的阈值修正量 $\Delta \theta_j^*$、$\Delta \theta_t^*$，如此反复，直到误差满足要求（即小于某个给定值 ε）为止。

BP 神经网络也存在局限性，BP 算法实质是梯度下降法，存在学习收敛速度较慢的问题。BP 算法收敛慢的主要原因是学习率 α、β 不变。误差函数对网络参数的偏导数符号在连续调节中是否改变，决定参数学习率是否增减，训练过程中根据误差曲面不同区域曲率变化自适应地调节最优学习率，可以加快收敛速度。

具体算法如下：

（1）采用双曲正切函数形式

$$y = f(x) = \frac{1 - e^{-2x}}{1 + e^{-2x}} \tag{8.23}$$

则其导数通过计算可得

$$y' = f'(x) = (1 + y)(1 - y) \tag{8.24}$$

（2）调整误差 δ_t、δ_j 分别为

$$\delta_t = (d_t - y_j)(1 + y_t)(1 - y_t) \tag{8.25}$$

$$\delta_j = \left(\sum_{t=1}^{q} \delta_t W_{jt}\right)(1 + y_t)(1 - y_t) \tag{8.26}$$

即

$$\delta_j = \begin{cases} (d_t - y_j)(1 + y_t)(1 - y_t), & \text{当 } j \text{ 为输出单元} \\ \left(\sum_{t=1}^{q} \delta_t W_{jt}\right)(1 + y_t)(1 - y_t), & \text{当 } j \text{ 为隐含层单元} \end{cases} \tag{8.27}$$

（3）反向调整各层的权重和阈值按下列公式修正权值

$$\left.\begin{aligned} W_{ij}(n+1) &= W_{ij}(n) + \eta_{ij}(n)\delta_j y_i \\ \theta_j(n+1) &= \theta_j(n) + \eta_j(n)\delta_j \end{aligned}\right\} \tag{8.28}$$

式中，y_i 为该层输入。

多次模式学习时要考虑各次模式学习结果的累加。如学习到第 K 个模式时，迭代公式为

$$\left.\begin{aligned} W_{ij}(n+1) &= W_{ij}(n) + \eta_{ij}(n)\sum_K \delta_{Kj}(n)\, y_{Ki} \\ \theta_j(n+1) &= \theta_j(n) + \eta_j(n)\sum_K \delta_{Kj}(n) \end{aligned}\right\} \tag{8.29}$$

（4）训练调整时，根据误差函数对网络参数偏导数是否改变符号来决定学习率 $\eta_{ij}(n)$ 的大小。符号未变时学习率 $\eta_{ij}(n)$ 可以加大，以便收敛。符号改变学习率 $\eta_{ij}(n)$ 应取较小值。偏导数包含在调整误差 δ_j 中，检查偏导数符号是否改变需要检查调整误差的符号是否改变，具体公式如下：

$$\eta_{ij}(n+1) = \begin{cases} \eta_{ij}(n)\alpha, & \left(\sum_K \delta_{Kj}(n)\, y_{Ki}(n)\right)\Delta_1(n-1) > 0 \\ \eta_{ij}(n)\beta, & \left(\sum_K \delta_{Kj}(n)\, y_{Ki}(n)\right)\Delta_1(n-1) < 0 \\ \eta_{ij}(n), & \left(\sum_K \delta_{Kj}(n)\, y_{Ki}(n)\right)\Delta_1(n-1) = 0 \end{cases} \tag{8.30}$$

$$\eta_{ij}(n+1) = \begin{cases} \eta_{ij}(n)\alpha, & \left(\sum_K \delta_{Kj}(n)\right)\Delta_2(n-1) > 0 \\ \eta_{ij}(n)\beta, & \left(\sum_K \delta_{Kj}(n)\right)\Delta_2(n-1) < 0 \\ \eta_{ij}(n), & \left(\sum_K \delta_{Kj}(n)\right)\Delta_2(n-1) = 0 \end{cases} \tag{8.31}$$

式中

$$\left.\begin{aligned} \Delta_1(n) &= \gamma\,\Delta_1(n-1) + (1-\gamma)\left(\sum_K \delta_{Kj}(n)\, y_{Ki}(n)\right) \\ \Delta_2(n) &= \gamma\,\Delta_2(n-1) + (1-\gamma)\left(\sum_K \delta_{Kj}(n)\right) \\ \Delta_1(0) &= \sum_K \delta_{Kj}(0)\, y_{Ki}(0) \\ \Delta_2(0) &= \sum_K \delta_{Kj}(0) \end{aligned}\right\} \tag{8.32}$$

式中，$\alpha>1$、$0<\beta<1$、$0<\gamma<1$ 为常数因子，$W_{ij}(0)$ 和 $\theta_j(0)$ 为初始化值，[-1，1] 内任意取值，$\eta_{ij}(0)$ 和 $\theta_j(0)$ 为预先给定的正数。

8.3 模型指标的建立

针对紧邻新线建设的既有线路基检测评估方法尚没有专门研究，如何建立一套与之对应的简便、实用、准确的检测方法的问题亟待解决。在新线施工现场机械、人员、材料等错综复杂的条件下，对既有线路基实施检测，除了要求设备简单、操作方便，检测速度快、结果稳定可靠且工具携带方便之外，其应用的关键在于列车运行时检测的可实施性、对行车的干扰程度以及与路基基床工作特点相适应。经过在施工现场长期的监测，积累了大量的第一手测试数据；并通过原位试验、室内土工试验获取现场土层地质资料，为理论分析计算奠定基础。在上海铁路局支持下，调取详细的相关轨检车资料，对新线建设时期相邻路段京沪既有线线路质量作初步评判，并与实测数据、理论计算结果进行了对比验证。评价指标的选择要能充分反映路基的特性，充分考虑到高等级公路路基和水文地质的特点，结合项目自身的特点，评价指标的选取主要遵循以下原则：

（1）客观性。选取的指标应能够反映路基构造物的特性，能代表影响路基构造物的主要因素，指标的名称和含义应符合现行的专业技术术语和概念。

（2）可操作性。选取的指标应能够通过直接或间接的方法测量或估测；选取的指标必须简单明了，易于操作。

（3）逻辑性。选取的指标必须具有较强的逻辑性，指标与指标之间不可冲突，不可重叠，要有较强的关联性。

依据上述指标选取原则，选取可量化指标，采取灰色聚类方法对施工影响下的京沪既有线进行初步评估，建立的评价指标体系如图 8.5 所示。

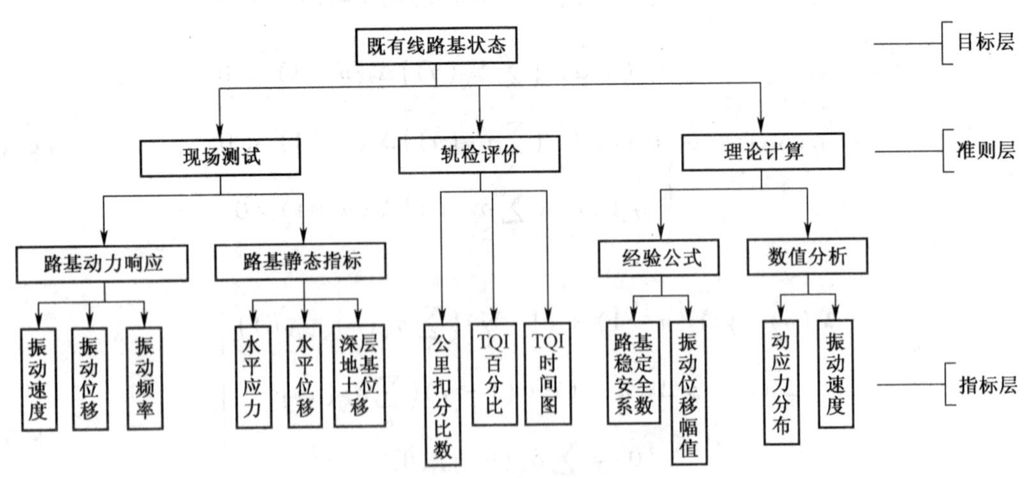

图 8.5 评价指标体系

8.4 运营路基状态评估

8.4.1 灰色评估

既有线铁路路基状态评估首先应针对项目特点选取主要控制因素，剔除次要因素，建立一套可以量化的指标体系，用于对铁路既有线路基的整体性能做出诊断和评价，为下一步预警管理提供可靠依据。目前对路基评价模型研究较少。由于作用荷载、使用条件、环境因素以及各结构层本身的复杂性，在评价路基状态时，许多因素对其状态的影响程度及作用机理目前还不是完全清楚，因此其评价系统具有“灰色”特征，可以利用灰色聚类评估进行分析。路基状态灰色聚类评估通过对已知数据的采集、处理、定性和定量，以灰数的白化函数生成为基础，将收集的聚类对象——路基状态指标观测值的分散信息，按照灰类进行归纳，判断聚类对象所属的灰类来实现路基状态评估。

1. 建立样本矩阵

记 $i=1, 2, \cdots, n$ 为聚类对象；$j=1, 2, \cdots, m$ 为聚类指标；$k=1, 2, \cdots, k$ 为灰类；d_{ij} 为第 i 个聚类对象对于第 j 个聚类指标的样本值；D 是以 d_{ij} 为元素的样本矩阵。

2. 确定白化函数

设 f_{jk} 为第 j 个聚类指标属于 k 灰类的白化函数，$f_{jk}\in[0, 1]$。根据路基使用性能各项指标的分级标准，将路基使用性能分 5 级，即 5 个灰类（$k=1, 2, \cdots, 5$），利用表 8.1 中不同指标的分级标准值，确定各灰类白化函数的阈值 λ_{ij}，并构造第 j 指标的白化函数。

3. 计算各灰类的权值

记 η_{jk} 灰类聚类权，表示第 j 种指标属于第 k 灰类的权重，当聚类指标的量纲相同时，则

$$\eta_{jk}=\lambda_{jk}/\sum_{i=1}^{m}\lambda_{ik} \tag{8.33}$$

若聚类指标量纲不同，并且不同指标的样本值在数量上相差很大时，可按照下面公式先进行无量纲处理：

$$\gamma_{jk}=S_{jk}/S_j \tag{8.34}$$

式中：S_{jk} 为第 j 种指标的第 k 个灰数；S_j 为第 j 种指标的参照标准；γ_{jk} 为无量纲化后的灰色聚类权。

$$\eta_{jk}=\gamma_{jk}/\sum_{i=1}^{m}\gamma_{ik} \tag{8.35}$$

在路基使用性能评价中，可视评价路基的等级目标确定，然后计算灰色聚类权值。

4. 求灰色聚类系数及灰色聚类矩阵

记 σ_{ik} 为灰色聚类系数，表示第 i 个聚类对象隶属于第 k 灰类的程度，即

$$\sigma_{ik}=\sum_{j=1}^{m}f_{jk}(d_{ij})\cdot\eta_{jk} \tag{8.36}$$

式中：f_{ij}（d_{ij}）为由样本值 d_{ij} 求得的白化函数；η_{ij} 为灰色聚类权值；σ_{jk} 为灰色聚类系数。建

立的灰色聚类决策矩阵为

$$\sum = (\sigma_{ik})_{n\times K} = \begin{bmatrix} \sigma_{11} & \sigma_{12} & \cdots & \sigma_{1K} \\ \sigma_{21} & \sigma_{22} & \cdots & \sigma_{2K} \\ \vdots & \vdots & & \vdots \\ \sigma_{n1} & \sigma_{n2} & \cdots & \sigma_{nK} \end{bmatrix} \tag{8.37}$$

若有 σ_{ij} 满足

$$\sigma_{ij} = \max\{\sigma_{ik}\} = \max\{\sigma_{i1}, \sigma_{i2}, \cdots, \sigma_{ik}\} \tag{8.38}$$

式中：$i=1, 2, \cdots, n$；$k=1, 2, \cdots, K$，则称聚类对象 i 属于 k 灰类，即在聚类行向量 $\sigma_{ij} = \{\sigma_{i1}, \sigma_{i2}, \cdots, \sigma_{ik}\}$ 中，找出最大聚类系数 σ_{ik}，该最大聚类系数所对应的灰类 k 即是该聚类对象 i 所属的灰类。

根据已有成果建立既有线路基指标体系，对路基状态进行评价。指标体系的建立参照层次分析方法，分为 3 个层次：目标层、准则层、指标层。以实现既有线路基状态评估为目标，根据测试与计算得到各个评价指标数值，参量数值源自现场测试、理论验算与数值计算，阈值则基于本书第 4 章的成果，由此得到评价指标输入值见表 8.1。

表 8.1 评价指标输入值

指标编号	评价指标	参量数值	阈值	百分制评分值（参量数值/限值）
A1	振动速度	0.25	0~3	75
A2	振动位移	0.6	0~5	70
A3	水平位移	6	0~10	65
A4	TQI	92	0~100	85
A5	边坡稳定系数	2.2	1~3	85

形成 2×5 矩阵

$$D = (d_{ij})_{2\times 5} = \begin{bmatrix} 85 & 65 & 75 & 85 & 70 \\ 80 & 60 & 60 & 90 & 45 \end{bmatrix} \tag{8.39}$$

根据评价标准等级划分表，建立白化指标函数（图 8.6），$j=1, 2, \cdots, 5$。

$$f_{j1} = \begin{cases} x/90, & 0 \leqslant x \leqslant 90 \\ 1, & 90 < x \leqslant 100 \\ 0, & x > 100 \end{cases}$$

$$f_{j2} = \begin{cases} x/85, & 0 \leqslant x \leqslant 85 \\ (90 - x)/5, & 85 < x \leqslant 90 \\ 0, & x > 90 \end{cases}$$

$$f_{j3} = \begin{cases} x/70, & 0 \leqslant x \leqslant 70 \\ (80 - x)/10, & 70 < x \leqslant 80 \\ 0, & x > 80 \end{cases}$$

$$f_{j4} = \begin{cases} x/50, & 0 \leqslant x \leqslant 50 \\ (60 - x)/10, & 50 < x \leqslant 60 \\ 0, & x > 60 \end{cases}$$

$$f_{j5}=\begin{cases}1, & 0\leqslant x\leqslant 40\\(60-x)/20, & 40<x\leqslant 60\\0, & x>60\end{cases}\tag{8.40}$$

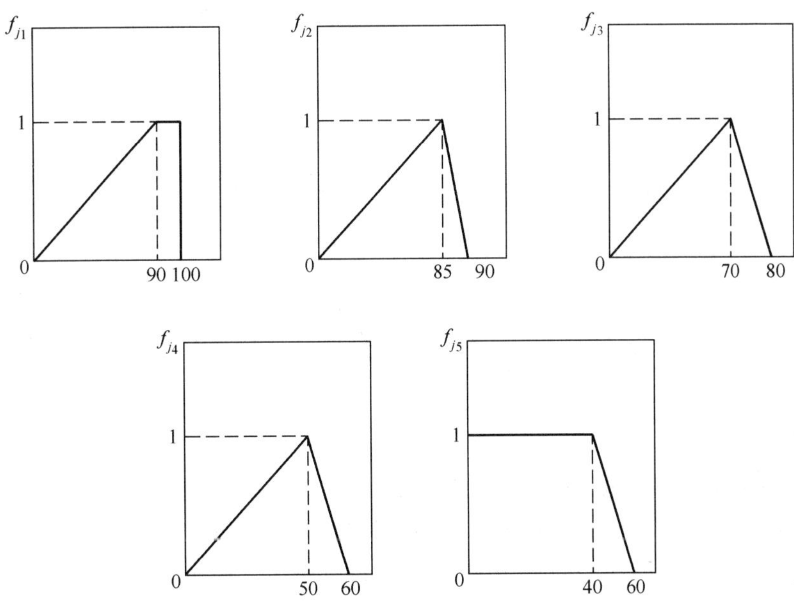

图 8.6　白化指标函数

计算各灰类权值

$$\Lambda=(\lambda_{jt})_{2\times5}=\begin{bmatrix}90 & 85 & 70 & 50 & 40\\90 & 85 & 70 & 50 & 40\end{bmatrix}\tag{8.41}$$

将 λ_{jk} 代入公式计算 η_{jk}

$$\eta_{jk}=\lambda_{jk}/\sum_{i=1}^{m}\lambda_{ik}$$

$$H=(\eta_{jk})_{2\times5}=\begin{bmatrix}0.5 & 0.5 & 0.5 & 0.5 & 0.5\\0.5 & 0.5 & 0.5 & 0.5 & 0.5\end{bmatrix}\tag{8.42}$$

求灰色聚类系数以及灰色聚类矩阵 $\sum=\sigma_{ik}=\sum_{j=1}^{m}f_{jk}(d_{ij})\cdot\eta_{jk}$，计算得到 σ_{ik}。

$$\Sigma=(\sigma_{ik})_{2\times5}=\begin{bmatrix}0.47 & 0.38 & 0.25 & 0 & 0\\0.44 & 0.35 & 0.43 & 0 & 0.38\end{bmatrix}\tag{8.43}$$

$$\sigma_{ij}=\max\{\sigma_{ik}\}=\max\{\sigma_{i1},\ \sigma_{i2},\ \cdots,\ \sigma_{ik}\}\tag{8.44}$$

$\sigma_1=\max_{k=1}^{5}\{\sigma_{1k}\}=0.47$，在沪宁线开挖打桩以及填筑施工期间为 7、8 月份，根据评价指标得到灰色聚类评价等级为优。

对试验段不同阶段的测试数据、计算结果与轨检车资料进行分析得到多组训练样本数据见表 8.2。

表 8.2 灰色评估得到的训练样本数据

序 号	评价指标评分值					样本数据
	A1	A2	A3	A4	A5	
1	75	70	65	85	85	0.47
2	80	60	60	90	45	0.39
3	85	65	55	85	55	0.43
4	80	75	45	80	60	0.46
5	70	70	35	85	75	0.38
6	90	60	65	90	60	0.29
7	85	65	60	80	80	0.44

8.4.2 BP 神经网络评价

BP 算法学习过程分为两阶段：正向传播和反向传播。正向传播是指对某一输入信息经过网络计算求出其输出结果；反向传播则用于逐层传递误差、修改神经元间的连接权值和阈值，使网络计算输出达到期望的误差要求。BP 算法原理如图 8.7 所示。

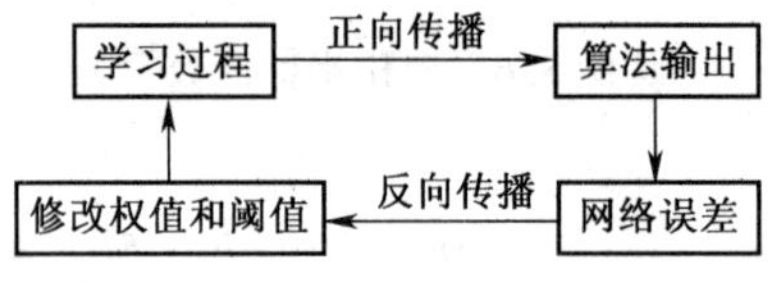

图 8.7 BP 算法原理示意图

8.4.2.1 算法学习过程

（1）正向传播。输入信号通过输入层、历经隐含层单元，传向输出层，输出端产生输出信号，即工作信号正向传播。信号传递过程中网络权值固定不变，每一层神经元状态只影响下一层。若输出层不能得到期望输出值，则进入反向传播。

（2）反向传播。网络实际输出与期望输出之间的差值为误差信号，误差信号由输出端逐层反向传播，即误差信号反向传播。误差信号反向传播过程中，网络权值根据误差反馈进行调节。通过不断修正权值使网络实际输出接近期望输出。

BP 网络分为输入层 LA、隐含层 LB、输出层 LC。同层节点之间无关联，不同层神经元间前向连接。其中 LA 层含 m 个节点，对应于 BP 网络 m 个输入；LC 层 n 个节点，与 BP 网络 n 个输出相对应；LB 层节点数目 u 根据需要进行设置。

设输入层 LA 节点 a_i 到隐含层 LB 节点 b_r 的连接权为 w_{ir}，隐含层 LB 节点 b_r 到输出层 LC 节点 c_j 的连接权为 v_{rj}，T_r表示隐含层 LB 节点阈值，θ_j 表示输出层 LC 节点阈值，输出层 LC 中节点输出函数表示为

$$b_r = f\left(\sum_{r=1}^{m} w_{ir} \cdot a_i + T_r\right),\ r = 1,\ 2,\ \cdots,\ u \tag{8.45}$$

LC 层中节点的输出函数为

$$c_j = f\left(\sum_{r=1}^{u} v_{ij} \cdot b_r + \theta_j\right),\ j = 1,\ 2,\ \cdots,\ u \tag{8.46}$$

式中，f 为传递函数，通常选择 S 型传递函数，$f(x) = (1 + e - x) - 1$。

BP 网络学习过程如下：

（1）随机给 w_{ir}、T_r、v_{ri}、θ_j 赋一个较小的值。

（2）对每一模式 $(A(k),\ C(k))(k = 1,\ 2,\ \cdots,\ p)$ 进行如下操作：

1）将 $A(k)$ 的值$(a_i^{(k)})$ 输入 LA 层节点，即成为 LA 层节点激活值 a_i，并按式（8.47）（8.48）依次正向计算：

$$b_r = f\left(\sum_{r=1}^{m} w_{ir} \cdot a_i + T_r\right),\ r = 1,\ 2,\ \cdots,\ u \tag{8.47}$$

$$c_j = f\left(\sum_{r=1}^{u} v_{ij} \cdot b_r + \theta_j\right),\ j = 1,\ 2,\ \cdots,\ u \tag{8.48}$$

2）计算 LC 层节点输出 c_j 与期望值、输出值 $c_j^{(k)}$ 的误差，令

$$d_j = c_j \cdot (1 - c_j) \cdot (c_j^{(k)} - c_j) \tag{8.49}$$

3）向 LB 层节点反向分配误差，令

$$e_r = b_r \cdot (1 - b_r) \cdot \left(\sum_{j=1}^{m} v_{rj} \cdot d_j\right) \tag{8.50}$$

4）调整 LB 层与 LC 层节点间连接权 V_{ri} 及 LC 层节点阈值 θ_j：

$$v_{rj} = v_{rj} + \alpha \cdot b_r \cdot d_j \tag{8.51}$$

$$\theta_j = \theta_j + \alpha \cdot d_j,\ 0 < \alpha < 1 \tag{8.52}$$

5）调整 LA 层与 LB 层节点间连接权 w_{ir} 及 LB 层节点阈值 T_r：

$$w_{ir} = w_{ir} + \beta \cdot \alpha_i \cdot e_r \tag{8.53}$$

$$T_r = T_r + \beta \cdot e_r,\ 0 < \beta < 1 \tag{8.54}$$

6）重复步骤 2)，直到对于 $j=1,\ 2,\ \cdots,\ n$，$k=1,\ 2,\ \cdots,\ p$，误差 E_{AV} 变得足够小。

$$E_{AV} = \frac{\frac{1}{2}\sum_{k=1}^{p}\sum_{j=1}^{n}(c_j^{(k)} - c_j)^2}{p} \tag{8.55}$$

其中 E_{AV} 为训练的目标函数。BP 算法流程如图 8.8 所示。

BP 神经网络模型结构越复杂，它处理问题的能力越强，但训练时间也越长；若神经网络结构过于简单，训练又会难以收敛。BP 神经网络降低误差、提高精度的方法有两种：一是增加网络层数，二是增加隐含层神经元数目，前者使网络更复杂，网络训练时间大大增加，后者训练效果比前者更易观察和调整。增加隐含层数目可以提高 BP 神经网络的非线性映射能力，使网络解决复杂非线性问题的能力增强，但隐含层过多同样会延长学习时间。本书拟采用含有一层隐含层的三层 BP 神经网络。

8.4.2.2　确定神经元数

1. 确定输入层神经元数目

根据 8.3 节评价指标体系确定 BP 神经网络模型输入层神经元数目，将振动速度、振动

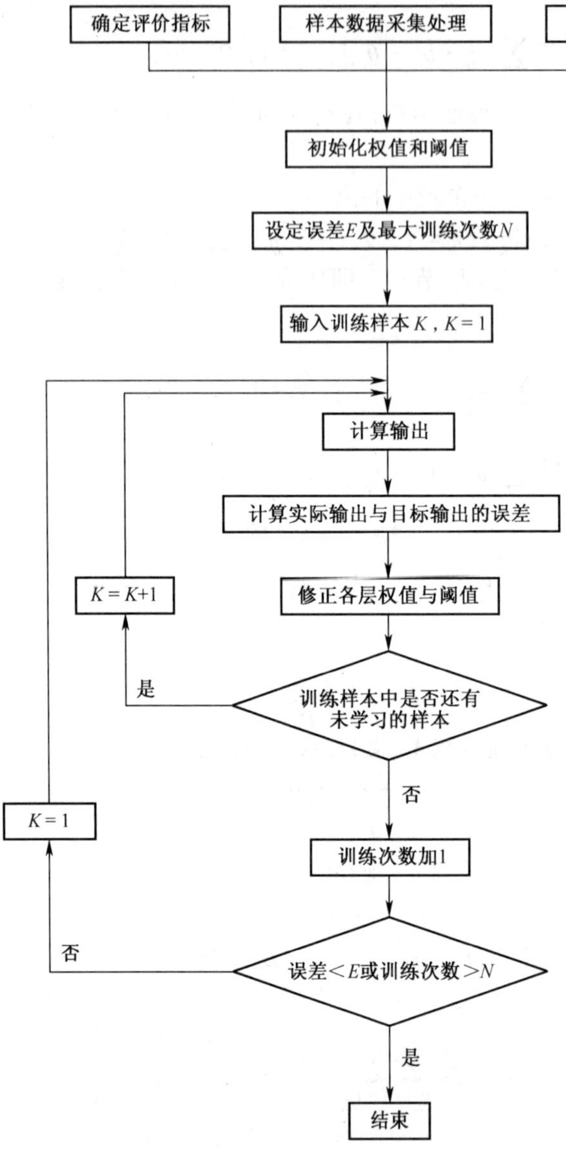

确定评价指标
样本数据采集处理
建立BP神经网络
初始化权值和阈值
设定误差E及最大训练次数N
输入训练样本K，$K=1$
计算输出
计算实际输出与目标输出的误差
$K=K+1$
修正各层权值与阈值
是
训练样本中是否还有未学习的样本
否
$K=1$
训练次数加1
否
误差$<E$或训练次数$>N$
是
结束

图 8.8　BP 算法流程

位移、水平位移、TQI、边坡稳定系数等 5 个指标作为 BP 模型输入节点。

2. 确定隐含层神经元数目

BP 神经网络中隐含层神经元数目的确定不仅与输入输出节点数有关，更与问题复杂程度、转换函数形式、样本数据特性等有关。目前还没有一种普遍的隐含层神经元数目确定方法。下面是部分研究学者给出的一些隐含层神经元数目确定经验公式：① $n_H = \sqrt{n + m} + a$；② $n_H = \sqrt{n \times m}$；③ $n_H = \frac{n + m}{2}$；④ $n_H \leqslant \sqrt{m(n + 3)} + 1$；⑤ $n_H = \log_2 m$；⑥ $n_H = \sqrt{0.43nm + 0.12n^2 + 2.54m + 0.77n + 0.35} + 0.51$。式中，$n_H$ 为隐含层神经元数目，m 为输出层单元数，n 为输入层单元数，a 为 1~10 的常数。在此采用基于单元数确定的②、③公式确立隐含层神经元数目，得到其数目为 3、5。

3. 确定输出层神经元数目

输出节点选择对应评价结果，需首先确定期望输出。本书研究对象期望输出是运营铁路路基状态总体评价，因此确定输出层神经元数目选择为 1。

8.4.2.3　选取激励函数

比较常用的神经元激励函数有阈值型、线性型、S 型 3 种形式。

1. 阈值型

阈值型激励函数是最简单的一种函数，输出状态取（1，0）或（1，-1），分别代表神经元兴奋和抑制，因此也称其为阶跃响应函数。它的输入输出关系如图 8.9 所示。

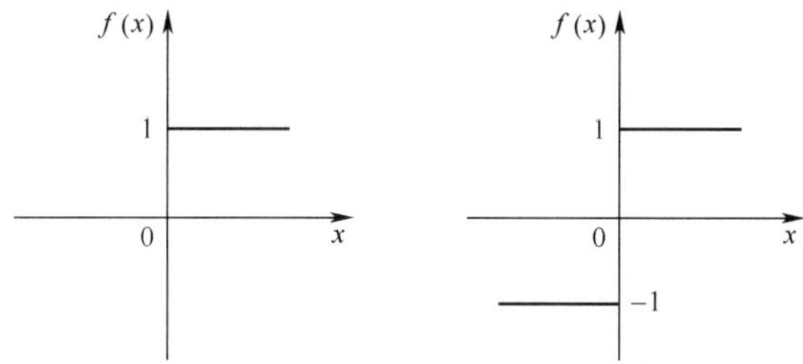

（a）单极型的阈值型激励函数　（b）双极型的阈值型激励函数

图 8.9　阈值型激励函数输入输出关系

该函数属于非线性表达式，式（8.56）是单极型阈值型激励函数表达式，式（8.57）是双极型阈值型激励函数。

$$f(x)=\begin{cases}1, & x\leqslant 0\\ 0, & x<0\end{cases} \tag{8.56}$$

$$f(x)=\begin{cases}1, & x\leqslant 0\\ -1, & x<0\end{cases} \tag{8.57}$$

2. 线性型

线性型激励函数网络输出等于加权输出加上偏差，输入输出关系如图 8.10 所示。

3. S 型

S 型激励函数输出状态取值范围为［0，1］或［-1，1］，输出特性比较软，其硬度由系数 x 调节。其中，根据曲线表达式不同，包括对数、双曲正切等 S 型激励函数：

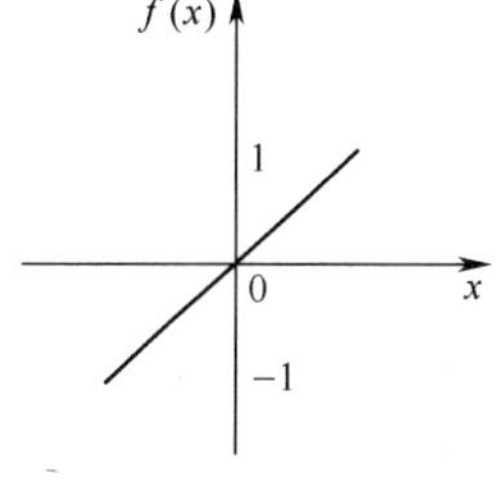

图 8.10　线性型激励函数输入输出关系

对数 S 型激励函数的表达式为

$$f(x)=\frac{1}{1+\mathrm{e}^{-x}} \tag{8.58}$$

双曲正切 S 型函数表达式为

$$f(x)=\frac{1-\mathrm{e}^{-2x}}{1+\mathrm{e}^{-2x}} \tag{8.59}$$

由于 S 型函数微分式简单，易于表达，又有很好的非线性映射能力，所以多作为映射函数。

8.4.2.4 选取网络学习参数

1. 选取初始权值

由于系统非线性，初始值的选取直接关系到学习是否达到局部最小、是否能够收敛以及训练时间。初始权值太大会使加权输入落在S型激励函数饱和区，造成调节停顿。一般希望经过初始加权后的每个神经元输出值都接近零，这样可保证每个神经元权值都能在S型激励函数变化最大的位置调节。初始权值一般取（-1，1）之间随机数，本书初始权值设为0。

2. 选取学习速率

学习速率决定每一次循环训练中所产生的权值和阈值变化量。学习速率过大可导致系统不稳定；学习速率太小将导致训练时间过长，收敛速度慢，但能保证网络误差值不跳出误差表面低谷，并最终趋于最小误差值。所以一般情况下选较小学习速率，以保证系统的稳定性。学习速率选取范围一般在0.01~0.8。为减少寻找学习速率训练次数及时间，本书采用变化的自适应学习速率，使网络训练在不同阶段自动设置学习速率的大小。

8.4.2.5 路基状态综合评价

针对新老线紧邻情况下的运营铁路路基状态安全评估问题，其中涉及紧邻施工对既有路基的影响，通过灰色理论处理评价指标评分值的不确定性，并初步进行评估，在此基础上采用神经网络模型进行评价分析，采取的样本数据来源于测试计算数据的分析，通过与阈值的比较得到具体分值，采用灰色评估消除数值归一化存在的误差，整理之后得到若干组评价数据，基于此训练学习BP神经网络评价模型，获取较为合理的权重组合，由此得到评价模型。该评价模型可为路基状态评估决策提供支持，并为今后的类似项目提供参考。

本网络使用三层网络，输入层、隐含层和输出层。隐含层有5个神经元，使用双曲正切S型激励函数；输出层使用线性激励函数，有一个神经元，用于输出路基状态等级评分值。误差训练使用Levenberg-Marquardt算法，此算法使用二阶速率调整误差，训练速度相比于BP最初的最速下降法大大提高，且相比BFGS等共轭梯度法不用计算Hessian矩阵，减少了计算机的计算储存误差，缩短计算时间，使用这种三层网络结构对于函数逼近、数据插值和模式识别及聚类问题有很好的适应性。使用MATLAB R2012a神经网络工具箱编程，源代码如下：

程序代码：

```
load shuju.txt
p=shuju (:, 1: end-1)
t=shuju (:, end)
net=newff (minmax (p), [5, 1], {'tansig', 'purelin'}, 'trainlm');% 初始化网络
net.trainParam.epochs=300;% 训练最大次数为 300
net.trainParam.goal=1e-5;% 容许误差为 1e-5
[net, tr] =train (net, p, t);
a=sim (net, p)
figure (1);
plot (tr.epoch, tr.perf)% 误差收敛曲线
xlabel ('训练次数'); ylabel ('训练误差');
```

```
figure (2);
[m, b, r] =postreg (a, t)        % 对目标输出和网络输出线性网络回归分析, m 为拟合直线斜率,
                                   b 为拟合直线截距, r 为相关系数
```

训练网络结构及训练过程如图 8.11 所示，当训练到第 10 代时已误差收敛，误差仅为 6.5×10^{-8}，L-M 算法误差曲面梯度下降为 6.6×10^{-3}，Mu 为 L-M 算法中误差调整函数参数，最后 Mu 为 0.001。

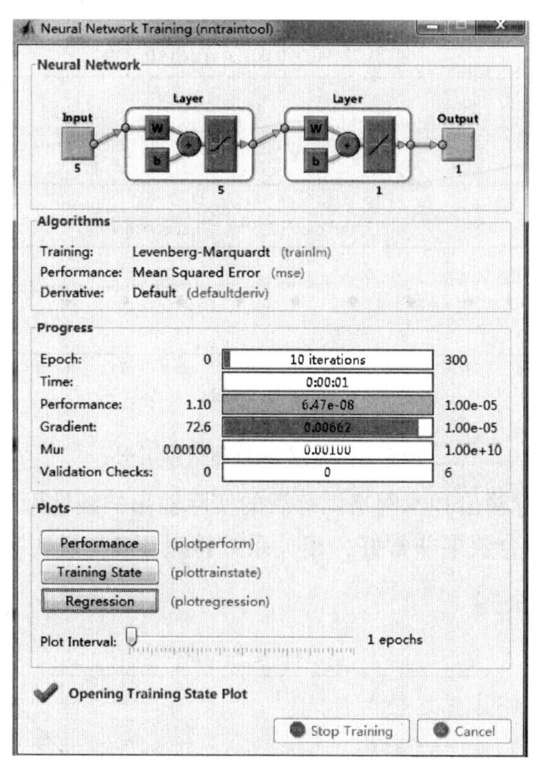

图 8.11　网络结构及训练过程

图 8.12 显示的是整个训练过程中误差随训练代数不断修正的过程。

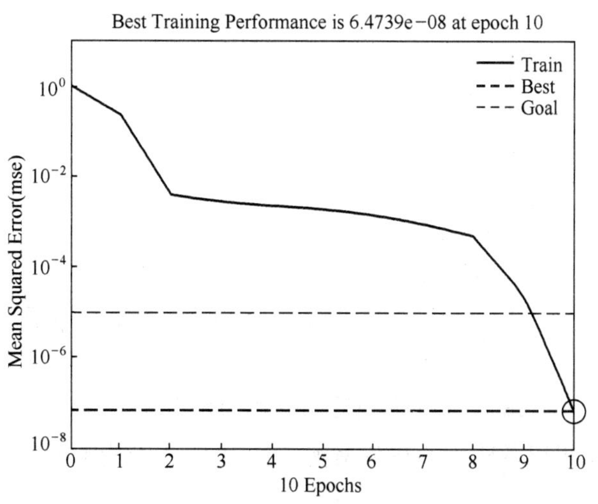

图 8.12　误差训练曲线

图 8. 13 显示的是训练过程中 L-M 算法中一些重要参数如梯度、Mu 的修正过程，由于本书未设置验证样本（Validation set），所以验证样本为 0。

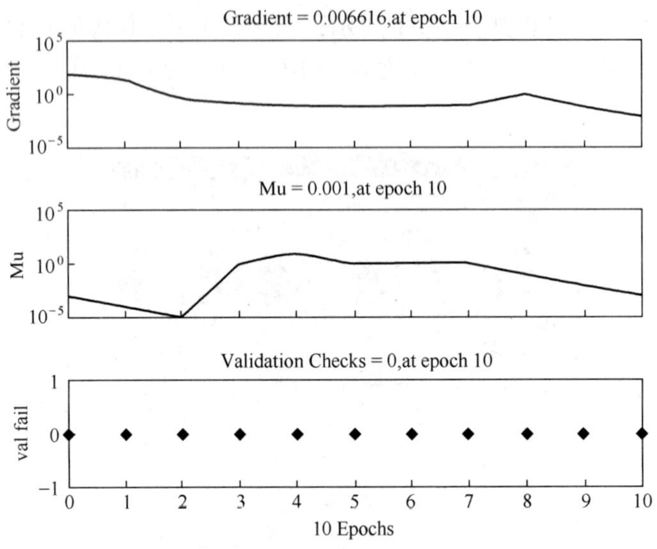

图 8. 13　误差函数参数修正图

图 8. 14 显示的为目标输出和本网络训练后的实际输出的线性回归分析结果，从图上可看出输出结果和目标结果拟合效果非常好，相关系数接近于 1，说明本网络已经有很好的网络结构，可用于泛化预测。

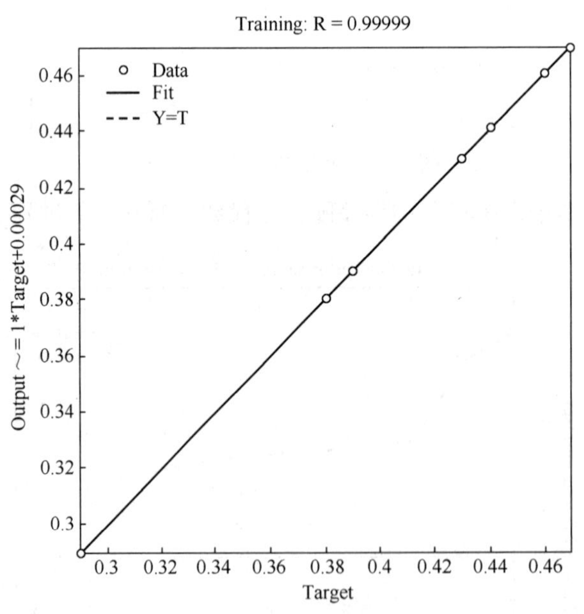

图 8. 14　目标向量与网络实际输出回归分析

根据测试与计算结果以及建立的灰色聚类评估模型，得到路基状态为优等；通过灰色聚类样本数据训练得到神经网络模型。目前尚没有运营铁路路基状态评估方法的规范规程，本书基于测试试验成果与计算分析提出的评估模型是一种新的探索，是否适用于今后其他类似工程还有待检验。

8.5　运营路基轨检资料分析验证

轨道检查车是一种检查轨道几何状态、评定线路质量、指导线路维修的动态检查设备，通过检查掌握线路局部不平顺、区段整体不平顺的动态质量，对工务部门的工作质量进行有效评价。轨检车可以检测轨道左右高低、左右轨向、水平、轨距、扭曲、超高、曲率、曲率变化率等轨道几何参数，以及车体水平和垂直加速度两项舒适度指标。通过线路轨检车动态检测数据分析，可划分因路基状态差异引起的不同质量水平区段。

《铁路线路维修规则》规定，轨道动态几何尺寸允许偏差管理值按线路允许速度分 4 个等级。线路状态评定是以每千米扣分不同划分，具体标准为：扣分在 50 分及以下为优良；51~300 分为合格；300 以上为不合格。每千米扣分总数为

$$S = 1 \times N_1 + 5 \times N_2 + 100 \times N_3 + 301 \times N_4 \tag{8.60}$$

式中，N_1、N_2、N_3、N_4 分别为一级、二级、三级、四级超限个数。一级超限每处扣 1 分，二级扣 5 分，三级扣 100 分，四级扣 301 分。

高低、轨向、水平、三角坑的波形 0 mm 基线在中线；轨距的波形 0 mm 基线在中线下方 10 mm，基线上、下方分别画出虚线表示一级超限。水平左股高为正值，高低上凸为正值；列车前进方向突出为正值；上述反之为负。轨检车扣分表见表 8.3。

表 8.3　轨检车扣分表

项目	四级	三级	二级	一级	个数			扣分			TQ1								
					总计	个数/km	百分比	总计	扣分/km	百分比	平均指数			超标段数			超标百分比		
											左	总	右	左	总	右	左	总	右
高低	0	0	4	110	114	0.45	4.25	130	0.52	3.9	1.07	2.46	1.39	2	0	53	0.16	0.00	4.24
轨向	0	0	3	14	17	0.07	0.63	29	0.12	0.87	0.65	1.64	0.99	1	0	53	0.08	0.00	4.24
轨距	0	0	2	89	91	0.36	3.39	99	0.39	2.97	0	1.08	0	0	61	0.00	2.44	0.00	
水平	0	0	1	5	6	0.02	0.22	10	0.04	0.3	0	1.05	0	0	55	0	0.00	2.20	0.00
三角坑	0	0	6	237	243	0.97	9.06	267	1.06	8.02	0	1.39	0	0	119	0	0.00	4.76	0.00
垂向加速度	0	0	0	0	0	0	0	0	0	0	0	0	0	0	0	0	0.00	0.00	0.00
横向加速度	0	0	1	309	310	1.24	11.56	314	1.25	9.43	0	0	0	0	0	0	0.00	0.00	0.00
高低 70 米	0	0	2	147	149	0.59	5.56	157	0.63	4.71	0	0	0	0	0	0	0.00	0.00	0.00
轨向 70 米	0	0	8	34	42	0.17	1.57	74	0.29	2.22	0	0	0	0	0	0	0.00	0.00	0.00

续表

项目	四级	三级	二级	一级	个数			扣分			TQ1								
					总计	个数/km	百分比	总计	扣分/km	百分比	平均指数			超标段数			超标百分比		
											左	总	右	左	总	右	左	总	右
曲率变化率	0	0	118	41	159	0.63	5.93	631	2.51	18.95	0	0	0	0	0	0	0.00	0.00	0.00
轨距变化率	0	0	17	89	106	0.42	3.95	174	0.69	5.23	0	0	0	0	0	0	0.00	0.00	0.00
横加变化率	0	0	0	1445	1445	5.76	53.88	1445	5.76	43.39	0	0	0	0	53	0	0.00	2.12	0.00
总和	0	0	162	2520	2682	10.68	100	3330	13.26	99.99		7.62							

列车运行时轮轨接触面很小，宽度不到 10 mm，理论上为直线运动，实际上由于轨道几何状态不良、风力、偏载轮缘磨耗等因素影响，造成列车运动出现摇头、横摆、侧滚、起伏 5 种运动形式，列车行车的不平稳在半径较小曲线路段更加明显。轨检车可检测线路病害导致行车不稳定的程度。

1. 波形图对比图（正常区段与施工区段）

试验工点新线施工距京沪既有线下行线较近，所以在此仅选取下行线轨检车资料进行调查分析。通过波形图对比线路异常情况（图 8.15、图 8.16），可知邻近位移线路局部平顺性

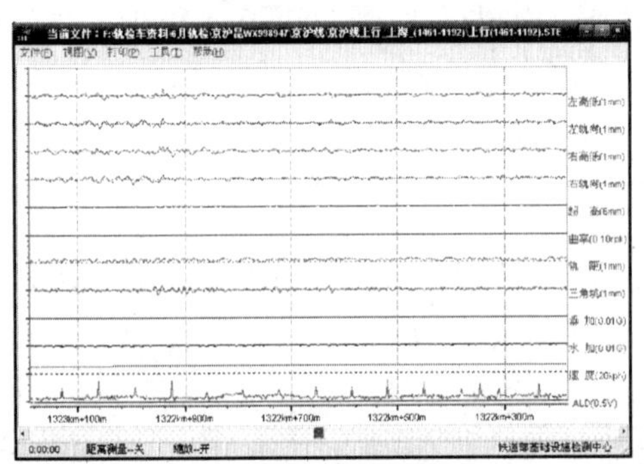

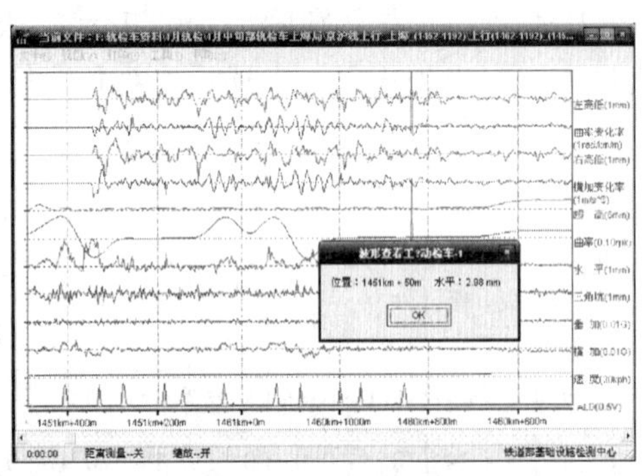

图 8.15 京沪线下行-K1242+100-400（邻近施工区段）轨检车波形图

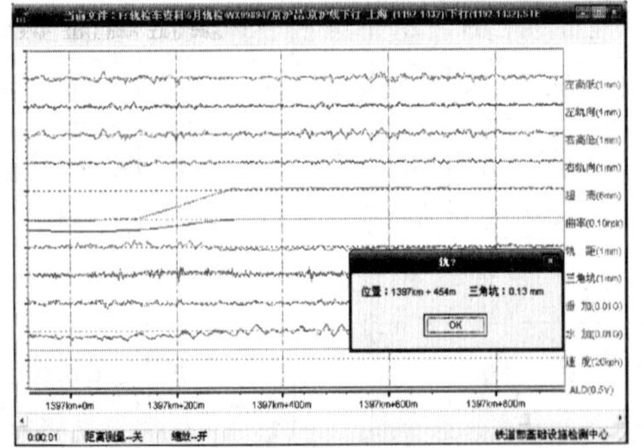

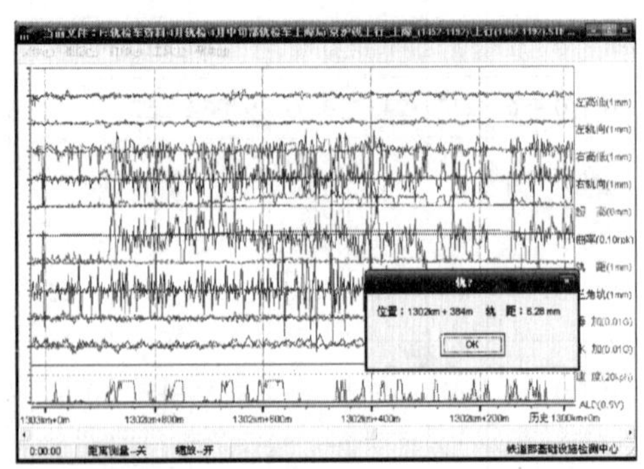

图 8.16 轨检车正常波形与异常波形对比

基本处于平稳状态，施工没有对其直接产生较大影响。

2. 数据分析

选取施工期间试验工点对应京沪既有线公里段轨检车资料分项分析，通过区段轨道几何超限单项平均扣分情况，可以直观了解其受影响程度。京沪既有铁路与新建沪宁城际铁路部分区段紧邻，最近处仅 4~5 m。既有线路基不可避免受到施工影响。针对这一情况，通过轨检车资料对既有线状态进行评估，分析施工影响情况。沪宁新线建设始于 2009 年 2 月，施工初期阶段以地质勘探为主，对既有线影响较小。工程项目位于软土分布地区，多采用复合地基处理方式。进入地基处理阶段，新线开挖、打桩等施工对既有线影响较大（详细影响已作论述）。自邻近新线开挖始于 2009 年 4 月，截至 2009 年 8 月完成路基填筑，对比不同时段、不同区段轨检车资料。选取两线最近区段沪宁新线 DK95+025-125 作为典型试验工点开展研究。对应京沪既有线里程位于丹阳站 K1243+100-400，离北京站 1 254 km，离上海站 209 km，隶属上海铁路局南京铁路分局管辖。客运：办理旅客乘降；行李、包裹托运。货运：办理整车、零担、集装箱货物发到；办理整车货物承运前保管；危险货物仅办理农药、化肥发到。选取施工期间试验工点对应京沪既有线公里段轨检车资料分项分析，通过区段轨道几何超限单项平均扣分情况，可以直观了解其受影响程度。

工程现场 7 月完成基坑开挖、打桩阶段，8 月进行路基填筑。因此选取这一时期试验段位置（京沪 K1243+100）既有铁路波形资料进行分析。分析分别采用评分法和标准差法，评分法结果如图 8.17 所示，扣分分布见表 8.4，可见在施工阶段（7、8 月份）扣分无异于其他正常时期。

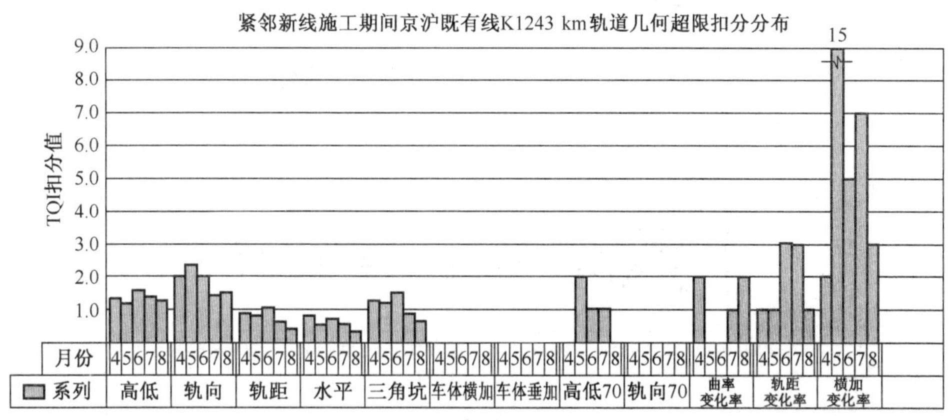

图 8.17　轨道几何超限单项每千米平均扣分分布

表 8.4　不同时期轨道几何扣分分布表

检测项目	高低	轨向	轨距	水平	三角坑	横向加速度	垂直加速度	高低 70 m	轨向 70 m	曲率变化率	轨距变化率	横向变化率
4 月	1.36	2.02	0.89	0.84	1.29	0	0	0	0	2	1	2
5 月	1.20	2.38	0.83	0.55	1.23	0	0	2	0	1	1	15
6 月	1.61	2.05	1.05	0.74	1.53	0	0	1	0	0	3	5
7 月	1.40	1.45	0.64	0.57	0.89	0	0	1	0	0	3	7
8 月	1.29	1.53	0.43	0.35	0.66	0	0	0	0	2	1	3

目前我国对运营线路状态的评估主要采用局部不平顺管理与区段轨道质量状态相结合的方法，即评分法得到每千米扣分评价线路状态，标准差法得到各区段 TQI 值。这两种方法都需通过轨道检查车来实现。评分法方法简单，但它没有反映超限长度、轨道不平顺变化率、周期性连续不平顺等影响。标准差算法即轨道质量指数（TQI），它以 200 m 为一区段，对区段内的高低、轨向、轨距、水平和三角坑共 7 个项目进行偏差的标准差计算。作为评估线路状态的标准，TQI 管理应有限界值，超过限界值即应养护维修。京沪既有线 TQI 管理值见表 8.5，即 TQI 大于 15 属于超限。

表 8.5　铁路管理标准值

项　　目		高低	轨向	轨距	水平	三角坑	TQI
管理值	V_{max}<160 km/h	2.5×2	2.2×2	1.6	1.9	2.1	15.0
	V_{max}>160 km/h	1.5×2	1.6×2	1.1	1.3	1.4	10.0

标准差法得到的 TQI 值如图 8.18 所示，可知在进入 8 月后 TQI 值有明显上升，由 5 月 22 日的 4.26 增至 8 月 22 日的 9.78，增幅达到 129.58%，说明施工对既有线的影响十分明显。但没有超出标准管理值，无需养护维修，因此监测数据可作为既有线安全分析的依据。

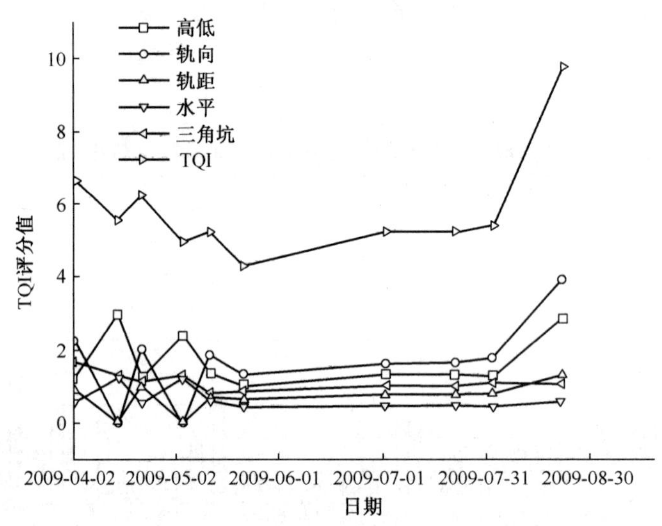

图 8.18　单项轨道质量指数 TQI 变化图

根据两线相邻状况，选取施工影响最明显的沪宁 DK95+450 断面作为分析对象，对应京沪下行线里程 K1243+700，调取大量轨检车资料，通过对整个施工期间轨检车资料分析对比发现：

（1）在不同施工阶段（开挖、打桩、路基填筑）资料显示轨道局部不平顺性、几何线性没有出现针对施工期间的异常。

（2）在同时期，对比紧邻施工区段的既有线路段与对比未受施工干扰的既有线路段，TQI 值没有明显异常。

8.6 小　　结

（1）路基状态综合评估目前无据可依，基于测试与计算分析，建立振动速度、振动位移、水平位移、稳定系数等静力动力指标在内的评价体系，为减小评估过程中的误差，利用灰色模型归一处理评价指标评分值，得到灰色聚类评价值，将基于测试计算结果的 7 组评价数据训练 BP 神经网络，得到适用的路基状态综合评价模型，该模型可实现输入指标值快捷地得到评价结果。

（2）对试验段区域施工期间运营铁路轨检车资料进行分析，结果表明，施工期间 TQI 值出现较大增长，表明紧邻位置施工扰动造成既有线线路平顺性变差，但未超出报警值，不需进行专门的养护维修。轨检车资料分析可作为测试、计算与评估结果的验证。

第9章 复杂施工环境下运营路基邻近施工组织与管理

9.1 铁路施工项目集成管理

9.1.1 基本概念

我国主要铁路干线运输能力十分紧张，长期以来铁路运输能力一直处于超负荷和限制性运输状态。既有能力远远不能适应通道客货运输增长的需要，难以满足客货运量快速增长和运输质量提高的要求。

改革开放以来，我国城间旅客运输高速发展，进入21世纪后更呈现快速发展态势。建设以铁路为骨干的安全、高效、优质、快捷的城间客运系统，是21世纪我国交通运输发展的必然选择，其根本措施就是建设高速铁路和客运专线。社会的进步使人们对时间价值的认识逐步提高，运输速度则成为人们选择运输工具的一个重要参考因素。而我国虽然资源丰富，但人口众多，人均的相对资源较为缺乏，因此发展以公共交通为主的客运业比较符合我国国情。另外，世界铁路科技呈现出较大的发展趋势，我国交通运输市场也存在激烈竞争。结合以上各因素，我国在人口较稠密、客流量较大的地区建设高速铁路势在必行。

随着第六次大面积提速的成功实施，为进一步加快铁路发展赢得了前所未有的有利环境。而随着国务院批准建设武广、郑西、石太、京津、合宁、合武、温福、福厦、甬温9个客运专线项目的立项，京沪高速铁路也大刀阔斧地上马，我国铁路建设掀起了新的高潮。高速铁路作为当代铁路科学技术的一项重大成就，在世界铁路发展史上产生了重大影响。日本东海道新干线在技术、经济上的成功，一举改变了西方国家铁路客运“夕阳产业”的形象，给铁路客运注入了新的活力，可以说高速铁路导致了铁路旅客运输业的一场技术革命，代表着铁路客运的发展方向。

高速铁路施工项目管理集成研究是在铁路的修建过程中合理组织诸要素达到整体效益最大化。它研究的是如何根据高速铁路建设的特点，如何综合人力、资金、材料、机械和施工方法这5个主要因素进行科学合理的安排，使之在一定的时间和空间内，得以实现高速铁路有组织、有计划、均衡地施工，使整个工程在施工中安全风险得到有效的控制，达到时间上耗费少、工期短，质量上精度高、功能好，经济上资金节省、成本低，建设上经济环保的目的。高速铁路施工要多快好省地完成施工生产任务，必须对施工项目进行集成管理研究，合理地解决好一系列问题。

高速铁路施工项目的完成要经过很多阶段，但是实施期是涉及资金、资源最集中的时期，也是项目参与方最多的时期，还是项目成本控制、进度控制、质量安全控制、风险控制等目标能否实现的关键时期。因此如何很好地对施工项目实施阶段的四大控制目标进行有效的控制进而实现施工项目的集成管理，对实现前期制订的项目计划目标和对项目后期的工程收尾都有着决定性意义。

1. 施工项目集成管理的内涵

施工项目集成管理是为确保项目各专项工作能够有机地协调和配合而开展的一种综合性和全局性的项目管理工作。因此，施工项目的实现过程是项目管理活动的主线。管理过程与目标体系是施工项目集成管理系统的基核，它能够吸引各种各样不同的人员、资金、设备、智力资源、生产技能、管理经验等项目单元，使它们聚集成一个有机的整体，并担负着决定整个项目系统的发展方向的重任。该集成系统的目标具有多重性，它追求的不是项目单个目标的最优，而是进度、成本、质量、安全、风险等多个目标的优化。不论是集成思想贯彻还是项目管理方法的运用，都是为了最终实现项目的目标，整个项目管理系统都是围绕项目目标系统展开的。

2. 施工项目集成管理的特点

由于施工项目集成管理涉及项目时间、成本、质量等多方面管理的协调与整合，所以它是一项具有综合性、全局性与系统性的项目管理工作。项目集成管理的主要特性如下：

（1）综合管理性。施工项目集成管理的最大特性是它的综合性，即综合项目各个方面和各个要素开展管理的特性。在一个项目中会有许多方面的专项管理工作，但是不管哪个专项管理都是针对项目的某个特定的目标而开展的。例如，项目的时间管理是针对项目工期与进度目标而开展的管理与控制工作，项目成本管理是针对项目预算目标而开展的管理与控制工作。由于项目管理中存在着一系列的专项管理，所以就需要有一种综合性的管理工作来协调和综合这些专项管理的目标、工作和过程，项目集成管理正是为此而开展的一项综合协调性的项目管理工作。

（2）全局管理性。施工项目集成管理第二个特性是它的全局性，即从项目全局出发去协调和控制项目各方面与各个局部的管理工作。各项目通过项目分解会划分成许多方面和许多局部的项目实施与管理工作，这些工作都是为实现某个具体的项目目标而开展的；而且这些专项和局部的工作也是分别由不同的部门或人员去实施的，特别是当项目的环境条件发生变化会引发项目某个方面或某个局部的计划变更。这些都需要有一种全局性的管理工作来协调和统一，以便从项目全局出发控制和管理好项目的专项管理工作及各种变更，项目集成管理就是这样一项全局性的管理工作。

（3）内外结合性。施工项目集成管理另一个特性是它的内外结合特性，即全面控制和协调项目内部与外部的变化特性。在项目的实施过程中，对于项目的管理和控制并不仅仅是对项目内部因素和条件的管理与控制，还需要对许多来自项目外部的环境和影响因素进行必要的管理与适应。这包括对项目相关利益者在项目实施过程中提出的各种项目目标和任务变更请求的协调，对项目所在地政府或社区提出各种干预和变更要求的适应，对项目供应商和承包商与项目业主的变更请求的协调，等等。这些来自项目内部和外部的影响要求项目组织必须集成管理好项目内部和外部各种影响要素的综合作用，项目集成管理正是这样一种内外结合的项目管理工作。

(4) 创新性。由于集成管理突出强调人的主体行为，而集成管理的主体行为又突出表现为管理者以一种创造性思维方式和创新性的管理方法，将组织内外资源进行有机整合和重构，从而产生集成前所无法达到的效果。因此，集成管理突出了管理主体行为的创新性。高速铁路施工项目集成管理在于创新了施工组织管理模式，全面地、有计划地、合理地组织，并编好施工组织设计，安排好工期、施工顺序、施工方法，提出劳动力、材料、机械设备和临时辅助大型建筑物的需要量，作为掌握和指导全线施工的措施。

9.1.2 施工项目集成管理与传统管理的区别

施工项目实施集成管理，主要是对安全、进度、成本和质量的控制。这三大控制是实施施工项目管理最主要的工作。同时，还有一些风险控制和项目变更等其他控制，它们共同构成了项目的控制系统。在建设项目控制中主要贯彻系统化控制的思想。系统工程就是用科学的方法规划和组织人力、物力、财力，通过最优途径的选择在一定期限内收到最合理、最经济、最有效的效果。所谓科学的方法就是从整体观念出发，通盘筹划、合理安排整体中的每一个局部，以求得整体的最优规划、最优管理和最优控制，使每个局部都服从一个整体目标，做到人尽其才、物尽其用，以便发挥整体的优势，力求避免资源的损失和浪费。具体效果见表 9.1。

表 9.1 实施集成管理效果对比

项 目	实施集成管理	一般的管理
施工成本	工程成本控制合理，成本超支原因清晰：工期紧（工程量加大）或单位成本加大造成的。对成本进行全过程动态控制	材料成本控制得较好，而由进度过快引起的成本增加控制力度不够
施工安全	以预防为主，抓好危险源头控制，优化施工方案，严格控制过程。提前做好安全应急预案，尤其是邻近既有线施工的安全保证措施	与各部门协调配合不够，邻近既有线施工安全保证措施有待加强
施工项目风险	有效地降低了施工过程中可能存在的风险，对成本超支、进度超期风险控制力度加大	施工风险较大，对成本、进度控制不够及时。没有事前准备补救措施
是否集成控制	施工全过程实施质量、成本、进度、安全、风险等多目标的同时控制。提出了以集成管理为核心、分目标管理为支撑的施工管理模式	各目标独立控制，经常发生矛盾、冲突，对施工的管理与协调提出了更高的要求
偏差分析	成本、进度偏差分析更加合理，控制及时。更多地考虑了施工安全与风险	质量、成本、进度偏差不能够协调统一

9.1.3 铁路施工项目集成管理构架

当前，我国正处于大规模铁路建设的高峰期，未来几年铁路建设也将有极大的发展，投资规模之大、建设标准之高、采用技术之新前所未有。在新的发展阶段，铁路面临前所未有的机遇，也将面临空前的挑战，机遇大于挑战。高速铁路建设涉及多个高新技术领域的复杂且庞大的系统组合，各系统间衔接极为复杂，整体性要求特别高，施工管理工作量大、技术复杂、涉及面广，必须通过全方位协调来实施。为实现高速铁路建设总体目标，国外普遍采用系统集成管理模式，如图 9.1 所示。

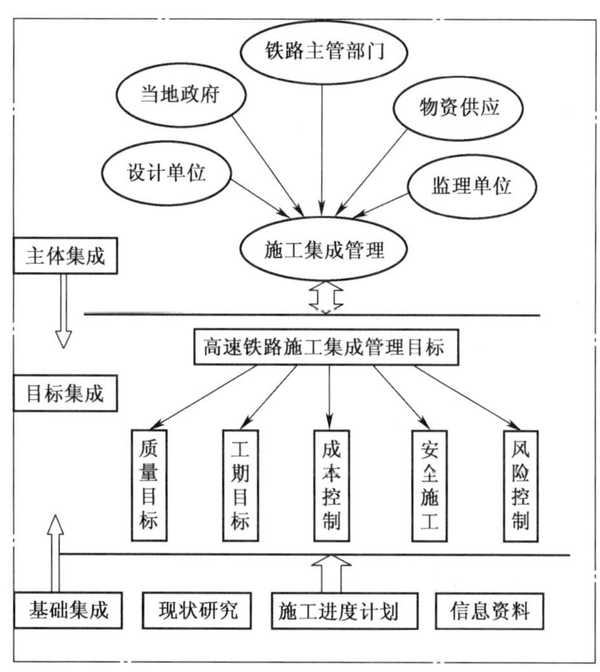

图 9.1　高速铁路施工集成管理框架结构图

能否提高铁路建设管理水平，关系到能否如期高标准、高质量地完成大规模铁路建设任务，关系到铁路建设能否持续、快速发展这一根本问题。提高铁路建设管理水平，关键在于施工，要求在实施好传统的“质量、工期、投资”三大目标控制的基础上，对高速铁路施工进行集成管理，确保铁路建设工期、质量安全、资金控制、环保施工。

1. 高速铁路施工项目集成管理的先进性

随着现代化建设项目规模扩大、复杂性增强和技术性提高，影响项目成败的因素也越来越多，它打破了亚当·斯密传统分工理论的界限，要求对复杂事物的整体分析，从以着重分工转为突出综合集成，这是一种管理思想的解放。近年来，在大型建设项目中，人们日益强调项目集成管理，重点强调项目在思想、战略、目标、组织、过程、流程、技术和工具、信息化等全方位的一体化，保证系统性和连续性，科学管理，优化资源配置。高速铁路施工管理集成的基本思想是：根据高速铁路施工速度快、建设标准高、投资规模大的特征，将其看作是在一定项目环境之中、由多个相互联系又相互作用的要素组成的、为达到整体目标而存在的系统工程，使系统的各阶段、各要素有效集成为一个整体，解决高速铁路施工的管理问题，对施工管理方法进行综合优化与控制，从而达到提高高速铁路施工管理水平的目的。

集成管理是项目管理的一种新理论，并将项目管理实践提高到一个新的阶段。

（1）集成管理适应了快速发展的高速铁路施工组织实施方式的改革以及与国际先进项目

施工管理模式接轨的需要，能够有效地提高我国高速铁路施工管理水平。

（2）集成管理适应了高速铁路建设的客观规律与内在联系，使管理组织科学化、管理队伍专业化、管理行为系统化，更符合高速铁路建设项目的社会性、公益型等特点。

（3）集成管理适应了高速铁路建设项目利用现代信息技术实施系统管理的需要。对高速铁路项目的进度、质量和资金进行动态控制。

2. 高速铁路施工项目集成管理的适用性

高速铁路施工项目的实现过程各阶段并没有明确的界限，每一阶段之间相互影响，互相渗透。因此，施工项目管理只有通观项目的全局，从整体出发才能真正实现信息的通畅流通、及时反馈，保证工程问题的随时解决，才能达到动态控制的目标。质量、成本、进度作为施工项目最关键的三大指标，互相影响、互相制约，它们的形成也不局限于工程的某一个阶段，而是一个贯穿施工项目全过程的逐步积累的过程。而且，三大目标的控制更是贯穿于施工项目寿命期的各个阶段，可以说成是每一阶段追求的灵魂所在。所以，要保证三大目标的真正实现，必须统领全局，保证影响三大目标实现的各项信息的动态控制。高速铁路施工集成管理的核心就是创造一切条件，把好一切关口，保证施工项目各大目标的实现过程。所以，三大目标的控制贯穿于每一个管理方的管理功能之中，三个管理方分别负责施工项目过程的一个部分，各有侧重，但是又密不可分，他们之间管理的有效衔接和合理协调是施工项目管理职能实现的保证，为高速度、高标准的高速铁路建设提供保障。

9.2 沪宁城际铁路施工项目集成管理

9.2.1 工程概况

沪宁城际轨道交通是长江三角洲地区城际客运铁路规划线网的主骨架，是城际线网宁-沪-杭-甬“Z”型主轴的重要组成路段。线路走向基本并行于既有京沪铁路，起自上海（虹桥），经昆山、苏州、无锡、常州、丹阳、镇江至南京。在纵向约 300 km、横向 15 km 左右范围内，与沪宁高速公路、京沪高速铁路、沪宁铁路、312 国道共同构筑起横贯沪、苏两省市、密切联系沪宁沿线城市群的综合交通运输走廊。沪宁城际铁路从上海站（含）至南京站（含），正线全长 300.168 km。黄渡至虹桥（不含）引入线的下行线长 13.87 km，上行线长 13.85 km。既有南京站跨线车联络线下行线长 2.40 km，上行线长 3.40 km。包括南翔动车运用所走行线、南京动车组存车场及走行线、常州动车组存车线及上海站站台改造。

中铁十局承建的沪宁城际铁路站前Ⅲ标工程，共计 4 043 km，起点为镇江市高资镇，终点为丹阳市南二环路，工程造价 182 亿元（不含无砟轨道变更部分），自 2008 年 7 月 1 日开工以来，该工程主要技术标准进行了 4 次重大调整。其中，2008 年 10 月 9 日铁道部确立的“有砟变无砟”且“关门工期不变”的变更设计方案，是此项工程最大的一次技术调整。确立把沪宁城际铁路打造成精品工程、安全工程、速度与效率并举的示范线，建设成世界一流的客运专线。沪宁城际铁路为时速 300 km/h 以上客运专线铁路，工程广泛采用了新技术、新结构、新工艺。全线路桥相连，施工单元、施工段落较多，桥位多跨越河流、道路和软土地质，路基和桥梁的沉降控制是本工程的技术难点；施工工期紧迫，建设标准高，施工紧邻既有铁路营业线，施工组织难度大，如何协调组织将成为本工程的控制点。

9.2.2 沪宁铁路施工项目集成管理计划的制订

施工集成管理计划是一项综合考虑项目各种专项计划（如项目进度计划、质量计划、成本计划等），通过综合平衡和优化编制出能够协调和综合各个专项计划的项目管理工作。它主要包括项目范围定义、计划信息的收集和整理、确认施工项目目标及项目环境分析、工作分解结构、形成施工项目集成网络计划、编制施工方案、提交审查等工作。高速铁路施工是一项非常复杂的活动，涉及施工工序的工期安排，人力、物力的投入多少是否具有经济合理性，物流的组织是否顺畅，工程材料供应是否合理，临时工程的设置地点、数量、规模与施工工程量以及施工工艺是否匹配等。所以制订一套完整的集成管理计划至关重要。

制订施工集成管理计划是高速铁路施工管理中最重要的管理工作。集成管理计划的主要作用有以下几个方面：

（1）指导高速铁路施工的根本依据。集成管理计划是铁路施工单位为了达到项目的整体目标，建立和健全项目的综合管理与控制系统，完善和提高铁路施工组织的实施与管理功能，及时地发现项目工作中的偏差，积极采取各种纠偏措施，是保证项目有效实施的根本依据。在所有的项目计划文件中，集成管理计划是最主要的和第一位的项目管理依据性文件。

（2）项目决策和项目假设前提条件的规定。施工集成管理计划的一个很重要作用是制订和给出一个施工项目的计划决策。其中，施工项目集成计划的各种假设前提条件是制订和日后更新项目集成计划的依据，施工项目计划决策结果是项目集成计划编制的出发点。而施工项目备选方案的选择决策结果是对于项目集成计划编制原则的说明。

（3）度量施工项目绩效和进行控制的基准。施工项目集成管理计划的目标、任务和计划安排与要求是人们开展项目绩效考核和项目管理控制的出发点和基准。在项目绩效考核和项目控制中一般按两个方面的标准，其一是考核施工工作的标准，其二是考核施工各方面工作完成情况的标准，这两方面的管理与控制标准主要是根据施工集成管理计划制订的。这种项目绩效度量与管理控制的标准会涉及质量、时间、成本和效益等方面的标准和指标，而这些方面的控制标准都是以施工集成管理计划作为基准的。

（4）统一和协调施工工作的指导性文件。施工集成管理计划最重要的作用是作为项目各专项、各部分和各相关利益主体进行协调、调配和统一指挥的指导性和纲领性的文件，施工集成管理计划是通过对项目各个专项计划的综合与集成而获得的一份集成性、全局性的项目计划文件。这一文件规定了协调和统一项目各方面，各种工作的目标、任务、方法、范围、工作流程等内容。这种协调和统一十分有利于在施工过程中避免各种矛盾。

9.2.3 施工集成管理计划的编制步骤

施工项目范围定义就是确定铁路施工项目范围并编制范围说明书的过程。主要明确施工项目的目标和主要可交付的成果。一般采用多级进度计划，应注意各级计划项目的范围和接口，防止超出、遗漏和重叠。阶段确定工程建设总工期时，工程细节尚不清楚，一般是根据同类或相似施工项目的实际工期资料和本工段的特点测算的。因此，计划信息的收集和整理是项目管理的一项十分重要的基础工作。施工项目建设必须坚持安全第一和质量第一的原则，坚持这个原则的目的是要确保项目的安全性、经济性和环境可接受性。高速铁路施工项目追求的是高质量、短工期和合理成本的综合目标。这种理想化的目标似乎难以实现，但是良好的管理可以缩短现实与理想目标的差距。因此，在保证质量的前提下，争取尽可能短的工期和低的费用，应当成为编制和实施集成管理计划的基本目标和原则。由于高速铁路施工复杂，必须重视工程自然条件和施工等环境因素对工程进度的影响。编制网络计划前要根据收集到的有用信息对项目实施环境做出充分的分析与评价。

（1）确定工作分解结构（WBS）。高速铁路施工项目是一项工程活动或几项工程活动的组合，这些活动的成本、工期和质量决定着铁路建设施工项目的最终成本、工期和质量。所以，对施工项目的管理和控制必须针对这些具体的工程活动来实施。而控制过程的首要环节是确定控制目标，控制目标的准确、质量和有效性决定了控制过程最终的有效程度，但要做好这项基础性工作，必须首先确定各个工程活动的范围、内容、数量，也就是必须将整个铁路建设施工项目分解成为满足控制要求的工作单元，这个分解过程称为项目分解。

高速铁路施工项目分解的目的是要为项目控制确定具体分项目以及相应的控制目标。从整个控制过程来看，各分项目的确定和控制目标的确定仅仅只是开始阶段，对项目实际施工进展、变化信息的把握并将其与控制目标值进行对比分析，从中找出偏差，然后运用一定的控制手段和措施纠正这种偏差。为保证控制措施的有效性，必须及时地、充分地、有效地采集、存储、处理分析和传递反映施工进展情况的信息，还必须确保信息的一致性及信息来源的单一性以消除信息冗余所造成的信息失真以及无效信息给决策过程带来的消极影响。

（2）确定施工项目组织形式，组成以项目经理为领导的项目组。具体项目的工作分解结构（WBS）确定之后，即着手组织分项目组。项目组的成员是根据具体施工项目 WBS 的需要，由专业部室派出，项目组成员接受专业部室和项目经理的双重领导。然后将 WBS 中各项工作任务落实到各专业部室的各专业组，委派专业人员，落实责任分工。

9.3 沪宁城际铁路施工项目集成管理的关键控制工程

本标段复杂条件下关键控制工程与典型区段的确定应遵循以下要求：

（1）路基施工组织影响项目全局，必须作为集成管理的关键控制环节科学设计合理安排。根据国外及我国第一条客运专线秦沈线的施工经验，对于常规的铁路客运专线施工，由于路基不是控制总工期的关键工程，一直被人们忽视。而从近年来我国铁路产生病害的情况分析，路基已成为产生病害最多的工程，对铁路工程项目的质量安全产生了很大的影响。本工程由有砟轨道改为无砟轨道后，为保证路基沉降满足无砟轨道设计要求，所有路基均必须保证有 3 个月以上的预压时间。由于对工后沉降控制要求的极大提高，增加了大量路基不良地质地基处理的工作量，提高了对路基工程的施工工艺要求。

一方面，路基工程受全线总工期和预压沉降时间限制；另一方面，路基作为箱梁架设及铺轨施工的运输通道，架桥机需要从上面通过，软基处理、路基预压工作对制架梁及铺轨施工安排有重大影响，受箱梁架设、铺轨施工工期的制约，制架梁施工方案需根据路基工程施工情况进行调整。结合本工程的特点与复杂条件，沪宁城际铁路技术标准、方案调整后，施工组织安排的关键是：项目工程施工安排应以满足轨道铺设工期为控制线，以制架梁工程为核心关键线路，以重点桥梁结构、软土路基处理为施工重点，紧紧围绕架梁展开，把架梁通道上的特殊结构和软土地基处理、路基预压工程作为项目集成管理的关键控制工程。因此，路基工程施工必须合理安排施工组织并随时调整施工方案，保证路基填筑质量和沉降控制要求，为运架梁和铺轨施工创造有利条件，使得路基工程施工进展能够满足架梁工程和铺轨工程的特殊需要，从而保证本标段项目全线整体进度目标的实现。

（2）路基施工组织与既有线运输组织相互影响和制约，对整体施工进展干扰大。路基施工组织与既有线运输组织之间相互影响和制约，存在着矛盾，需要综合考虑并进行协调，这是复杂条件下高速铁路施工组织的一大特点。

新线路基施工组织作业对既有线交通运输组织产生影响，主要表现为新线土石爆破可能破坏既有线通信、电力设施；路基挖方、钻孔成桩作业可能挖断既有地下管线，威胁既有线路堤边坡与站场股道的安全稳定，严重时造成边坡、股道垮塌事故，对既有线的行车安全与正常运输构成了较大的潜在风险，一旦因施工作业不当而发生事故时必须马上抢修，需要临时封锁要点。另外必要时对既有线需要开施工封锁“天窗”或者限速慢行，以满足新线工程一些日常施工作业的需求。这些都对既有线的通过能力和安全行车构成了影响和干扰。

既有线的交通运输组织对新线路基施工组织形成制约，主要表现为：本工程建设质量标准高，项目工期非常紧张，总的要求是在尽力做到运输、生产两不误的前提下，保证实现进度目标。从这一要求出发，施工部门应将施工对运输的干扰减少到最低程度，使运输工作不因施工而打乱行车计划。

这就要求在进行路基工程施工组织设计时，需要把握以下关键要素：①在施工技术方案上，要根据工程的特点和复杂条件，充分采用先进的施工方法和相应的技术措施，做到少妨碍或不妨碍行车，同时充分考虑其对进度的影响；②根据施工实际情况，适时调整路基施工组织设计，不断优化路基施工方案，施工中重点抓好关键工序的施工管理，确保关键工序的施工进度，对影响总工期的工序和作业环节给予人力和物力的充分保证，确保总进度计划目标的实现。

（3）资源整合、安全管理、风险控制与组织协调是推进项目整体施工进展的关键要素。根据本工程的特点和复杂条件，为了确保既有线的行车安全与新线的工后沉降要求，必须加强既有线的变形监测与路基沉降观测及其评估；同时，对既有线和新线的监测与评估又制约着施工的进展和整个项目的工期，评估结果要符合规范要求才能开展下一道工序施工，否则必须针对出现的问题采取相应技术管理措施，保证施工安全和质量。

为了防范路基施工作业挖断地下管线、电缆，以及导致既有线边坡或股道垮塌等潜在施工风险，必须强化施工组织设计中的风险管理，制订有力的风险控制机制，并在施工方案中提前编制相应的抢修应急处理预案。根据本工程的特点和复杂条件，项目施工组织必须强化施工安全管理，在工程施工过程中突出强调路基监测与施工风险控制的重要性，加强施工组织与既有线运输组织等工程实施相关部门间的协调与配合，尽可能避免或降低新线施工对既有线正常运输和行车安全带来的影响和干扰。

沪宁城际铁路 DK92 区段紧邻京沪既有线，最近距离为 4 ~ 5 m，施工对既有线运营影响显著。同时，该区段位于京沪线丹阳车站，丹阳车站是京沪既有线一等车站，运输任务繁重。施工区段范围内地下通信信号、供电线路纵横，上空高压线密布，一旦出现事故，后果不堪设想。

选择典型分析区段如图 9.2 所示，地基土为淤泥质黏土、粉质黏土，根据设计需要进行地基处理，主要采用管桩、CFG 桩等复合地基。桩机等大型机械设备进场施工需要较大空间，在紧邻既有线一侧施工势必带来较大的安全隐患。

图 9.2 典型分析区段 KD92+400-DK93

9.4 沪宁铁路路基工程集成管理控制

在大规模铁路建设中，铁道部提出了建设世界一流铁路的总目标，将实现总目标的具体要求逐项分解到质量、安全、工期、成本、风险等各项目标控制之中。

高速铁路施工项目的集成管理是以目标为导向，以实现目标为宗旨的，项目的成功最终是以完成了项目的目标为标志。项目的目标就是以项目管理所期望达到的预期效果。要取得项目的成功，必须有明确的项目目标，清晰的、可实现的项目目标是项目及项目管理团队共同努力的方向。通过项目目标的确定可以在项目与业主之间达成统一。项目目标的确定过程也是项目各参与方之间的沟通过程，通过项目目标的确定，项目参与方获得清晰的个体目标，这使项目目标可以在项目各参与方之间产生一定的激励作用。项目目标的确定为项目计划的制订打下了基础，并为项目指明了方向，而项目计划又是为实现项目目标服务的。路基施工集成管理控制体系如图 9.3 所示。

9.4.1 三大控制目标

9.4.1.1 路基施工质量目标

沪宁高速铁路沿线地形和地质结构复杂，路基工点类型多，对架梁、四电工程的施工工期影响大。路基作为箱梁架设及铺轨施工的运输通道，必须制订保障路基质量的措施。路基工程既受全线总工期和预压沉降时间限制，又受箱梁架设、铺轨施工工期制约，使路基工程施工需要进行大规模、高强度的机械化施工组织，并保证路基填筑的高质量标准要求。路基

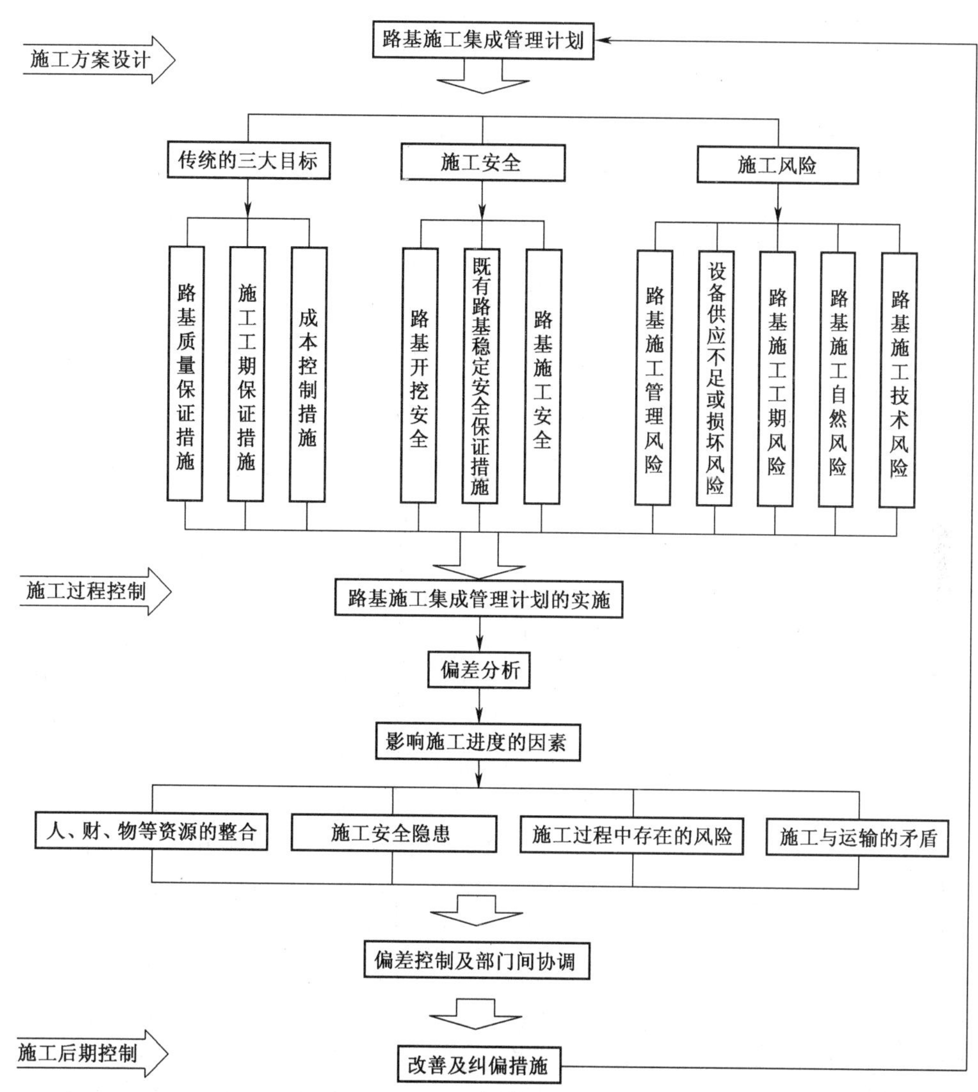

图9.3　路基施工集成管理控制体系

工程必须确保有足够的预压时间，严格控制工后沉降和差异沉降，开工前必须对地质条件进行核对。路基施工要求设置专门的变形和沉降观测装置，对路基沉降进行观测分析，据此确定和指导下道工序的施工和确定路基的沉降期。路基工程与结构物间刚度存在差异，过渡段的施工是质量控制的关键点，加强过渡段的质量控制是消除路基与结构物间不均匀沉降的有效手段和技术难点。施工中加强路基工后沉降测量与评估是指导施工及确定无砟轨道结构施工和铺轨时间的前提。施工中加强路基工程全过程施工质量控制，特别是地质核查、地基处理、沉降变形观测与分析等过程控制，是保证路基工后沉降及不均匀沉降满足要求的关键环节和施工控制难点。

路基施工质量控制措施如下：

（1）路基试验段。根据本工程特征及填料特性，选择适宜的施工季节进行路堤填筑，配备挖、装、运、平、碾专项施工机械，组织匹配合理、配套完整、现场施工有序的机械化施工，并严格按四区段、八流程施工工艺水平分层碾压施工。控制填土含水量和分层厚度，摊铺平整，碾压密实。施工队试验员按规定检验，合格后方可进行下道工序。抓好路基施工的样板段，以样板引路，使全段路基工程有直观的示范典型，以确保施工质量。

（2）路基填筑及预压。选用合格的各类原材料，改良原料土采用强风化软质砂岩，控制破碎粒径。改良剂采用磨细石灰或水泥。对级配碎石的集料按规定频度、方法取样进行试验，确认其级配、压碎值、有机物和硫酸盐含量是否满足技术规范要求。拌和用水洁净、不含有害物质，对水源按有关要求进行试验，并报监理工程师批准。改良土采用先破碎后集中场拌法。拌和站配置自动电子计量、电气联合控制装置及液压碎土设备，保证给料计量精确，含水量、破碎粒径满足要求。改良土先完成试验段施工，得出合理的各项施工技术参数后开始正式拌和、填筑施工。路堤填筑严格按四区段、八流程工艺组织进行。碾压采用带有自动检测压实度功能的重型振动压路机，保证路堤本体压实度。过渡段采用级配碎石掺5%水泥作为填筑材料，与路基同步施工，保证竖向刚度自桥台至路堤均匀过渡，使差异沉降满足设计要求，对桥台边角处等大型压路机不易碾压部位，采用小型振动冲击夯压实。双线级配碎石基床表层采用2台摊铺机双机联铺，保证无接缝摊铺和填筑层厚的均匀性，为压实度均匀性提供了保证。注意路基松软地基地段的超载预压施工，荷载须满足设计荷载要求，并保证足够的沉降时间，当沉降趋于稳定并满足工后沉降要求后，经相关单位签认后方可进行卸载。

（3）地基及基床加固。沪宁城际铁路路基大部分位于软基地区，为实现高标准设计要求，达到工后沉降趋于零的目标，项目引进新型的地基处理方式——桩筏复合地基。地基加固严格按加固工艺进行，加固前进行CFG桩、混凝土预制管桩等试验，先施工一定数量的桩进行试验，以确定相应的施工机械、各种工艺参数，以指导大规模施工。桩基加固地基施工完成后，需进行检验，包括地基加固效果检验和施工质量检验。地基加固效果检验包括承载力特征值、变形特性（总沉降量、差异沉降量）、抗剪强度指标等。施工质量检验主要是桩身密度检验、桩距、桩径、桩长等。加固效果检验采取单桩及复合地基承载力检验，检验方法为平板荷载试验。施工质量检验，采取单桩荷载试验，对桩身密度检验采取圆锥动力触探方法检测；对桩间土的检验，采取标准贯入静力触探检验。检验应符合规范规定。

（4）路堑开挖。开挖路堑时，正确标出边桩连接线，按设计要求做好堑顶排水系统及土石方施工临时排水系统，并经常检查边坡开挖坡度，及时纠正偏差。路堑段基床底层部位为风化砂岩和炭质页岩，岩性软弱变化不一，为保证路基刚度的均匀性，按设计要求进行加固。

（5）路基防护。砌体砂浆饱满，勾缝均匀平顺，坚实美观。混凝土内实外光，无蜂窝、麻面，预留沉降缝，泄水孔符合设计要求。侧沟、天沟等排水系统畅通，无积水淤土。

9.4.1.2 路基施工工期目标的保证措施

（1）全力做好征地配合及拆迁工作。准备阶段和开工前期，指派专人及专业迁改队伍提早介入，根据标段总体施工进度，积极主动配合业主及地方有关部门，做好建设用地征地和构筑物迁改工作，并征得业主当地政府支持做好临时用地的租地、补偿工作，确保本标段工程按期、早日开工。

（2）分段平行流水施工。路基施工需根据工程特点和工期目标，合理确定作业面数量，采用大型机械化配套设备并辅以小型配套机具，分段平行流水组织。

（3）优先安排重要路基段施工。路基工点的施工计划安排应根据运架梁时间安排及无砟轨道施工时间安排综合考虑。预压段路基、控制运架梁和无砟轨道施工的区间路基和站场路基优先安排施工；通过运架梁的预压路基地段，架梁前预压时间不足时根据工期要求灵活组织施工。路基工程按照综合工区组织施工，按照“统筹规划，科学组织，重点先行，分段展开，均衡生产，有序推进”的原则，对影响路基施工的特殊地基处理等工程，尽早安排施工。梁部架设和无砟轨道施工受路基工程影响，根据桥梁架设顺序和无砟轨道施工顺序安排路基区段施工顺序。对影响梁部架设和无砟轨道施工的地段，以及软土及松软土地基地段、高填方路堤段优先安排施工。车站和重点路基地段工程优先安排施工。

（4）运用先进的施工工艺生产。路基工程施工中，认真进行工程地质资料现场核查、水质复查，采用先进成熟的施工工艺进行挖除换填、强夯置换、冲击压实及各种路基用桩等地基施工。改良土、级配碎石、沥青混凝土采用集中场拌，并设置A、B组填料集料场，路基挡护构件预制场，路基工程结构物材料实现集中供应、工场化、标准化生产。路基填筑采用“三阶段、四区段、八流程”施工工艺，通过工艺试验段确定各项施工参数，形成“监测-分析-调整”循环，动态管理信息化施工。将地基处理、填料施工设计、路基填筑、路堑开挖、支挡结构、边坡防护、路基排水及沉降变形监测、分析等作为系统工程，并与相关工程、附属设施密切配合，确保工期目标实现。

（5）规范工程管理，提高施工效率。推行工期目标责任制，将工期目标作为考核项目领导班子的重要指标，将工期目标分解到班组和个人，并将其与职工的经济利益挂钩。严格工期目标的计划、检查、考核和奖惩制度，开展日碰头、周检查、月调整的工作制度，对滞后工序就地组织攻关，制订措施，满足工期要求；对难点工序有预案，使局部调整不影响总工期，确保工期目标落到实处。

强化计划管理，加强协调指挥。根据总体安排和网络计划进度，编制年度、季度和分月分周生产作业计划，月、周作业计划要落实到班组。对施工进度实行动态管理，狠抓关键工序施工，根据工程实际情况及时调整施工方案，保证全标段均衡生产，稳产高产，实现工期目标。建立项目部到施工现场的调度指挥系统，加强日常调度指挥工作，建立动态管理网络，全面及时掌握施工动态，迅速、准确处理影响施工进度的各种问题。采取垂直管理，减少中间环节。对工程交叉和施工干扰加强指挥与协调，对重大问题超前研究对策，制订措施，及时调整工序和调动各种因素，保证施工均衡、连续进行。

坚持实行施工进度快报制度，坚持每天报一次各工序的进展情况，每7天报一次实际进度和计划进度的对比情况并分析两者相差的原因，以便项目部及时了解各项工程的进展情况，采取相应的对策措施。妥善处理安全、质量和进度的关系，建立健全安全质量工作体系，严格遵守各项行之有效的规章制度，严把安全质量关，杜绝安全和质量事故的发生，保证工程不停工、不返工、不窝工，以严格的安全质量促进施工进度。实行岗位责任制，责任落实到人，加强考核，使利益与进度、质量、安全三挂钩，贯彻实施多劳多得的分配制度，以调动施工人员的积极性。

（6）重视技术创新，加速施工进度。项目经理部设置工程管理部，加强施工技术管理。聘请有关专家，充分发挥专家在关键技术、工艺等方面的指导咨询作用。在施工过程中，及时总结经验，不断优化施工方案。依靠科技进步，在施工中大力推广新技术、新装备、新工艺、新材料应用。对每项新材料、新工艺、新技术的应用首先研究和制订方案，报建设单位、监理审批后，再进行工艺试验，成功后再全面应用和推广，并不断总结提高，指导施工。充分依靠科技，提高工效，加速进度。

(7) 采用网络技术，实现信息化进度控制。根据总体网络计划，采用工程计划管理软件，通过关键线路网络监控法、形象进度监控法、单项进度指标监控法等，对工程实施动态、实时监控，在各个阶段结束后，保持经常性对比分析，评定项目进度状况，尤其是关键线路上的工程进度，对接续工作做出安排，建立新的网络计划。根据形象进度拟定出单项进度指标，确保总工期目标的实现。在过程控制中，实行施工进度报告（日报、周报）制度，掌控工程进展情况，及时比对重点工程的实际进度和计划进度的偏差，分析成因，采取相应的对策措施。通过各方面施工信息和相关数据的汇总，对施工的科学性、安全性、快捷性和不可预见因素产生的后果及时做出科学诊断和施工建议，并迅速修正施工参数和资源配置，以科学、安全的方法和工艺，最佳的效率完成施工组织的修正，确保工期目标。

(8) 加强措施，解决路基预压期不足的问题。工期提前，路基的预压调整期不能满足指导性施工组织及设计的要求，只能根据场制箱梁运架及轨道施工节点安排路基的预压及放置调整工期。京沪五标段有路基工点 76 处，根据原施工组织安排，其中 34 处可以满足设计预压时间要求，46 处不能满足设计预压时间要求（预压时间少于 100 d 的 5 处，少于 6 个月的 11 处）。为此，在原计划 8 套无砟轨道铺设设备的基础上，又增加 2 套铺板设备，以铺轨线为基准，倒排铺板时间，尽可能延长先架后压段路基的预压时间。重新排定铺板工期后，76 段路基中预压时间满足设计要求的为 46 段，其中先压后架 6 段，先架后压 36 段，不通过运架梁 4 段，预压时间不满足设计要求的为 30 段，其中先压后架 16 段，先架后压 10 段，不通过运架梁 4 段，最短预压时间为 154 d。

高速铁路征地拆迁工作进展不能完全满足开工要求，大部分图纸未及时到位，对下一步路基施工的压力更大，随着征迁进展的推后，部分预压期刚刚满足要求的工点可能变为不满足。为此，应采取加深、加密 CFG 桩等强化地基加固的措施，增加预压土的填土高度或采用质量更大的预压材料，以减少地基沉降量，加快地基土、路基填土的固结速度。优化设计方案，采取减少预压时间甚至取消预压的措施，以保证在满足无砟轨道铺设工期的前提下，路基工程工后沉降量控制在规定的允许范围之内。

(9) 以架梁时间为主线，逐次理清影响架梁通过的控制工点。京沪五标大跨度悬灌梁较多，通过架桥机的 96 m 系杆拱有 3 处，这些特殊结构施工周期长，工期非常紧张。把每个梁场先架区段 5 km 范围作为架梁通过的第一控制重点。此范围内的主要控制结构有 7 处，特别是跨京杭运河特大桥 DK1090+446 跨 338 省道 60+100+60 m 连续梁，已严重制约镇江梁场的架梁工期，推迟架桥和通过该工点的时间，会影响到下一步架梁的按期实施，为此还需进一步研究施工措施，请专家研讨缩短悬灌周期的办法。跨京杭运河特大桥 DK1090+336 处 1~30. 1 m 非标简支梁现浇、DK1091+970 跨既有京沪铁路 32+48+32 m 连续梁，跨老 312 国道 DK967+011 处 40+56+40 m 连续梁，秦淮河特大桥 DK1032+543 跨天和路 40+56+40 m 连续梁、DK1032+287 跨开城路 40+72+40 m 连续梁和 DK1027+984 跨东麒路 40+80+40 m 连续梁等均是制约架梁工期的特殊桥跨结构，工期难度很大。

(10) 特殊条件下保证工期的措施。制订施工应急计划，特别是编制施工方案、应急预案时，充分评估施工环境的各种要素，工期安排留有余地，生产资源储备充足。施工过程中一旦出现意外情况，启动施工应急计划，及时增加人力、物力、财力，保障工期目标实现。

9.4.1.3 施工成本管理

与国际同类高速铁路工程相比，国内高速铁路的建设工期要求非常紧，有的项目工期还不足国外的一半，加之设计图纸不能按时到位，留给施工单位的施工时间更是无法保证。由于工期紧张，必然要求加大建设资源的一次性投入，为了保证预期的工期，必然会引起赶工，加大高速铁路建造的资金再投入，成本管理显得尤为重要。

(1) 利用既有线开展新线工程材料运输节约施工成本。新建高速铁路紧邻既有线，需要用大量材料、设备和机具，为了保证供应、减少运费、降低工程成本，原则上应该尽量利用既有线的运输条件。施工前可以充分利用既有线为新线建设运送工程材料，节约施工成本和施工准备时间。新建沪宁城际所需地材及部分路基填料以水陆联运为主，共设置物资供应基点5处，分别位于既有京沪铁路便于办埋货运能力的车站，以及京杭运河及可通航河道码头，以其供应范围和供料的多少来确定其租用场地的规模，物资供应基点设置及供应范围见表9.2。物资供应站设置材料储备场地和存储仓库，以保证在施工高峰期及特殊情况下的物资供应。

表9.2 物资供应基点设置及供应范围

序号	供应基点名称	设置地点	供应范围	长度/km	备注
1	既有镇江南站	DK65 左 5 km	DK58+500~DK82+000	23.5	
2	丹阳站	DK93 左 2 km	DK82+000~DK95+692	13.692	

沪宁城际有些标段基本与既有京沪铁路并行，运输便利，可作为远距离运输的主要方式，同时要考虑京沪线的通过能力，避免给既有京沪线造成运输负担。

(2) 做好安全应急救援预案，最大限度减少损失。突发性事件是指高速铁路建设期间由人为或自然因素引起的突发的人员伤亡、财产损失严重或产生严重危害和灾害。主要安全紧急事故有：①道路改移处车辆和行人安全；②桥梁高墩、悬灌施工人员安全；③架桥机和运梁车倾覆危及人员安全；④爆破施工人员安全；⑤漏电触电危机人员安全；⑥高温中暑；⑦暴力干扰工程施工导致人员伤亡。

由于有的施工标段位于丘陵地带且濒临海岸线，所以存在山洪、台风等自然灾害。为确保工程遇到突发性灾害时应对措施及时有效，保证施工安全，需要成立专门的应急救援机构，处理突发事故和人员救援工作。突发性灾害应急救援组织机构如图9.4所示。

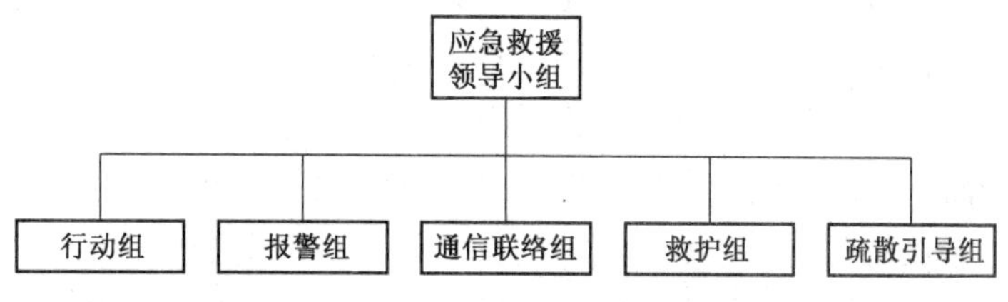

图9.4 突发性灾害应急救援组织机构

救援领导小组的主要任务是施工风险的预防、控制、扑救、查处的管理指挥工作，负责调集人员、救援物资、车辆，抢救生命财产，事故现场的指挥工作。

行动组的主要任务是在施工现场看见或听见火情、人员触电、高处坠落等事故，要立即召集施工人员迅速赶到现场救护，尽可能把事故控制在最小限度，减小对环境的污染。同时派人迅速报告项目领导。

报警组的主要任务是负责听从第一到达事故现场领导的命令。报警时要清楚说明事故发生的时间、地点、方位、事故是否造成人员伤亡等情况。报警后，要立即派人在单位门口和交叉路口迎接救援车辆。

通信联络组的主要任务是上传有关情况和下达领导指令，对内要告知事故发生情况，如发生伤人或塌方等事件，要对外联络，通知人员和救援车辆迅速赶到事故现场进行抢救。

救护组的主要任务是及时赶到事故现场救护伤员，送往医院医治伤员和完成领导交给的其他任务。

疏散引导组在事故发生时，疏散组长应立即带领本组人员弄清本工程疏散出口和消防通道情况，引导施工人员正确逃生，在要道关口处设专人指挥，克服拥挤情况。

（3）制订先进的、经济合理的施工方案，节约成本。制订先进的、经济合理的施工方案以达到缩短工期、提高质量、降低成本的目的。施工方案包括施工方法的确定、施工机具的选择、施工顺序的安排和流水施工的组织。正确选择施工方案是降低成本的关键所在。在施工过程中努力寻求各种降低消耗提高工效的新工艺、新技术、新材料等降低成本的技术措施，严把质量关，杜绝返工现象，缩短验收时间，节省施工成本。

优化的施工方案在实施工程中，每月应跟踪考核，对优化的施工方案实施阶段性经济技术分析，检验优化方案论证时的经济分析指标完成情况，分析影响方案、成本的各种因素，对优化方案进行改进。高速铁路路基项目的大规模，一方面给施工企业建立流水性生产线提供了条件，另一方面也给施工企业“四新”技术的应用提供了大平台，一项科学、经济、合理的新技术、新方案在一个工点的成功应用可以在其他工点迅速得以推广。施工企业必须充分利用大型项目本身的优点，走技术与管理节能之路，最大限度挖掘节约成本的可能性，减少工、料、机损耗，创造大项目的规模效益。

（4）应用网络技术进行成本管理。由于高速铁路施工项目成本管理涉及资源、进度、变更、索赔等多个范畴，而且信息量大、变化频繁，要对这些数据进行全过程的动态控制，必须通过计算机来完成。对投资计划、资金使用等进行执法监察和内部审计监督。建设单位认真执行建管费预算，严格审查资金支出，尽量少建房屋、少用人员，压减非生产性支出，确保建设资金专款专用，有效杜绝截留、挪用、挤占建设资金现象。设计单位严格按规范和程序编制、审批工程概算，减少初步设计与施工图的量差．从源头上防止工程项目超概算问题。

综上所述，全面、全过程施工项目管理是一套科学化、制度化、程序化、规范化的系统管理理论和方法，它强调质量、进度和成本的全面管理，区别于传统的事后控制，是一种全过程的动态管理模式。它的应用是高速铁路建设项目施工企业提高市场竞争力和企业综合经济效益的最佳途径。

9.4.2　集成管理计划实施的偏差分析及控制

9.4.2.1　质量偏差及控制

根据项目研究，施工企业质量损失可以细分为 12 项内容，包括内部返修损失、内部返工损失、内部停工损失、质量故障分析处理费用、材料降级损失、加固成本、外部返修损失、外部返工损失、外部停工损失、保修费用、索赔费用、质量罚金。对于质量损失按上述内容作统计和比较分析，可以了解高速铁路路基施工中各种不合格或者质量缺陷项目引起的损失内容和严重性。造成质量损失问题的原因是多方面的，涉及施工各个部门。要进行施工质量损失分析，必须首先掌握建筑施工各责任部门的损失报表，统计计算出计划期内质量损失总额及计划年度内累计总额，并与目标比较求出增减值和增减率。ABC 分类法是一种有效的控制质量的方法，可以找出路基施工质量损失的主要原因，并按照先后顺序采取相应的措施。对质量的控制，在发现某一处存在质量问题以后，可以采用排列图来分析影响施工质量的主要因素。另外，因果分析图法、直方图、统计分析的方法也是实用的质量控制的方法。

9.4.2.2　进度偏差及控制

引起工期拖延的具体原因如下：

（1）施工方案不合理。高速铁路施工过程中施工方案的不合理、路基施工必须确保有足够的预压时间与桥梁施工进度不协调、劳动力和施工机械调配不当等必会影响施工进度。

（2）技术难度。技术原因也是影响路基施工进度的一个因素。高速铁路对路基变形量的要求很高，要求工后沉降为 0，桥头过渡段不大于 5 cm。在高速铁路施工过程中经常会遇到软弱路基，必须采取各种技术措施使大部分沉降量在施工期内完成，有一定的施工难度。目前高速铁路工程部分技术质量标准还处于探索阶段，一些深层次的技术问题，如无砟轨道施工技术等，需要通过实验及科学研究才能解决。

（3）集成管理计划出现失误。集成管理计划时遗漏部分必需的内容，事前估计不足，资源供应能力不足或资源有限制，出现了集成管理计划中未能考虑到的风险，未能使施工达到预定的效率。

（4）资源供应不足。高速铁路路基施工中需要的材料和机械设备未及时运抵施工现场，特别是高速铁路工程质量必须实现“零缺陷”，到达现场之后发现其质量不符合合同规定的标准，都会造成进度拖延。

（5）环境条件的变化。路基施工中一旦遇到比设计条件所预计的施工条件更为困难的情况，如洪水、地质断层、溶洞、沉陷等水文地质条件的变化，不仅对高速铁路路基施工过程造成干扰，甚至还直接要求调整施工进度计划。

（6）路基施工中各相关单位协调不够。影响高速铁路路基施工进度计划实施的单位除了施工单位，还涉及设计单位、材料物资供应单位以及铁路运输部门等，其中任何一个部门工作的拖延都可能导致施工进度拖延。如施工天窗的开设就要协调好施工与运输之间的矛盾。如果发现实际进度已经脱离预定计划以后，就应该对原计划进行调整，以方便后续工程施工的控制工作。当关键路线的实际进度比计划进度提前时，首先应该确定是否对原计划工期予以缩短。如果不缩短，可以利用这个机会降低资源强度或费用，方法是选择后续关键工作中资源占用量大的或者直接费用较高的予以适当延长，延长的长度不应该超过已完成的关键工作中提前的时间量；如果要使提前完成的关键路线的效果导致整个计划工期的缩短，则应将计划的未完成部分作为一个新计划，重新进行计算与调整，再按新的计划执行，并保证新的关键工作按新的时间计划完成。当关键线路的实际进度比计划进度落后时，计划调整的任务是采取措施把失去的时间抢回来。应在未完成的关键项目中选择资源强度小的予以缩短，重新计算未完成部分的时间参数，再按新计划执行。这样做有利于减少返工费用。

9.4.2.3 成本偏差及控制

高速铁路路基施工过程中出现的成本问题如下：

（1）建设技术标准高引起的成本增加。高速铁路的工程技术标准高于一般的铁路施工技术，当然其建造成本也相应提高。同时，新技术引进后，还需要进行系统配套工作，在施工图设计阶段存在的许多技术标准问题也有待解决。因此，设计标准提高，导致试验检验的手段与设备配置也相应提高，成本亦相应增加。

（2）征地拆迁引起的成本增加。根据国内外惯例，征地拆迁一般由业主完成。但限于目前我国高速铁路建设的管理模式，业主没有足够的人力完成此项工作，拆迁工作大部分由施工单位完成。有的项目，地方政府是以征地拆迁费用作为工程项目投资入股的，其征地拆迁工作自行完成，而实际情况是施工单位与业主协商后由政府部门签认。没有业主与地方政府的有力配合，征地拆迁的难度自然会增大。这样的做法对施工单位来说，不仅没有酬劳，而且是一个最为头疼的难题，也必然会增大管理成本。

（3）材料费、机械使用费大。工程技术标准、建设标准的提高，要求工程材料的质量标准相应提高，这可能会增加一些原定额标准中没有的材料（如混凝土的减水剂、防腐剂等）和材料质检项目。同时，一些高标准的材料产地较少（如高性能耐久性 C30 混凝土的地材极其缺乏），采购和运输费用与设计前现场调查的情况有较大的变化。另外，有些大型模板的投入和摊销，与实际情况差距较大。反映在材料上的问题较多，有量的差异，也有价的差别，费用增加较大。

反映在机械使用费方面的主要问题，是大型机械设备的一次性投入和定额折旧不足。因为高速铁路建设使用的大型设备主要是依靠进口，价格较高，同时各建设项目的施工工期又紧，多条线平行建设，这种情况使后续工程难以预料。这不仅使资本运作不经济，而且承包单位的资金压力也特别大。目前高速铁路建设大型设备一次性投入的费用，占工程总价的15%~20%，而工程承包价中能够消化的费用仅占设备本身价格的百分之十几。

成本偏差的调控有两种基本方式，一是施工成本的增量调控，即通过计算施工成本增量，以工程索赔或承包商利润损失提供对施工成本补偿额，并修正后续工作的施工成本目标；二是工期——成本调控，即通过计算各节点施工成本增量，调整两相邻节点各工作的持续时间，修正相关活动的施工成本速率，实现对后续工作的成本进度控制。对于成本的超支，应分清成本超支的责任，由责任方提供对施工成本超支的补偿金额。例如，因设计变更引起的成本超支，应由业主追加投资补偿；因施工质量造成返工引起的成本超支，则应由承包商自行补偿（一般是以降低利润额补偿）等。为纠正成本偏差，一般只有当给出的措施比原计划已选定的措施更为有利，或使工程范围减少，或生产效率提高，才能有效。

9.4.3　高速铁路路基施工安全与风险控制

9.4.3.1　路基施工安全目标

铁路复线工程的特点是邻近既有线施工和站内改造，每天都要跟行车打交道，区间车速都比较快，站内一般是就地改造，运输繁忙、行车密度大、地下电缆纵横交错、施工难度大，稍有疏忽就可能酿成大祸，所以必须把确保营业线行车安全放在首位，明确防范的重点。

（1）路基开挖安全。取土场开挖时经常检查坡面的稳定。每天开工前、收工前将对坡面、坡顶附近进行观测，如发现有裂缝和塌方的迹象或有危石时，立即处理。凡不能处理且对施工安全有威胁时，暂停施工，并报告处理。取土场开挖自上而下进行，防止因开挖不当造成坍塌。边坡不稳，坚决禁止掏底开挖。开挖作业应与装、运作业面相互错开，严禁上下重叠作业。挡土墙基坑开挖时，根据土质情况，及时做好临时支撑，在岩体破碎或土质松软地段，基坑开挖面不能太大，不能暴露太久，防止坍塌伤人。挡土墙体施工一定高度时，搭设脚手架平台、防护栏、挂安全网。做好路基施工中的机械设备的组织指挥，保证道路畅通，防止发生机械碰撞及翻车事故。

路基不良地段施工时，开挖前和开挖过程中要及时检查坡面情况，发现情况及时处理。及时做好挡护或坡面防护工程，挡土墙基础要分段跳槽开挖，快速砌筑。挡土墙或护坡砌筑到一定高度时要设防护栏杆、加安全网。经常与当地气象部门取得联系，提前做好防洪准备。遭遇阴雨天气时加强安全检查，必要时坡面覆盖防护。加强量测监控工作，认真分析数据，做好不良地质情况预报预测，同时准备好抢险预案。施工人员特别注意安全情况，加挂安全警示标牌等。按指定地点弃土，保证弃土堆的自身稳定，防止弃土对农田、河道的污染，并采取有利于复耕的措施。

（2）既有路基稳定安全保证措施。针对新线路基施工要保证压实度，特别是与既有线营运线结合部的质量，防止出现塌方、溜坡。对涵洞行防护开挖后，要及时抽水，快速施工，缩短基底暴露时间，施工基础及涵身完工后及时回填基坑台背。在开挖前要注意收集近期天气预报，尽量避开雨天施工，若在雨天施工，应备好抢险材料，如编织袋、碎石等，以保万无一失。

（3）新线路基施工过程中保证既有线行车安全。邻近既有线施工作业，严格按照批准的施工计划和施工组织、方案措施施工。防止机械侵限，危及行车安全，并有专人防护。严格把住点前方案审定、施工准备，点中安全检查，点后工程质量三大关口，在确保安全的前提下，减少对运输的干扰和影响。线上卸车作业时注意防止侵限，并确保快速卸车，在专用线上运输时防止车辆侵限。

9.4.3.2　高速铁路路基施工风险管理

风险是影响项目目标实现可能发生的事件。风险管理就是识别和度量项目风险，制订、选择和管理风险处理方案的过程。可以从以下几个方面理解风险的本质含义。

（1）风险是客观存在的不确定性。即风险的存在是客观的、确定的，但风险的发生是不确定的。风险的不确定性包括风险是否发生的不确定性、发生时间的不确定性、发生状态的不确定性以及风险结果的不确定性。

（2）风险具有很强的针对性。即风险是有客观载体的，工程风险只针对某个工程项目，且风险的发生只影响项目进行有关人员的权益。

(3) 风险是带来损失的可能，即风险结果的发生会带来损失。换言之，不会带来损失的就不是风险。风险的这种含义划定了风险管理的范围。

(4) 风险具有很强的时效性，风险的时效性表现在对某个项目来说，过去看来是风险因素，可能现在不是风险，现在看来是风险，将来可能不是风险，所以风险管理具有很强的时效性。

(5) 风险具有一定的可测性，人们可以根据以往发生的一系列类似事件的统计资料，经过分析处理，对风险发生的频率及其造成的经济损失程度做出统计分析和主观判断，从而对可能发生的风险进行预测与衡量。

对那些风险要素采取有针对性的措施去规避风险，排除风险，使项目目标达到受控的目的。由于铁路的工程项目社会配合面广，干扰因素多，项目风险的存在是难免的，必须引起重视，防患于未然，以便使风险所造成的损失降低到最低的限度。

风险识别是指在各类风险事件发生之前动用各种方法对风险进行的辨认和鉴别，是系统地发现风险和不确定性的过程。风险识别的主要目的有：①便于估计和评价风险的大小；②选择最适当的管理对策。要管理风险首先必须识别风险，对风险的严重程度及可能造成多大的损失必须认真估量，如果风险不能被识别，它就不能被控制、转移或管理。然而在绝大多数情况下风险并非显而易见，也不容易辨识和预测，至少不容易准确地预测。风险具有隐蔽特征，而人们常常容易被一些表面现象迷惑，或被一些细小利益所诱，而看不到内在的危险。因此，风险识别在风险管理中显得尤为重要。

针对高速铁路路基施工项目的特点，对风险因素进行分类分析，有以下几种风险：

(1) 路基开挖对地下管线的损坏。施工过程中发现管线现状与交底内容、勘测资料不符或出现直接危及管线安全等异常情况时，立即报告建设单位和有关管线单位，商议补救措施，在未做出统一结论前，不擅自处理或继续施工。施工过程中对可能发生意外情况的地下管线，事先制订应急措施，配备好抢修器材，以便在管线出现险兆时及时抢修，做到防患于未然。一旦发生管线损坏事故，在 24 h 内报上级部门和业主单位，特殊管线立即上报，并立即通知有关管线产权单位请求抢修，积极组织力量协助抢修工作。

对人为原因造成损坏的地下管线事故，要认真吸取教训，并按相应的原则进行处理。对重要保护的管线，除在开挖前采取有效加固措施外，还应备足设备、材料。对管线和建筑物进行严密观测，当监测数据达到警戒值时采取应急措施进行处理。施工前，先对施工区域及其周围的地下管线和建筑物进行调查，会同其产权、维护单位共同确认地下管线位置、走向，并划定需要施工防护的范围，需要拆迁的地下管线及建筑物，及时与产权单位签订拆迁协议，并尽早拆迁。需保留的地下管线和建筑物，与产权单位商定加固防护方案，采取切实可行的保护措施，保证施工中正常使用及安全。

(2) 路基开挖对既有线安全营运的影响。新线路基软土地基处理时土方开挖和打桩会对紧邻既有线路基的安全稳定产生很大影响，一旦施工作业不当则有可能造成既有线边坡、路堤、车站站场股道垮塌等风险。

(3) 开设施工天窗对既有线运输通过能力的影响。凡影响行车的施工、维修作业，不得利用列车间隔进行（特别规定的慢行施工除外），都必须纳入天窗。天窗本质就是在每天24 h

行车时间中固定一定的时间来进行施工与维修，在这段时间中禁止行车。天窗对运输组织的干扰很大，4 h 的天窗，相当于一天有 1/6 的时间无法行车。本来时间是连续的，天窗割裂了这种连续性，使整个运输组织变成一个断裂的过程。既有京沪线承担着巨大的客货运输任务，本来就没有太多的富余，有时运输能力利用已经达到饱和，造成既有线运输能力存在风险。

按照风险可能出现的概率或对高速铁路路基施工可能增加的困难程度、人员财产损失及对工期的影响程度，划分高速铁路路基施工项目风险等级，划分标准见表 9.3。

表 9.3　风险等级划分标准

风险分级	风险可能出现的概率或增加施工的困难程度	人员财产损失	延误工期
5 级	高	大	长
4 级	较高	较大	较长
3 级	中	中	一般
2 级	低	小	较短
1 级	较低	较小	不延误

对施工中的风险可以根据本单位多年来积累的经验，也可以借鉴他人经验预测，根据风险的性质、大小采取如回避、转移等措施，将风险损失降到最低程度。在分析了上述风险因素和风险等级之后，就可以概略制订出有针对性的风险管理方案。每个项目的具体情况不同，其风险管理方案也不同，但风险管理的完成过程是基本相同的，风险管理流程如图 9.5 所示。

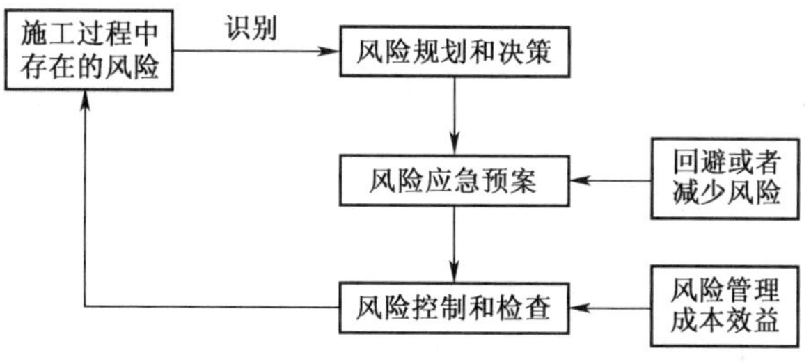

图 9.5　风险管理流程

风险回避是在考虑到某施工方案的风险及其所致损失都很大时，主动放弃该方案以回避该方案所带来的一切风险和损失的一种处置风险的方式，它既是一种最彻底的风险处置技术，也是一种消极的风险处置方法。风险回避虽然彻底消除了实施该方案可能带来的风险，但同时导致施工难度增加。

9.5　施工集成管理计划的实施、控制和预测

在施工项目控制系统管理过程中要遵循以下原理：

（1）动态控制原理。施工项目控制是一个不断进行的动态控制，也是一个循环进行的过程。当实际施工情况与计划不一致时，分析偏差产生的原因，采取相应的措施调整原计划，使两者在新的起点上重合，继续按其进行工程活动，并且尽量发挥组织管理的作用，使实际

工作按计划进行。

(2) 信息反馈原理。信息反馈是建设项目控制的依据，项目的施工情况通过信息反馈给基层项目控制人员。在分工的职责范围内，经过加工，再将信息逐级向上反馈，直至主控制室，主控制室整理统计多方面的信息，经过比较分析做出决策，调整计划，仍使其符合预定目标。

(3) 网络计划技术原理。在施工项目控制中利用网络计划技术原理编制计划，根据收集的实施计划的信息，比较和分析计划，利用网络计划工期、资源、费用的综合动态优化理论调整计划。网络计划技术原理是建设项目控制的完整的计划管理和分析计算的理论基础。

(4) 封闭循环原理。施工项目控制的全过程是计划、实施、检查、比较分析、确定调整措施、再计划。从编制项目计划开始，经过实施过程中的跟踪检查，收集有关实施的信息，比较和分析实际执行情况与项目计划之间的偏差，找出产生的原因和解决办法，确定调整措施，再修改原计划，形成一个封闭的循环系统，如图 9.6 所示。

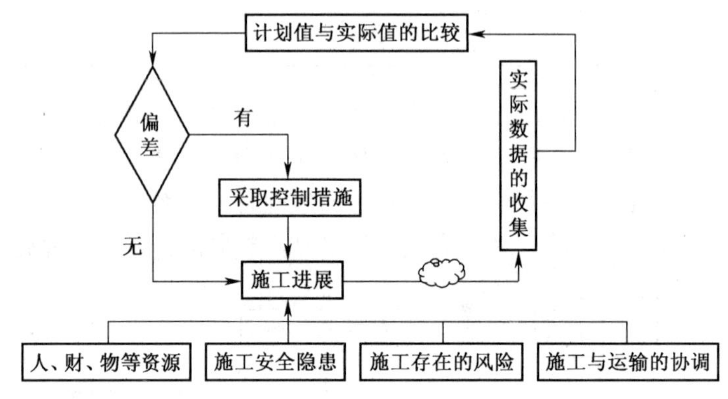

图 9.6 施工动态控制原理

施工项目集成管理采用的是目标管理，包括项目目标的预测、决策、计划、控制、反馈等。计划与控制是建设项目目标控制的重要方法。在项目实施前设定项目的目标，在实施过程中通过有效控制保证目标的实现。建设项目的管理就体现在对建设项目的控制。所谓控制，是指施控主体对受控客体的一种能动作用，这种作用能够使受控客体根据施控主体的预定目标而运动，并最终达到这一目标。控制的目的就是保证预定目标的实现。

经过审核的计划和施工方案即可用于指导工程实施。在计划实施过程中，不断收集、传送、加工和分析相关信息，将实际完成情况与集成计划进行对比检查，找出二者之间的差距，并且定期作出质量、进度和费用使用情况的综合报告。当出现偏差时，一方面要针对问题的起因提出纠正或改进措施，另一方面要根据变化后的新情况对集成计划进行调整，以保证各项工作按计划进行，直到整个工程结束为止。

施工项目集成计划的实施和控制是将制订出的项目集成计划付诸实施的工作，包括完成项目集成计划任务、实现项目集成管理的目标等，这是一项贯穿项目全过程的综合性和全局性的项目实施及集成管理控制的工作。

施工项目集成管理不但要对项目的质量、成本、进度进行集成管理，而且需要根据项目的进展与环境和条件的变化情况，以此来预测未来一定时期内的可能发展与变化趋势，以及成本、进度、质量等要素的最终发展结果。这种预测，既可以使人们能够对未来造价的走势有所预见并做好相应准备，还可以在各种造价的发生之前，采取控制措施，从而做好项目造价的事前管理。

9.6 小　　结

（1）施工项目集成管理主要是对安全、进度、成本和质量的控制，对成本进行全过程动态控制，提前做好安全应急预案，以集成管理为核心、分目标管理为支撑，与传统管理相比，实现人尽其才，物尽其用，发挥整体的优势，以求得整体的最优规划、最优管理和最优控制。

（2）沪宁城际铁路施工采用项目集成管理，其中路基工程作为关键控制工程，通过实施集成管理偏差分析与控制，确保质量、安全、进度 3 个目标顺利达标。集成管理信息化动态施工一方面针对问题进行纠正或改进；另一方面根据变化后的新情况进行调整，保证了沪宁城际铁路各项工作按计划进行，直到整个工程结束。

第10章 京沪高铁与沪宁城际并行段项目施工管理研究

10.1 并行段工程项目概况

京沪高速铁路标段并行段起讫里程 DK1065+500~DK1074+800，总长 9.3 km。正线桥梁 4 206 m，其中特大桥 2 座（2 342 m）、大桥 4 座（1 749 m）、中桥 2 座（114.4 m），架梁 127 孔。本段桥梁的形式为简支梁和刚架桥。涵洞 10 座，其中框架涵 8 座，倒虹吸 2 座。正线路基长 5 094 m，其中，挖土方 556 986 m^3、填筑 A、B 组填料 176 023 m^3、填筑改良土 74 746 m^3、基床表层级配碎石 34 288 m^3、过渡段级配碎石 56 581 m^3、地基处理 CFG 桩 298 726 延米。

沪宁城际站前Ⅱ标段起讫里程 DK43+500~DK52+800，总长 9.3 km。正线桥梁 4 186 m，其中特大桥 2 座（2 329.33 m）、大桥 4 座（1 739.87 m）、中桥 2 座（116.8 m），架梁 127 孔。涵洞 10 座，其中框架涵 8 座，倒虹吸 2 座。正线路基长 5 114 m，其中，挖土方 405 523 m^3、填筑 A、B 组填料 165 822 m^3、填筑改良土 70 773 m^3、基床表层级配碎石 33 732 m^3、过渡段级配碎石 52 584 m^3、地基处理 CFG 桩 323 401 延米。

京沪高速铁路与沪宁城际并行段如图 10.1 所示。京沪高速铁路土建Ⅴ标段与沪宁城际铁路Ⅱ标段部分区段并行施工，全长 9.3 km，要完成正线内的拆迁、路基、桥梁、涵洞、线下工程相关的接触网支柱、路桥声屏障、电缆沟槽、综合接地、电力及电力牵引供电、大型临时设施和过渡工程等招标文件规定的所有工程。根据京沪高速铁路苏州指挥部〔2008〕第 54 号和第 58 号调度通知的要求，与沪宁城际铁路并行的京沪高铁按照要求在 2010 年 7 月 1 日沪宁城际铁路正式开通前，完成京沪高速铁路靠沪宁城际铁路一侧接触网立柱、栏杆和轨道板的铺设（双线）。

并行段工程广泛采用了新技术、新结构、新工艺。区段路桥相连，施工单元、施工段落较多，桥位多跨越河流、道路和软土地质，工程量集中、工期要求紧、建设标准高，双线并行区段同时施工，施工干扰非常大，具有以下突出特点和复杂条件：

（1）工期紧。按照 2008 年 10 月 9 日铁道部“沪宁城际铁路提高标准”的会议精神，路基工程京沪高铁与沪宁城际四线路基同步施工，同期完成，满足沪宁城际开通前京沪高速铁路左线完成轨道板的铺设、接触网支柱的安装、护栏的安装要求。施工工期非常紧，具体体现为：①征地拆迁缓慢，并行段征地拆迁进展缓慢，制约施工进展。因此，提前运作，抓好

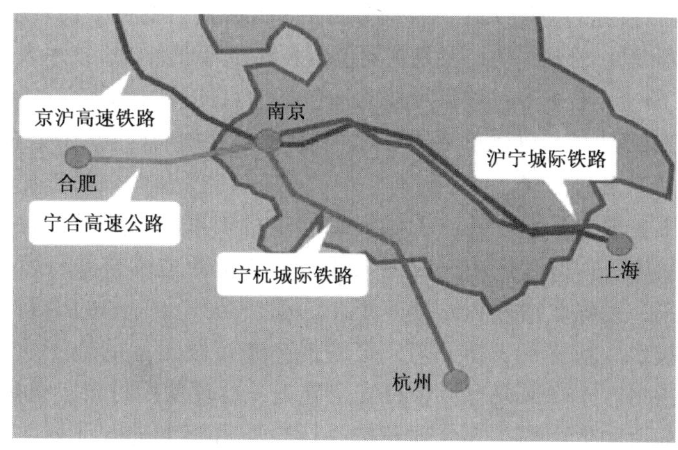

图 10.1　京沪高铁与沪宁城际并行段示意图

落实，确保各施工单元按计划开工是实现总体工期目标的关键。②路基施工工期紧，路基工点分散，工期要求紧。京沪段投入 6 个路基作业队，负责路堑的挖方和路堤的填筑和基底清淤。投入 28 个 CFG 桩作业组，负责路基地基的处理，与沪宁城际并行的路基同步，交错施工。

（2）质量标准高。主体工程质量标准高，工程主要承重结构使用寿命需满足 100 年的要求，主体工程质量实现“零缺陷”，并满足列车开行高安全性和高舒适性的要求；工后沉降控制质量标准高，站前工程要严格控制工后沉降、差异沉降和结构变形，路基和桥梁的沉降控制是工程项目的技术难点。

（3）并行段同时建设，施工干扰大。沪宁城际铁路与在建京沪高速铁路并行，两线桥梁工程相对独立，设计桥涵构筑物基本对应，施工干扰非常大。在京沪高速铁路和沪宁城际铁路路基之间修建专用运架梁通道，在二线间距最近的断面处，京沪左线与沪宁右线的间距约 9.92 m，因京沪架梁时沪宁已开始四电及桥梁附属工程的施工，此时架桥机中心距沪宁右线中心间距为 12.42 m，架桥机半宽为 9 m，此时沪宁的接触网支柱距架桥机 C 型腿为 0.02 m，桥梁遮板侵限约 0.48 m，会影响到京沪的架梁。

10.2　并行段项目施工管理的内容及任务

并行段项目施工管理是以项目经理负责制为中心，组成项目管理机构对施工进行计划、组织、协调和控制的过程。并且按项目施工的任务和要求，对施工过程进行科学的指挥、合理的组织，以及监督和调节，以最有效地利用人力、物力和财力等资源，高质量、高标准地完成项目施工。

1. 项目施工管理的主要内容

并行段项目施工管理目标是通过项目管理来实现的，为了实现目标，必须对项目进行全过程、多方位的管理。主要管理内容包括：①建立项目管理组织机构，包括机构设置、人员组成，各方面工作与职责的划分，以及业务工作条例的制订；②并行段项目的计划管理，包括项目的施工组织设计、施工方案及施工总体计划，施工总体计划包括项目的工期计划，成本计划，资源数量计划等；③并行段项目管理目标的控制，主要包括施工进度控制、质量控制、安全风险控制等；

④合同的管理主要包括投标的前期工作、合同分析、合同控制、变更以及索赔管理；⑤对施工生产要素进行优化配置和动态管理，生产要素主要包括人员（管理人员、技术人员、劳务人员）、材料、施工机械设备、资金、技术等；项目后期管理包括项目的验收、移交、试运行等工作；⑥并行段项目后评估，是对施工项目进行总结，研究各目标具体实施的程度及存在的问题。

2. 项目施工管理的基本任务

并行段项目施工管理的基本任务：①认真贯彻执行国家基本建设方针、政策及法令，科学、合理地组织项目施工，按时按质完成施工任务；②不断地调整并行段项目施工人员在施工过程中的相互关系，正确地指挥和安排施工，调动一切积极有利的因素以确保施工顺利进行；③积极采用新技术、新材料、新工艺，努力提高并行段工程的施工质量，认真履行合同和铁路主管部门的指示；④确保并行段项目安全施工，合理使用材料、机械设备等施工资源，降低施工成本、提高劳动生产率；⑤合理安排并行段项目施工进度计划，并在计划执行过程中不断加强监督和协调，协调施工单位与其他相关单位的关系，不断提高施工管理水平。

10.3 并行段项目质量安全管理与控制

在并行段项目建设过程中，必须以工程质量为核心，牢固树立“安全第一、质量至上”的理念，切实增强工程质量的责任意识。强化建设施工过程控制，加大现场检查监督力度，确保项目的工程质量。总的质量控制原则是：试验段先行，总结工艺；确定重点难点技术，明确质量控制要点；严格工序管理，加大过程质量控制力度。

随着我国高速铁路建设的飞速发展，高速铁路客运专线项目在具体施工过程中面临着越来越多的实施环境和施工条件。由于其自身的特点和复杂条件，增加了工程施工和管理的难度，对施工安全技术和施工安全管理提出了更高的要求，这就要求施工管理部门在施工过程中根据项目实施的具体情况，引进先进的安全管理理念，分析项目施工面临的各种潜在安全风险，加强事前预防和过程控制，提前做好施工安全应急救援预案，最大限度地保证项目施工安全。

10.3.1 并行段项目质量安全目标

1. 质量安全目标

质量方面：①确保客运专线工程质量达到世界一流水平；②按设计速度开通，经得起运营和时间的检验；③按照验收标准，各检验批、分项、分部、单位工程施工质量验收合格率达到100%；④在合理使用和正常维护条件下，路基、桥梁等工程结构的施工质量满足不少于100年设计使用寿命期，主体工程质量“零缺陷”，确保结构安全；⑤全线综合质量达到部级优质工程，争创国家级优质工程。

安全方面：①坚持以预防为主，抓好危险源头控制，优化施工方案，严格控制过程；②杜绝施工安全事故的发生，控制和减少道路交通责任事故、火灾事故以及一般责任事故。

2. 质量安全特点分析

(1) 质量影响因素多。工程应用了大批新材料和新工艺，导致出现了很多影响工程项目质量的因素，主要有项目的新材料、新技术、新工艺和工法等，均直接影响到工程的质量。

（2）工程技术难点多。并行段区域沉降、松软土基础工点多；基础设施变形沉降标准严，观测评估周期长；桥梁梁体徐变控制标准高；无砟轨道铺设精度高；站前站后工程接口多；施工单元多，临时工程数量多，施工落实及质量安全控制工作量大。

（3）质量控制难度大。工程施工单元多，设置梁场和板场数量大，大型运架梁设备多，施工中协调进度和质量控制难度大。因此，在并行段工程项目的质量管理过程中，应严加监控，并将工程项目的过程控制贯穿于项目建设的全过程中。

（4）安全问题突出。两线桥梁工程相对独立，设计桥涵构筑物基本对应，最大间距不足 5 m。一方面沪宁架梁会影响到京沪的施工；另一方面沪宁开始进入试运行阶段时京沪正在架梁，施工安全受到极大的影响，必须加强施工过程中的安全防护。

10.3.2　质量安全保证体系及措施

1. 质量安全保证体系

为保证并行段项目顺利实施，实现工程质量目标，根据项目经理部质量管理体系文件规定，从组织机构、思想教育、技术管理、施工管理以及规章制度等 5 个方面建立符合工程项目的质量保证体系，确保结构安全，主体工程质量“零缺陷”。质量保证体系如图 10.2 所示。施工各阶段质量管理如图 10.3、图 10.4、图 10.5 所示。

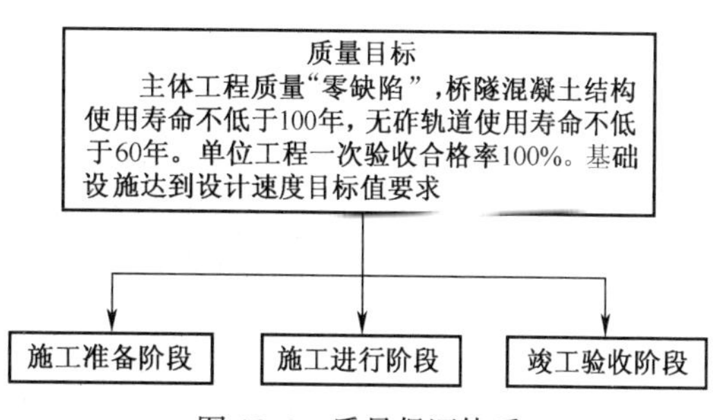

图 10.2　质量保证体系

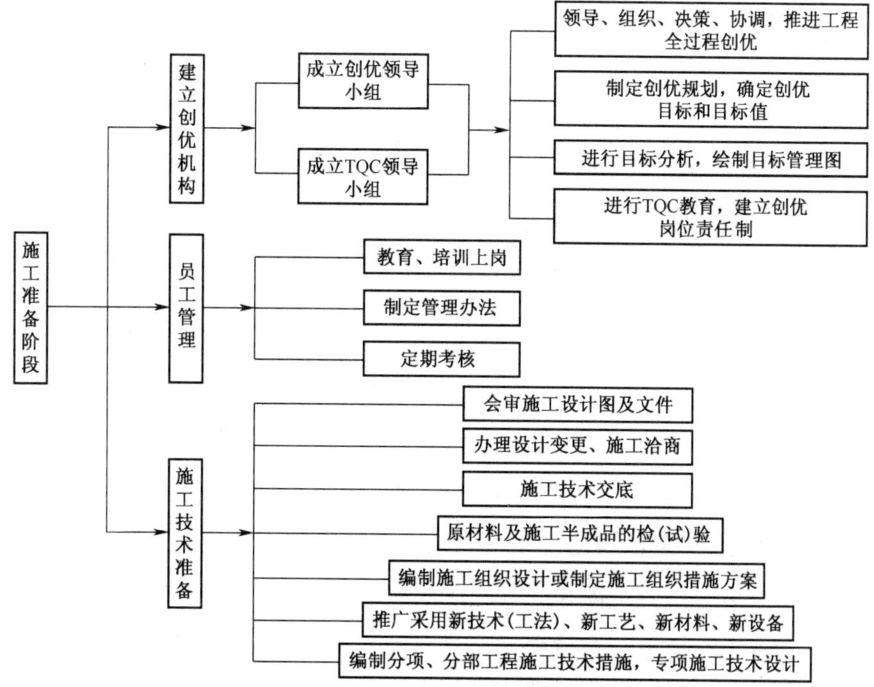

图 10.3　施工准备阶段质量管理

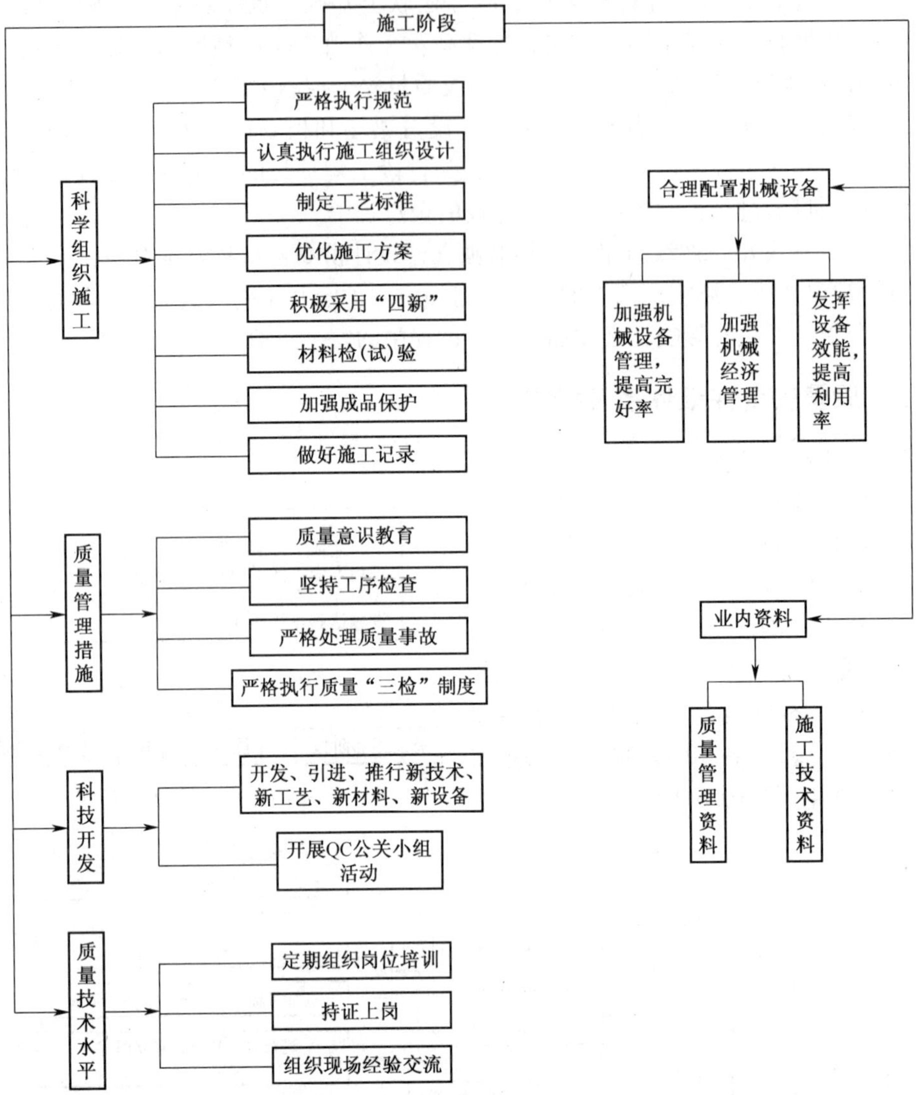

施工阶段
科学组织施工
严格执行规范
认真执行施工组织设计
制定工艺标准
优化施工方案
积极采用“四新”
材料检(试)验
加强成品保护
做好施工记录
质量管理措施
质量意识教育
坚持工序检查
严格处理质量事故
严格执行质量“三检”制度
科技开发
开发、引进、推行新技术、新工艺、新材料、新设备
开展QC公关小组活动
质量技术水平
定期组织岗位培训
持证上岗
组织现场经验交流
合理配置机械设备
加强机械设备管理，提高完好率
加强机械经济管理
发挥设备效能，提高利用率
业内资料
质量管理资料
施工技术资料

图 10.4　施工阶段质量管理

竣工验收阶段
编制符合文明施工和环境保护要求的撤场计划
最终检验和试验合格后，对建筑产品采取防护措施
质量资料管理

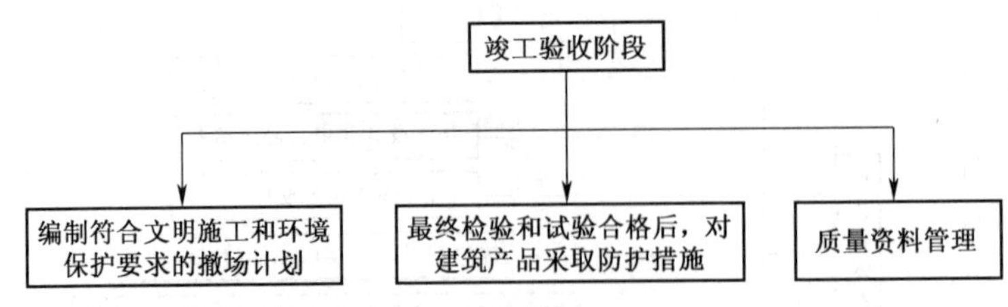

图 10.5　竣工验收阶段质量管理

另外，项目部成立安全生产委员会，项目经理为组长，是安全生产管理的第一责任人，对并行段安全生产负全面领导责任。项目常务副经理、副经理、总工程师担任副组长，职能部门负责人和工区队长任组员，工程管理部设专职安全工程师，负责项目安全监察和日常工

作。工区设专职安全员，班组设兼职安全员，全员参与安全管理。开展多种形式的岗位安全培训、宣传教育活动，树立全员安全意识，形成自觉搞好安全生产工作的氛围。制定安全生产规章制度和操作规程。保证投入足够的安全生产费用，完善安全防护设施。建立完善的安全生产监督保证体系，对施工生产实施全过程安全监控，确保实现安全目标。施工安全保证体系如图 10.6 所示。

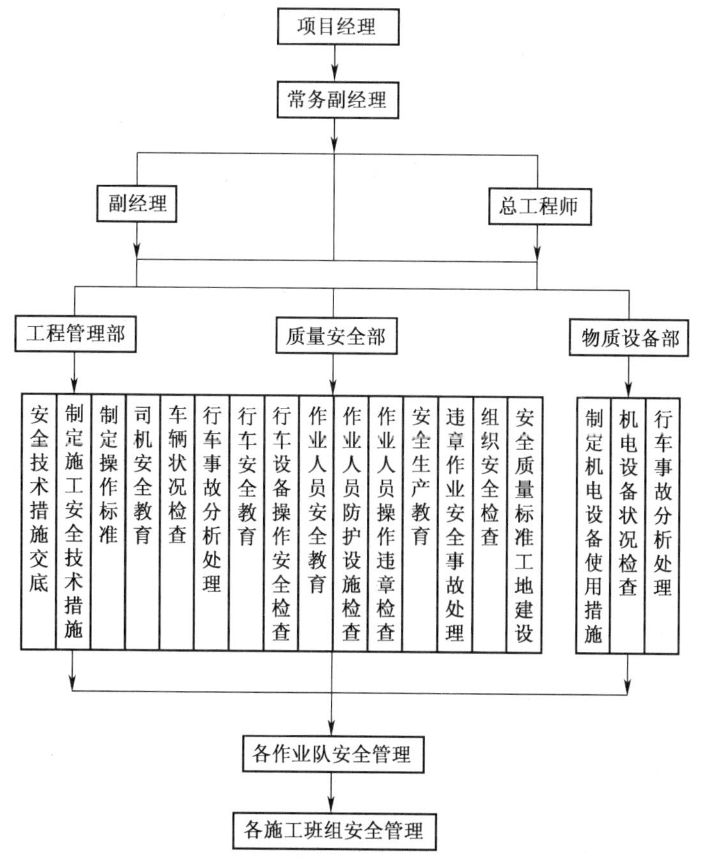

图 10.6　施工安全保证体系

(1) 做好安全施工教育与培训。项目经理、项目副经理及主要管理人员、技术人员和专职安全人员均要进行安全知识培训，合格后方可从事施工管理工作。组织施工人员进行各专业安全教育培训。作业人员遵守安全施工的强制性标准、规章制度和操作规程，正确使用安全防护用具、机械设备等。对从事特种作业人员，按照国家有关规定经过专门的安全作业培训，并取得特种作业操作资格证书后，方可上岗作业。对已取得上岗证者，要进行登记存档规范管理。对上岗证要按期复审，并设专人管理。对管理人员和作业人员每年至少进行一次安全施工教育培训，其教育培训情况记入个人工作档案。安全教育培训考核不合格的人员，不得上岗。采用新技术、新工艺、新设备、新材料时，对作业人员进行相应的安全施工教育专项培训。

(2) 安全生产设计制度。安全设计的重点是强化现场作业安全控制。针对易发伤亡事故的作业环节、部位、设备等，逐级确立施工安全控制点，强化现场作业过程控制，每层次做到有控制点、有控制措施、有检查责任人、有检查频次、有检查记录、有整改记载。

(3) 安全技术交底制度。并行段工程开工前，工程负责人向参加施工的各类人员认真进行安全技术措施交底，使大家掌握工程施工特点及各时期安全施工的要求。生产班组在接受生产任务时，应同时组织班组全体人员听取安全技术措施交底讲解，凡没有进行安全技术措施交底或未向全体作业人员讲解，班组有权拒绝接受任务，并提出意见。安全技术交底活动由双方签字确认。

(4) 建立健全安全施工作业制度。根据并行段工程施工特点，制订具有针对性的各项安全作业制度和措施，包括现浇梁施工安全，防洪防汛施工安全，高空作业安全，水上作业安全，开挖爆破作业安全，车辆交通运输安全，各种机械的安全操作规程，爆破安全作业规程和规章制度，有害气体检测，用电安全须知及电路架设养护作业，便道、便桥通行及养护作业，各种信号的设置规则及维护措施，施工现场保安，制架梁的安全防护，防火、防冻、防风安全，各种安全标志的设置规则及维护，重大安全应急救援预案的制订及演练。

(5) 严格实施安全施工检查。项目经理部每月组织一次由有关职能部门的负责人和项目专职安全员参加的安全生产大检查，并积极配合上级主管部门进行安全专项和重点检查，工区每旬进行一次检查，班组每日进行自检、互检、交接班检查。

2. 质量安全技术措施

(1) 加强施工技术管理。加强施工技术管理，由项目总工程师主持，集中相关人员对设计文件进行全面核对和研究，并进行现场核查。对施工图质疑之处及与现场不符之处，按规定程序书面上报。逐级进行技术交底，使施工人员明确作业技术要领、质量标准、施工依据、与前后工序的关系，保证操作程序、操作质量符合质量规程要求。实行技术工作复核签字制度，所有图纸、技术交底、测量放样资料由主管审核签字标识后方能交付施工，各项资料保存完好，以备核查。

(2) 严格工序管理。对材料质量状况、工具设备状况、施工程序、关键操作、安全条件、新材料新工艺应用、常见质量通病、操作者的行为等影响因素列为控制点，作为重点检查项目进行预控；落实工序操作质量巡查、抽查及重要部位跟踪检查等方法，及时掌握施工质量总体状况；对工序产品、分项工程的检查按标准要求进行目测、实测及抽样试验的程序，做好原始记录，经数据分析后，及时作出合格及不合格的判断；对合格工序产品及时提交监理进行隐蔽工程验收；完善管理过程的各项检查记录、检测资料及验收资料，作为工序质量验收的依据，并为工程质量分析提供可追溯的依据。

(3) 推广应用“四新”技术。积极推广采用新技术、新工艺、新材料、新设备及新测试方法成果，禁止采用淘汰或落后的施工工艺，以一流的工艺水平保证一流的工序质量。

(4) 加强原材料质量控制。严把原材料检测和验收关，杜绝不合格材料进入工地；制订预防措施和纠正措施，严格监控沙子、碎石的颗粒级配、石粉含量、泥块含量等质量指标的波动，保证原材料质量始终处于受控状态。

(5) 规范混凝土拌和站管理。混凝土拌和站建设和管理是一项重要工程项目，从设备配置、地面硬化、试验和质检人员配置、称量装置的标定、沙子和碎石堆放与防护、搅拌工艺等方面进行细化管理，把好高性能混凝土生产的质量关。

(6) 严格控制路基沉降。从选料、搅拌、摊铺、碾压、检测、养护等方面进行质量控制，严格沉降观测和预压程序，确保工后沉降目标值符合设计和规范要求。

3. 安全保证措施

（1）施工人员安全保证措施。①所有参建职工均进行岗前安全教育，要认真学习，做到人人熟知，并始终贯穿在施工全过程中；②特殊岗位和技术工种，如安全员、工班长、机械操作员等，要进行岗前培训，经考试合格后，执证上岗；③所有现场施工人员必须挂牌上岗；④严禁酒后上岗，严禁疲劳上岗；⑤配齐配足劳动安全防护用品，确保安全防护；⑥过渡道路两端应按规定设防护栏及警告标志，夜间应挂警示灯；施工现场设安全标志，危险作业区要悬挂警示标牌；⑦施工运输车辆必须严格遵守城市和公路交通规则，文明行车；电工值班操作时，必须穿绝缘鞋；⑧变压器周围设安全防护栏；⑨起重臂下严禁站人；⑩施工脚手板不得有探头板；⑪高处作业系安全带；⑫患有高血压、癫痫病等人员不得从事高处作业。

（2）施工机械安全保证措施。①操作人员必须按照本机说明规定，严格执行工作前的检查制度、工作中注意观察及工作后的检查保养制度；②驾驶室或操作室要保持整洁，严禁存放易燃、易爆物品，严禁酒后操作机械，严禁机械带病运转或超负荷运转；③机械设备在施工现场存放时，应选择安全的停放地点；④使用钢丝绳的机械，在运转中严禁用手套或其他物件接触钢丝绳，用钢丝绳拖、拉机械或重物时，人员要远离钢丝绳；⑤起重作业严格按照《建筑机械使用安全技术规程》和《建筑安装工人安全技术操作规程》规定的要求执行；⑥定期组织机电设备、车辆安全大检查，对检查中查出的安全问题，按照“四不放过”的原则进行调查处理，制订防范措施，防止机械事故的发生；⑦加强安全教育，定期进行施工安全知识、交通法规等的教育，不断强化安全意识；⑧驾驶车辆时，各种证件必须齐全有效，并虚心接受交通部门的监督与管理。汽车在繁华闹市街道、交叉路口、泥泞道路、铁路道口行车时，要集中注意力，做到一看、二慢、三通过，谨慎驾驶，安全行车，长途运输必须配备 2 名司机；⑨在不良气候下行车，要集中注意力，慢速行驶，安全行车；⑩汽车驾驶员要自觉遵守交通规则，同时要注意车辆维修保养、刹车和方向要灵敏可靠，杜绝带故障出车，不准开快车，不准酒后开车，不准领导干部开车，不准非驾驶人员开车。

（3）跨既有道路施工安全防护措施。①在跨越公路两侧的桥墩基础施工时，对距离公路较近的墩，采用钢轨桩密排防护，防护长度顺公路长 20 m，并于铁路两侧各设防撞墩一个；②施工时，对进出现场的履带式工程机械通过公路时，采用废旧的汽车轮胎下垫，避免对既有公路路面造成损害，对造成既有公路路面的污染，安排专人进行清扫；③在施工现场上下行车道前方 200 m 处设置明显施工警示标志、行车标志，会同当地交警部门一道，指派专人负责对此路段的交通值守，并配齐对讲机、信号旗、警戒标志等，确保把社会车辆的通行放在首位。施工道路与既有道路交汇地段，妥善处理正常交通问题，保证行车畅通。

（4）高空作业安全防护措施。①高空作业时，必须有可靠的安全防护措施。高空作业安全设施必须进行严格的设计检算，严格按设计进行安装，并符合有关安全规程的规定。高空作业超过 3 m 以上者必须系安全带，戴安全帽，必要时设置防护网等防落设施。②从事高空作业的人员要定期或随时体检，发现有不能登高的病症，不得从事高空作业。大桥墩身施工模板、脚手架及支架均采用缆风绳加固；严禁高血压、心脑血管病人员登高作业。严禁酒后登高作业。高空作业人员不得穿拖鞋或硬底鞋，所需的材料要事先准备齐全。③高空作业所用梯子不得缺档和垫高，同一梯子不得二人同时上下，在通道处（或平台）设置围栏。高空作业与地面联系，由专人负责，并配有专用通信设备。④夜间进行高空作业时，必须有足够的照明设备。六级以上大风天，为确保施工人员、设备的安全，停止高空作业。⑤高空作业必须设置防护措施，并符合《建筑施工高处作业安全技术规范》（JBJ 80—91）的要求，按照《高处作业分级》（GB/T 3608—2008）实行三级管理。

（5）施工现场安全技术措施。①现场道路平整、坚实、保持畅通，危险地点悬挂安全警示标牌，施工现场设置大幅安全宣传标语；②现场的生产、生活区设足够的消防水源和消防设施网点，消防器有专人管理，不乱扔乱放，各项目队组成由15~20人的义务消防队，所有施工人员熟悉并掌握消防设备的性能和使用方法；③各类房屋、库棚、料场等安全消防距离符合有关规定，现场易燃杂物随时清理，严禁在有火种的场所或其近旁堆放易燃物品；④施工现场的临时用电严格按照《施工现场临时用电安全技术规范》（JGJ 46—2005）的规定执行；⑤施工中如发现危及地面建筑物或有危险品时立即停止施工，待处理完毕后方可施工；⑥从事爆破、电力、高空作业及起重作业等特殊作业人员，各种机械的操作人员及机动车辆驾驶人员，经过劳动部门专业培训并考试取得合格证后，方准持证独立操作；⑦施工现场设立安全标志；危险地区悬挂“危险”或“禁止通行”“严禁烟火”等标志，夜间设红灯警示；⑧爆破器材库的设备符合《爆破安全规程》（GB 6722—2014）的规定，库存量及平面布置经过当地公安机关批准；⑨所有道路的便桥在桥头设立标志，注明载重能力和限制速度；⑩爆破物品的管理和使用，符合GB 6722—2014的有关规定和要求；爆破用品在使用前根据规定要求，严格进行质量检验，每炮使用的引线长度根据燃烧速度决定，燃烧速度分批分卷进行试验，引线与雷管的连接，根据当时所需数量在加工房或指定地点进行，连接时使用雷管钳，严禁用牙咬；⑪施工现场用电严格按照三相五线制布设电线，做到二级保护，三级控制，一机一闸。

10.3.3 加强质量安全管理，深化过程控制

在并行段项目的建设施工现场，迅速流动的物资、高速运转的机械设备和快速作业的操作工人，各种资源高度集中，各类不安全因素和潜在的安全风险非常多，随时随地都有可能出现各类质量安全问题。为确保工程质量和施工安全，防止发生重大安全事故，必须加强施工过程的质量安全管理和控制。

（1）以ISO9001质量管理体系标准为指导，以达到国家和铁道部现行的质量验收标准和设计要求，一次验收合格率达到100%。主要技术标准有：①铁路等级为高速铁路；②正线数目为双线；③设计速度为350 km/h，初期运营速度为300 km/h，跨线列车运营速度为200 km/h及以上；④线间距为5.0 m；⑤最小曲线半径一般为7 000 m；困难地段为5 500 m；⑥最大设计坡度为20‰；⑦到发线有效长度为650 m；⑧牵引种类为电力；⑨列车类型为动车组；⑩列车运行控制方式为自动控制。

（2）完善地质勘察监理及施工图审核制度。地质勘察直接影响到并行段项目的设计质量乃至最终的工程质量，如果委托有关单位对勘察单位资质、人员资格、勘察设备、勘探数量、钻孔深度及室内试验等进行监理，将会大大提高勘察质量。目前承担地质勘察监理的单位还只仅限于几家铁路设计单位，随着高速铁路的大规模修建，能够承担此类监理业务的单位将会越来越多，施工项目质量将会得到大幅度的提高。施工图审核是铁路工程项目建设单位的

职责，建设单位可以自己组织权威专家，也可委托有资质的单位，对施工图的差、错、漏及是否符合相关标准规范等进行审核。

(3) 重视监理单位对施工现场的监控。京沪高铁与沪宁城际并行段项目线长点多，集中管理起来难度较大，因此必须依靠监理管理和监控项目。要明确监理单位作为现场管理者的身份，要统一信息传递的渠道，把监理作为信息枢纽站，同时必须要求监理单位建立独立的监理试验室，加强对原材料以及工程实体的独立检测工作。施工阶段工程建设监理的质量控制，主要是对项目施工全过程进行控制，及对参加施工的单位和人员的资质、材料和机械设备、施工方案和方法、施工环境实施全面的控制，按时按质达到预定的施工质量等级。

10.3.4 紧邻既有线施工安全风险应急分析

并行段项目部分区段紧邻既有京沪、沪宁铁路，施工时，桥桩基、基坑土方工程施工机械车辆可能会侵入既有线线界，造成既有线停车、脱轨等重大安全事故；工程挖方时由于对既有线地下管线认识不足，可能会造成通信信号的损坏，影响既有线的行车安全；混凝土施工时，车辆、机具和物料侵入既有线线界；基坑开挖时造成的路基坍塌将会影响行车和人身安全。为保证紧邻既有线的施工安全，必需加强管理和监控，预防和控制可能出现的上述紧急安全事故，最大限度减少人员的伤亡和财产的损失，维护正常的施工秩序和工作秩序，根据并行段项目的施工特点和对区段各级危险源的分析研究，制订安全应急救援预案。

1. 应急救援处理机制

根据并行段项目的特点，建立以项目经理为组长，副经理、总工程师为副组长的应急领导小组，项目部建立医疗救护小组，施工队建立抢险救灾小组。应急领导小组的组织机构如图 10.7 所示。

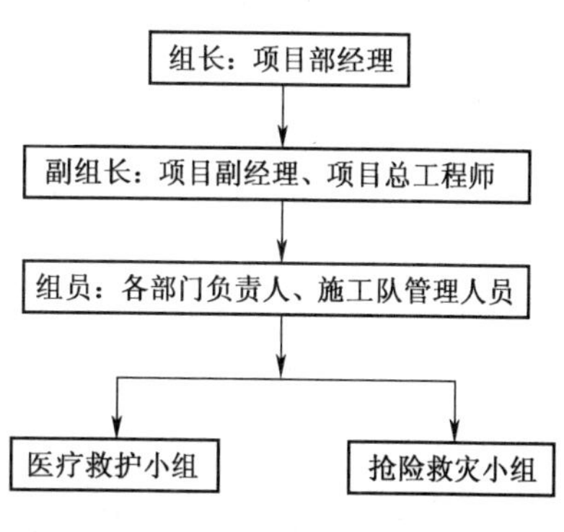

图 10.7 应急领导小组的组织机构

当出现因基坑开挖造成的路基坍塌等紧急情况时，应急领导小组组长组织有关人员察看现场，讨论应急方案，发布各项抢险应急指令。副组长（项目总工）迅速将有关情况上报设计、监理单位，会商处理方案并按照设计和监理单位的相关指示和要求，结合现场实际情况，制订有针对性的实施方案和施工技术措施；副组长（项目副经理）的职责是迅速组织有关责任部门和抢险救灾小组，落实、指挥实施应急施工方案和技术措施。工程管理部组织工管部门人员制订紧邻既有线突发情况下的安全应急救援方案，负责紧急救援预案的现场指导、监督。质量安全部组织质安部人员监督现场抢险安全，并提供安全技术指导和保障工作。财务部为紧邻既有线突发情况下的安全抢险提供资金支持。物资设备部保证紧邻既有线突发情况下的安全应急抢险所需的物资、设备等资源。综合管理部组织部门人员做好紧邻既有线突发情况下的安全应急抢险的内外联络和沟通工作。卫生室负责紧邻既有线施工安全事故中受伤人员的现场救护。计划部负责紧邻既有线施工安全事故发生后保护现场，对在施工安全事故救援过程中的有关变动，需做好现场记录，如照片、录像或绘制草图等。

在出现突发性的紧邻既有线施工安全事故后，施工队队长与技术主管负责组织并带领应急抢险救灾小组实施应急处理确定的施工方案和技术措施。突发性的紧邻既有线施工安全事故发生后，医疗救护小组应有医疗救护经验的医生3~5人、医疗设备齐全和先进的医疗救护车，在发生紧邻既有线施工安全事故时，立即奔赴现场。抢险救灾小组应由具有丰富施工经验、专业的身体健康强壮的中青年职工、管理人员组成，发生紧邻既有线施工安全事故时，根据应急处理领导小组的指令，立即投入应急抢险施工。

2. 应急救援物资配备

资金的配备由项目经理批准，财务部门必须保证8万~10万元的应急救援预备金，以备发生紧邻既有线施工安全事故时有足够的财力支持应急救援。应急救援物资配备见表10.1。

表10.1 应急救援物资配备

序号	名 称	数 量	位 置	负 责 人
1	急救车	1辆	工区	工区办公室
2	草袋	2 000条	各施工队	各施工队队长
3	物资运输车	1辆	工区	物资设备部部长
4	医药箱、药品	1套	工区	卫生员
5	挖掘机	2辆	工区	物资设备部部长
6	装载机	2辆	工区	物资设备部部长
7	安全帽	50顶	工区及各队	物资设备部部长
8	铁锹、道镐	各50把	工区及各队	物资设备部部长
9	工字钢	1 t	工区及各队	物资设备部部长
10	扳手	20把	工区及各队	物资设备部部长
11	电气焊	2套	工区及各队	工区部办公室
12	警车、扩音喇叭	各1	工区派出所	派出所所长
13	应急联络电话	数部	项目部及各部门	

3. 应急救援计划的启动

(1) 接警与报告。①接警。现场值班室的工区值班员接到突发性施工安全事故后，应迅速弄清事故发生的时间、地点，事故的性质，事故发生的原因，简要经过，现场控制情况等，并做好相关记录；②报告。现场值班员接到报警后，立即向工区经理上报，工区经理决定是否启动应急救援预案，是否向有关应急机构、政府及铁路部门发出应急救援请求。

(2) 应急救援联络与上报。紧邻既有线施工安全事故的应急救援联络工作应由工区办公室上报，施工安全事故的应急救援联络途径是：①一旦发生施工安全事故，立即拨打应急联络电话；②各工区办公室应掌握上级主管部门、业主、监理等人员的联系电话；③施工安全事故发生后立即向上级报告，工区经理根据事故等级在规定的时间内向上级领导报告。

4. 应急抢险与救援

在发生突发性的紧邻既有线施工安全事故后，由工区卫生室医护员对事故中的伤员进行急救，最大限度地减少伤亡，争取住院时间，配合120急救医生做好抢救。抢险救援工作由项目经理总指挥，同副经理、总工轮流指挥抢险，各部门各自完成本部门的应急任务，对救援队现场指挥，合理调配备机械设备、设施，充分利用应急物资，确保高效救援，尽快恢复现场，避免扩大事故和财产损失。应急处理程序见图10.8。

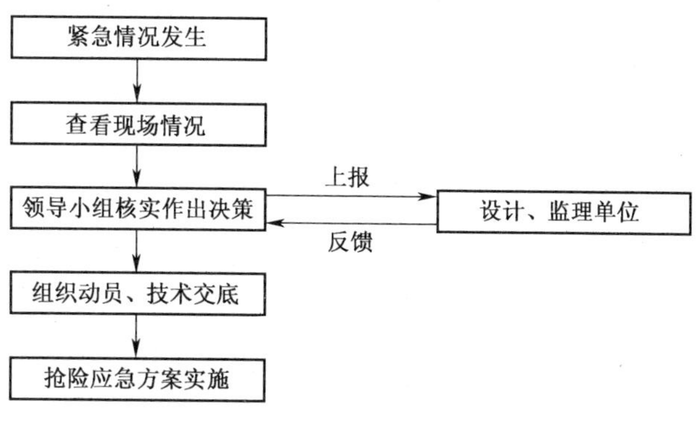

图 10.8　应急处理程序

10.4　并行段项目进度管理与控制

并行段工程涵盖面广，涉及因素多，建设周期长，涉及工程专业多，是一个复杂的系统工程，项目建设工期紧迫、技术标准高、施工质量要求高，这就要求施工过程中要有科学的施工组织和合理的进度计划。应用科学的组织方法，合理安排路基、桥涵、隧道及无砟轨道的施工顺序；采取多段平行流水作业、均衡施工、优化资源配置；坚持保证重点、突破难点工程的原则，优先安排控制重点工程的施工，统筹安排其他项目的施工，确保并行段项目的施工进度。

10.4.1　项目总体施工进度

10.4.1.1　施工进度计划

施工进度计划的安排原则包括：①坚持经济、合理与实用相结合的原则。采用先进的施工和管理技术，应用科学的组织方法，合理安排路基、桥涵、隧道及无砟轨道的施工顺序。②坚持整体推进、均衡生产、确保工期的原则。在并行段总工期及各节点工期要求的前提下，确保各专业工程分部、分项工程施工作业衔接合理、切实可行。同时充分考虑年施工期、气候条件以及交叉施工对施工进度可能带来的影响，采取多段平行流水作业、均衡施工、优化资源配置，确保施工进度及工期。③坚持保证重点、突破难点工程原则。并行段工程工期紧迫，技术标准高、施工质量要求高、科技含量高、开通速度高的特点，优先安排控制重点工程的施工，统筹安排其他项目的施工进度。

京沪高速铁路与沪宁城际并行段计划开工日期为 2008 年 4 月 8 日，2010 年 6 月 30 日前完成全部路基工程、涵洞、桥梁下部、架梁和轨道板铺设，施工工期 27 个月。

根据沪宁城际铁路的总体计划安排，要求路基工程于 2009 年 1 月 31 日前完成基床表层级配碎石填筑，2009 年 3 月 15 日至 2009 年 5 月 25 日为架梁阶段，在并行段路基线间修筑专用运梁通道，为先压后架段。按照京沪高速铁路与沪宁城际铁路施工同步实施的原则，要求 2009 年 1 月 31 日前完成基床底层填筑，并行段路基四线同时开工和结束，以保架梁为控制工序。架梁时间为 2009 年 3 月 15 日至 5 月 25 日，京沪的架梁时间为 2009 年 10 月 23 日至

2010 年 1 月 30 日，二者均由上海方向架往南京方向。

10.4.1.2 工程进度横道图

工程进度横道图具有直观性等特点，它是以图示的方式通过活动列表和时间刻度形象地表示出任何特定项目的活动顺序与持续时间，并且在我国工程建设领域的应用早已成熟。并行段项目施工进度横道图见图 10.9。

但是，因为横道图不好反映工序之间的关系等缺点，而网络计划图则能很好地解决这一问题，且通过编制网络计划图，铁路施工单位可以集中力量完成关键线路中的施工工序，合理部署、优化施工组织，从而达到控制施工进度的目的，做到有重点、有秩序地进行施工。因此，针对各分部、分项工程编制网络计划图是非常必要且可行的。

工程项目		线路	2008年			2009年												2010年											
			10	11	12	1	2	3	4	5	6	7	8	9	10	11	12	1	2	3	4	5	6	7	8	9	10	11	12
路基填筑		京沪高铁		2月26日填筑完，开始预压，预压期6～9个月														1.29(预压土卸载完)											
路基填筑		沪宁城际						3.10																					
桥梁	下部	京沪高铁								5.25																			
桥梁	下部	沪宁城际							4.15																				
桥梁	架梁	京沪高铁													10.23			1.31											
桥梁	架梁	沪宁城际						3.16		5.25																			
铺板		京沪高铁																			4.27		6.17						
铺板		沪宁城际															12.15		2.1										

图 10.9 并行段项目施工进度横道图

10.4.2 进度影响因素及保证措施

10.4.2.1 进度影响因素分析

由于并行段项目施工的复杂特点及其影响因素众多，因此进度控制也受到多方面的影响。施工组织是否合理，劳动力、施工机械调配是否得当，施工平面布置是否合理，物资供应、人员保障、自然环境等，任何一项因素出现问题，都会直接影响整个工程的进度。

（1）物资供应。在并行段项目施工期间，需要供应的物资种类繁多，如预制梁、桥梁防水材料、桥梁支座、综合接地电缆、钢筋、水泥，等等。供应量大、进场检验及保管等工作增加了物资供应管理的复杂性和艰巨性，同时也使得物资供应管理的工作质量直接影响施工的进度。

（2）机械设备配备。并行段项目施工机械设备应满足工程施工实际采用的施工工艺、工程质量要求、进度要求以及工程安全要求的具体标准，如高铁专用混凝土搅拌设备，特制轮胎式运梁车等。在此前提下，还必须满足工程施工规模的要求，进场设备的能力、数量、性能状态等指标和仪器仪表的数量、性能等满足工程规模的具体要求，否则就会影响高速铁路工程项目的施工工期。

（3）施工图纸不到位。并行段项目存在的最大问题是图纸未及时到位，特别是一些路桥和专用线框架桥的图纸均未及时到位，导致原施工组织设计计划工期推迟，严重影响控制工程的施工。因此，图纸是制约施工的关键因素，必须按时供图，以保证工期目标的实现。并行段项目施工图纸到位情况见表 10.2。

表 10.2　并行段施工图纸到位情况

起讫里程		项目	原计划供图日期	调整后供图计划日期	图纸到位情况	对施工的影响情况
DK44+343.040	DK45+290.990	路基	2008-10-20	2008-11-18	应急图纸到位	部分 CFG 桩基与原设计不符
DK45+817.500	DK46+069.540	路基	2008-10-20	2008-12-03	无图	不能施工
DK46+401.970	DK46+947.010	路基	2008-10-20	2008-12-03	无图	不能施工
DK47+383.410	DK47+537.790	路基	2008-10-20	2008-12-03	无图	不能施工
DK47+537.790	DK47+590.190	通江路中桥	2008-10-20	2008-12-06	无图	不能施工
DK47+590.190	DK48+460.645	路基	2008-10-20	2008-12-03	无图	不能施工
DK48+929.885	DK49+312.455	路基	2008-10-20	2008-12-03	无图	不能施工
DK51+115.275	DK52+683.110	路基	2008-10-20	2008-12-03	无图	不能施工
DK52+683.110	DK52+747.510	迎江路中桥	2008-10-20	2008-11-26	无图	不能施工，急需到位
DK52+747.510	DK52+800.000	路基	2008-10-20	2008-12-03	无图	不能施工
DK46+615.460		沙地中桥	2008-10-20	2008-12-06	无图	不能施工
DK52+092.000		矿山专用线小桥	2008-10-20		无图	不能施工
DK44+736.000		南山头公跨铁	2008-10-20		无图	不能施工
DK47+764.000		陶家庄人行天桥	2008-10-20		无图	不能施工
DK52+072.500		韩家庄公跨铁	2008-10-20		无图	不能施工
桥台			2008-10-20		无图	无法加工模板
DK1080+828		乔家门特大桥				
DK1083+406	DK1084+035	镇江西站				不能施工

（4）人员组织。并行段项目施工需要大量的施工人员来保证施工的顺利进行，施工人员的数量是控制施工进度的关键因素。人员的组织应按照机械化施工配备，设备操作手按照“三班倒”的组织方式配备人员，保证充分发挥机械的效率，在施工高峰期增加上场人数，以保证施工进度。并行段项目劳动力投入计划表详见表 10.3。

表 10.3　并行段项目劳动力投入计划表

序号	职务或工种	数量/人	备注
1	施工管理人员	85	
2	挖掘机司机	40	
3	推土机司机	8	

续表

序号	职务或工种	数量/人	备注
4	压路机司机	24	
5	平地机司机	16	
6	装载机司机	40	
7	汽车司机	60	
8	CFG 桩钻机司机	32	
9	钻孔桩司机	136	
10	吊车司机	20	
11	钢筋工	160	
12	模板工	320	
13	架子工	80	
14	混凝土工	60	
15	电焊工	40	
16	电工	16	
17	其他专业工种	40	
18	普工	600	

(5) 自然环境。并行段项目投资大、周期长、工点分散、站线长、地质与气候变化多端及终年不间断地在野外施工，自然条件恶劣，不可预测因素多，对施工进度影响较大。在设计计划进度的时候，只能根据当地的气候特征和以往的经验来对特定气候时期的工程进度进行估算。因此，项目施工过程中应充分考虑自然环境对施工进度的影响，做好各种应急措施，以保证施工进度顺利进行。

(6) 相邻施工单位的配合。由于京沪高速铁路与沪宁城际铁路部分区段并行建设，在施工过程中要积极与相邻施工单位联系，统筹考虑施工场地、临时设施的布置，合理安排路、桥、隧相连的工程施工顺序，特别是联络线铺架铺轨等，积极做好施工配合工作，加强协调，减少施工干扰，保证在最短的时间内顺利完成施工任务。

10.4.2.2 进度保证措施

根据并行段项目工期要求，结合工程的站线长、技术标准高、工期要求紧、各专业接口多及工期相互制约等特点，为确保施工进度计划和工期安排得以顺利实现，成立标段工程项目部。建立以项目经理总负责，项目常务副经理负责，总工程师、项目副经理牵头经理部各专业部门组织监督，各专业工区负责实施的工期保证体系。

(1) 加强施工管理，促进施工进度。推行工期目标责任制，将工期目标作为考核项目领导班子的重要指标，将工期目标分解到班组和个人，并将其与职工的经济利益挂钩。严格工期目标的计划、检查、考核和奖惩制度，开展日碰头、周检查、月调整的工作制度，对滞后工序就地组织攻关，制订措施，满足工期要求；对难点工序有预案，使局部调整不影响总工期，确保并行段工期目标落到实处。强化计划管理，加强协调指挥。根据施组的总体安排和网络计划进度，编制年度、季度和分月、分周生产作业计划，月周作业计划要落实到班组。对施工进度实行动态管理，狠抓关键工序施工，根据工程实际情况及时调整施工方案，保证全标段均衡生产，稳产高产，实现工期目标。建立并行段项目部到施工现场的调度指挥系统，加强日常调度指挥工作，建立动态管理网络，全面及时掌握施工动态，迅速、准确处理影响施工进度的各种问题。采取垂直管理，减少中间环节。对工程交叉和施工干扰加强指挥与协调，对重大问题超前研究对策，制订措施，及时调整工序和调动各种因素，保证施工均衡、连续进行。

（2）全力做好征地配合及拆迁工作。根据并行段总体施工进度，积极主动配合业主及地方有关部门，做好建设用地征地和构筑物迁改工作，并行段邻近 312 国道并跨越多处非等级公路，与当地路权单位早做沟通，尽早进行道路改移的施工。并行段内地下管线与地面线路较多，及时与相关产权单位达成协议，在施工前及时拆迁。并征得业主及当地政府支持，做好临时用地的租地、补偿工作，确保并行段工程按期开工。

（3）投入一流的专业施工队伍。调集技术熟练、作风过硬并承建过客运专线工程的专业队伍承担主体工程施工。挑选具有长期类似工程施工操作经验、有较高专业技能的青壮技工担任现场主要工序操作手和工班技术骨干，安排年富力强、勇于创新和善于管理的技术人员组成一线管理层。

（4）加强资源的有效配置。配足匹配合理的成套施工机械设备，以精良的机械设备，高效的机械化施工保障工期。桥梁工程配备冲击钻机 68 台，承台大块钢模板 21 套，墩身定型钢模板 7 套，桥台定型钢模板 3 套，拌和站一处（$2\times100\ m^3$）、混凝土泵车 1 辆、混凝土运输车 10 辆。路基施工机械配备挖掘机 10 台、CFG 桩长螺旋钻机 16 台、混凝土运输车 16 台、压路机 12 台、推土机 5 台、平地机 8 台、自卸汽车 30 台。配置 WDCB600 的级配碎石拌和站 1 处，改良土拌和站 1 处。由并行段项目部物资部门结合进度计划安排，及时提报甲供材料供应计划，甲供材料及自购材料提前落实料源、运输方式和储存场地，提前签订供货合同，及时办理材料的采购订货、发货运输、仓储、保管和材料的现场发放等工作，并做好材料检验和试验，把好材料数量、质量关。保证按时供货，避免停工待料贻误工期。路基填筑的 A、B 组填料场 2 处，储量丰富，满足路基填筑需要；砂、石料除满足日常供应外，另设储料场 2 处，储存砂、石料 4 万 m^3。按照施工计划及时组织劳动力进场，并做好培训工作，按照架子队管理模式组织管理，进场管理人员 85 人、工人 1 692 人。

（5）科学的施工平面布置。并行段项目施工是一个劳动密集的、在特定的空间进行的人、财、物动态组合的过程。在施工过程中，应运用先进的科学管理方法，加强施工平面布置，提高劳动效率。施工平面布置图是施工组织设计的重要组成部分，在施工实施阶段，根据设计要求设置道路、搭建临时设施、堆放材料和放置机械设备等，做到区分明确、合理定位。工地布置应符合防洪、防火、防雷击等有关安全规则及环卫要求，保证施工进度不受影响。并行段项目施工现场应沿工地四周连续设置围挡，不得留有缺口。围墙的材料应坚固、稳定、整洁和美观。围挡的高度应高于 1. 8 m，施工工地进出大门应设置专职保卫人员，施工现场进口处应整齐悬挂“七牌二图”。

（6）全面开工，重点突破，实现节点工期。针对并行段桥涵结构物多、过渡段多的特点，优先安排涵洞及桥台施工，使台后过渡段的填筑与相邻路基填筑同步进行。及早结束涵洞施工以保证路基施工连成段，加快路基施工进度。廖家边特大桥全长 2 083. 64 m，工程数量大，处于架梁先架方向，施工工期短。全桥 56 孔共 57 个墩台，为加快施工进度，桩基施工高峰期组织 30 台冲击钻机进场施工，承台施工配置定型钢模板 8 套，墩身施工配置定型钢模板 2 套。

10.4.3 施工组织方案的综合控制与动态调整

并行段项目施工进度控制需遵循以下几个原理：

（1）动态控制原理。并行段施工项目控制是一个循环进行的动态控制过程。当实际施工情况与计划要求不一致时，需分析产生偏差的原因，并采取相应的措施消除偏差，尽量发挥组织管理的作用，使实际项目施工工作按计划顺利进行。

（2）信息反馈原理。信息反馈是施工项目控制的依据，具体的施工情况通过信息反馈给项目控制人员，经过加工，再将信息逐级向上汇报，直至主要控制人员。主要控制人员整理统计各方面的信息，比较分析并做出决策，采取相关措施或者调整计划使其符合预定的目标。

（3）网络计划技术原理。在并行段项目施工进度控制过程中利用网络计划技术编制施工计划，根据收集的施工信息，比较和分析，利用网络计划工期、资源、费用的综合动态优化理论调整施工进度计划。

（4）封闭循环原理。并行段项目进度控制是一个计划、实施、检查、比较分析、调整、再计划的过程。从编制项目计划开始，经过项目实施过程中的跟踪检查，收集有关实施的详细信息，比较和分析实际执行的情况与计划之间的偏差，找出偏差产生的原因和解决方法，确定调整措施或者再修改原计划，形成一个封闭循环系统。

并行段项目进度控制是一个动态的、循环进行的过程控制，施工进度动态控制见图10.10。

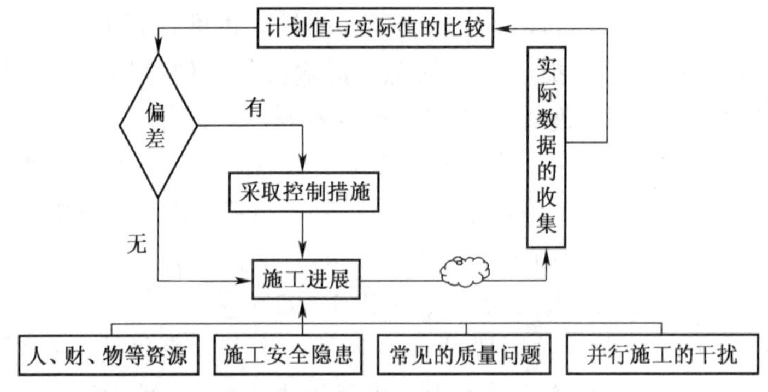

图10.10 施工进度动态控制

经过审核的施工进度计划和施工方案即可用于指导工程实施。在计划实施过程中，不断收集、传送、加工和分析相关信息，将实际进度情况与计划进行对比检查，找出二者之间的差距，并且定期做出进度综合报告。当出现偏差时，一方面要针对问题的起因提出纠正或改进措施；另一方面也要根据变化后的新情况对进度计划进行调整，以保证各项工作按计划进行，直至完成整个并行段项目的建设施工。

10.4.3.1 网络化与信息化综合控制

在进度控制过程中，并行段项目部为了更好地统一指挥、协调、管理和监督项目的施工任务，基于项目管理知识体系的构建，以网络计划为核心，项目流程为纽带，应用网络化的信息管理，对项目进行实时控制，增强施工控制的准确性、机动性和时效性，从而更好、更精细地控制项目的进度。具体实行施工进度报告（日报、周报）制度，根据总体网络计划，采用工程计划管理软件，通过关键线路网络监控法、形象进度监控法、单项进度指标监控法等，对工程实施动态、实时监控。在各个阶段结束后，保持经常性对比分析，评定项目进度状况，尤其是关键线路上的工程进度，及时比对重点工程的实际进度和计划进度的偏差，分析成因，采取相应的对策措施，对接续工作做出安排，建立新的网络计划。根据形象进度拟定出单项进度指标，确保总工期目标的实现。比如，改良土、级配碎石采用集中场拌，路基工程结构物材料实现集中供应、工场化、标准化生产。路基填筑通过工艺试验段确定各项施工参数，形成“监测-分析-调整”循环，动态管理信息化施工。将地基处理、填料施工设计、路基填筑、路堑开挖、支挡结构、边坡防护、路基排水及沉降变形监测、分析等作为系统工程，并与相关工程、附属设施密切配合，确保工期目标的实现。

10.4.3.2　施工工艺优化与技术创新

路基工程施工过程中，由于工期提前，路基的预压调整期不能满足指导性施组及设计要求，只能根据场制箱梁运架及无砟轨道施工节点安排路基的预压及放置调整工期。且征地拆迁工作进展不能完全满足开工要求，大部分图纸未到位，对下一步路基施工的压力更大，随着征迁进展的推后，部分预压期刚刚满足要求的工点可能变为不满足。

为此，认真进行工程地质资料现场核查、水质复查，采用先进成熟的施工工艺进行 CFG 桩-网结构复合地基施工。采取加深、加密 CFG 桩等强化地基加固的措施，增加预压土的填土高度或采用质量更大的预压材料，以减少地基沉降量，加快地基土、路基填土的固结速度。施工组织设计、科研部门加大科技攻关力度，优化设计方案，采取减少预压时间甚至取消预压的措施，以保证在满足无砟轨道铺设工期的前提下，路基工程工后沉降量控制在规定允许的范围之内。

并行段项目部设置工程管理部，加强施工技术创新管理。聘请有关专家（有 3 位专家入驻），充分发挥专家在关键技术、工艺等方面的指导咨询作用。在施工过程中，及时总结经验，不断优化施工方案。依靠科技进步，在施工中大力推广新技术、新装备、新工艺、新材料应用。对每项新材料、新工艺、新技术的应用首先研究和制订方案，报建设单位、监理审批后，再进行工艺试验，成功后再全面应用和推广，并不断总结提高，指导施工。充分依靠科技，提高工效，加速进度。

10.4.3.3　以架梁为主线的施工组织动态调整

并行段项目全线预压路基不仅要满足工后沉降标准的要求，而且要与运架梁施工安排相协调，是全线的重点和控制工程。某些区段的路基工程作为运架梁通道，要从上面过架桥机，施工工期十分紧张，需协调地方政府，及早开工，加快路基施工进度，留出预压时间，特别是要对施工组织设计进行科学有效的动态调整和综合控制，以确保满足施工进度的需要。

按照架梁工期的要求，首先安排 9 个先期开工工点：DK950+039.23~DK950+763、DK969+027~DK969+791、DK991+441~DK992+720、DK1084+573~DK1086+177、DK1089+091~DK1089+323、DK1109+570~DK1110+020、DK1111+351~DK1111+541、DK1111+857~DK1112+528、DK1112+528~DK1112+723，确保在开始架梁前完成施工，并满足软土、松软土堆载预压地段预压期的设计要求。

路基各工点的施工组织计划安排应以架梁为主线，根据运架梁时间安排及无砟轨道施工时间安排，进行动态调整和综合考虑。预压段路基、控制运架梁和无砟轨道施工的区间路基和站场路基优先安排施工；通过运架梁的预压路基地段，架梁前预压时间不足时根据工期要求灵活组织施工，与沪宁城际铁路并行段优先安排施工，四线同时填筑。综合上述要素科学制订各关键控制区段路基施工具体计划（表 10.4），通过该表可以很清晰地反映出为了运架

表 10.4　并行段各关键控制区段路基施工具体计划

序号	起讫里程	长度/m	基床底层填筑	架梁日期		铺板日期	设计预压时间/月	实际可预压时间/d	施工组织对策	预压期是否满足设计要求	差值/d	措施
			完成日期	开始	梁车返回	开始						
1	DK950+039～DK950+763	724	2008-10-23			2010-04-08	9	502	不通过运架梁	是	232	
2	DK969+027.76～DK969+791.62	764	2008-10-10	2009-06-07	2009-03-20	2010-08-19	9	487	先架后压	否	217	改变设计方案
3	DK991+441.03～DK992+720.14	1 278.97	2008-10-15		2009-03-20	2010-04-30	12	406	先架后压	是	46	
4	DK1084+573.27～DK1086+177.32	1 604.05	2008-11-15	2009-05-20	2010-03-15	2010-09-15	12	156	先压后架	否	-204	改变设计方案
5	DK1089+090.58～DK1089+323	233	2008-07-15	2009-03-25	2010-03-15	2010-10-08	12	177	先架后压	否	-183	改变设计方案
6	DK1109+570～DK1110+020	450	2008-08-31		2010-03-15	2010-09-14	14	513	先架后压	否	93	
7	DK1111+351.28～DK1111+540.87	189.59	2008-10-30		2010-03-15	2010-10-07	14	536	先架后压	是	116	
8	DK1111+857.43～DK1112+528	670.57	2008-10-30		2009-07-11	2010-10-16	14	432	先架后压	是	12	
9	DK1112+528～DK1112+722.96	194.96	2008-10-30	2009-7-11	2009-12-22	2010-10-21	14	273	先架后压	否	-147	改变设计方案

梁关键控制工程的需要，路基工程各标段原定施工组织方案是否满足路基预压设计要求，据此对不满足要求的设计施工方案进行科学的动态调整和综合控制，以最终符合设计和施工的需求。

路基工程按照综合工区组织施工，按照“统筹规划，科学组织，重点先行，分段展开，均衡生产，有序推进”的原则，对影响路基施工的特殊地基处理等工程，尽早安排施工；梁部架设和无砟轨道施工受路基工程影响，根据桥梁架设顺序和无砟轨道施工顺序安排路基区段施工顺序；对影响梁部架设和无砟轨道施工的地段，以及软土及松软土地基地段、高填方路堤段优先安排施工；车站和重点路基地段工程优先安排施工。

制订预压路基施工组织方案时应充分考虑以下 3 个关键要素，合理调整安排并选择科学的路基施工工序（图 10.11）：①先架梁方向预压路基地段完成主体填筑后提供运架梁通道，运架梁结束后安排堆载预压；②后架梁方向预压路基地段施工须根据预压期、运架梁工期和无砟轨道施工时间综合安排，选择先压后架或先架后压的施工组织方案；③不过运架梁地段的路基填筑工期根据无砟轨道施工计划和预压期要求安排。

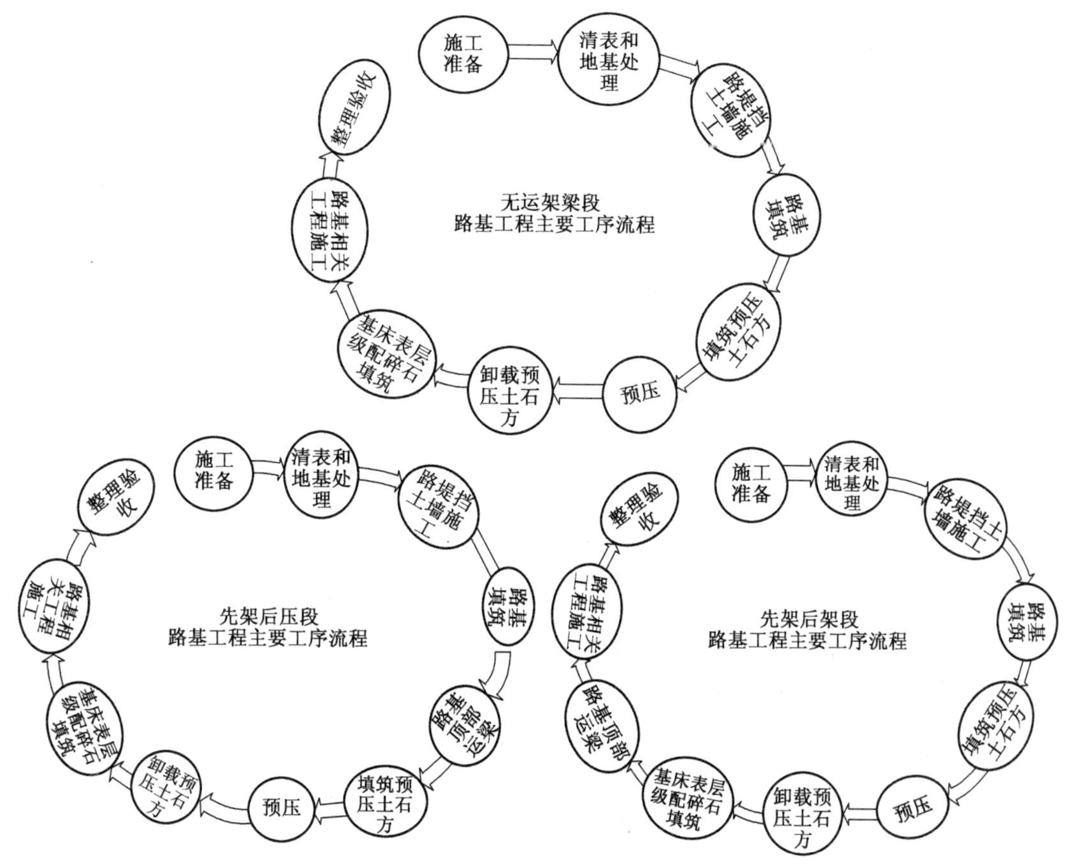

图 10.11 路基施工工序图

参照表 10.4，以 DK1084+573～DK1086+177 段路基施工为工程实例进行分析，该区段预压期不足 6 个月，只有 5 个月零 4 天，需根据到图时间、拆迁进度、开工时间等控制节点，对施工组织设计方案进行动态调整，确定补充施工方案。DK1084+573～DK1086+177 段路基施工计划的动态调整具体步骤为：本区段施工组织如能在 2008 年 6 月份开工，2009 年 1 月前结束基床底层填筑，则采取分期预压方案。基床底层填筑完成后立即组织预压，架梁开始前卸载存土于工点附近，待架梁结束后再组织一次预压，总预压期大于 8 个月。如受条件限制 2009 年 1 月后才填筑完基床底层，则视当时的架梁进度决定，如架梁进度比计划推迟，则在架梁前预压能达到 3 个月时采取分期预压方案，如预压时间少于 3 个月则采取原计划的先架后压方案。采取先架后压方案时，提前充分做好准备，填、卸预压土的时间各控制在 10 d 之内，级配碎石分段铺筑，时间控制在 15 d 之内，同时压缩铺轨时间 19 d，使铺轨时间相应推后 19 d，争取 39 d 的预压时间，使本段路基的预压时间达到 193 d，其余时间采取技术措施解决。

10.4.3.4 紧邻既有线区段的路基施工组织优化

并行段项目部分区段紧邻既有京沪、沪宁等铁路，由于紧邻既有线的施工特点和复杂条件，新线路基施工过程中存在许多潜在的风险，施工进度会受到既有线的许多约束和限制，因此要重视施工作业环境造成的风险对路基施工进度的影响。紧邻既有线的路基施工可能导致既有线路基不稳定，一旦施工作业不当则有可能造成既有线路堤边坡、车站站场股道的垮塌，从而造成线路运行安全隐患，因此要对路基的施工组织实施优化，加强既有线路基加固措施，具体的实施流程如下：

（1）边坡开挖防护。路基开挖应分段施工，成型一段防护一段，附属紧跟一段，做到既多点施工又相对集中。应自上至下开挖，严禁掏底开挖，靠既有铁路侧按 1∶2 放坡开挖。开挖前在线路路基及基坑前端边坡平台上设置沉降位移观测点，对线路路基、基坑边坡及基坑底进行沉降位移观察。紧邻既有线的边坡还应按设计深度分多幅开挖，可以有效地控制坡脚土体隆起，分幅开挖对围护的变形有较好的遏制作用，同时因开挖面小，大大减小了路基南北的压力差，保证了土体的平衡。开挖前要对边坡土体进行降水，通过固结开挖面的土体，消除了因土体处于流塑态而不能放坡自稳的情况。

（2）边坡加固与地基处理。①喷浆挂网。开挖完成后，立即对既有线边坡进行加固，喷浆挂网可以提高边坡的结构强度和刚度，减少岩土体的侧向变形，增强边坡的整体稳定性。喷射混凝土封闭坡面，对岩土体起了连续作用，混凝土在喷射压力的作用下，在岩土体表面产生嵌固效应，提高黏结力。喷浆挂网还可以改善岩土体的性质，加强边坡自承自稳能力。②码砌。雨水冲刷及积水浸泡等容易造成喷浆挂网护坡出现垮塌，直接导致既有线路基稳定性变差，给既有线的行车运行带来隐患。施工现场使用草袋或编织袋、砂石等对边坡垮塌位置采用码砌护坡，起到稳定边坡的作用。随着及时浇注筏板、回填 A、B 组填料，既有线路基稳定得以保证，正常列车运行不受影响。③筏板浇注。为方便材料的运输及施工浇注，筏板采取跳打施工顺序。当既有线铁路雨后浸水，边坡浸泡垮塌时，筏板跳槽浇注可以起到稳定边坡的作用。筏板对边坡有比较大的横向作用力，边坡与筏板接触处，筏板对边坡的推力使边坡更加稳定，同时筏板间的边坡土体因为有摩擦力和剪力，使得没有筏板的边坡也不易破坏。跳槽浇注筏板在一定程度上可以起到及时支护边坡的作用。

10.5 并行段项目施工协调管理分析

京沪高速铁路 V 标段与沪宁城际铁路Ⅱ标部分区段并行建设施工，两线桥梁工程相对独立，设计桥涵构筑物基本对应，且两线最大间距不足 5 m，施工单位间的干扰非常大。另外，标段多次跨越既有公路及下穿既有船山矿铁路专用线，必须修建施工便道、便桥，在施工过程中，既要保证既有线的行车安全和正常运输，又要确保新线施工顺利进行，施工单位和各相关部门之间必须做好协调沟通与配合工作，解决施工过程中影响项目施工的各种不利情况。

10.5.1　施工现场的协调

（1）征地拆迁工作的协调。根据并行段项目总体施工进度，项目部设专职人员，积极主动配合业主及地方有关部门，做好建设用地征地和构筑物迁改工作。按照施工组织方案，及时完成施工驻地、施工场地的租地补偿工作，满足施工生产需要。①征迁人员事先做好与地方土地主管部门的沟通协调工作，在成功完成先期开工点征地任务后，项目部采取重点突破、先急后缓的步骤，依照施工计划有针对性地开展征迁工作；②并行段项目部一直把房屋及厂房拆迁作为重点，积极与上海市、南京市和地方政府部门协调，摸清房屋拆迁工作的思路，大力配合当地土地所开展房屋和厂房的拆迁工作；③同时，面对施工段内“三电”及管线分布复杂、数量多的困难，项目部积极协调各方关系，通过发业务联系单、召开“三电”迁改周例会等方式，对影响重点施工区域的“三电”提前落实迁改，其余线路分层推进、分层落实；一些重点控制工程施工遇到的煤气管、天然气管、自来水管和老百姓生活及工厂的正常生产息息相关，落实迁改还涉及城市规划调整。并行段项目部征迁人员提前主动与产权单位接触，了解管线迁改的流程，寻找突破口尽量压缩迁改时间，逐步有序地完成管线的迁改工作。

（2）沪宁架梁与京沪施工的协调。按照沪宁架梁（图 10.12）工期要求和现场施工实际情况，为满足铺架工期要求，沪宁Ⅱ标段路基工程无论先压后架，还是先架后压，架梁和运梁采用沪宁城际路基通道的方案时，预压期无法满足 90 d 的要求。

图 10.12　沪宁架梁示意图

为了确保路基预压期的要求，同时保证为Ⅲ标提供运架梁通道，采取在京沪高速铁路和沪宁城际铁路路基之间修建专用运架梁通道的方案。京沪高速铁路和沪宁城际铁路路基基底设计为整体或分离式，顶部设计为分离式。将两线路基之间缺口填筑同设计路基路堤标准，填筑至与沪宁城际铁路基床顶面等高。顶面摊铺 20 cm 厚的级配碎石，顶宽 11 m，作为运梁通道路面结构。受影响的京沪高速铁路路基的预压土，按照计划的上预压土日期上沪宁城际运梁通道不占用的部分，边坡采用砂袋堆码；在沪宁城际路基预压满足要求后，运梁通道转入沪宁城际路基后，对京沪高速铁路占用的部分路基采用超载预压的方法预压，满足沉降要求。架桥机由沪宁Ⅲ标进入京沪Ⅴ标标段 DK52+800 线间运架通道，由运梁车驮运，首先进入桥梁沪台后过渡段，此时架桥机占用路基 100 m，架设预制梁，架完梁后进入桥梁京台后过渡段。转入线间运架通道，完成一座桥的架梁。循序前进，实施架梁。梁车运梁时的走行路线为进入时由线间运梁通道经过渡段 53 m、桥台范围，在沪向第一孔梁转入正常运行。驶出时由京向第一孔梁，桥梁桥台、过渡段 53 m 进入线间运梁通道转入正常运行。沪宁城际Ⅱ标处于先架梁方向，架梁日期计划为 2009 年 3 月 15 日至 2009 年 5 月 25 日，架桥机返回日期为 9 月 19 日。采用两线之间专用运梁通道后，每段路基在完成基床填筑后预压，架桥机和运梁车走行在运梁通道上，确保了每段路基 3 个月以上的预压期。为了保证沪宁架梁安全顺利完成，项目部不断优化施工方案，制订了详细的、切实可行的架梁方案，并与京沪高速铁路施工单位多次沟通和协调，在京沪高速铁路施工单位的大力支持下，排出每天的架梁时间表。周密部署，全体员工密切配合协调，每天做好架梁前的所有准备工作，并派专人到场进行监控和安全防护，确保了沪宁城际铁路架梁的安全和京沪高速铁路施工的顺利完成。

（3）沪宁列车试运行与京沪施工的协调。按照总体施工组织安排，沪宁城际铁路将在 2010 年 7 月 1 日建成通车；京沪高铁与之并行的 50 多千米桥梁，也必须在沪宁城际通车前完成桥面工程，给施工组织带来了巨大挑战。并行段两线最大间距不足 5 m，加之 2010 上半年沪宁城际已进入试运行阶段，期间列车运行次数不断加大，京沪高速铁路项目施工的安全难度系数极大。为确保顺利完成节点施工，项目部精心组织，细化安排，狠抓落实，在全体员工的共同努力下，完成并行段的轨道板铺设、精调、灌浆施工。

因此，在项目施工期间，一定要协调好列车运行和施工之间的矛盾，合理开设施工天窗，根据天窗时段，合理调整安排上下班时间，精心组织劳力和机械，提高天窗点内作业效率，加强现场作业控制，确保行车安全，特别是在承重梁的吊装过程中应合理利用天窗点，抓紧时间施工，做到列车运行与施工两不误，最大限度保证项目的顺利实施。另外，加强协调的过程中尤其注重施工安全，严防、严查、严管，确保京沪施工安全及沪宁城际铁路的行车安全。

（4）现场施工的管理协调。强化施工平面管理，协调布置好并行段施工平面机械、临时设施、材料和半成品的堆放，临时供电、供电管线的走向及敷设，现场施工用水的有序排放和沉淀池、排水沟的设置，临时围挡都要精心布置，使道路畅通，现场文明整洁。加强施工过程的协调，多与施工管理人员沟通，了解重点工程、控制性工程及节点工期等工程方面的情况，有目的地开展并行段施工协调工作，保重点、顾全面。施工单位与机务、工务、电务等部门的协调，施工期间运输处负责组织有关单位制订审核并行段施工时的行车办法，安全措施落实情况及机务、工务、电务等部门间的协调。对车站行车工作影响较大的施工项目，应以车站为主，施工与运营部门参加，共同组成现场施工指导小组，统一指挥，协调并行段现场施工工作。

10.5.2　施工单位与各相关单位的协调

并行段项目施工期间，施工单位应积极与地方政府、村镇及有关治安、交通安全、质量监督等部门联系，主动争取地方政府的指导和支持，遵守国家及地方政府的有关法规，配合地方政府做好施工区域内的治安、交通等工作，以确保并行段项目施工的顺利进行。

（1）与业主的协调。严格执行业主有关工程质量、工期、安全、文明施工、环境保护的管理制度；严格按照业主同意的施工场地平面图布置施工场地，按时向业主报送有关报表。积极参加业主组织的有关施工的会议，主动配合建设单位的各项检查工作，接受业主对施工提出的各项要求，按业主的要求进行改进和落实。严格执行业主关于与地方政府行政主管部门、设计单位、监理单位的协作配合，积极主动为相关单位的检查、监督工作提供条件。在相邻标段出现紧急情况时，按照业主的要求全力配合、协助解决。

（2）与设计单位的协调。组织参加设计交底，领会设计意图，建立整个施工过程中的情况通报制度，对并行段工程施工过程中遇到的设计问题，做好记录，及时与设计单位取得联系。优化并行段过程施工方案，重大施工方案的变更都应与设计单位沟通，征求意见。加强对并行段工程地质条件及水文地质条件的复核检查，对于与设计资料不符的地质情况及时与设计单位取得联系，为完善工程设计提供必要的资料。积极配合设计单位做好并行段设计管理和现场资料的收集工作。

（3）与监理单位的协调。全面履行合同，履行投标时作出的承诺。在并行段工程开工前，先向监理工程师提供详细的施工方案、施工计划，提供机械设备配置情况、人员组织、原材料检验报告、混凝土设计成果和测量放线资料等，经监理工程师认可后开始施工。配合监理单位做好并行段项目施工过程中的质量管理。在内部专检及“三检”制的基础上，接受监理工程师的验收和检查，并按照监理工程师的要求予以整改。接受工程质量检查，主要有工序检查、施工过程中的验收、单位工程验收和全部工程竣工验收，接受质量缺陷责任期的质量检查。配合监理单位做好工程施工的投资管理工作，主要内容包括工程的计量支付、工程变更、费用索赔以及按照合同规定的价格调整等。积极配合监理单位对工程施工进度的监督和管理，配合监理单位做好工程开工令审批、制订和调整工程施工进度计划，确保并行段项目工期计划的实现。

（4）与相邻施工单位、前后专业的协调。积极与相邻标段施工单位联系，统筹考虑施工场地、临时设施的布置，合理安排路、桥、隧相连的工程施工顺序，特别是联络线铺架铺轨等，做好并行段施工配合，减少施工干扰；配合相邻标段做好线路中线、高程的贯通测量工作；做好并行段内大临维修养护，以保证相邻标段及有关单位的正常使用。及时做好已完线下工程的技术总结工作，为后续工程的施工提供各方面支持，配合有关单位进行相关作业。

（5）与专业接口的协调。并行段路基工程与桥梁、轨道、四电等相关专业接口的施工协调复杂，施工干扰大。过渡段的类型多，施工工序复杂，是控制差异沉降的重点部位。因此，成立现场施工协调小组，由对本工程有较全面认识的项目部总工程师任组长，各专业技术负责人任组员，全面负责施工过程中出现的各种问题。协调小组成员共同熟悉设计文件、施工图纸及相关规范，了解设计意图，小组成员首先在技术方面达成共识。专业接口主要项目有电缆槽、综合接地、接触网基础、过轨管线、站场道岔和声屏障等项目。施工前，参照设计施工文件与图纸，认真了解和熟悉各种专业接口。熟悉施工接口部位及主要内容，制订各种可能引起接口部位发生质量问题的预防措施；每一接口界面施工过程中，设专人负责接口施工协调，充分了解自身的职责和权限，确保业主及监理工程师的指令有效实施。

10.5.3 与既有公路、铁路等部门的协调配合

并行段工程紧邻既有沪宁、沪昆铁路，多处施工还横跨现有线路，跨河跨路各类特殊结构桥梁多，环境复杂，施工难度大，安全风险大，防范要求高。尤其是因施工需要，拆除了部分既有线路的防护栅栏，给铁路运输安全和线路治安管理工作带来了非常大的难度。因此，在施工过程中，加强与既有公路、铁路等部门的施工协调（表 10.5），严格按照铁路、公路、航道管理部门的规定，办理相关的公路临时改移、航道临时占用手续，并采取相应的防护措施确保安全畅通。

（1）对跨公路航道现浇（悬浇）连续梁，行车道（航道）前方设置限位门架，禁止超高、超宽车辆（船只）通行，支架支墩设置防撞墩加以保护，支架下方设防护钢板网以防落物伤及车辆、行人；跨航道施工时，至少保留一个航道通行，其前后方设置全天候导航和警示标志。

（2）跨公路施工时，尽量维持原有的行车道数量，至少不少于两车道，行车道前方设置全天候限速牌、警示牌，并设交通疏导人员保障交通畅通。跨公路施工结束后，立即恢复原有路面及交通设施；对于跨越公路梁体架设时，梁体落位前，封锁该行车道交通，落位稳定后恢复交通。

（3）跨既有线铁路施工前，加强与既有线有关单位的配合，积极与各有关部门联系，汇报介绍工程施工情况及施工方案，按各有关部门具体要求提报与营业线有关工程的施工计划和安全防护方案及措施，落实施工安全协议书，确保营业线行车运输安全。

表 10.5 并行段项目跨河跨路的施工协调管理

项 目	施 工 要 求	施 工 协 调
滁河特大桥	现浇连续梁和系杆拱，水中施工，运架通过，工期紧张	与航道部门协调好关系尽早开工
秦淮河主跨	跨越航道，水中施工，工期需求长	两岸搭设栈桥，水中墩同时施工。航运部门协调好关系，尽早开工
秦淮河跨规划纬七路	先架区段，控制工期	下部结构首先开工，尽量提前连续梁施工日期。与交通部门协调好关系，及早开工
秦淮河跨在建东麒路	先架区段，控制工期	下部结构首先开工，尽量提前连续梁施工日期。与交通部门协调好关系，及早开工
乔家门特大桥跨海溧高速	跨越海溧高速公路，特殊孔跨结构桥梁，施工难度大，行车干扰，需交通管制。安全隐患大	开工前及时进行各方面技术培训，掌握施工要点。与交通部门协调好关系，及早开工，搞好工序衔接；做好安全防护
京杭运河特大桥跨 338 省道	跨越 338 省道，位于先架方向，控制架梁，施工难度大，行车干扰，需交通管制	下部结构安排首先开工，及早具备连续梁施工条件。与交通部门协调好关系，及早开工
京杭运河特大桥主跨	跨京杭大运河，跨度大，施工工艺复杂，施工难度大，控制全线工期	下部结构首先安排开工，尽早开工连续梁。协调好河道管理部门，及早研究施工工艺

续表

项　目	施　工　要　求	施　工　协　调
九曲河特大桥跨 122 省道	跨越 112 省道，主孔施工周期长，特殊结构，需过架桥机	下部结构首先安排开工，尽早进行上部施工。与交通部门协调好关系，及早开工
常州西桥段跨 239 省道	跨越 239 省道和新孟河，先架方向，控制工期。安全隐患大	与交通及河道管理部门协调好关系，及早开工。加强安全监控，确保安全施工
常州西桥段跨德胜河	跨越德胜河，特殊结构，需过架桥机	下部结构优先安排开工。与河道管理部门协调好关系，争取早日开工
常州西桥段跨西二环互通	跨薛家互通，大跨度，特殊结构，行车干扰大，施工难度大，安全隐患大	下部结构优先安排开工。与交通部门协调好关系，及早开工，处理好行车与施工的关系；加强安全管理
常州东桥段跨龙虎塘立交	跨龙虎塘互通，大跨度，特殊结构，行车干扰大，施工难度大	与交通部门协调好关系，及早开工，处理好行车与施工的关系

随着国民经济的腾飞与发展，尤其是西部大开发战略的逐步实施，我国本来就满足不了需求的铁路运输更趋紧张，铁路施工运输组织的一个基本原则是尽可能做到“行车不施工，施工不行车”，从而保证行车安全，力争不中断行车，不降低行车速度；同时，既有线运输部门也要支持施工，做到行车和施工两不误。但在很多情况下，很难做到施工时完全停止运输生产。因此，铁路新线项目的施工和紧邻既有线运输安全与效率是相互矛盾的，如何优质、高效、安全地完成沪宁城际铁路施工任务，实现运输与施工的最佳结合是当前的突出问题。在施工准备阶段，应从时间和空间上充分考虑，设计编制科学合理的施工方案，做好相关的安全风险应急处理预案，以减少施工对正常运输生产的影响；在施工过程中，运输生产应围绕施工这个中心来组织，施工部门需加强施工过程的协调与控制，根据实际情况调整设计变更，改良施工作业方式，采用科学的施工工法，在确保施工期间行车安全的前提下，提高施工效率。在我国高速铁路发展的新形势下，面临着越来越多的工程施工特点和复杂条件，突破传统定式，加强新线施工组织与既有线运输组织的协调管理，创新施工运输组织模式是解决运输与施工矛盾的有效方法。

10.6　路基施工组织与既有线运输组织的相互影响分析

10.6.1　新线施工组织对既有线运输组织的干扰

新建高速铁路施工对并行的既有营业线运输的干扰和影响主要体现在行车安全和通过能力上。对于沪宁城际铁路Ⅲ标来说，影响既有京沪线运输的情况主要包括封锁线路，中断既有线行车，既有线限速慢行，工程运输会增加既有线运输负担，施工作业可能影响通信与电力管线等既有设备、设施的正常使用，新线土石爆破与路基工程施工对近旁的既有线安全稳定造成影响等。

1. 施工作业对地下管线等既有线设备、设施的影响

在邻近既有线进行高速铁路新线施工过程中，施工作业路基挖方及打桩时，因对既有线

地下管线探测、认识不清，从而不慎挖断、破坏地下光缆、水管、电缆，是最常见、最容易发生的高速铁路新线施工安全问题。新线土石爆破作业有可能会对紧邻的既有线通信、电力等设施产生破坏，影响既有线的正常运输。

2. 新线路基工程施工对既有线安全稳定的影响

（1）路基开挖对既有线安全营运的影响。开挖前，新建线路范围主要以静止土压力为主，开挖后，土体一侧暴露，有向左倾斜的趋势，逐渐变成主动土压力。伴随土压力变换，土体中必然产生一定的位移。一方面，老路堤沿新开挖路堤方向产生倾斜，水平方向的位移则易引起铁轨发生水平挠曲，引起线路水平方向的不平顺；另一方面，老路堤倾斜产生的竖向位移则易引起不均匀沉降，从而造成线路的竖向不平顺。

（2）地基处理钻孔成桩扰（振）动对既有线安全营运的影响。在新老路堤相距较近的地段，很有可能对既有线路基产生过大的挤压上拱变形，从而造成线路运行隐患安全。

3. 施工对既有线通过能力的影响

（1）开设施工天窗对既有线运输通过能力的影响。凡影响行车的施工、维修作业，不得利用列车间隔进行（特别规定的慢行施工除外），都必须纳入天窗。而既有京沪线承担着巨大的客货运输任务，本来就没有太多的富余，有时运输能力利用已经达到饱和。当新建高速铁路与既有线路并行时，要进行新线工程的建设施工，保证工程按期乃至提前完成，确保工程进度目标的实现，针对既有高速铁路就必须有足够的天窗时间，这样必然会影响既有线路正常的运输组织。

（2）利用既有线运输工程材料对其运输能力的影响。新建高速铁路紧邻既有线，需要用大量材料、设备和机具，为了保证供应、减少运费、降低工程成本，原则上应该尽量利用既有线的运输条件。施工前可以充分利用既有线为新线建设运送工程材料，节约施工成本和施工准备时间，但反过来利用既有线开展工程运输，这部分运量会增加既有线的运输负担，占用了列车对数，增加了既有线的紧张程度，需要科学考虑、统筹安排，否则会影响既有线的正常通过能力。此外，工程材料的装卸工作也在一定程度上对既有线的行车安全构成影响。本标段所需地材及部分路基填料以水陆联运为主，共设置物资供应基点 5 处，分别位于既有京沪铁路便于办理货运能力的车站，以及京杭运河及可通航河道码头，以其供应范围和供料的多少来确定其租用场地的规模，物资供应基点设置及供应范围见表 10.6。物资供应站设置材料储备场地和存储仓库，以保证在施工高峰期及特殊情况下的物资供应。

表 10.6　物资供应基点设置及供应范围

序号	供应基点名称	设置地点	供应范围	长度/km
1	既有镇江南站	DK65 左 5 km	DK58+500～DK82+000	23.5
2	丹阳站	DK93 左 2 km	DK82+000～DK95+692	13.692

材料的运输采用单位和社会车辆共同组织运输，与社会运输单位签订长期稳定的合作协议，实施优势互补，统一调配，确保物资按时、保量运送至施工工地。需要制订科学的运输组织方案，选择多种运输方式。本标段基本与既有京沪铁路并行，运输便利，可作为远距离运输的主要方式，同时要考虑京沪线的通过能力，编制科学的列车运行图，避免给既有京沪线造成运输负担。

10.6.2　运输组织对施工组织的制约

1. 紧邻既有线运输对新建高速铁路施工时间的制约

为了保证不间断的正常运输，沪宁城际铁路的施工作业时间的安排不是随意的，需要考虑京沪线行车与现场等具体情况。由于紧邻既有京沪线施工，新线一些施工作业的开展需要既有线封锁线路或者限速慢行，但运输部门对施工封锁线路的天窗时间与既有线限速慢行时间的安排是有严格限制的，这是因为在施工过程中既不能完全新建高质量的行车便线，保证列车的正常运行，又不能完全利用列车间隔时间施工，而不降低行车速度，也不可能中断运输。所以只能在保证尽量少的干扰运输条件下，给施工安排一定的时间和便利，从而对新线施工作业的流畅开展造成约束和限制。为此既有线客货列车运行在很大程度上会影响新线施工进度，还经常导致施工组织调整，增加施工费用。

2. 紧邻既有线行车对新线施工作业的干扰

沪宁城际铁路的一些施工作业虽然不需要封锁既有线就能够进行，但当既有线列车高速通过并行施工区段时，可能要求中断施工作业或导致工作时断时续，导致实际施工有效时间不多。另外，沪宁线施工在既有京沪线近旁并行区段进行，要随时随地注意不能妨碍正常通车，工作面受很大限制，同时施工人员须随时注意列车通过时现场的施工安全。这些都在很大程度上影响了新线施工效率。

3. 既有线运输对新线施工的要求和约束

营业线施工时，时常发生施工单位简化操作程序，降低作业标准，赶进度、抢任务，超前准备，盲目放行列车等违章、违规现象，给运输安全埋下隐患。有时在施工过程中还会发生意外，所以，对影响行车和施工安全的每个环节，都必须强化管理，确保行车安全运输。本工程紧邻既有线施工，项目建设施工条件复杂，必须坚持“运输、施工”统筹兼顾的原则，切实加强施工组织和施工期间运输组织的配合，积极推广使用先进的施工机具和科学的施工方法，提高施工作业效率，有计划、有组织地进行各项施工。必须把确保既有线行车安全放在首位，坚持“安全第一、预防为主”的方针，建设、设计、施工、监理、行车组织、设备管理等部门和单位必须严格执行《中华人民共和国安全生产法》《铁路运输安全保护条例》《建设工程安全生产管理条例》等有关规定。凡是影响既有线设备稳定、使用和行车安全的新线施工，都必须纳入天窗并办理封锁施工手续，不得利用行车间隔进行。

10.7　路基施工组织与既有线运输组织的协调管理分析

10.7.1　施工天窗的合理开设与科学利用

10.7.1.1　天窗概述

施工与维修的需求在运输组织工作中体现的是天窗，天窗是施工组织与运输组织协调的综合体现。天窗分为施工天窗和维修（抢修）天窗。凡是影响既有线设备稳定、使用和行车安全的新线施工，都必须纳入天窗并办理封锁施工手续，不得利用行车间隔进行。与运营线并行地段，对既有线安全行车产生影响的新线施工作业，按运营线施工组织管理。在实际铺画运行图的过程中，除了要开设一定时间的天窗外，为了保证列车运行的安全，在天窗的前后要预留一定的安全时间；而且，在天窗开通之后，列车恢复运行时，还要附加一定的慢行时分。因此，天窗实际占用的时间由3个部分组成：①固定天窗开设时间；②天窗前后预留的安全时间；③天窗开通后列车运行的附加时间。

10.7.1.2 天窗开设的必要性分析

1. 安全可控的需要

随着铁路提速和新技术的不断发展，列车密度的提高，特别是大量动车组的开行，直达特快列车对数的增加，传统的利用列车间隔进行分散作业的办法越来越困难，给行车和人身安全带来的威胁也越来越大。尤其是近年来，人们对生命安全越来越重视和关注，要实现在保证行车安全畅通的情况下进行施工作业的要求，必须对既有线开设施工天窗时间，确保人身和行车安全，同时为既有线近旁施工创造条件、提供便利。

2. 灵活应对异常情况

一些自然灾害、意外事故以及既有线旁新线的施工，都有可能影响既有线列车的正常运行，甚至破坏既有线路的固定设备设施、路堤边坡和股道等，引发灾害性的事故。因此，从项目风险管理控制的角度出发，应该具备随时应急处理异常情况和救援、恢复正常的组织、指挥能力与条件。

10.7.1.3 天窗的合理开设与封锁时间的确定

铁路运输生产的总体计划表现在列车运行图上，施工对运输生产的影响体现在两个方面：行车安全和通过能力。在既有线高速度、高密度行车条件下，施工天窗开设方式和封锁时间的确定，对既有线的通过能力、行车组织方式有很大的影响。要根据施工情况及存在的问题及时进行协调和处理，合理确定施工封锁区间与线路慢行处所，确定施工条件，科学统筹安排施工天窗和时段，以此为基础制订施工方案。

1. 天窗的合理开设

抓住关键，科学合理地开设天窗、安排天窗时间，是落实运输组织和施工组织协调管理的基础。项目实施过程中，应按照建设、施工、运营三位一体的指导思想，抓住关键环节和难点，合理安排天窗时间，努力满足施工需要。

（1）天窗设定的关键要素。天窗设定得大，对施工有利，但会对运输效率造成影响；天窗设定得小，对施工不利，但有利于运输组织。天窗时间长短取决于施工复杂程度、施工作业组织和作业效率、机械化程度和技术水平、占用区间通过能力程度等，应从提高施工作业效率和降低施工占用区间通过能力、确保既有线运输安全等方面综合考虑拟定。确定施工封锁与慢行，应将线路通过能力和施工需要统筹兼顾，合理安排。

（2）列车运行图的科学规划与编制。既有线为客货混线，不可能因为开设天窗而让客车停站等候数小时，因此为保证天窗的兑现，应将天窗纳入编制运行图的基本原则进行综合设计。在制订旅客列车开行方案时，首先安排好天窗。确保天窗前后的两趟旅客列车间留有足够的时间；规范日常临时旅客列车的铺画。遇有与天窗时间冲突时，积极协调客运部门调整列车运行方案，严禁随意挤占天窗时间；运输和施工部门相互协调支持，根据既有线车流密度，选择利于施工的封锁时段。同时积极挖潜，增开图外货物列车，使施工对运输影响降到最低点；运行图编制质量的好坏直接影响着运输效率及运行秩序的好坏，在编制运行图时，必须遵循实事求是的原则，按照合理的牵引试验资料及实际查定的间隔时间标准进行编制，为列车实现按图行车创造条件。在预留施工天窗时尽量安排在昼间，以便于施工作业。单线区段的旅客列车运行线要综合考虑，优化布局，合理铺画。

（3）运输分流、限流。分流可以是客运分流、货运分流或者客货共同分流。可以是施工期间全部分流，也可以是施工的某一段关键时期进行分流。限流可以是限装某些到站或某些方向的货物，也可以是限装某些发站或某些方向的货物，还可以是限装某些品类的货物。可以是整个施工期间限装，也可以是施工某个关键时期的限装。

（4）以客运为主兼顾货运的快速通道的天窗开设。以客运为主、兼顾货运的快速通道，采用的是有砟轨道，并且以开行高速旅客列车为主，同时开行一定数量的货物列车。其建设标准（旅客列车最高运行速度可达到 250 km/h）虽然高于既有干线铁路，但是其在技术设备特点和运输组织方式上与既有 200 km/h 提速线路比较相似。如果天窗期间双方向都没有旅客列车开行，可选择矩形天窗；如果天窗期间有旅客列车开行且不需要反向行车时，则可通过调整货物列车运行线从而留出天窗时间；同时，在天窗内还可预留货车运行线，以便不施工时进行运行秩序与车流调整。另外可以选择 X 形天窗或 V 形天窗。当旅客列车对数较多时，可参照高速客运专线，采用隔日矩形天窗或间歇式的矩形天窗。未来根据运输组织的发展变化加以优化。

2. 封锁施工时间的确定

施工封锁是直接干扰既有线运输的一项工作，这个干扰能否减到最小，除施工单位的主观努力外，更需运输部门的共同努力。对封锁时间的计划安排，是过去施工中施工、运输间争论最多的一个问题，争论的焦点是封锁时间的长短。封锁时间的长短应决定于工程量，要保证施工能在限时内完成，不能不顾施工条件，而单纯压缩施工封锁时间的同时也应对运行图做适当的调整，照顾施工需要。

新建高速铁路项目开展封锁施工，需要部分或全部停用既有线某个车站或某段线路的行车设备，具有以下特点：

（1）封锁施工的计划性。既有线封锁施工必须由施工单位向运营单位主管部门提出请求，运营单位在月度运输方案中做出安排。封锁施工前要编制施工组织方案。

（2）组织结构的复杂性。主要是参与铁路既有线封锁施工的单位多，涉及的专业面广。

（3）多工种、多单位的参与性。铁路既有线封锁施工项目，运输、工务、电务、机务单位必须参加。在电气化铁路施工，供电单位也必不可少。有的施工还涉及通信、信息、车辆、水电等单位。

（4）对运输生产的干扰性。停用必要的既有行车设备是铁路既有线封锁施工的前提。为了保证封锁施工所需的时间，需要调整列车运行时刻，甚至在运行图中抽去部分货物列车运行线。

（5）封锁时间的有限性。封锁施工时间大多是通过调整列车运行时刻和抽减货物列车运行线挤出来的，时间越长对运输干扰越大。

目前实际封锁施工组织存在下列问题：

（1）封锁施工计划性不强，不周密，变动过多，影响安全。

（2）慢行处所超过规定的数量，造成列车晚点；在既有线运输能力紧张区段，为了兼顾施工与运输生产，规定了同一区段慢行处所的最大数量。但不同的施工单位在同一区段、处所施工时易产生超慢行处所数量的现象，即同一单位慢行不超，但多单位叠加时慢行处所就超过规定，造成慢行时分不足，产生列车慢行不足，列车晚点，影响运输效率。

（3）施工单位随意降低慢行速度，影响运输效率。在实际中施工单位因组织措施不力，机具、人力等作业条件达不到文件规定的标准时就以降低慢行速度来弥补此方面的不足，超过慢行附加时分，造成列车的晚点，影响运输效率。

3. 封锁施工的主要编制依据

封锁施工的主要编制依据包括下列几个方面：

（1）现场实地调查研究，包括地形，水文气象条件，地质，用地与旧建筑物及施工障碍物的拆迁，交通运输设施，电力、水及燃料，当地的物质生活供应情况，劳动力的来源，可利用的加工修理设施和能力。

（2）施工单位提供封锁施工的内容、工作量、施工影响范围即对行车干扰程度、施工单位准备情况。

（3）运输部门提供列车运行图、车站平面布置情况、车站作业情况、区间的闭塞方式、车站信号联锁方式等。

4. 施工时间标准的确定

全线没有统一的封锁施工时间标准，对于某个区段可根据实际运输繁忙程度、施工企业机械设备技术条件、施工组织水平制订基本封锁时间标准。每次封锁施工应根据实际情况在基本时间标准上进行调整。基本时间标准可用以下方法确定：首先确定新线各单项封锁作业时间标准，这个标准可根据近年高速铁路的施工水平，统计出各单项作业时间的平均数，再通过分析调整确定。然后，确定封锁施工中的工序关系，尽可能实现施工工序的平行作业，减少封锁施工的总延续时间。

5. 封锁施工时间和日封锁内容的确定

由于既有线的运力紧张，每天的施工封锁时间很有限，有些工程量大又需要封锁天窗的施工作业不能在一天内完成，需要确定封锁施工天数与日封锁内容，进行统筹安排。施工天数的确定要以对运输生产干扰最小为原则。确定施工天数的依据主要有施工作业量、封锁处所的数量、施工时间、对运输干扰程度及平行施工的可能性。

确定施工天数和日施工内容的原则是：新线每天同时封锁施工的处所对既有线行车的干扰面最小；每天施工的工作量大体相当；每天施工对行车干扰时间基本相当；每天需要的施工机具和劳动力数量基本相当；每天封锁施工的时间范围因时制宜；按照施工的困难程度，从易到难安排每天的施工内容。具体步骤为：①计算出每个施工作业点需要封锁施工的时间，并按封锁时间的长短分类；②根据确定的施工天数和日施工内容的原则，确定可同时进行的封锁施工项目；③计算可同时封锁施工的项目所需要的封锁时间，初步确定封锁施工天数和日施工内容，出现封锁时间差异较大时，对每次封锁施工项目进行调整，尽量使每天封锁施工的时间基本均衡；④查找运行图中无旅客列车，且货物列车运行线比较稀疏的位置作为封锁施工的首选时间段，再根据每天需要的封锁施工时间，确定货物列车的抽线数量和调整货物列车的运行时分；⑤计算对行车干扰总量，并分别与压缩和延长施工天数的方案对行车的干扰总量进行比较，通过合理调整，确定封锁时间和日施工内容。

10.7.1.4　天窗的兑现与科学利用

由于高速铁路新线建设中各种施工作业性质不同，对天窗的需求存在差异，同时，与天窗有关的各个部门对天窗的需求也是不同的。施工单位的需求是天窗最好不受时间和空间的限制，天窗时间尽可能长，时间段要绝对适合作业需要，手续要简单，最好可以随时进行天窗作业等；运输部门对天窗的需求是天窗要受到严格限制，履行严格的审批手续，时间尽可能短，按照运输组织的规律来安排天窗，对运输组织的干扰最小，要有很强的计划性等；领导对天窗的需求是要平衡，同时满足运输和施工的需要，要绝对安全。由于无法同时满足所有的需求，天窗的安排工作充满挑战。建设部门和运输部门的组织协调，相关部门的主动配合，是天窗时间综合利用的保证。必须坚持采取以下控制措施以提高施工天窗的兑现与利用。

1. 保证封锁计划的组织落实

过去施工中经常发生施工部门要求封锁时间长，运输部门批准的时间短，影响施工单位保证按计划完成封锁施工的信心，产生了“给点在你，开通在我”的对立情绪，导致封锁计划不能按时完成，最终还是打乱了运输计划。在施工时间的安排上，运输部门也应充分照顾施工条件给予安排。计划确定后，运输部门应按计划组织封锁施工，不要轻易地不按计划给封锁时间，造成打乱施工计划，拖延工期，这样会间接地给运输增加干扰。尤其当遇到需要多次连续封锁时，更不能由于一次封锁晚点，就以停止给封锁点作为对施工单位的处罚，避免打乱新线施工计划、增加施工人员的对立情绪，影响工程进度目标的实现，以及由于封锁施工不能进行，既有线线路、信号设备不能按计划恢复使用，给运输造成的更大干扰。

2. 引进天窗时间成本的考核机制

天窗的时间成本虽然是虚拟成本，但时间对铁路运输而言就是效益和效率，在生产性事故发生后，铁路运输企业要将中断时间纳入直接经济损失。对于天窗的时间成本，其计算主要考虑对运输效益的影响。由于天窗时间占用的主要是货物列车运行线，以京沪线南京东—南翔段为例，按编组计划确定的牵引定数大列 6 000 t、普通列车 4 500 t，牵引区段长278 km，货物列车最小间隔时间为 7 min，货物运价为 0.09~0.095 元/(t · km)。按低限计算，取每列车货物重量为 3 000 t（扣除车辆自重），列车平均间隔为 10 min，货物运价为 0.09 元/(t · km)，则每小时的天窗时间成本为

$$0.09\times3\ 000\times278\times6=450\ 360\ 元/h$$

即南京东-南翔的天窗时间成本约为 45 万元/h。

3. 提高天窗利用率，采用平行、密集型施工组织方式

采用“平行作业、一点多用”的施工原则，以减少施工封锁时间和运量损失。注重工序单元的合理分解，施工前将工程作业项目进行认真分解，确定封锁前、中、后应进行的工序，在保证行车安全的前提下，尽量使封锁时间内的工作量最小以缩短封锁时间；封锁线路之前对封锁时间内的施工作业方法进行研究，通过筛选优化选定速度快的作业方式，必要时采取一些辅助措施以加快施工进度，尽量在同一天窗点内最大限度地综合利用天窗资源。各施工小组在限定的天窗时间内，根据施工计划展开平行作业，若涉及几个施工队需配合施工时，施工人员应分组进行作业，确定各道作业工序的时间，控制掌握好作业流程，使各作业组相互协调，不出现等待现象。通过这样的组织方式，可提高每次天窗时间的利用率，保证施工安全、高效进行。必要时采取恰当的车流调整措施，有预见性地发布停限装命令，有计划地安排调车

作业组织和改变图定列车运行径路等，以适应施工的需要，完善施工运输组织。

4. "点、线、流"综合协调

通过优化运输组织，挖掘设备潜能，综合协调"点、线、流"三者之间的关系，力保天窗兑现。在"点"上，精心制订日班计划和阶段计划，合理安排股道占用和货物列车到发时刻，千方百计"挤点""给点"。在"线"上，对货物列车抽线给点，并增加牵引定数，以求大幅度提高图定通过能力，为天窗兑现创造条件。在"流"上，根据图定车次、分界口接车、编组计划及中间站存车情况，合理调整车流，制订车流接续计划、出车计划，明确有效车流及潜在有效车流，从计划上确定日争取车流范围，为兑现天窗提供保证。

10.7.2 施工运输组织实施流程管理

对于本工程封锁施工来说，施工与运输的组织实施是确保施工项目按计划兑现的过程。在此流程中重点涉及"两大系统"，即行车组织系统、施工作业系统；"三大环节"即点前准备、点中组织、点后开通。明确运输部门和施工单位在施工与运输组织实施的封锁点前、封锁点中、封锁点后3个阶段所担负的职责及控制的重点和关键措施，是促进新线施工安全、顺利进行的有效保障。复杂条件下进行高等级铁路施工，必须明确各系统在各环节中的职责。施工运输组织实施流程管理如图10.13所示。

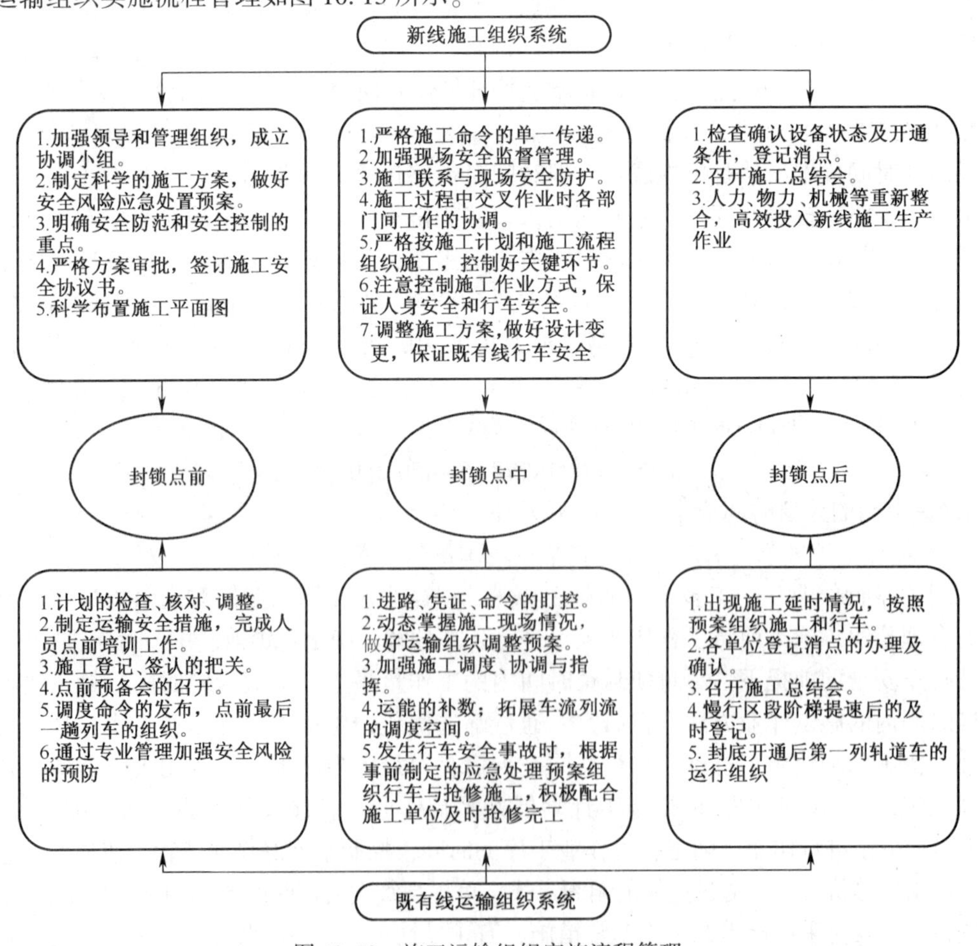

图10.13 施工运输组织实施流程管理

10.7.2.1　施工准备阶段

1. 领导管理组织的加强

在新建高速铁路与既有线并行施工过程中，必须加强领导和管理组织，对施工、运输中发生的问题及时决策。应本着“运输要努力为施工提供支持，施工努力为运输减轻压力”的原则，在组织封锁施工前由铁路局和施工单位联合成立建设施工领导协调小组，具体负责将施工纳入运输组织进行一体化管理，开展全过程检查、监督施工安全情况，并综合协调解决由施工引起的各专业间的矛盾以及有关安全生产的问题，在施工与运输任务出现矛盾时，按照最优决策方案组织运输与施工，力求优化施工运输组织。

每次封锁施工前，施工领导协调小组组织施工单位、设备管理单位、配合施工单位主管领导召开施工现场协调预备会，共同研究、界定各项配合工作，明确在施工中各单位的责任和义务，由施工和配合单位汇报施工准备情况，协调并解决施工配合与运输安全的问题，为封锁施工做具体的部署。

2. 科学施工方案的制订

封锁铁路既有线对新线开展施工，施工方案的制订是施工安全控制的第一步。科学合理的施工方案，一定要充分考虑施工安全。在施工方案编制前，要全面掌握施工现场的实际情况、施工队伍的素质情况、施工的环境条件、既有营业线的具体运输情况，要以实事求是的态度和科学的方法来编制方案，脱离实际的方案是施工安全的重大隐患。必须充分考虑既有繁忙干线运输的需要，尽量减少施工封锁、限速慢行等对正常行车的干扰。在编制施工方案时，要做到尽可能地减少封锁次数，缩短过渡时间，提高临时工程质量，使限速满足运输条件，并尽量不影响既有设备和实施的正常使用，以保证既有线正常的运输，并使方案通过后能按计划有效、顺利地执行。在制订具体方案时，由建设单位组织施工，监理单位在实地勘察的基础上，根据设计要求和现场环境制订施工方案，提出配合条件。由协调小组召集各配合单位与建设、施工、监理等单位一起协调施工问题及相关配套环节，对方案进行系统优化，要求施工、运输综合方案必须系统考虑各种影响因素和突发情况，包括施工项目、作业程序、技术标准、配合条件、准备安排、劳力机具组织、安全措施、应急预案等内容，做到作业细化到岗，责任落实到人，时间具体到分，衔接明确到点。

3. 确定安全防范和安全控制的重点

邻近既有线施工，每天都要跟行车打交道，区间车速都比较快，运输繁忙、行车密度大、地下电缆纵横交错、施工难度大，稍有疏忽就可能酿成大祸，所以必须把确保营业线行车安全放在首位，明确下列防范重点：①开挖既有边坡，要防止坍塌下沉，已破的边坡，雨天必须有人昼夜巡视观察；②桥涵顶进时，要随时检测顶进地段的线路状况；③邻线卸料和作业时，严禁作业机械和料具的侵限；④平交道口施工，严格防护制度，防止肇事；⑤地下电缆施工，施工前要详细调查，并经设备管理单位确认后方可施工，施工中要注意探测防护；⑥工程爆破施工，应对既有线轨道及施工场地附近的通信、电力、房屋、桥涵建筑物等进行防护，以免造成损坏，影响行车安全；⑦沪宁城际车站与既有丹阳车站“一体化改造”工程施工中，路基开挖时注意对既有线股道安全稳定进行防护；⑧严格执行施工封锁后的开通条件，保证慢行要点的线路状况。

封锁施工安全控制的内容按施工的进程可分为封锁前准备阶段的安全控制、封锁施工中的安全控制，封锁开通过程中的安全控制及封锁开通后的安全控制。各专业安全控制重点内容包括：①运输安全控制。调度命令的发布和接收，封锁给点和开通消点的相关登记，停用设备的封锁状态，可使用设备的状态掌握，非正常情况下接发列车和调车作业。②工务安全控制。重点是精确配轨，封锁前相关准备工作，封锁给点手续，施工现场防护，现场操作中的人身安全，开通条件的确认，开通消点登记，开通后设备状态监控。③电务安全控制。封锁前适度的相关准备工作，封锁给点手续，施工现场防护，现场操作中的人身安全，联锁试验，开通消点登记，开通后设备状态监控。④供电安全控制。封锁前适度的相关准备工作，封锁给点手续，施工现场的防护，现场操作中的人身安全，开通、送电条件的确认，开通消点登记，开通后设备状态监控。⑤机务安全控制。非正常情况下的接发列车和调车作业，限速条件下的行车。铁路既有线封锁施工安全的重点是封锁前的准备工作，开通条件确认，以及非正常情况下接发列车和调车作业的安全保障措施。

4. 施工安全协议书的签订

施工组织方案审定批准后，应将进入铁路安全保护区的施工计划，按照施工方案每月提报铁路局，一般铁路局要求提前一个月申报，申报施工计划的内容一般包括施工项目、作业内容、地点和时间、影响范围、施工方案及验收安排、施工组织及负责人、施工安全和质量的保障措施及防护方法、列车运行条件，以及施工安全协议书等。审批施工方案做到：准备工作不到位、安全措施不健全、应急预案不充分、任务不细化到人及责任交代不清楚均不予批准。

紧邻既有线施工，对影响既有线运输安全的项目，都需编制施工方案报有关部门审批后方可实施。施工计划由施工单位负责提报，经设备管理单位和行车组织单位会签，报建设指挥部签认后报铁路分局工电分处、运输分处审批。方案中还要有相应的应急预案，施工方案未审批，不能组织施工。施工计划下达后根据铁路分局批准的施工范围、工作内容和时间要求，在实施的前一天到车站办理施工登记（预报）。施工当天，由驻站联络员或施工负责人到车站提前办理登记，按铁路分局调度命令组织实施，在计划规定的范围内按时完成，封锁开通前要会同设备管理部门、行车组织部门的人员现场检查，确认符合放行列车条件方可开通，开通后及时办理消点。没有施工计划严禁施工。开工前项目部须组织专人和设备管理单位、行车组织单位如工务段、电务段、水电段、铁通、车务段等，分别签订安全协议书，明确双方的责任、权利和义务。安全协议书是标段内施工总协议，在总协议的基础上还需签订具体的分项目配合安全协议，比如项目部和工务段签订的标段范围内工务段管辖设备安全协议。这些协议要明确施工责任地段范围、期限，安全防护的内容、措施及专业结合部的安全分工，违约责任和经济责任以及安全监督和配合费用等。

5. 施工平面图的科学布置

施工总平面图的布置要考虑确保既有线通行安全。根据工程的特点与复杂条件和总体安排，结合施工条件，考虑实际列车通行和道路交通流量，合理安排与既有铁路、道路交叉、平行工程的施工顺序，科学制订相应调整和疏导方案，最大限度减少对既有线（道）路的通行影响，确保行车和施工安全。

6. 制定相关保证制度

对参加施工的各车间的职工实行短期实地施工培训制度，合理配置各种机具和设备，按车间划分施工责任段，落实岗位责任制，狠抓安全绩效考核，提前把施工材料运送到位，保证到料及时，为施工创造条件。

7. 通过专业管理加强安全风险预防

新线施工影响既有线运输安全，特别是多点、多样、长时间施工容易造成相关人员思想上的麻痹。为此，施工前对方案的集体确认，各方对概念用语的统一认知和应急预案管理等尤为重要。铁路分局调度所要抽调专门人员负责此项工作，避免多头指挥，做到专业管理。新设备使用前，要组织调度人员深入现场，了解情况，准确及时地掌握，从而确保行车指挥安全，尽快发挥能力。

10.7.2.2　施工阶段的协调控制措施

1. 严格施工命令单一传递

施工时，车站防护负责将施工慢行、封锁的调度命令传递给施工工地负责人，再由工地负责人将慢行、封锁命令向工地逐级宣布，施工队必须接到工地负责人的施工命令后才能施工。当施工机械进入施工区间配合施工时，工地负责人要全面负责协调，并将有关信息传递给施工机械上的负责人。施工机械上的负责人只有接到工地负责人通知后才能进入施工区间配合施工，并听从工地负责人的指挥协调。施工结束后，由工地负责人将开通信息通知车站防护员，车站防护员根据工地负责人的命令将开通信息传达给车站值班员申请开通。

2. 施工安全的监督管理

铁路既有线封锁施工除参与施工的单位自控外，还应有互控、他控和监督机制。互控主要是参与现场施工的施工单位、配合单位间的安全互控，体现在参与施工现场作业人员相互间的安全控制，达到你错我防的目的，常见的有车机联控和各工种之间安全互控机制。他控是参与施工和施工配合单位通过组建专门的安全把关队伍，实现对现场操作的安全监控。监督是运输部门的安全主管部门通过建立施工安全管理机制，实施对施工安全进行的监督管理，体现在整个施工安全的管理职能上，对施工安全起监督、指导、协调的作用。自控、互控、他控和监督是既有线封锁施工安全中的 4 个重要手段，其中最重要的是自控，只有现场施工人员有强烈的安全意识、过硬的业务技术、较强的处理问题和安全自控能力，才能从根本上提高施工安全的可靠性。

3. 施工联系与防护控制

施工期间，应配备经培训考试合格的驻站联络员和工地防护人员，每处施工地点的防护人员不可少于 3 人，视线不良地段，应增设中间联络员传递信号。施工地点与相邻车站应有可靠的直通电话联络，相互做好通话记录。施工地点发生妨碍行车安全情况时，施工负责人除采取措施排除行车故障外，还应立即命令防护人员显示停车信号，通知车站值班员（驻站联络员转告）拦停列车。驻站人员要随时与防护人员保持联系，如联系中断，防护人员应立即通过施工负责人停止作业，必要时将线路恢复到准许放行列车的条件。放置路肩的设备物料，应与列车保持安全距离，物料应堆码放置牢固。

4. 加强施工调度、协调与指挥

做到安全、生产、施工三兼顾，为此必须做好调度指挥工作，在保证安全的基础上，减少对运输生产指标的影响。施工时期调度的调度命令管理反映在两个方面，一是准许施工调度的调度命令，由路局施工调度发布；二是实际施工的调度命令，由当班列车调度员发布。

准许施工的调度命令由路局调度所施工室负责，主要是检查、核对施工计划中的各项在现场能否执行，执行中是否有困难，特别是行车方式正确与否，慢行是否符合部、局施工文件的规定，发现问题及时改正，防止事故的发生。实际执行的调度命令须由当班的列车调度员仔细与现场核对，并经监控人员检查无误后，方可发布，并由车站及施工负责人核对无误后方可执行。

施工期间运输处负责组织有关单位制订审核施工时的行车办法，安全措施落实情况及机务、工务、电务等部门间的协调。对车站行车工作影响较大的施工项目，应以车站为主，施工与运输部门参加，共同组成现场施工指导小组，统一指挥，协调现场施工工作。施工中加强相互间的工作协调，特别是加强作业交叉时各单位间的协调工作，确保一点多用和施工安全；加强与铁路局调度所的联系，掌握施工给点和行车信息，并及时反馈给施工有关单位，指导各单位充分准备和平行作业。

5. 针对施工的运输组织

调度所针对施工抽线要制订抽线补线方案，并通过柔性的车流、列流调度应对硬性的施工工程。如某点施工开始时刻的确定，要根据列车运行的具体情况和分界口交车需要，适当灵活调整。根据图定车次、分界口接车、编组计划及中间站存车情况，结合当日（次日）施工计划，制订车流接续计划、抢流计划、出车计划，明确有效车流及潜在有效车流，从计划上圈定日争取车流范围，拓展车流调度空间。

10.7.3 施工运输组织安全风险综合协调与控制

新建沪宁城际铁路邻近既有京沪线，根据本工程的特点和复杂条件，施工对运输的影响和干扰主要集中在线路路基工程施工阶段，如果施工作业方式不当，则有可能挖断既有地下管线，以及造成既有线路基边坡和站场股道的垮塌，对既有线的行车安全和正常运营构成很大威胁，对施工组织来说存在的风险主要是日常施工天窗与临时抢修天窗的给点与利用对路基正常施工的妨碍，引起路基工程工期风险，施工组织和运输组织相互影响和制约，必须采取有效的措施加以协调组织间的矛盾。在协调过程中施工单位必须随时修改调整路基施工组织设计，加强过程安全风险控制，调整施工作业流程和作业方式，以适应运输组织的需求，确保既有线行车安全，同时保证实现项目进度目标。这就要求施工单位需要在方案设计时考虑施工潜在的安全风险要素，提前制订抢修应急处置机制，综合考虑施工和运输的联系与相互影响，建立科学高效的施工运输组织风险预防控制机制。

10.7.3.1 典型区段特点及施工安全风险分析

江苏丹阳站位于京沪线上行 K209 处，拥有 5 座站台 5 条道发股道，日接发图定客车 77 对，154 趟，其中停靠 65 趟列车（31 趟为动车组，34 趟为旅客列车）。为促进城市综合交通枢纽建设，形成铁路既有车站与城际车站的有效衔接，沪宁城际铁路丹阳站将与既有车站实施一体化改造，新建沪宁城际车站位于既有丹阳站的对侧，两车场设计为并列不等高，城际车场比普速车场高约 1.2 m。城际铁路新线施工紧邻既有车站线路，新老两条铁路线上的车站最终将形成南北一体、资源共享、上下贯通的新格局。线路走向、站场站台与股道的具体布置如图 10.14 所示。

城际车站与既有丹阳车站并行施工区段，沿线地形和地质结构复杂，路基工程既受全线

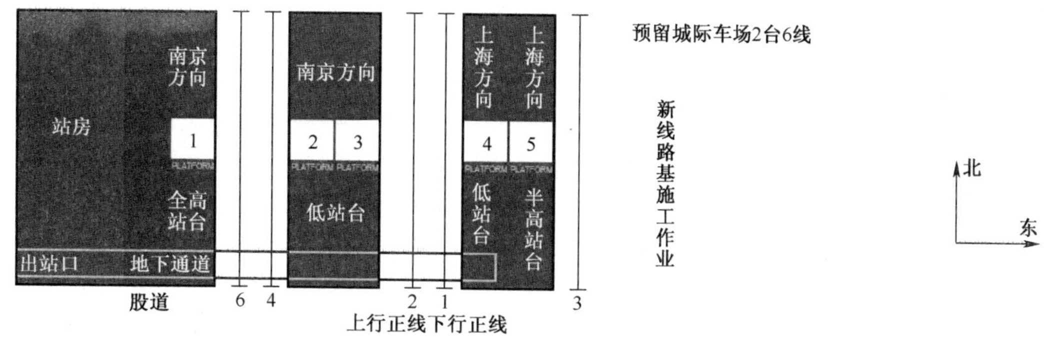

图 10.14　丹阳站站台及股道编号示意图

总工期和预压沉降时间限制，又受箱梁架设（需要从上面过架桥机）、铺轨施工工期制约，使路基工程施工需要进行大规模、高强度的机械化施工组织，并保证路基填筑的高质量标准要求。路基工程必须确保有足够的预压时间，严格控制工后沉降和差异沉降，开工前必须对地质条件进行核对。路基施工要求设置专门的变形和沉降观测装置，对路基沉降进行观测分析，据此确定和指导下道工序的施工和确定路基的沉降期。

对于城际车站所属新线施工区段来说，站场路基施工作业会对既有站场的股道的安全稳定产生影响和威胁，在施工过程中有可能造成靠近城际车场路基施工现场的外侧 3 号股道的垮塌，一旦发生股道垮塌事故，一方面会妨碍既有京沪线的正常安全运营，造成运输效益的损失；另一方面施工单位必须立即组织力量对其进行抢修，同时新线路基施工的进展也将因发生安全事故而受到相关部门的限制和制约，从而影响工程进度目标的按期实现。

针对这一潜在的安全隐患和风险，为保证既有线安全正常运营和新线施工的顺利开展，施工安全风险事前预防控制至关重要，新线设计和施工必须确保既有线安全，站场区段路基开挖深度施工前必须经过严格计算；必须严格控制水浸泡路基的时间，对稳定性进行计算；在制订施工方案时预先考虑安全风险应急处置预案，保证一旦出现垮坡现象有相应的应急处理办法，具体包括垮坡事故抢修人员、物质、机械的应急组织安排，股道封锁抢修施工天窗时间的申请与报批，安全事故抢修期间既有线车站的特殊临时行车办法与旅客乘降组织预案，抢修施工现场的安全防护配合措施，抢修施工作业方式等。

10.7.3.2　既有线运输约束下的抢修施工组织优化方法

1. 股道垮塌风险事故抢修封锁施工问题概述

新线路基施工与既有线运输之间相互影响和制约，城际车站路基施工作业过程中可能造成既有线车站 3 号股道的垮塌，为了确保既有线正常运营，必须改良设计、加强施工过程安全控制、做好安全风险应急处理预案，一旦垮坡事故发生，必须对股道进行封锁抢修，施工单位需要上报抢修方案，而方案中封锁施工天窗时间的申请和实际安排情况，会对既有线列车的运行、新线施工进展以及封锁施工成本和施工效率同时产生不同程度的影响。保证既有线正常运输、确保新线施工顺利进展、提高封锁施工效率、降低施工成本，是针对垮坡事故抢修问题运输部门和施工部门希望能够实现的不同分目标，运用系统化管理、集成管理的思想，将施工和运输组织视为一个整体的系统加以协调和优化，建立科学的计算分析模型，根据实际情况合理安排封锁抢修作业时间，为高速铁路施工安全风险应急处理提供参考和依据。

实际股道垮塌时开展抢修封锁施工作业，施工组织与运输组织之间的协调与优化需要考虑以下问题：①根据垮坡事故发生在一天 24 h 的不同时刻，以及既有车站列车运行计划安排情况，施工单位应急抢修方案上报时申请并可获批准的一次连续封锁股道施工最长时间是多少？②封锁抢修施工是否可以连续一次性完成，还是先修建临时股道线路满足暂时通车，后续再安排多次施工封锁天窗直到将股道完全修复？③如何安排封锁施工时间长短与封锁施工时段并将其进行科学组合统筹考虑，从而尽可能将对各分目标的影响降到最低，通过协调管理实现施工运输组织的整体效益的优化？

2. 问题的相关约束

封锁股道进行抢修施工会影响到既有车站列车的通过能力，主要考虑股道占用情况和咽喉通过能力所受的影响。分析车站通过能力时，影响车站通过能力的因素主要有以下 3 项：①车站现有设备情况。如站场的类型和各咽喉区布置的特点，到发线的数量和有效长度，信号设备类型和各项作业进路能否分段解锁等。②车站作业组织情况。如各种列车的技术作业过程，所采用的先进工作方法，各项作业占用设备的时间标准，各车场分工和线路固定用途等。③衔接车站的各区段的列车运行图，所采用的计算行车量，改编和中转列车数比例，行车量的分配方案（将计算行车量具体分配到各股道和各道岔的方案）等。

经过车站的所有列车（车列）使用到发线均应遵守以下两个条件：

（1）一条到发线同一时间内只能接发一列列车；一列列车一旦占用了一条到发线便一直占用到离去时为止，中途不能再转到其他到发线；一列列车在同一时间只能占用一条到发线。

（2）满足到发线运用的基本约束条件。同一股道接发的相邻列车时间间隔要满足最小安全时间间隔；列车占用线路时间必须小于列车到达间隔时间与车站到发线条数的乘积。

在满足上述两个条件下，实现下面 3 个目标，并保证行车安全。

（1）有利于保证行车作业安全与行车技术作业。即尽量减少各种交叉作业，保证车站不间断地接发列车，以及保证出发列车正点发车和避免到达列车在进站信号机外停车。

（2）方便旅客旅行。即有利于旅客乘降，尽量减少旅客在站内的走行距离与走行时间。也就是将始发、终到等上、下车旅客较多的列车尽量安排在靠近基本站台的到发线。

（3）有效地使用车站各种既有行车技术设备。即对确定的列车运行图和车站既有行车设备，应尽量均衡地使用，使各项设备的利用率趋于均衡。本书讨论的有效地使用车站各种既有行车技术设备是指对到发线的均衡、合理利用。

封锁施工安排的原则为：每天施工的工作量大体相当；每天施工对行车干扰时间基本相当；每天需要的施工机具和劳动力数量基本相当；每天封锁施工的时间范围因时制宜，尽可能安排在既有线日常综合维修天窗时间内进行，尽可能安排在昼间进行。

结合沪宁城际铁路Ⅲ标站场工程路基施工的复杂条件和现场实际情况，认为抢修封锁施工天窗时间的不同开设情况会分别对新线路基施工作业进展、抢修封锁施工成本与施工效率、既有线客货列车的接发运行产生不同程度的影响，通过系统、综合地考虑这 3 个关键核心要素，并根据自身对问题的影响重要程度对其赋以不同的权重进行计算分析，以实现目标函数的整体最优。

3. 基于整数规划的施工运输组织最优化模型

从施工的连续性来看，总希望施工能够具有最大的连续性，也就是说从股道损毁开始，能够连续施工，直到股道被修复。但是由于既有线路运输繁忙，因施工的每一次封锁应当尽可能减少对运输的影响。这种运输效用最大化和施工成本最小化的矛盾，是施工运输组织最优化的主要瓶颈问题。

因此，施工运输组织最优化的本质问题是寻找施工时间的优化配置，使得综合考虑施工组织和运输组织条件下的效用最大化。从施工组织和运输组织的相互关系来看，其影响主要可以包括新线路基施工进度的影响、封锁施工成本与施工效率的影响、封锁施工对既有线客货列车运行的影响 3 个方面。F_1 表示新线路基施工作业进展受影响程度；F_2 表示抢修封锁施工成本与施工效率受影响程度；F_3 表示既有线客货列车运行所受影响。

（1）施工时间区间离散化。施工运输组织的本质问题就是要得到一个施工时间段的线性组合，在满足一定约束的条件下，实现施工和运输效用的整体最优。因此，根据微积分的思想，将施工的工期时间展开为一个线性的时间轴，并用等时间段离散化时间轴，如图 10.15 所示。因此施工时间和运输的组织问题可以建模为一个时间段的组合问题，在所有可能的组合可能中，寻找一种最优的组合方案，使得施工和运输效用的整体最优。

设封锁施工天窗时间安排时段为 x_i，其中 i 为从股道垮塌事故发生时刻起取 0，1，2，3，…，n，以 1 h 为分隔单位。定义在 x_i 时段如果安排封锁施工，则 $x_i=1$；如果不安排封锁施工，则 $x_i=0$，如图 10.15 所示。因此，施工运输组织最优化问题可以归结为一个 0-1 整数规划问题。划分单位如果越细，则变量越多，求解问题的难度越大，但是越精确；反之，划分单位越粗，则问题求解越容易，但是问题求解越不精确。本书中兼顾求解效率和实际施工的搭配，选取 1 h 为划分单元。

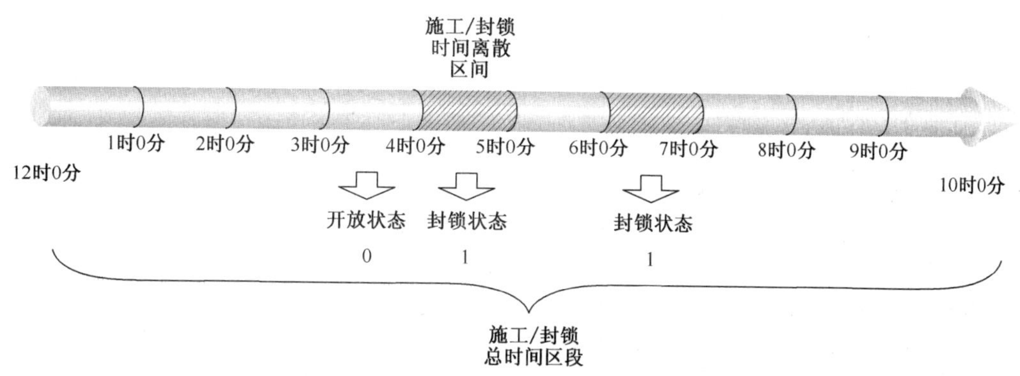

图 10.15　施工运输组织协调与优化原理图

（2）新线路基施工进度影响。由于路基施工与既有线运输之间相互影响和制约，当由于路基施工作业方式不当而造成既有线股道垮塌事故时，需立即组织抢修，为了防止垮塌状况进一步恶化，确保在抢修过程中既有线的行车安全，在股道完全修复之前，根据事故的严重程度，运输部门必然会对近旁施工单位的日常路基施工作业制订一些不同程度的限制和约束，从而限制了新线施工作业工序的流畅开展，降低了施工效率以及单位时间内的施工作业量，从而影响了新线施工进度。直到股道完全修复，既有线恢复正常安全运营，运输部门对施工进展的约束才能解除，使得施工单位施工作业重新按计划流程开展。事故发生后，施工单位受到运输部门的制约越大，施工效率，即单位时间施工作业量降低越多，施工进展影响越大；

封锁施工持续时间越长，施工进度受累积影响越大。用 F_1 来表示新线路基施工进度所受影响，为简化计算，近似认为自变量新线路基施工开展效率降低百分比 R、封锁抢修施工时间系数 U 与因变量 F_1 之间为正比例关系，用式（10.1）来表征：

$$F_1 = RU \tag{10.1}$$

新线路基施工开展效率降低百分比 R 反映了为保证股道抢修期间既有线路的安全行车，新线路基施工部分工序作业受到限制或暂时停工，从而降低了新线路基施工效率，影响了施工进展的流畅。可参照铁路地质灾害应急响应分级方法，根据股道垮塌事故的实际影响和危害程度、需要修复时间、造成的直接经济损失（包括抢修费、复旧费及运营收入损失）以及中断、影响行车状况等将事故分为Ⅰ、Ⅱ、Ⅲ、Ⅳ级，每一级对应一个 R 值，见表 10.7。设Ⅰ级事故 $R = 1$，Ⅱ级事故 $R = 0.6$，Ⅲ级事故 $R = 0.3$，Ⅳ级事故 $R = 0.1$。股道垮塌后首先判断其属于哪一级事故，然后根据标准确定 R 的具体取值。封锁抢修施工时间系数 U 反映了从股道垮塌事故发生至股道完全修复时间系数，描述工期对新线路基施工的影响，U 越大，则施工时间越长，对新线施工越不利，反之，U 越小，则施工时间越短，能够在最短的时间内重新开始新线施工。

$$U = \sum_{i=1}^{n} x_i \lg(i + 1) \tag{10.2}$$

表 10.7　股道垮塌事故级别

事故级别	Ⅰ	Ⅱ	Ⅲ	Ⅳ
直接经济损失/万元	大于 3 000	1 000~3 000	500~1 000	小于 500
需修复时间/h	大于 24	15~24	8~15	小于 8
进度影响值 R	1	0.6	0.3	0.1

（3）封锁施工成本与施工效率影响

$$F_2 = \sum_{i=1}^{n} C \cdot Q_i \cdot P_i = \sum_{i=1}^{n} C \cdot Q_i \cdot x_i[(x_i - x_{i-1}) \cdot cc + tc + (x_i - x_{i+1}) \cdot cc] \tag{10.3}$$

式中：Q_i 为封锁施工条件系数，反映了封锁施工安排在白昼和夜间时施工作业和管理难度的高低。封锁施工如在夜间（20:00—6:00）进行，则 Q_i 值取较大值；安排在昼间（6:00—20:00）进行时，Q_i 取较小值。Q_i 的取值影响封锁施工成本与施工效率。x_i 为各抢修时刻，从股道垮塌事故发生时刻起分别取 0，1，2，3，…，n 以小时为最小单位。C 为封锁抢修施工作业方式系数，反映了事故应急抢修施工组织的效率高低。当采用平行流水多点、机械化施工等科学的施工作业方式，人力、物力、机械及时到位且配备合理时，C 值较小；当采用常规应急抢修施工作业方式，应急反应不够及时，人力、物力、机械等到位、配备状况不理想时，C 值较大。C 的取值对封锁施工成本与效率造成影响。根据抢修施工作业组织的具体情况，C 为 0.5~1。P_i 为封锁施工连续性影响系数，按下式计算：

$$P_i = x_i[(x_i - x_{i-1}) \cdot \mathrm{tc} + \mathrm{cc} + (x_i - x_{i+1}) \cdot \mathrm{tc}] \tag{10.4}$$

连续性施工能够节约封锁施工成本，提高封锁施工的效率，P_i 反映了发生垮坡事故后，对股道进行封锁施工至完全修复过程中，每次停止封锁抢修又重新开工所带来的人力、物力、机械等封锁施工成本的增加额的百分比。一次封锁施工组织大致可以分为 3 个部分：设备、人员准备时间和费用 tc（transportation cost），施工时间和费用 cc（construction cost），设备、人员撤离时间和费用 tc，因此连续施工折减系数

$$p = \frac{tc}{2tc + cc} \tag{10.5}$$

封锁施工连续性，在很大程度上决定了封锁施工成本与施工效率。如果封锁施工能够一次完成，则具备最小的施工成本和最大的施工效率。

根据相邻施工封锁区间相互的结构关系，可以分为施工关闭、完全连续施工、半连续施工和独立施工，如图 10.16 所示。施工关闭状态，描述该时间区间没有施工的情况，这种状态下，不会引发任何费用，因此可以忽视相邻的施工区间的施工状态；完全连续施工状态，描述该时间区间进行施工，并且相邻两个时间段都进行施工的情况，这种状态下，由于该时间区间前后的时间区间都处于施工状态，因此可以忽略设备、人员准备时间和费用，设备、人员撤离时间和费用，仅仅计算施工时间和费用；半连续施工状态，描述该时间区间进行施工，并且相邻的一个时间段进行施工，另一个时间施工关闭，这种状态具备对称性，包括前时间区间开放、后时间区间关闭和前时间区间关闭、后时间区间开放两种状态；独立施工状态，描述该时间区间进行施工，并且相邻两个时间段都处于施工关闭的状态，由于该时间区间前后的时间区间都处于施工关闭状态，因此必须考虑设备、人员准备时间和费用，设备、人员撤离时间和费用，计算施工时间和费用，这种状态下，具备最大的施工成本和最小的施工效率。

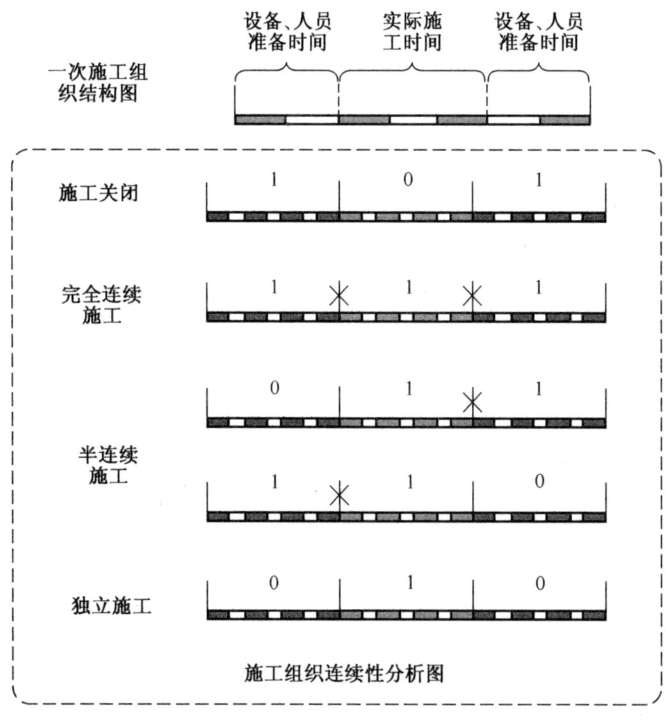

图 10.16　施工组织连续性分析图

为简化运算，可以对 F_2 进行简化：

$$F_2 = (2\mathrm{tc} + \mathrm{cc})\sum_{i=1}^{n} C \cdot Q_i \cdot x_i + \mathrm{cc}\sum_{i=1}^{n} C \cdot Q_i(2x_i^2 - x_i x_{i-1} - x_i x_{i+1}) \tag{10.6}$$

由于 x_i 为二元变量，因此 $x_i = x_i^2$，因此有

$$\begin{aligned} F_2 &= (2\mathrm{tc} + \mathrm{cc})\sum_{i=1}^{n} C \cdot Q_i \cdot x_i + 2\mathrm{cc}\sum_{i=1}^{n} C \cdot Q_i \cdot x_i - \mathrm{cc}\sum_{i=1}^{n} C \cdot Q_i \cdot x_i \cdot (x_{i-1} + x_{i+1}) \\ &= (2\mathrm{tc} + 3\mathrm{cc})\sum_{i=1}^{n} C \cdot Q_i \cdot x_i - \mathrm{cc}\sum_{i=1}^{n} C \cdot Q_i \cdot x_i \cdot (x_{i-1} + x_{i+1}) \end{aligned} \tag{10.7}$$

（4）封锁施工对既有线客货列车运行影响。股道垮塌事故发生后，封锁施工天窗时间在不同时段的安排组合，对既有线行车的影响和干扰是不同的，将通过车站的列车分为动车、特快、普快、慢车、货车 5 种类型，每种车运行受影响的重要性由高到低，对其赋以不同的权重。在不同的时段（以 1 h 为单位）封锁施工所影响的通过既有车站的各类型的列车数量不同，对既有线行车的总体影响可以通过对各时段列车影响的加权计算得出，用 F_3 表示封锁施工对既有线列车的运行影响，具体计算公式如下：

$$F_3 = \sum_{i=1}^{n}(aD_i + bT_i + cK_i + dP_i + eH_i)x_i \tag{10.8}$$

式中：D_i 为 L 时刻影响动车趟数，权重系数为 a；T_i 为影响特快趟数，权重系数为 b；K_i 为影响普通快车趟数，权重系数为 c；P_i 为影响普通列车趟数，权重系数为 d，H_i 为影响货车数，权重系数为 e；x_i 从股道垮塌事故发生时刻起取 0，1，2，…，n 以小时为最小单位。本书进行算例分析时，对各种类型列车的影响权重取值见表 10.8。

表 10.8　不同列车类型影响权重

列车类型	影响权重
动车 a	5
特快 b	4
普通快车 c	3
普通列车 d	2
货车 e	1

由于新线路基施工进度影响、封锁施工成本与施工效率影响、封锁施工对既有线客货列车运行影响 3 个方面的取值范围和量纲完全不同，所以首先需要对这些指标进行归一化，式（10.9）表示正准则，式（10.10）表示负准则。

$$v^h = \begin{cases} \dfrac{F^h - \min F^h}{\max F^h - \min F^h}, & \max F^h \neq \min F^h \\ 1, & \max F^h = \min F^h \end{cases} \tag{10.9}$$

$$v^h = \begin{cases} \dfrac{\max F^h - F^h}{\max F^h - \min F^h}, & \max F^h \neq \min F^h \\ 1, & \max F^h = \min F^h \end{cases} \tag{10.10}$$

式中：$h=\{1, 2, 3\}$ 表示效用函数的索引，例如 $h=1$ 表示新线路基施工进度影响；$\max F^1$ 和 $\min F^1$ 分别表示新线路基施工进度影响的最大聚合值和最小聚合值，如果 $\max F^h$ 和 $\min F^h$ 相等，那么表示该效用函数的值都相等，因此被赋值为 1；$\max F^h - \min F^h$ 为归一化因子，记为 NF^h 。

确定每一个效用函数的最大值和最小值不需要遍历所有取值，只需要选择其中的最大值或者最小值即可，因此归一化过程可以在多项式时间内完成。

由于新线路基施工进度影响、封锁施工成本与施工效率影响、封锁施工对既有线客货列车运行影响对总目标的影响不同，所以采用简单加权法对不同的效用函数进行聚合。因此，综合效用函数表示为

$$u(s)=\sum_{h=1}^{3} w_h u^h \tag{10.11}$$

式中：w_h 表示上述 3 个方面的权重；u^h 表示第 h 个效用值。

$u^1=F_1(x)$ 表示新线路基施工进度影响效用函数，其归一化结果为

$$v^1=\frac{u^1-\min q^1}{NF^1} \tag{10.12}$$

$u^2=F_2(x)$ 表示封锁施工成本与施工效率影响效用函数，其归一化结果为

$$v^2=\frac{u^2-\min q^2}{NF^2} \tag{10.13}$$

$u^3=F_3(x)$ 表示封锁施工对既有线客货列车运行影响效用函数，其归一化结果为

$$v^3=\frac{u^3-\min q^3}{NF^3} \tag{10.14}$$

综上所述，施工运输组织协调与优化面临优化问题 OP，如式（10.15）所示。

$$\min u(x)=\sum_{h=1}^{3} w^h v^h \tag{10.15}$$

s. t.

$$x_i=\begin{cases}1, & \text{施工状态}\\ 0, & \text{非施工状态}\end{cases} \tag{10.16}$$

$$x_s=1,\ s\in win \tag{10.17}$$

$$n=LT \tag{10.18}$$

$$\sum_{i=1}^{n} x_i=A \tag{10.19}$$

$$\sum_{i=1}^{D} x_i=D \tag{10.20}$$

$$u^h \leqslant CV_h,\ \forall h=1, 2, 3 \tag{10.21}$$

式中：描述变量的二元属性，1 表示施工状态，0 表示非施工状态；约束式（10.17）描述有限考虑施工天窗时间，尽量在施工天窗的时间内施工；约束式（10.18）描述施工最迟完成的时间，同时决定了变量的数目；约束式（10.19）描述封锁抢修施工作业总量必须等于 A（用时间来表征，单位为 h），反映了股道垮塌事故的严重程度和股道完整修复所需时间。事

故发生后根据股道具体垮塌程度以及现场实际情况等确定 A 值大小；约束式（10.20）描述封锁抢修施工作业最小时间 D（单位为 h），指在股道垮塌事故发生后，对垮塌股道进行紧急抢修铺设临时线路（未完全修复）可满足列车暂时通行所需要的最短时间，具体包括抢修方案上报、抢修救援命令的请求时间，救援列车的始发与到达时间，人员、物质、机械的组织时间，现场施工作业时间等的叠加；最大容忍值 CV_h，$\forall h = 1, 2, 3$。优化分析模型算法流程如图 10.17 所示。

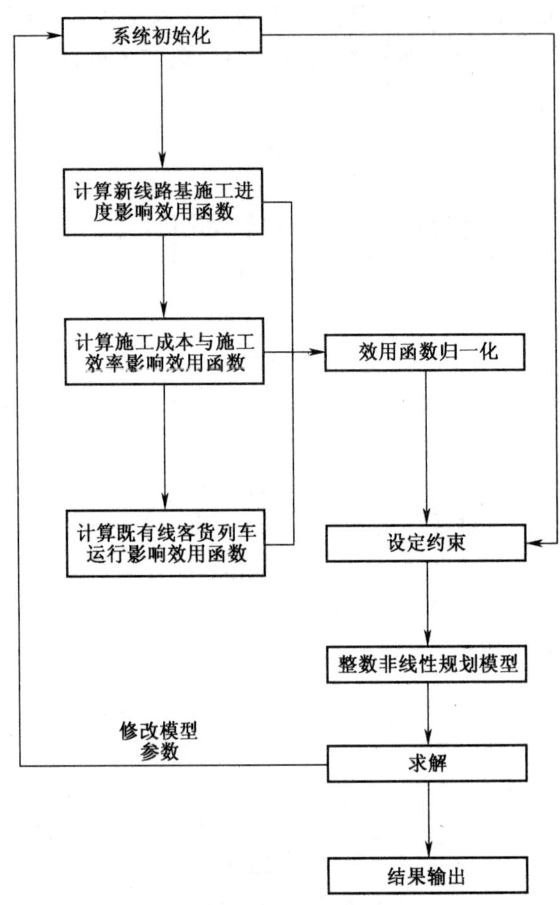

图 10.17　优化分析模型算法流程

本书根据既有丹阳火车站日常列车运行具体安排情况，模拟股道临时损毁事故发生时采取应急反应的情况，采用建立的优化分析模型，利用计算机编程运算得出结果，安排封锁时间，选择最佳的抢修封锁施工方案，通过反复验算并与实际情况相比对，来验证本书方法的正确性与科学性。首先，根据丹阳车站的列车运行图布置，分析当 3 号股道垮塌被封锁时，车站利用其他 4 条股道（含 2 条正线和 2 条到发线）安排临时行车，接发列车时同时考虑股道占用能力和咽喉通过能力，根据车站日常列车运行图安排计划，详细铺画车站 3 号股道封锁时段，站场在一天 24 h 的各时刻的通过能力示意图（图 10.18），从图 10.18 可以反映每个时刻封锁股道施工所影响到的各种列车趟数，也可以反映各时刻车站的车流密度大小与具体接发车情况。

线别	股道	0	1	2	3	4 (5)
到发线	6					
到发线	4	K8356 2 11; K8482/3 50 52; K8 59	486 2; K8372 7 9; K8 54	358 3	K8457 12 21; K1 46	54 7; K8420 16 35; K284 49 59
上行正线	2	T110 7; K372 19; 1228/9 25; K282 31; K8402 37; K76/7 43	K8458 17; 2582/3 24; X102 35; K8378 43; K8366 50	K8432 16; T32 15; K8434 25; X238/5 44; 430C2 58	36302 9	
下行正线	1		K527 62; K462 24; 43001 37; 46971 42发; 7177 58	K8371 16 20; K8484 25 34; K378 46; 1344/1 53; （K292 30 受影响）	T31 2; K359 17; 2584/1 39; T33 51	K698 21; T105 30; K233 42; Z94 54

K292(过)2:30受影响 无法按点通过

线别	股道	5	6	7	8	9 (10)
到发线	6			T7776/7 21 32; D5404 58 0	D86/7 47 49	D5406 23 24; D5478 47 49
到发线	4		26202 27 34	K781 20 30; 1461 37 40		
上行正线	2		46972 40; 26204 48	K528 7; 2002 13; D5402 51	D3002 7; D5532 22; D182/3 32; D30 56	D76/7 6; D5474 17
下行正线	1	Z9 15; KK296 26; D341 37; D309 43; D321 53; D313 28	D385 3; D307 8; D301 13; D305 23; D5401 42 43	D5403 7 9; K784 20 30; 1461 37 40; D5405 59	D5427 5 7; D5409 14	T140/37 2; T103 12; T166/3 18; T109 25; D5477 35; D5411 41 45; D5413 51 53

		10	11	12	13	14　15
到发线	6	$\frac{\text{D5410}}{28\ 30}$		$\frac{\text{D5421}}{30\ 32}$	$\frac{\text{D5482}}{22\ 24}$	
到发线	4	($\frac{\text{K736}}{3\ 44}$ 需延迟离站)		$\frac{\text{K56/7}}{48\ 50}$	$\frac{\text{K56/7}}{48\ 50}$	$\frac{\text{K360}}{43\ 45}$ $\frac{\text{K294/5}}{55\ 57}$
上行正线	2		$\frac{\text{K290}}{1}$ $\frac{\text{D5472}}{19}$ $\frac{\text{D3018}}{30}$ $\frac{\text{D5416}}{41}$ $\frac{\text{D5418}}{46}$ $\frac{\text{D5420}}{51}$ $\frac{\text{D32}}{56}$	$\frac{\text{K376/7}}{9}$	$\frac{\text{T7786/7}}{6}$ $\frac{\text{D5422}}{34}$ $\frac{\text{D5424}}{44}$	$\frac{\text{K516}}{16}$ $\frac{\text{D186/7}}{29}$
下行正线	1	$\frac{\text{T1331}}{9}$ $\frac{\text{X101}}{20}$ $\frac{\text{T118}}{32}$ $\frac{\text{T284}}{39}$ ($\frac{\text{K736}}{3\ 44}$ 受影响需延迟停站时间)	$\frac{\text{K559}}{3}$ $\frac{\text{1514/1}}{10\ 12}$ $\frac{\text{D5415}}{20\ 22}$ $\frac{\text{T54}}{29}$ $\frac{\text{2001}}{50\ 59}$ ($\frac{\text{D3008}}{55}$ 受影响而晚点到站)	$\frac{\text{D1547}}{10}$ $\frac{\text{D5419}}{20}$ $\frac{\text{46974}}{25}$ $\frac{\text{D5423}}{39}$ $\frac{\text{D3012}}{45}$ $\frac{\text{D188/5}}{50}$	$\frac{\text{D5589}}{4}$ $\frac{\text{D88/5}}{9}$ $\frac{\text{D5425}}{22}$ $\frac{\text{5427}}{28\ 30}$ $\frac{\text{D5429}}{37}$ $\frac{\text{K190}}{58}$	$\frac{\text{46931}}{25}$ $\frac{\text{T7778/5}}{33\ 35}$ $\frac{\text{D3016}}{44}$

		15	16	17	18	19　20
到发线	6	$\frac{\text{D5426}}{12\ 14}$ $\frac{\text{D5430}}{52\ 54}$		$\frac{\text{D5438}}{13\ 16}$ $\frac{\text{D5440}}{30\ 32}$	$\frac{\text{D3014}}{22\ 23}$	$\frac{\text{D5442}}{8\ 10}$ $\frac{\text{D5486}}{55\ 56}$
到发线	4	$\frac{\text{K696}}{1\ 3}$			$\frac{\text{K464}}{46\ 48}$	$\frac{\text{T34}}{27}$
上行正线	2	$\frac{\text{D5590}}{26}$ $\frac{\text{D3006}}{31}$ $\frac{\text{D5428}}{42}$	$\frac{\text{D5432}}{1}$ $\frac{\text{D5434}}{20}$ $\frac{\text{D82/3}}{34}$ $\frac{\text{D3010}}{50}$	$\frac{\text{D5436}}{7}$ $\frac{\text{T132}}{48}$ $\frac{\text{T138/9}}{54}$	$\frac{\text{T116/7}}{0}$ $\frac{\text{1512/3}}{31}$ $\frac{\text{D5445}}{57}$	
下行正线	1	$\frac{\text{K518}}{6}$ $\frac{\text{D5431}}{21\ 23}$ $\frac{\text{D5433}}{30}$ $\frac{\text{230/2}}{41}$ $\frac{\text{K8485}}{58}$	$\frac{\text{D5484}}{10}$ $\frac{\text{D5473}}{20}$ $\frac{\text{D3024}}{35}$	$\frac{\text{D5435}}{0}$ $\frac{\text{D29}}{5}$ $\frac{\text{D5417}}{21}$ $\frac{\text{X236/7}}{34}$ $\frac{\text{D5439}}{42}$ $\frac{\text{D5441}}{48\ 49}$ ($\frac{\text{K8377}}{53\ 24}$ 受影响停运)	$\frac{\text{D5443}}{9}$ $\frac{\text{K8365}}{22}$ $\frac{\text{K8436}}{28}$ $\frac{\text{K8401}}{35\ 37}$ $\frac{\text{K8466}}{43\ 45}$ $\frac{\text{D5445}}{57}$	$\frac{\text{D78/5}}{7}$ $\frac{\text{D198/5}}{24}$ $\frac{\text{D5447}}{36\ 38}$ $\frac{\text{D84/1}}{47\ 54}$ ($\frac{\text{D31}}{51}$ 受影响需晚点通过)

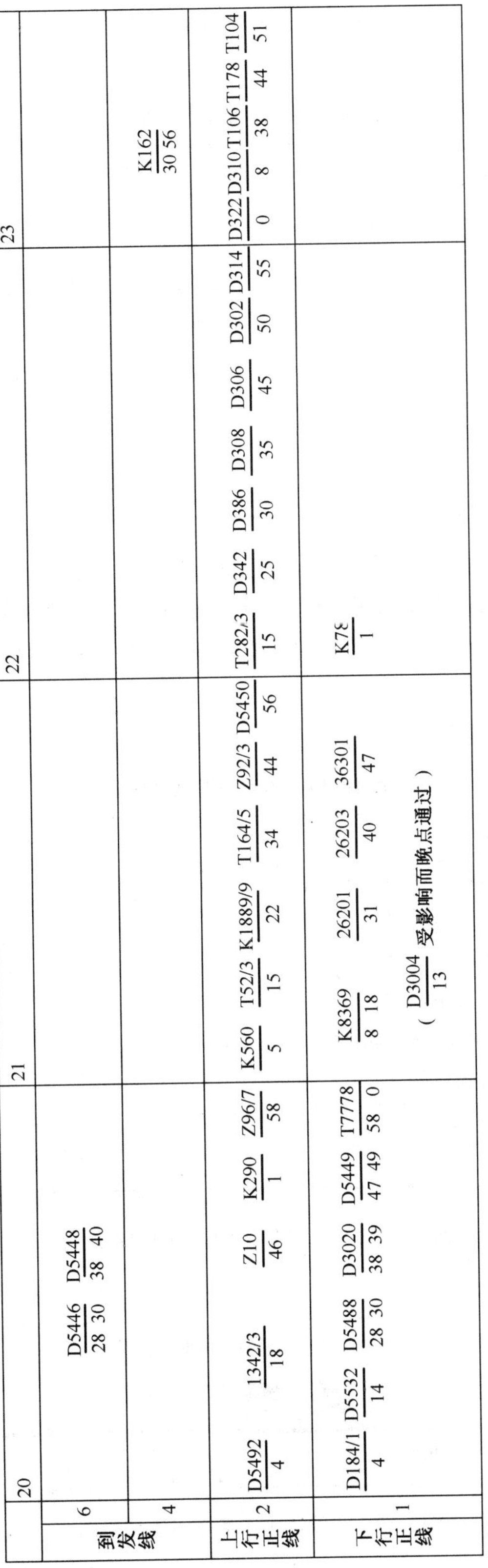

		20	21	22	23
到发线	6	$\frac{\text{D5446}}{28\ 30}$ $\frac{\text{D5448}}{38\ 40}$			
	4				$\frac{\text{K162}}{30\ 56}$
上行正线	2	$\frac{\text{D5492}}{4}$ $\frac{\text{1342/3}}{18}$ $\frac{\text{Z10}}{46}$ $\frac{\text{K290}}{1}$ $\frac{\text{Z96/7}}{58}$	$\frac{\text{K560}}{5}$ $\frac{\text{T52/3}}{15}$ $\frac{\text{K1889/9}}{22}$ $\frac{\text{T164/5}}{34}$ $\frac{\text{Z92/3}}{44}$ $\frac{\text{D5450}}{56}$	$\frac{\text{T282/3}}{15}$ $\frac{\text{D342}}{25}$ $\frac{\text{D386}}{30}$ $\frac{\text{D308}}{35}$ $\frac{\text{D306}}{45}$ $\frac{\text{D302}}{50}$ $\frac{\text{D314}}{55}$	$\frac{\text{D322}}{0}$ $\frac{\text{D310}}{8}$ $\frac{\text{T106}}{38}$ $\frac{\text{T178}}{44}$ $\frac{\text{T104}}{51}$
下行正线	1	$\frac{\text{D184/1}}{4}$ $\frac{\text{D5532}}{14}$ $\frac{\text{D5488}}{28\ 30}$ $\frac{\text{D3020}}{38\ 39}$ $\frac{\text{D5449}}{47\ 49}$ $\frac{\text{T7778}}{58\ 0}$	$\frac{\text{K8369}}{8\ 18}$ $\frac{\text{26201}}{31}$ $\frac{\text{26203}}{40}$ $\frac{\text{36301}}{47}$ （$\frac{\text{D3004}}{13}$ **受影响而晚点通过**）	$\frac{\text{K78}}{1}$	

图 10.18　封锁施工期间站场通过能力与列车影响示意图

从图 10.18 可以得到任意一个小时，封锁 3 号股道进行抢修施工，影响该小时内通过丹阳站的列车具体车次，具体见表 10.9。

表 10.9 列车车次与时间的关系

时间	通过列车车次	时间	通过列车车次	时间	通过列车车次
0	—	8	—	16	—
1	—	9	—	17	K8377
2	K292	10	K736	18	—
3	—	11	D3008	19	D31
4	—	12	—	20	—
5	—	13	—	21	D3004
6	—	14	—	22	—
7	—	15	—	23	—

进行 4 组实验，分别模拟不同状态下（发生时间不同、垮塌严重程度不同、抢修施工作业方式不同）股道垮塌事故抢修施工作业，分析其封锁施工作业时间安排情况，通过计算结果对比，分析其实际操作的科学合理性，验证本模型的实用性。具体分析过程如下。

1. 实验一

实验一参数取值见表 10.10。

表 10.10 实验一参数取值

参 数 名 称	取 值
新线路基施工开展效率降低百分比 R	0.3
封锁抢修施工作业方式系数 C	0.7
新线路基施工进度影响权重	0.35
封锁施工成本与施工效率影响权重	0.15
封锁施工对既有线客货列车运行影响权重	0.5
施工最迟结束时间/h	15
施工时间/h	9
事故发生时间	4 点

经过最优化方法，求解的施工运输组织结果如图 10.19 所示，优化解与列车运行情况对比见表 10.11。

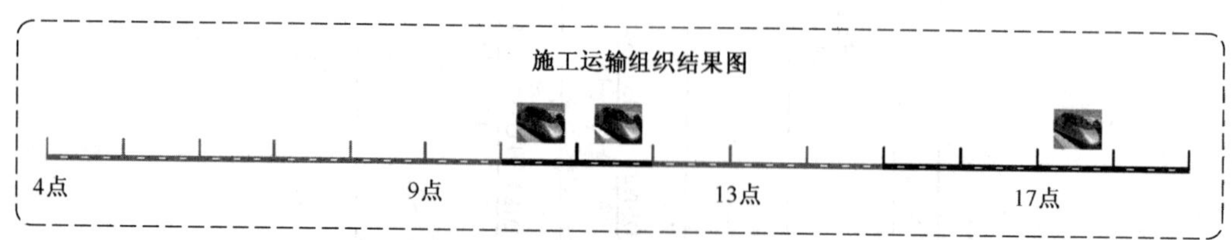

图 10.19 实验一施工运输组织结果图

表 10.11　实验一优化解与列车运行情况对比

日期	时间	是否封锁	列车运行情况
当天	4 点	1	—
	5 点	1	—
	6 点	1	—
	7 点	1	—
	8 点	1	—
	9 点	1	—
	10 点	—	K736
	11 点	—	D3008
	12 点	1	—
	13 点	1	—
	14 点	1	—
	15 点	—	—
	16 点	—	—
	17 点	—	K8377
	18 点	—	—
最晚结束时间/h	15		
施工时间/h	9		

2. 实验二

实验二参数取值见表 10.12。

表 10.12　实验二参数取值

参 数 名 称	取　值
新线路基施工开展效率降低百分比 R	0.6
封锁抢修施工作业方式系数 C	0.8
新线路基施工进度影响权重	0.35
封锁施工成本与施工效率影响权重	0.15
封锁施工对既有线客货列车运行影响权重	0.5
施工最迟结束时间/h	72
施工时间/h	20
事故发生时间	8 点

经过最优化方法，求解的施工运输组织结果如图 10.20 所示，优化解与列车运行情况对比见表 10.13。

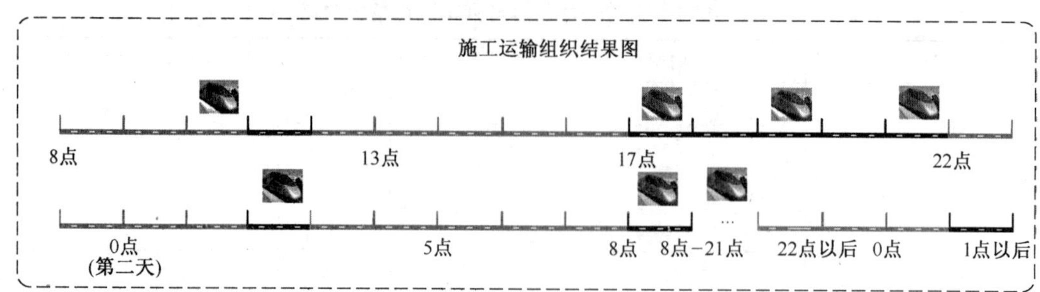

图 10.20 实验二施工运输组织结果图

表 10.13 实验二优化解与列车运行情况对比

日期	时间	是否封锁	列车运行情况
当天	8 点	1	—
	9 点	1	—
	10 点	1	K736
	11 点	—	D3008
	12 点	1	—
	13 点	1	—
	14 点	1	—
	15 点	1	—
	16 点	1	—
	17 点	—	K8377
	18 点	—	—
	19 点	—	D31
	20 点	—	—
	21 点	—	D3004
	22 点	1	—
	23 点	1	—
第二天	0 点	1	—
	1 点	1	—
	2 点	—	K292
	3 点	1	—
	4 点	1	—
	5 点	1	—
	6 点	1	—
	7 点	1	—
	8 点-21 点	—	K736，D3008，K8377，D31，D3004
	22 点	1	—
	23 点	1	—

续表

日期	时间	是否封锁	列车运行情况
第三天	0 点	1	—
	1 点以后	—	
最晚结束时间/h	72		
施工时间/h	20		

3. 实验三

实验三参数取值见表 10.14。

表 10.14　实验三参数取值表

参 数 名 称	取　值
新线路基施工开展效率降低百分比 R	0.1
封锁抢修施工作业方式系数 C	0.7
新线路基施工进度影响权重	0.35
封锁施工成本与施工效率影响权重	0.15
封锁施工对既有线客货列车运行影响权重	0.5
施工最迟结束时间/h	15
施工时间/h	6
事故发生时间	16 点

经过最优化方法，求解的施工运输组织结果如图 10.21 所示，优化解与列车运行情况对比见表 10.15。

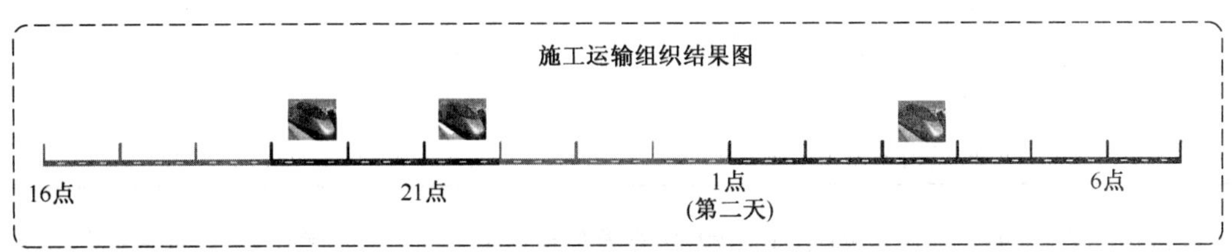

图 10.21　实验三施工运输组织结果图

表 10.15　实验三优化解与列车运行情况对比

日期	时间	是否封锁	列车运行情况
当天	16 点	1	—
	17 点	1	K8377
	18 点	1	—
	19 点	—	D31
	20 点	—	—
	21 点	—	D3004
	22 点	1	—
	23 点	1	—

续表

日期	时间	是否封锁	列车运行情况
第二天	0点	1	—
	1点	—	—
	2点	—	K292
	3点	—	—
	4点	—	—
	5点	—	—
	6点	—	—
最晚结束时间/h	15		
施工时间/h	6		

4. 实验四

实验四参数取值见表10.16。

表10.16 实验四参数取值

参数名称	取值
新线路基施工开展效率降低百分比 R	0.3
封锁抢修施工作业方式系数 C	0.6
新线路基施工进度影响权重	0.35
封锁施工成本与施工效率影响权重	0.15
封锁施工对既有线客货列车运行影响权重	0.5
施工最迟结束时间/h	48
施工时间/h	13
事故发生时间	12点

经过最优化方法，求解的施工运输组织结果如图10.22所示，优化解与列车运行情况对比见表10.17。

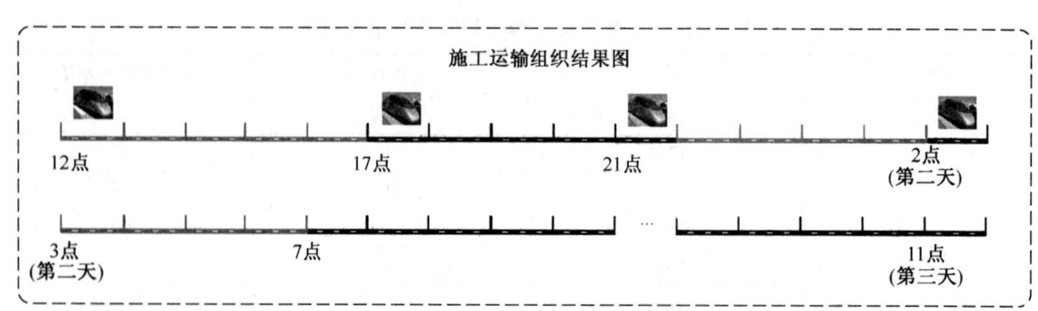

图10.22 实验四施工运输组织结果图

表 10.17　实验四优化解与列车运行情况对比

日期	时间	是否封锁	列车运行情况
当天	12 点	1	D3008
	13 点	1	—
	14 点	1	—
	15 点	1	—
	16 点	1	—
	17 点	—	K8377
	18 点	—	—
	19 点	—	D31
	20 点	—	—
	21 点	—	D3004
	22 点	1	—
	23 点	1	—
第二天以后	0 点	1	—
	1 点	1	—
	2 点	—	K292
	3 点	1	—
	4 点	1	—
	5 点	1	—
	6 点	1	—
	7 点以后	—	
最晚结束时间/h	48		
施工时间/h	13		

通过实验分析，得到既有线运输约束下，封锁抢修施工时间安排的 4 组优化解，从而可以得到各实验状态下一次封锁施工最大时间的最优取值，以及为完全修复股道其余所需的封锁施工时间的安排组合情况。通过计算优化解与封锁施工时丹阳站列车运行情况的比较，得到每组实验状态下，通过模型分析进行的封锁施工作业时间的安排，对车站列车运行影响小，施工持续总时间较短，既有利于施工单位连续施工、及早完工，也符合运输部门关心的降低对既有线行车干扰和影响的要求，具有较强的实际操作的可能性和合理性，从而验证了本书所建立的优化方法的正确性与可行性。

对于紧邻既有线开展的高速铁路施工项目，本书的既有线约束条件下的抢修施工组织优化方法，可以作为施工组织方案设计时应急处置预案编制的参考和依据，将为施工单位和运输部门间的科学有效沟通与配合提供较大帮助。

10.8 小　　结

（1）针对沪宁城际铁路建设标准数次提升，建设工期大幅压缩的情况，引进项目集成管理理念，制订集成管理目标与编制施工集成管理实施步骤，确定管理关键控制工程，提出三大控制目标，进行管理的施工偏差分析以及安全与风险分析，为有效提高施工组织管理效率提供理论依据。

（2）针对沪宁城际铁路与京沪既有线紧邻的特殊施工条件，开展并行段施工安全管理研究，研究从质量、安全、进度等出发，制订施工安全控制方案、协调机制、应急措施，实现动态信息化施工与紧邻既有线施工优化组织。

（3）从施工安全角度出发，研究施工天窗的开设和实施流程，建立既有线运输约束下抢修施工组织优化解，从而得到各实验状态下一次封锁施工最大时间的最优取值，以作为施工组织方案设计时应急处置预案编制的参考和依据。

参 考 文 献

[1] 冷长明．覆盖型岩溶路基塌陷机理与注浆加固方法［J］．铁道建筑技术，2012（1）：45-49.

[2] 郑立宁，谢强，冯治国，等．瞬态瑞雷面波法岩溶路基注浆质量检测现场试验研究［J］．岩土工程学报，2011，33（12）：1934-1937.

[3] 李国和，孙树礼，许再良，等．地面沉降对高速铁路桥梁工程的影响及对策［J］．铁道工程学报，2008，25（4）：37-41.

[4] 李国和，许再良，孙树礼，等．华北平原地面沉降对高速铁路的影响及其对策［J］．铁道工程学报，2007，24（8）：7-12.

[5] 李国和，张建民，许再良，等．华北平原地面沉降对高速铁路桥梁工程的影响研究［J］．岩土工程学报，2009，31（3）：346-352.

[6] 丁阳，李楠，李忠献．Seismic analysis for rigid-framed prestressed reinforced concrete bridge in tianjin light railway［J］．Transactions of Tianjin University，2004（4）：265-269.

[7] 王兰．东北某新建Ⅰ级铁路地震八度区路基分析及抗震处理［J］．铁道建筑技术，2010（S2）：201-202.

[8] 赵广茂，孟宪波．井间地震层析成像在铁道勘察中的应用研究［J］．铁道勘察，2011（1）：40-42.

[9] 程建军，蒋富强，杨印海，等．戈壁铁路沿线风沙灾害特征与挡风沙措施及功效研究［J］．中国铁道科学，2010，31（5）：15-20.

[10] 李凯崇，蒋富强，薛春晓，等．兰新铁路猛进东地区风沙运动特征研究［J］．岩土工程学报，2011，33（S1）：230-233.

[11] 程建军，蒋富强，薛春晓，等．强风区铁路风沙防治工程最大输沙量与携沙风荷载计算方法［J］．中国铁道科学．2012（1）：1-5.

[12] Martin C D. Estimating the size and travel distance of Klapperhorn Mountain debris flows for risk analysis along railway，Canada［J］．International Journal of Sediment Research. 2008（3）：275-282.

[13] 李朝安，胡卸文，王良玮．山区铁路沿线泥石流泥位自动监测预警系统［J］．自然灾害学报，2011，20（5）：74-81.

[14] 潘仲仁，曹林英．遥感技术在成昆铁路泥石流沟调查中的应用［J］．铁道工程学报，2006，23（S1）：237-242.

[15] 蔡德钩，王晓刚，叶阳升，等．爆炸法处理软土地基后的土性变化［J］．中国铁路，2005（3）：45-47.

[16] 曹跃，赵明生，唐飞勇，等．近区爆破对大桥振动影响的监测分析［J］．爆破，2008，25（2）：82-84.

[17] 王源，刘松玉，谭跃虎，等．九华山隧道爆破施工对明城墙振动影响的监测与分析［J］．岩石力学与工程学报，2007，26（S1）：3584-3589.

[18] 唐润婷，李鹏飞，苏华友．桥梁桩基爆破施工对邻近埋地天然气管线的影响［J］．工程爆破，2011（1）：78-81.

[19] 汪波，何川，夏炜洋．爆破施工新建地铁隧道与既有运营地铁的相互动力响应研究［J］．中国铁道科学，2011，32（5）：64-70.

[20] 蒋楠，周传波．爆破震动作用下既有铁路隧道结构动力响应特性［J］．中国铁道科学，2011，32（6）：63-68.

[21] 王飞，王连来，刘广初．爆炸荷载对天然气管道（空管）的破坏作用研究［J］．爆破，2006，23

(4): 20-24.

[22] 王后裕，刘志杰，杨铁昌，等. 地下工程改扩建中施工爆破对衬砌危害的三维数值模拟研究 [J]. 振动与冲击，2007 (6): 74-78.

[23] 闫长斌，王泉伟，李国权，等. 邻近爆破对矩形岩柱稳定性影响的突变理论分析 [J]. 爆炸与冲击，2010 (5): 556-560.

[24] 许红涛，卢文波，蔡联鸣. 邻近爆破对坝基灌浆帷幕的影响机理研究 [J]. 岩石力学与工程学报，2004, 23 (8): 1325-1329.

[25] 李建高. 既有线构 (建) 筑物旁控制爆破技术 [J]. 隧道建设. 2007, 27 (1): 87-90.

[26] 刘卫强. 紧邻既有铁路的路堑控制爆破技术 [J]. 铁道标准设计，2006, 50 (6): 18-20.

[27] 李为强. 紧邻既有铁路的站场扩堑工程控制爆破技术 [J]. 西部探矿工程，2007 (7): 196-199.

[28] 彭德红. 某铁路工程边坡爆破开挖动力响应有限元分析 [J]. 铁道工程学报，2006, 23 (1): 91-95.

[29] 王红卫. 下穿京沪铁路爆破震动监测技术 [J]. 铁道建筑技术，2008 (S1): 341-343.

[30] 刘杰，施斌，张丹，等. 基于 BOTDR 的基坑变形分布式监测实验研究 [J]. 岩土力学，2006, 27 (7): 1224-1228.

[31] 孙鹏. 反射片布点法在深基坑监测项目中的应用 [J]. 山西建筑，2012 (1): 235-236.

[32] 赵燕容，袁宝远. 基于小波的时序改进法在深基坑监测中的应用 [J]. 岩土力学，2008, 29 (12): 3381-3386.

[33] 华博深，秦岩宾，徐朝术，等. 灰色线性组合模型在基坑监测中的运用 [J]. 测绘，2011 (4): 163-164.

[34] 张开伟，王世森. VBA 技术在基坑监测数据分析处理方面的应用 [J]. 山西建筑，2011 (27): 74-75.

[35] 郑刚，魏少伟. Numerical analyses of influence of overlying pit excavation on existing tunnels [J]. Journal of Central South University of Technology, 2008 (S2): 69-75.

[36] 沈新普，王建学. Numerical scheme for elastoplastic parameter identification and finite element analysis of wall-slope of the Fushun West Open Pit Mine [J]. Journal of Coal Science & Engineering (China), 2002 (1): 38-44.

[37] 廖俊展，黄茂松，王卫东，等. 设置抗浮抗拔桩深基坑的三维数值仿真分析 [J]. 岩土工程学报，2006, 28 (S1): 1370-1373.

[38] 崔宏环，张立群，赵国景. 深基坑开挖中双排桩支护的三维有限元模拟 [J]. 岩土力学，2006, 27 (4): 662-666.

[39] 张鸿儒，侯永峰. 深基坑逆作开挖的三维效应数值分析 [J]. 岩土工程学报，2006, 28 (S1): 1325-1327.

[40] 郑刚，颜志雄，雷华阳，等. 基坑开挖对邻近桩基影响的实测及有限元数值模拟分析 [J]. 岩土工程学报，2007, 29 (5): 638-643.

[41] 胡国新，刘庭金，陈俊生，等. 基坑三维渗流对紧邻区间隧道影响的数值分析 [J]. 铁道建筑，2007 (7): 42-44.

[42] 张治国，张孟喜，王卫东. 基坑开挖对邻近地铁隧道影响的两阶段分析方法 [J]. 岩土力学，2011, 32 (7): 2085-2092.

[43] 施成华，彭立敏. 基坑开挖及降水引起的地表沉降预测 [J]. 土木工程学报，2006, 39 (5): 117-121.

[44] 刘兴旺，吴世明，软土地区基坑开挖变形性状研究 [J]. 岩土工程学报，1999, 21 (4): 456-460.

[45] Morton J J A K. Effects of tunnelling on the bearing capacity and settlement of piled foundations. [J]. Proc,

Tunnelling79, IMM, London. 1979 (2): 57-68.

[46] N. Loganathan A H G P. Analytical predication for tunneling-induced ground movements in clays [J]. Journal of geotechnical and geoenvironmental engineering, ASCE. 1998, 124 (9): 846-856.

[47] Stewart. N L H G. Centrifuge model testing of tunneling-induced ground and pile deformations, [J]. Geotechnique, 2000, 50 (3): 283-294.

[48] L. T. Chen H G P N. Pile responses caused by tunneling. [J]. Journal of Geotechnical and Geoenvironmental Engineering, 1999, 125 (3): 207-215.

[49] Poulos H G A D. Pile foundation analysis and design [M]. New York: Wiley, John Wiley & Sons Inc, 1980: 397-398.

[50] Poulos H G. Twenty-ninth Rankine lecture: Pile behavior-theory and application [J] . Geotechnique, 1989, 39 (3): 365-415.

[51] 唐涛，贺善宁．城市大断面暗挖隧道邻近建筑物施工技术 [J]. 隧道建设，2010，30 (S1)：371-375.

[52] 孔恒，王梦恕．城市地铁浅埋暗挖法隧道邻，近施工理论与关键控制技术 [J]. 市政技术，2011 (1)：17-23.

[53] 尤雪春．邻近多条地铁隧道的超深基坑施工中降承压水技术 [J]. 建筑施工，2008 (7)：521-526.

[54] 周俊锋，刘基，李前国．地质雷达技术在隧道超前预报中的应用 [J]. 土工基础，2007 (3)：28-30.

[55] 陈礼伟．地质雷达检测隧道衬砌质量中的问题研究 [J]. 岩土力学，2003，24 (S1)：146-149.

[56] 康富中，齐法琳，贺少辉，等．地质雷达在昆仑山隧道病害检测中的应用 [J]. 岩石力学与工程学报，2010，29 (S2)：3641-3646.

[57] 高阳，张庆松，原小帅，等．地质雷达在岩溶隧道超前预报中的应用 [J]. 山东大学学报 (工学版)，2009 (4)：82-86.

[58] 张登雨，张子新，吴昌将．盾构侧穿邻近古建筑地表长期沉降预测与分析 [J]. 岩石力学与工程学报，2011，30 (10)：2143-2150.

[59] 邹伟彪，张冬梅，蔡雄威．基坑开挖对邻近地铁变形的实时监测与数值分析 [J]. 地下空间与工程学报，2012 (S2)：1728-1731.

[60] 丁勇春，戴斌，王建华，等．某邻近地铁隧道深基坑施工监测分析 [J]. 北京工业大学学报，2008 (5)：492-497.

[61] 吴伯建，朱珍德，高伟，等．深圳某邻近地铁隧道深基坑支护方案分析 [J]. 施工技术 .2012 (19)：23-26.

[62] 王超，吴小丽．地铁隧道与邻近高层构筑物建设时序优化研究 [J]. 隧道建设，2012，32 (5)：631-642.

[63] 张冬梅，黄宏伟，王箭明．盾构隧道施工对邻近深基坑开挖影响的三维有限元分析 [J]. 现代隧道技术，2001 (1)：26-30.

[64] 魏纲，洪杰，魏新江．双圆盾构施工引起邻近地下管线附加荷载的分析 [J]. 岩土力学，2012，33 (6)：1735-1741.

[65] 闫静雅，张子新，黄宏伟，等．桩基础荷载对邻近已有隧道影响的有限元分析 [J]. 岩土力学，2008，29 (9)：2508-2514.

[66] 黄院雄，许清侠，胡中雄．饱和土中打桩引起桩周围土体的位移 [J]. 工业建筑，2000 (7)：15-19.

[67] 王育兴，孙钧．打桩施工对周围土性及孔隙水压力的影响 [J]. 岩石力学与工程学报，2004，23 (1)：153-158.

[68] 李大展，佟世祥．打桩振动对邻近建筑危害性评价方法初探 [J]. 工业建筑，1982，12 (12)：28-33.

[69] 杨永平. 软土地基打桩对邻近柱基水平位移观测及其精度分析 [J]. 勘察科学技术，1987 (2)：24-29.
[70] 邵勇，夏明耀. 预估打桩引起邻近结构物桩基位移的新方法 [J]. 同济大学学报 (自然科学版)，1996 (1)：53-57.
[71] 祁彪，杨立中，贺玉龙. 地面沉降对京津城际铁路影响初析 [J]. 西部探矿工程，2010 (7)：187-188.
[72] 胡卸文，宋大各，王帅雁，等. 京沪高铁沿线某地地下水开采与地面沉降关系分析 [J]. 岩石力学与工程学报，2011，30 (9)：1738-1746.
[73] 刘府生. 苏锡常区域地面沉降发展趋势及其对京沪高铁的影响分析 [J]. 铁道勘察，2011 (1)：33-37.
[74] 田海波，赵春彦. 改良膨胀土填筑路基动力响应研究试验 [J]. 岩土工程技术，2006 (2)：55-57.
[75] Probe stability of Qinghai - Tibet Railway bed [J]. Bulletin of the Chinese Academy of Sciences，2008 (2)：120.
[76] 陈尚勇，孙红林. 高速铁路浸水路基长期稳定性试验分析 [J]. 铁道工程学报，2011，28 (12)：40-44.
[77] 李彦平. 从青藏铁路清水河试验段路基的沉降浅议高原冻土路基的稳定性 [J]. 铁道工程学报，2003，20 (4)：26-28.
[78] 潘卫东. 青藏高原多年冻土区铁路路基热稳定性研究 [J]. 岩石力学与工程学报，2003，20 (12)：2112.
[79] 张尧禹，王钢城，沈宇鹏，等. 青藏铁路安多段多年冻土层路基稳定性监测 [J]. 岩土工程界，2004 (12)：67-68.
[80] 张宗淳，王绳祖. 青藏铁路察尔汉盐湖地区路基稳定性的长期监测 [J]. 岩石力学与工程学报，1986，5 (4)：396-403.
[81] 姜龙，王连俊. 青藏铁路多年冻土区沼泽化斜坡路基稳定性分析 [J]. 工程地质学报，2008 (2)：239-244.
[82] 张鲁新. 青藏铁路高原冻土区地温变化规律及其对路基稳定性影响 [J]. 中国铁道科学，2000 (1)：39-49.
[83] 何漓江，刘祖德. 膨胀土路基边坡变厚式封面层稳定性实验研究 [J]. 华中科技大学学报，2001 (12)：101-103.
[84] 何漓江，刘祖德. 膨胀土路基边坡等厚式封面层稳定性计算方法研究 [J]. 岩石力学与工程学报，2001，20 (3)：382-385.
[85] 朱登元，管延华. 毛细水作用对粉土路基稳定性的影响 [J]. 山东大学学报 (工学版)，2012 (1)：93-98.
[86] 赵继生. 高速铁路软土路基施工过程中整体稳定性分析 [J]. 交通标准化，2012 (5)：74-77.
[87] 詹景春，曾广勇. 用分块法检算软土路基稳定性 [J]. 路基工程，1996 (1)：25-27.
[88] 黄腾，谭祥韶，吴玉刚. 珠江三角洲地区软土路基实用稳定性判别方法 [J]. 岩土工程学报，2007 (3)：391-397.
[89] 柳齐林，蒋磊，张可能，等. 郴州地区缓开挖红黏土边坡稳定性分析方法研究 [J]. 工业建筑，2012 (S1)：389-392.
[90] 聂庆科，王英辉，梁书奇，等. 广西靖西红黏土及其击实后的水稳定性试验研究 [J]. 岩土力学，2010 (4)：1134-1138.
[91] 陈尚勇，孙红林. 高速铁路浸水路基长期稳定性试验分析 [J]. 铁道工程学报，2011，28 (12)：40-

44.

[92] 唐益群，黄雨，叶为民，等．地铁列车荷载作用下隧道周围土体的临界动应力比和动应变分析［J］．岩石力学与工程学报，2003，22（9）：1566-1570.

[93] 焦贵德，马巍，赵淑萍，等．高温冻结粉土的累积应变和临界动应力［J］．岩石力学与工程学报，2011，30（S1）：3193-3198.

[94] 刘晓红，杨果林，方薇．红黏土临界动应力与高铁无砟轨道路堑基床换填厚度［J］．岩土工程学报，2011（3）：348-353.

[95] 刘晓红，杨果林，方薇．短时动三轴试验与红黏土体积动剪应变门槛［J］．工程勘察，2011（3）：1-5.

[96] 刘晓红，杨果林，方薇．武广高铁无砟轨道路堑基床红黏土动剪应变门槛试验研究［J］．岩石力学与工程学报，2011（S2）3602-3610.

[97] 刘晓红，杨果林，方薇．武广高铁无砟轨道路堑基床长期动力稳定性评价［J］．中南大学学报（自然科学版），2011（5）：1393-1398.

[98] 胡一峰，李怒放．动力连续同步检测技术（CCC）在无砟轨道路基填筑质量控制、验收中的应用［J］．铁道标准设计，2009（4）：1-8.

[99] Matsui T. E A. Cyclic stress-strain history and shear characteristics of clay [J]. Journal of the Geotechnical Engineering Division, 1980, 106 (10): 1101-1120.

[100] D P. Khaffaf J. H. Cyclic Triaxial Tests on Remoulded Clays [J]. Journal of Geotechnical Engineering, 1984, 110 (10): 1431-1445.

[101] J P. A simple plastic theory for frictional cohesionless soils. [J]. Dynamics and Earthquak Engineering, 1985, 4 (1): 9-17.

[102] 王志良，王余庆，韩清宇．不规则循环剪切荷载作用下土的黏弹性模型［J］．岩土工程学报，1980，2（3）：10-20.

[103] Desaic. Mechanics of Engineering Materials [M]. London: John Wiley and Sons, 1984: 96-103.

[104] Mroz Z N V A Z. An anisotropic critical state model for soils subjected to cyclic loading [J]. Geotechnique, 1981, 31 (4): 451-470.

[105] 沈珠江．一个计算砂土液化变形的等价黏弹性模型［Z］．北京：1986.

[106] 徐干成．饱和砂土循环动应力应变特性的弹塑性模拟研究［J］．岩土工程学报，1995（2）：1-12.

[107] 迟世春，郭晓霞，杨峻，等．土的动力 Hardin-Drnevich 模型小应变特性及其阈值应变研究［J］．岩土工程学报，2008（2）：243-249.

[108] 郭晓霞，迟世春，林皋．土的动力 Hardin-Drnevich 模型再认识［J］．哈尔滨工业大学学报，2009（8）：132-136.

[109] Ekevid T W. Nils-Erik Wave propagation related to high-speed train a scaled boundary FE-approach for unbounded domains [J]. Computer Methodsin Applied Mechics and Engineering, 2002, 191 (36): 3947-3964.

[110] Dinkel J B J. Dynamic interaction between a moving vehicle and an infinite structure excited by irregularities-Fourier transforms solution [J]. Archive of Applied Mechanics, 2002, 72 (2): 199-211.

[111] Matsuura. Impulsive response of an elastic layered medium in the anti-plane wave field based on a Thin-Layered element and Discrete wave number method [J]. Structural Engineering/Earthquake Engineering, 1993, 459 (22): 119-128.

[112] Shanhu J T R N. Yudhbir Parmaetric study of resilient response of tracks with a sub-ballast layer [J]. Canadian Geoteehnical Journal, 1999, 36 (3): 1137-1150.

[113] 周神根．铁路路基设计动荷载研究 [J]．路基工程，1996 (5)：6-11.

[114] 潘昌实，Pande G. N. 黄土隧道列车动荷载响应有限元初步数定分析研究 [J]．土木工程学报，1984 (4)：19-28.

[115] 梁波，罗红，孙常新．高速铁路振动荷载的模拟研究 [J]．铁道学报，2006 (4)：89-94.

[116] 杨赳，庄丽，宫全美．铁路列车荷载对下穿盾构隧道结构的影响 [J]．城市轨道交通研究，2010 (3)：23-27.

[117] 李亮，张丙强，杨小礼．高速列车振动荷载下大断面隧道结构动力响应分析 [J]．岩石力学与工程学报，2005，24 (23)：4259-4265.

[118] 李军世，李克钏．高速铁路路基动力反应的有限元分析 [J]．铁道学报，1995 (1)：66-75.

[119] 李楚根，唐第甲．渝利铁路桥改隧工程隧道基础桩板结构有限元分析与设计 [J]．路基工程，2011 (3)：185-188.

[120] 白皓，苏谦，钟彪．郑西客运专线埋入式连续桩板结构仿真分析 [J]．路基工程，2010 (3)：70-72.

[121] 何强，汪滇菊，梁文文，等．桩-网复合地基的动力稳定性分析 [J]．地下空间与工程学报，2012 (4)：761-766.

[122] 文学章，尚守平．剪切波作用下桩筏基础的动力响应研究 [J]．湖南大学学报（自然科学版），2012 (8)：14-18.

[123] 刘晓红．高速铁路无砟轨道红黏土路基动力稳定性研究 [D]．长沙：中南大学，2011.

[124] Dawn Tm S C. Ground vibration from passing trains [J]. Journal of Sound and Vibrations, 1979, 66 (3): 355-362.

[125] L. H. Simulations and analyses of. train-induced ground vibrations, a comparative study of two-and three-dimensional calculations with actual measurements [D]. Sweden: 2000.

[126] Madshus C K A M. High-speed railway lines on soft ground: dynamic behavior at critical train speed [J]. Journal of Sound and Vibration, 2000, 231 (3): 689-701.

[127] Okuma Y K K. Statistical analysis of field data of railway noise and vibration collected in an urban area [J]. Plied Acoustics, 1991, 33: 263-280.

[128] 茅玉泉．交通运输车辆引起的地面振动特性和衰减 [J]．建筑结构学报，1987 (1)：67-77.

[129] 蔡英，黄时寿．重载铁路的线路动力学测试及分析——大秦线万吨列车试验分析 [J]．西南交通大学学报，1993 (3)：92-98.

[130] 周神根．高速铁路路基基床设计 [J]．路基工程，1997 (3)：1-6.

[131] 周神根．铁路路基设计动荷载研究 [J]．路基工程，1996 (5)：6-11.

[132] 卿启湘，王永和，赵明华．秦沈客运专线路桥（涵）过渡段路基的动力特性分析 [J]．岩土力学，2008，29 (9)：2415-2421.

[133] 律文田，王永和．秦沈客运专线路桥过渡段路基动应力测试分析 [J]．岩石力学与工程学报，2004，23 (3)：500-504.

[134] 王智猛，蒋关鲁，魏永幸，等．高速铁路基床现场循环加载试验研究 [J]．岩土力学，2010，31 (3)：760-764.

[135] 詹永祥，蒋关鲁，胡安华，等．遂渝线无砟轨道桩板结构路基动力响应现场试验研究 [J]．岩土力学，2009，30 (3)：832-835.

[136] 詹永祥，蒋关鲁．无砟轨道路基基床动力特性的研究 [J]．岩土力学，2010，31 (2)：392-396.

[137] 蒋关鲁，孔祥辉，孟利吉，等．无砟轨道路基基床的动态特性 [J]．西南交通大学学报，2010 (6)：855-862.

[138] 宫全美，王炳龙，周顺华，等．沪宁线提速铁路路基的强度条件 [J]．同济大学学报（自然科学版），

2006，34（2）：207-211.
［139］韩自力，张千里．既有线提速路基动应力分析［J］．中国铁道科学，2005，26（5）：1-5.
［140］蔡英，曹新文．重复加载下路基填土的临界动应力和永久变形初探［J］．西南交通大学学报，1996（1）：1-5.
［141］钟辉虹，汤康民，黄茂松．铁路黏土路基动力特性试验研究［J］．西南交通大学学报，2002（5）：488-490.
［142］刘相东．黄万铁路滨海相软土地基加固施工技术［J］．路基工程，2006（1）：88-90.
［143］陈振光．采空区铁路地基加固处理施工技术［J］．上海铁道科技，2006（3）：36-37.
［144］王伟忠，臧延伟．盾构下穿既有铁路线路地基加固方案与效果分析［J］．铁道建筑，2007（12）：63-65.
［145］臧延伟，张栋樑，罗喆．盾构下穿铁路地基加固施工参数优化［J］．铁道建筑，2006（5）：70-73.
［146］王素灵．水泥土挤密桩在铁路客运专线湿陷性黄土地基加固中的应用［J］．铁道建筑，2008（2）：81-83.
［147］李明．布袋注浆桩在高速铁路软土地基加固中的应用［J］．石家庄铁道学院学报，2006（4）：134-137.
［148］刘秉辉．CFG 桩在铁路客运专线软土地基加固中的应用［J］．铁道标准设计，2007，1（6）：55-57.
［149］冯靖，郭建，王飞．客运专线铁路软土地基加固 CFG 桩施工技术［J］．铁道工程学报，2007：120-123.
［150］徐华轩，范强慧．京沪高速铁路某路段强夯置换碎石墩地基加固工艺的试验研究［J］．铁道建筑，2009（7）：125-127.
［151］陈磊．多向搅拌法在高速铁路软土地基加固中的试验与应用［J］．路基工程，2011（4）：120-122.
［152］刘云峰，陈仁祥．单管双喷高压旋喷技术在某特大铁路桥桥墩地基加固中的应用［J］．岩土工程界，2000（2）：26-29.
［153］郭克诚，陈磊．多向水泥砂浆搅拌桩复合地基在高铁地基加固中的试验研究与应用［J］．建筑结构，2010：611-614.
［154］高胜利，魏宏，刘天福．路堤荷载下带帽桩—网复合地基桩土应力比研究［J］．铁道建筑，2010（12）：63-65.
［155］饶为国．桩-网复合地基沉降机理及设计方法研究［J］．岩石力学与工程学报，2004，23（5）：881.
［156］王洪发，白顺果．桩—网复合地基工后沉降和桩土应力比的计算［J］．河北农业大学学报，2010（3）：120-122.
［157］薛新华，魏永幸，杨兴国．桩—网结构复合地基沉降计算研究［J］．水利与建筑工程学报，2010（6）：42-45.
［158］强小俊，赵有明，胡荣华．桩—网结构支承路堤土拱效应改进算法［J］．中国铁道科学，2009，30（4）：7-12.
［159］张良，罗强，陈亚美，等．桩—网结构路基承载特性的现场试验研究［J］．岩土力学，2010，31（12）：3793-3800.
［160］曹新文，卿三惠，周立新．桩—网复合地基土工格栅加筋效应的试验研究［J］．岩石力学与工程学报，2006：3162-3167.
［161］蔡德钩，叶阳升，张千里，等．桩—网支承路基受力及加筋网垫变形现场试验研究［J］．中国铁道科学，2009，30（5）：1-8.
［162］詹永祥，蒋关鲁，牛国辉，等．武广线高边坡陡坡地段桩板结构路基的设计理论探讨［J］．铁道工程学报，2007：94-96.

[163] 苏谦，李安洪，丁兆锋，等．郑西客运专线深厚湿陷性黄土地基桩板结构设计分析［J］．铁道建筑技术．2007（2）：1-4.

[164] 郑刚，裴颖洁，刘双菊．竖向荷载作用下桩筏基础可视化模型试验研究［J］．岩土力学，2008，29（11）：2912-2918.

[165] 宰金珉，蒋刚，王旭东，等．极限荷载下桩筏基础共同作用性状的室内模型试验研究［J］．岩土工程学报，2007（11）：1597-1603.

[166] 吴九江，程谦恭，王寒冰，等．超大面积深厚软土桩—网复合地基承载性状分析［J］．工业建筑，2012（5）：106-114.

[167] 姚志勇，程谦恭，王寒冰．潮汕车站深厚软土桩—网复合地基沉降规律数值分析［J］．路基工程，2011（6）：95-98.

[168] 李自灵，金彦雯．桩—网结构路基加筋垫层设计研究［J］．土工基础，2012（2）：74-76.

[169] 黄宏伟，姚韫海，陈昌伟．基础板对水泥土桩加固复合地基应力和沉降的影响［J］．建筑结构，1999（12）：21-23.

[170] 丁铭绩．高速铁路 CFG 桩桩板复合地基工后沉降数值模拟［J］．中国铁道科学，2008，29（3）：1-6.

[171] 王卫东，申兆武，吴江斌．桩土-基础底板-上部结构协同的实用分析方法与应用［J］．建筑结构，2007（5）：111-113.

[172] 杨新安，高艳灵，刘征．论铁路既有线路基检测［J］．岩石力学与工程学报，2003：2363-2366.

[173] 唐沛，侯玉碧，张贵珍．铁路路基孔隙率检测方法试验研究［J］．铁道建筑技术，2001（6）：29-31.

[174] 高传伟，郭宏昆．高速铁路路基 A、B 料压实质量检测方法、标准的探讨［J］．铁道工程学报，2007：64-67.

[175] 陈世刚，李海斌，郭文敬，等．地质雷达在京九铁路路基挡土墙质量检测与评估中的应用［J］．路基工程，2003（4）：74-77.

[176] 方谦光，李志华，潘瑞林．利用瑞利波进行铁路路基稳定性检测的理论基础及应用［J］．铁道学报，1999（4）：56-60.

[177] 杨新安，陈春安，温国春．曲线铁路路基下沉病害检测与分析［J］．岩土力学，2004（9）：1397-1400.

[178] 谢勇勇，廖红建，昝月稳．探地雷达检测铁路路基病害的二维正演模拟［J］．浙江大学学报（工学版）．2010（10）：1907-1911.

[179] 韩宇，郭秀军．铁路路基病害无损检测的探地雷达信号分析与处理［J］．铁道建筑，2006（8）：68-70.

[180] 杜攀峰，廖立坚，杨新安．铁路路基病害的智能识别［J］．铁道学报，2010（3）：142-146.

[181] 杨新安，廖立坚，凌保林，等．铁路路基层面的检测与跟踪［J］．同济大学学报（自然科学版），2009（5）：641-645.

[182] Ma Rquez F. P. G Roberts. C Tobias A M. Railway point mechanisms：condition monitoring and fault detection［J］. 2010（224）：35-44.

[183] Xiao. J L J. Experimental Study on the Stability of Railroad Silt Subgrade with Increasing Train Speed［J］. Journal of Geotechnical and Geoenvironmental Engineering. 2009，6（136）：833-841.

[184] 张千里，韩自力，史存林，等．既有线提速路基检测评估技术［J］．中国铁路，2002（8）：32-33.

[185] 罗文婷，王艳辉，贾利民，等．改进层次分析法在铁路应急预案评价中的应用研究［J］．铁道学报，2008（6）：24-28.

[186] 林晓言，荣朝和，陈有孝．国土开发型铁路投资效果的模糊层次评价法研究［J］．铁道学报，2005

（1）：106-113.
［187］马民涛，任杰，赵永梅，等．基于 GIS 的铁路噪声预测与评价方法［J］. 北京工业大学学报，2006（10）：944-947.
［188］严冬松，黄元亮．基于 Matlab 的铁路环境噪声模糊评价［J］. 中国铁道科学，2011（3）：126-130.
［189］冯芬玲，陈治亚．基于 SERVQUAL 的铁路货物运输服务质量评价［J］. 内蒙古农业大学学报（自然科学版），2007（1）：90-94.
［190］廖勇．基于三角模糊数的铁路客运站选址方案评价方法［J］. 中国铁道科学，2009（6）：119-125.
［191］周新军．铁路节能环保效应评价体系研究［J］. 铁道工程学报，2012（1）：94-99.
［192］边亦海，黄宏伟．深基坑开挖引起的建筑物破坏风险评估［J］. 岩土工程学报，2006：1892-1896.
［193］张千里，韩自力，吕宾林，等．不同基床表层结构及路基轨道动态试验研究［R］．北京：铁道科学研究院，2003.
［194］冯叔瑜，吕毅，杨杰昌，等．城市控制爆破［M］．2 版．北京：中国铁道出版社，1995.
［195］苑莲菊．工程渗流力学及应用［M］．北京：中国建材工业出版社，2001.